Paul F. Rudolf · Jesus und Qumran

W0364575

W

Paul F. Rudolf

Jesus und Qumran

War der Nazarener ein Essener?

Walter-Verlag
Solothurn und Düsseldorf

Die Deutsche Bibliothek – CIP-Einheitsaufnahme

Rudolf, Paul F.:
Jesus und Qumran : war der Nazarener ein Essener? /
Paul F. Rudolf. – Solothurn : Düsseldorf : Walter, 1993
ISBN 3-530-71109-8

2. Auflage 1993

Alle Rechte vorbehalten
© Walter-Verlag, 1993
Satz: Digital Type & Picture AG, Wiedlisbach
Druck und Einband: Clausen & Bosse, Leck
Printed in Germany
ISBN 3-530-71109-3

Inhalt

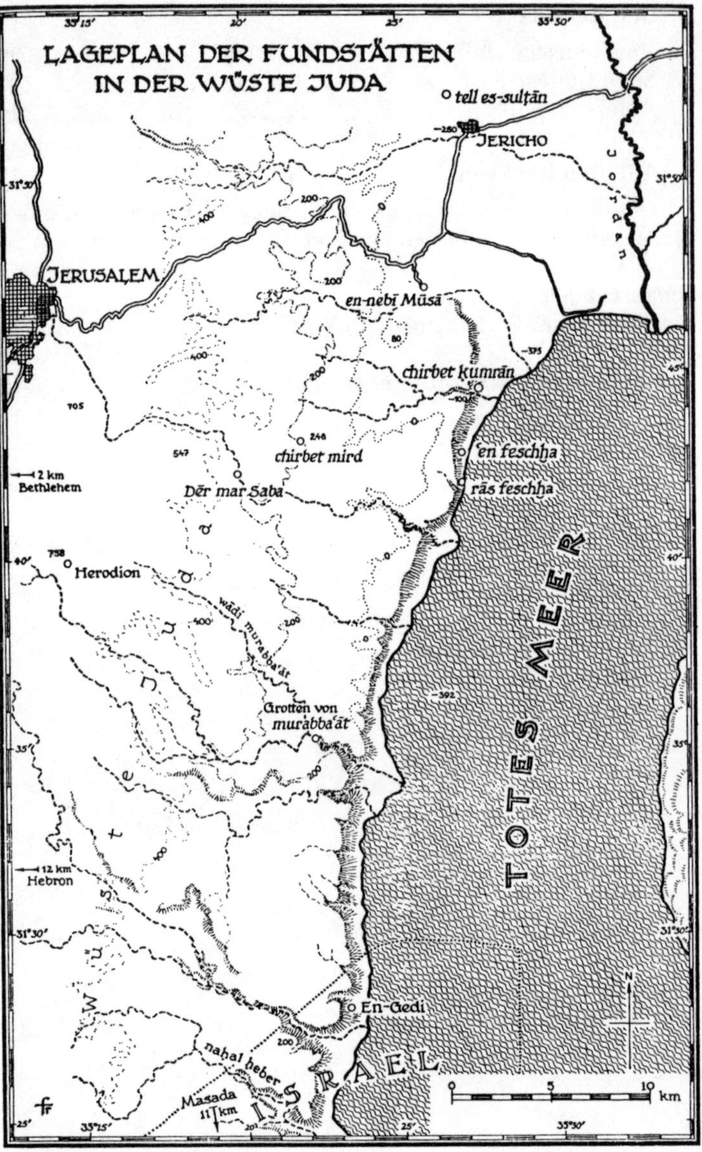

LAGEPLAN DER FUNDSTÄTTEN IN DER WÜSTE JUDA
tell es-sulṭān
JERICHO
Jordan
JERUSALEM
en-nebī Mūsā
chirbet kumrān
chirbet mird
ʿen feschḫa
rās feschḫa
2 km Bethlehem
Dēr mar Saba
Herodion
wādi murabbaʿāt
Grotten von murabbaʿāt
Wüste Juda
TOTES MEER
12 km Hebron
En-Gedi
naḥal ḥeber
ISRAEL
Masada 11 km
km

Vorwort

Jesus von Nazareth: Wer hätte sich nicht schon einmal gewünscht, die Fragen, welche dieser rätselhafte Mann vor 2000 Jahren zurückgelassen hat, beantwortet zu bekommen? Die wundersamen Umstände seiner Geburt: Die «Heiligen Drei Könige», den «Stern von Bethlehem», die «Hirten auf dem Felde», welche durch einen Engel in Furcht und Schrecken gerieten. Geboren von einer Jungfrau? Was hat es mit diesen Ereignissen auf sich, die heute jedes Christenkind kennt, an die sich zu Lebzeiten Jesu jedoch niemand erinnern konnte? Haben sie sich wirklich zugetragen? Stammt Jesus von Nazareth aus Nazareth oder aus Bethlehem? War er verheiratet? Wandelte er auf dem Wasser? Vollbrachte er all jene Wunder, die man ihm nachrühmt? Warum wurde Jesus gekreuzigt? Ist er der erwartete Messias? Der Sohn Gottes? Auferstanden von den Toten? *Wie ist es zu erklären, daß vieles seiner Lehre – bis hin zur Wortwahl – in Schriften nachgelesen werden kann, die 200 Jahre älter sind als das Neue Testament? Sie waren längst niedergeschrieben, bevor Jesus geboren wurde.* Die Rede ist von den Schriftrollen der Qumrangemeinde, die nahe dem Toten Meer ihr religiöses Zentrum besaß. Fast alle Schriftrollen dieser jüdischen Bruderschaft sind inzwischen veröffentlicht und auch ins Deutsche übertragen worden, so daß wir tiefe Einblicke in das Leben dieser Menschen bekommen und in das, was sie gedacht und geglaubt haben. So kannten die Qumranbrüder zum Beispiel eine Art *Taufe* und ein *Heiliges Mahl*. Sie bezeichneten sich als Männer des «*Neuen Testaments*» und als *«Männer der vollkommenen Heiligkeit»*, die *«auf den Wegen des Lichtes wandeln»*. Der *«heilige Geist»* lasse sie das *«Licht des Lebens»* erblicken, und Gott befähige sie, *«das Angesicht vieler zu erleuchten»*. Gott nannten sie *«Vater»* und sich selber *«Söhne»* Gottes und die *«Söhne seiner Wahrheit»*, die Gott *«für das ewige Leben bestimmt»* habe. Merkwürdigerweise werden diese Qumraner in der Bibel nicht ein einziges Mal erwähnt, ihre Existenz und ihre so «christlich» anmutenden Lehren werden schlicht verschwiegen. Warum?

Gehörte Jesus von Nazareth zu ihnen? – Zwei junge Menschen unserer Zeit richten alle ihre bohrenden Fragen direkt an Jesus, und Jesus antwortet ihnen. Judith und Christoph sind mit ihm unterwegs. In einem fiktiven Gespräch mit Jesus greifen sie alle jene Fragen auf, welche die Jesusforschung seit 2000 Jahren beschäftigen. Nichts wird ausgespart.

Dieses Buch will kein «neues Jesusbild enthüllen». Tausende von Werken sind über Jesus von Nazareth schon verfaßt worden, doch die Fragen haben eher zu- als abgenommen. Dieses Buchprotokoll *trägt zusammen*. Es trägt zusammen, was die alten Schriften selbst hergeben und was die moderne Wissenschaft – Historiker, Religionswissenschaftler und Theologen – dazu herausgefunden hat.

1. Auf dem Hinweg

Zur Person Jesu

JUDITH: «Varus, Varus, gib mir meine Legionen wieder!» Diesen Entsetzensschrei stieß Kaiser Augustus, nachdem ihm die Hiobsbotschaft aus den Wäldern Germaniens überbracht worden war, in den Himmel Roms. Der Inhalt jener Depesche ist allbekannt: Der römische Heerführer P. Quintilius Varus hatte, kaum daß er von Kaiser Augustus nach Germanien entsandt worden war, eine fürchterliche militärische und persönliche Tragödie erlitten. Bei der Schlacht im Teutoburger Wald, 9 n. Chr., wurden drei römische Legionen einschließlich ihrer Hilfstruppen – zusammen etwa 20 000 Soldaten – vernichtet; Varus beging verzweifelt Selbstmord.[1] Nur wenige Jahre vor diesem Gemetzel hatte derselbe Varus sich nicht minder schwere Greueltaten aufgeladen. Er wirkte damals als römischer Legat in Syrien. Herodes der Große war gerade gestorben, man schrieb das Jahr 4 v. Chr., als ...

CHRISTOPH: *Vor* Christus sagst du? Ich denke, Jesus sei zu Lebzeiten Herodes' des Großen geboren worden. So steht es jedenfalls in den Evangelien.[2]

JESUS: Ihr habt beide recht. Der Beginn der christlichen Zeitrechnung (n. Chr.) wurde erst sehr viel später festgelegt, und dabei hat man sich verrechnet.[3]

JUDITH: Jener Varus also warf kurze Zeit nach dem Tode Herodes' des Großen einen Aufstand in Judäa nieder. Der jüdische Historiker Flavius Josephus[4] berichtet darüber:

«Varus ließ nun mit einem Teil des Heeres das Land nach den Anstiftern des Aufstandes durchkämmen; dabei konnten viele gefaßt werden, und wer von ihnen nur Unbedeutendes für den Aufruhr beigetragen zu haben schien, den ließ er gefangen setzen, die Haupträdelsführer jedoch, an die 2000, überantwortete er dem Tod am Kreuz.»[5]

Nur wenig mehr als drei Jahrzehnte sollten vergehen, da mußte Jesus von Nazareth den gleichen qualvollen Tod am Kreuz erleiden. Und nach dir teilten noch Tausende von Juden dieses Los.[6] Was empfindest du bei dem Gedanken, daß Varus im Teutoburger Wald ein paar Jahre nach der Massenkreuzigung jüdischer Rebellen so schwer für seine Grausamkeit büßen mußte?

JESUS: Was möchtest du hören? Genugtuung? Hast du, liebe Judith, schon einmal das Neue Testament aufgeschlagen? Dann müßte dir meine Antwort bekannt sein, der Schriftsteller Matthäus[7] hat alles Notwendige festgehalten. Dem habe ich nichts hinzuzufügen. Den Grundgedanken meiner Aussage findest du bereits in der Thora[8]:

«Räche dich nicht an deinem Mitmenschen und trage niemand etwas nach. Liebe deinen Mitmenschen wie dich selbst.»[9]

JUDITH: Du bist Jude[10], deine Bibel ist jüdisch, dein Gottesdienst, deine Gebete sind jüdisch[10]. Jedoch dein Name klingt griechisch. Ist Jesus gar nicht dein richtiger Name?

JESUS: Meine Eltern haben mir den alten hebräischen Namen Jehoschua (Josua) gegeben, dessen spätere Form Jeschua oder – in galiläischer Aussprache – Jeschu ich verwendet habe. Viele Männer in Galiläa und in Judäa trugen damals diesen Namen. Auf deutsch bedeutet er etwa «Gotthilf». Allein in den Geschichtswerken «Der Jüdische Krieg» und «Jüdische Altertümer» des Flavius Josephus kommen 14 verschiedene Träger dieses Namens vor; zehn dieser Männer lebten zu meiner Zeit.[11]

CHRISTOPH: Erwähnt Josephus auch *dich*?

JESUS: Leider nein. Genauer gesagt: In seinem Hauptwerk «Der Jüdische Krieg», das die Geschichte der Juden von 168 v. Chr. bis 73 n. Chr. bis ins Detail behandelt, nimmt Josephus überhaupt keine Notiz von mir; seine «Jüdischen Altertümer» erwähnen meinen Namen beiläufig an *einer* Stelle.[12] Ich habe Judiths Frage noch nicht ganz beantwortet: Du hast recht, Jesus ist die gräzisierte Form von Jeschua. Niemand hat mich zu meinen Lebzeiten jemals Jesus genannt.[13]

CHRISTOPH: Dürfen wir dich dennoch, der Gewohnheit folgend, Jesus nennen?

JESUS: Ich bitte euch!

CHRISTOPH: Nach christlicher Glaubenslehre bist du der Sohn Gottes. Schon lange liegt mir die Frage auf der Zunge: Bist du es?

JESUS: Wenn du selber es glaubtest, hättest du mich wohl nicht danach gefragt. Fürs erste muß ich dich enttäuschen. Ich selbst habe mich nie als «Sohn Gottes» bezeichnet. Die Worte «Ich bin es», die ich zu dem Hohenpriester in dem gegen mich laufenden Ermittlungsverfahren vor dem Hohen Rat in Jerusalem gesagt haben soll, hat der Evangelist Markus mir in den Mund gelegt.[14] Ich sah es als meinen Auftrag an, den Menschen in Palästina dabei zu helfen, ein Leben zu führen, das sie vor Gott verantworten können. Wirkliche Hilfe dient allein dem Bedürftigen, für sich selbst erhofft der Helfende nichts.[15] Den Menschen, welchen ich helfen konnte, habe ich immer wieder eingeschärft, niemandem davon zu erzählen.[16] Ich hätte es als anmaßend und als eine Selbsterhöhung empfunden, mich vor anderen als «Gottes Sohn» zu bezeichnen. Im übrigen: Was verstehst du überhaupt unter einem «Sohn Gottes»?

Im antiken Götterhimmel, namentlich in der griechischen Mythologie, wimmelt es von «Göttersöhnen».[17] Wir können später ausführlicher darüber reden.[18] Einstweilen bin ich für dich derjenige, den *du* in mir siehst!

JUDITH: Stark!

CHRISTOPH: Wenn man die Evangelien liest, gewinnt man den Eindruck, du hättest damals im Mittelpunkt des allgemeinen Interesses gestanden. Nun weiß man zwar, daß die Evangelien von Widersprüchen nicht frei sind. Sie enthalten, vorsichtig formuliert, eine Mischung aus Geschichte und Legende, wie aber...

JUDITH: Sehr milde ausgedrückt! Der französische Forscher Ernest Renan hat schon vor 130 Jahren kein Blatt vor den Mund genommen. Die Schriften der Evangelisten, schreibt er,

> *«sind voller Irrtümer und Widersinnigkeiten. Man fühlt in jeder Zeile eine Rede von göttlicher Schönheit, von Bearbeitern aufgeschrieben, die sie nicht verstehen und ihre eigenen Gedanken jenen unterschieben, die sie nur halb verstehen.» Die Evangelien seien «legendenhafte Biographien», «Schriften, in denen die historische Wahrheit und die Absicht, Tugendbilder aufzustellen, sich in verschiedenen Abstufungen verbinden. Die Ungenauigkeit, welche eine Eigenart aller volkstümlichen Dichtungen ist, wird besonders fühlbar.»*[19]

Im Prinzip sind sich alle Wissenschaftler darüber einig, wenn sie es auch oft etwas freundlicher formulieren.[20]

CHRISTOPH: Wie steht es außerhalb der Evangelien mit deiner Reputation? Das wollte ich eigentlich von Jesus wissen.

JESUS: Leider so, wie es deine Frage bereits ahnen läßt, Christoph. Ihr erinnert euch an Josephus?

JUDITH: Die Wissenschaft sieht es so:

> *«Historisch gesehen war er ... eine Randerscheinung.»*[21] *«In der Welt wußte man nichts von ihm; die Geschichtsschreiber jener Zeit erwähnen seinen Namen nicht, und die Philosophen kannten ihn nicht.»*[22] *«Zwar gingen die Lahmen, die Blinden sahen und die Toten erhielten das Leben zurück, doch die Historiker von Palästina, Griechenland und Rom nahmen davon keine Notiz.»*[23]

JESUS: Ein in Wahrheit gelebtes Leben verlangt das radikale Zurückstellen des eigenen Wollens hinter den Willen Gottes.[24] Jedes «Aber ich will...» bedeutet ein Abfallen von Gott. Nur wenige haben das verstanden.[25] Damit kommt man nicht, wie ihr sagen würdet, in die Schlagzeilen.

JUDITH: Dennoch stehe ich ziemlich fassungslos vor Josephus[26], der vielen Personen mit Namen Jesus seine Aufmerksamkeit angedeihen läßt und ihre Taten berichtet, deinen Namen jedoch nur nebenbei erwähnt, wobei die Echtheit dieser Textstelle obendrein wissenschaftlich angezweifelt wird.[27]

CHRISTOPH: Einen Geschichtsschreiber interessiert – damals wie heute – die große Politik. Was kümmert ihn Religion?

JUDITH: Das trifft auf Josephus nun ganz und gar nicht zu. Er stammt aus einer der vornehmsten Jerusalemer Priesterfamilien und hat sich von Jugend an in besonderem Maße der religiösen Ausbildung verschrieben.[28] Schon als Vierzehnjährigen, so schreibt er, hätten ihn die «Hohenpriester und die Ersten der Stadt» aufgesucht, «um eine scharfsinnige Auslegung des Gesetzes[29] von mir zu hören».[30] Josephus wurde dann selber Priester.[31] Dieses Interesse an religiösen Dingen zeigt sich durchgängig in seinen Geschichtswerken. So berichtet er über die großen jüdischen Religionsparteien der Pharisäer, der Sadduzäer und der Essener.[32] Aber nicht nur über sie. Auch zahlreiche einzelne Personen, die ein besonderes religiöses Anliegen haben, finden sein Ohr: *Judas*, ein Essener, «der sich bei seinen Prophezeiungen noch nie ganz oder auch nur teilweise getäuscht hatte»[33], oder der Essener *Simon*, ein Traumdeuter.[34] Oder «ein gewisser Essener mit Namen *Menaëm*, der wegen der Ehrbarkeit seines Lebenswandels in gutem Rufe stand und von Gott mit der Gabe, die Zukunft vorherzusehen, ausgestattet war», und der Herodes weissagte, «er werde dereinst König der Juden werden.»[35] Zum Beispiel *Choni*, «ein gerechter und Gott wohlgefälliger Mann, der, als er einst bei einer Dürre Gott um Regen gebeten hatte, augenblicklich erhört worden war.»[36] Oder: *Judas* und *Matthias*, «zwei gelehrte Männer, von denen es hieß, es seien ausgezeichnete Kenner der altüberkommenen Gesetze» und deshalb beim «Volk außerordentlich hochgeschätzt».[37] «Wenn sie (in den Tagen Herodes' des Großen) das Gesetz interpretierten, kamen die jungen Menschen in Scharen herbei, und so hatten sie Tag für Tag ein regelrechtes Heerlager von Jugendlichen um sich versammelt.»[37] Wer sich für das Vätergesetz opfere, «dessen Seele werde unsterblich sein», verkündeten sie.[37] Josephus berichtet ausführlich über *Johannes den Täufer*[38], ferner über eine ganze Reihe falscher *Propheten*[39]. Besonders aufschlußreich finde ich seine Reportage über einen Mann namens *Jesus*, Sohn des Ananus, der nach Jerusalem kam und mitten in tiefstem Frieden (62 n. Chr.) den Untergang der Stadt voraussagte. Ein Ausschnitt aus Josephus:

> *«Da mit einem Male begann er laut aufzuschreien: ‹Wehe vom Aufgang, wehe vom Untergang, wehe von den vier Winden, wehe über Jerusalem und über den Tempel, wehe über alle, die Bräutigam und Braut sind, wehe über das ganze Volk!› Und er schrie es Tag und Nacht und lief dabei*

in der ganzen Stadt umher. Einige angesehene Bürger ärgerten sich über das Wehegeschrei, ergriffen den Mann und schlugen ihn heftig. Er aber suchte sich keineswegs zu rechtfertigen und äußerte auch nichts gegen jene, die ihn schlugen, sondern wiederholte nur immer wieder die nämlichen Worte. Die verantwortlichen Führer des Volkes vermuteten zu Recht, der Mann fühle sich bei seinem Tun von einer höheren Macht getrieben, und so führten sie ihn zum römischen Statthalter. Dort wurde er gegeißelt, bis ihm das Fleisch von den Knochen gerissen war, aber er bat nicht um Milde und vergoß keine Träne, sondern antwortete auf jeden Schlag nur, indem er – freilich mit kläglichen Lauten – den Ruf hervorpreßte: ‹Wehe über Jerusalem!› Als Albinus, das war der Name des Statthalters, ihn fragte, wer er sei und woher er komme, beantwortete er die Frage nicht, sondern setzte nur seine Klagerufe über die Stadt fort, bis Albinus überzeugt war, daß er es mit einem Verrückten zu tun habe, und ihn freiließ.»[40]

Sogar *Jakobus*, den Bruder Jesu, findet man bei Josephus; er berichtet über seine Steinigung und erwähnt ihn als den «Bruder des Jesus, der Christus genannt wird».[41] Jedoch sonst kein Wort über Jesus von Nazareth! Und man kann nun wirklich nicht behaupten, Josephus habe für religiöse Dinge keine Antenne.
Ich habe einen schlimmen Verdacht: Hat Josephus dich etwa summarisch jenen «falschen Propheten» zugerechnet?

CHRISTOPH: Jetzt halt mal die Luft an!

JESUS: Ich könnte es Josephus nicht verübeln. In den Augen mancher jüdischer Mitbürger war ich ein Schwindler und Volksaufwiegler[42], und auch jüdischen Zeitgenossen des Josephus galt ich als Verführer.[43] Ich habe es euch schon gesagt: Viele Menschen haben mein Anliegen nicht verstanden. Und soweit Josephus eigene Erlebnisse reflektiert: Ich habe den Menschen verkündet, daß das Reich Gottes bereits angebrochen sei[44] – eine Generation später aber mußte Josephus als Augenzeuge die Katastrophe des Jahres 70 n. Chr. miterleben, die totale Niederlage der Juden gegen Rom, die Vernichtung Jerusalems und des Tempels. Dennoch möchte ich deine Frage verneinen, Judith. Auch ich habe die Zerstörung des Tempels[45] und eine Schreckenszeit[46] angekündigt, verdiene es daher wohl nicht, «falsch» genannt zu werden. Außerdem weißt du, daß ich keinerlei Aufhebens um meine Person mochte; vielleicht war, um deine Sprache aufzunehmen, wirklich Josephus' Antenne zu kurz.

CHRISTOPH: Aus Josephus' Schweigen haben etliche Buchautoren, namentlich des 19. Jahrhunderts, gefolgert, du hättest nie wirklich gelebt.[47]

JESUS: Dieses Theorem teilt mit Recht das Schicksal des vergangenen Jahrhunderts: Es ist tot.[48] Die Evangelien enthalten, auch wenn sehr vieles darin ausgeschmückt ist, jedenfalls *auch* Biographisches und Geschichtliches.[49] Evangelien erfindet man nicht am Schreibtisch. Zweitens: Vor und nach meiner Zeit waren viele – nicht nur jüdische – Wanderprediger unterwegs.[50] Wenn ihr berücksichtigt, daß ich erst mit 30 Jahren in die Öffentlichkeit trat und schon nach einem Jahr hingerichtet wurde[51], dann erklärt auch dies, daß ich viele nicht habe erreichen können. Wohl auch Josephus' Informanten nicht, denn er selbst wurde ja erst sieben Jahre nach meinem Tode geboren.[52]

CHRISTOPH: *Wie lange* bist du öffentlich aufgetreten?

JESUS: Du kennst doch die Angaben der Synoptiker[53], nach ihnen kommst du auf etwa *ein* Jahr! Das entspricht ungefähr einem Dreißigstel meiner Lebensspanne![54]

JUDITH: Der berühmteste Geschichtsschreiber jener Zeit,

Flavius Josephus, übergeht dich mit Schweigen – so unscheinbar gehst du im zeitgenössischen Judentum auf. Deine Person und dein Wirken sind andererseits der Anlaß für das Entstehen einer völlig neuen Literaturgattung, des Evangeliums[55], und über keine andere Person der Menschheitsgeschichte sind so viele Bücher[56] geschrieben worden wie über Jesus von Nazareth – so sehr überragst du alle anderen. Ist das nicht paradox?

JESUS: Du sagst es.

JUDITH: Alljährlich am 24./25. Dezember feiert die Christenheit deine Geburt in Bethlehem. In den Evangelien wirst du jedoch nie als Jesus von Bethlehem, sondern als der «Nazarener»[57] bezeichnet, was meistens mit «von Nazareth» wiedergegegeben wird. Darf man daraus schließen, daß du in Wirklichkeit aus Nazareth stammst, oder müßten wir dich eigentlich Jesus von Bethlehem nennen?

CHRISTOPH: Auch «Nazoräer» nennen dich die Evangelisten; dieser Beiname kann etymologisch unmöglich mit Nazareth zusammenhängen.[58]

JUDITH: Aber noch weniger mit Bethlehem.

JESUS: Welches ist deine Vaterstadt, Judith?

JUDITH: Tel Aviv. Warum fragst du?

JESUS: Und wo bist du geboren?

JUDITH: Na, in Tel Aviv!

JESUS: Meine Vaterstadt ist Nazareth.[59]

CHRISTOPH: Aber ich bitte dich: Damit rüttelst du an einem Pfeiler des christlichen Glaubens!

JESUS: Schon Ernest Renan hat lapidar festgestellt:

«Jesus wurde zu Nazareth, einer kleinen Stadt in Galiläa, geboren, welche vor ihm jeder Berühmtheit entbehrte. Sein ganzes Leben hindurch bezeichnete man ihn mit dem Namen ‹der Nazarener›, und nur durch eine sehr künstliche Wendung gelang es der Legende, seine Geburt nach Bethlehem zu verlegen.»[60]

Mein Leben habe ich so gottergeben, wie ich es vermochte, gelebt. Andere haben nach meinem Tode Mythen aus dem Orient mit Ereignissen meines Lebens verknüpft[61] und eine neue Religion verkündet.[62]

Nach altiranischer Überlieferung, die auf eine Weissagung Zarathustras zurückgeht, wird der «Weltheiland» am «Ende der Tage» von einer «Jungfrau» in einer Grotte geboren. Ein «über der Geburtsgrotte stehender, hell leuchtender Stern» zeigt die Geburt des iranischen Erlösers und «Königs der Könige» an; er weist den «Magiern» (Priestern) den Weg zur Geburtsgrotte. Als Huldigungsgaben legen die Magier «ihre Kronen unter die Füße des neugeborenen Erlöserkindes»: Es ist der wiedererschienene Mithra, der personifizierte Sonnengott. «Am 25. Dezember» feiert man «die Geburt des Götterkinds».[63]

Die ergreifende Geburtslegende von dem Krippenkind in Bethlehem wird allein vom Evangelisten Lukas erzählt, und nur bei Matthäus treten die «Magier aus dem Morgenland» auf.[64] Wir haben hier eine literarische Konstruktion der Evangelisten, die dazu dienen soll, den Glauben an den Messias zu untermauern.[65]

JUDITH: Dazu muß man wissen, daß nach allgemeiner jüdischer Auffassung der Messias als Nachkomme König Davids erwartet wurde, welcher aus Bethlehem stammte.[66] Für die Verkündigung des Evangeliums ist «das judaische Bethlehem natürlich eine bei weitem bessere Adresse»[67] als eine unbekannte Ortschaft in dem halbheidnischen Galiläa.

CHRISTOPH: Wenn Jesus *nicht* in Bethlehem geboren ist, dann ergibt auch der Kindermord in Bethlehem, den Herodes der Große begangen haben soll, keinen logischen Sinn.

JESUS: Du hast recht. Hier gibt uns Matthäus[68] eine Legende[69] zum besten – übrigens nur er, kein anderer antiker Schriftsteller, ob Evangelist oder Historiker, erzählt sie. Wären wirklich durch den König die Kinder Bethlehems hingemordet worden, ein Aufschrei des Volkes hätte Herodes erzittern lassen, und die Geschichtsbücher hätten diesen schwarzen Tag mit Abscheu vermerkt. Nein, nein, hier haben wir ein «christliches Greuelmärchen»[70] vor uns. «Die Bedrohung und wunderbare Errettung kleiner Kinder, aus denen später große Männer werden, ist ein Lieblingsthema der Weltliteratur.»[71] Denke nur an Moses oder an Kaiser Augustus![72]

CHRISTOPH: Bethlehem ade! Mit Bethlehem können wir dann wohl das ganze Weihnachtsfest vergessen!?

JESUS: Christoph, Christoph! Wenn du es als Chance begreifst, die Zwänge deines Lebens hinter dir zu lassen und dich wie ein Kind zu wundern, hat das Weihnachtsfest ganz gewiß einen tiefen Sinn. Und wer meiner Geburt gedenken will: Ist es für ihn denn wichtig, wo ich geboren bin? Braucht er jene mirakulösen Begleitumstände, wie sie uns Lukas erzählt?

CHRISTOPH: Mhm. Stimmt denn wenigstens dein Geburtsdatum?

JESUS: Wenn du das Datum des Weihnachtsfestes meinst: Nein, ich bin nicht am 24./25. Dezember und auch nicht im Jahre 1 geboren. Die christliche Zeitrechnung (n. Chr.) wurde erst im 6. Jahrhundert durch den römischen Mönch Dionysius Exiguus aufgestellt; leider hat er sich verrechnet.[73] Und was den 24./25. Dezember betrifft, so habe ich auch keine bessere Nachricht für dich, Christoph. Das Weihnachtsfest ist im 2. Jahrhundert in Ägypten aufgekommen und dort am 6. Januar gefeiert worden, dem Geburtstag des Gottes Osiris.[74] Erst im 4. Jahrhundert sind die Christen dazu übergegangen, das Fest auf den 25. Dezember zu legen. Starke religiöse Konkurrenz war der Grund für diese Terminierung. Ich zitiere:

> *«Nun besteht die historische Tatsache, daß das Weihnachtsfest mit Rücksicht auf den Mithraskult auf den 25. Dezember verlegt wurde. Weiteste Kreise des römischen Weltreiches hatten diesen Tag als das Mithrakana-Fest gefeiert oder durch Übernahme einzelner Bräuche daran Anteil genommen. Die Geburt des ‹Sol invictus›, der unbesiegten Sonne, am Wintersonnwendtag war so fest in den Herzen der Menschen verankert, daß man nicht ohne Schaden für die Entwicklung der christlichen Kirche daran vorbeigehen konnte. Wir können daran ablesen, wie groß die Ausstrahlung gewesen sein muß, die vom Mithrakana-Fest ausging. Die Kirche wagte es nicht, diesen Tag zu ignorieren, weil sie fürchten mußte, weite Anhängerkreise, die mit dem Mithraskult sympathisiert hatten, zu verlieren oder die Massen, die seit der Verfolgung der Mithrasreligion religiös heimatlos geworden waren, nicht zu gewinnen.»[75] «Auch die Sitte, an Weihnachten eine Mitternachtsmette zu halten, dürfte auf mithräische Einflüsse zurückzuführen sein.»[76]*

Der Selbsterhaltungstrieb hat das Christentum, beginnend mit Paulus, jahrhundertelang geleitet.[77]

Judith: Ich finde es pikant, daß bei der Geburt des Sonnengottes Mithras – so will es der Mythos – Hirten sich in der Nähe aufhielten, welche die Geburt beobachteten und dann herbeikamen, um das göttliche Kind anzubeten und ihm die Erstlinge ihrer Herden und ihrer Erntefrüchte darzubringen.[78]

CHRISTOPH: Mich würde jetzt interessieren, was es mit der «Jungfrauengeburt» auf sich hat.

JUDITH: Matthäus knüpft mit seiner entscheidenden Textstelle an Jesaja an, hat ihn jedoch falsch übersetzt; bei Jesaja heißt es «junge Frau» und nicht «Jungfrau»![79] Dies möchte ich klarstellen. Der Urgemeinde wie Paulus ist die Legende von Jesu Geburt aus der Jungfrau noch unbekannt.[80] Auch das älteste Evangelium, dasjenige des Markus, weiß nichts von ihr.

JESUS: Andere Evangelienstellen sprechen ganz unbefangen von meinem Vater Joseph.[81]

CHRISTOPH: Nach katholischer Auffassung hat aber die Jungfrau Maria ihren Sohn vom Heiligen Geist empfangen und ihn jungfräulich geboren.[82]

JUDITH: Der Marienmythos ist erst spät entstanden. Seit dem 4. Jahrhundert erfolgte eine Übernahme hellenistischer Mythen, namentlich unter dem Einfluß der hellenistischen Artemis, der jungfräulichen Stadtgöttin von Ephesus.[83] Die ephesische Artemis war beides – Mutter und Jungfrau.[84] Ihr Tempel in Ephesus zählte zu den Sieben Weltwundern der Antike.[85] Das Prädikat dieser Artemis hieß im Griechischen «aei parthenos» («immerwährende Jungfrau»). Genau dieses Prädikat hat die Kirche später der Jüdin Maria verliehen.[86] Der maßgebliche Beschluß wurde interessanterweise 431 im Konzil zu Ephesus gefaßt.[87] In einem Kirchlein in Ephesus soll Maria, der Sage nach, begraben liegen.[88] – Auch das ägyptische Isis-Mysterium hat Pate gestanden: Seit Jahrhunderten beeinflußte Isis die antike Welt; die gleiche Ruhe strömte von ihr aus wie später von Maria, sie «ist voll mütterlicher Gnade und Erbarmen, sie verspricht Hilfe und spendet Trost, und die ihr dargebrachten Gebete, die den Mariengebeten stark ähneln, zeugen von einem inbrünstigen Glauben».[89] Isis wurde als Mutter des Horus «theotokos» («Gottesmutter») genannt; das Konzil von Ephesus 431 erwirkte für Maria den Isistitel «Gottesmutter».[90]

JESUS: Die «Jungfrauengeburt» ist eine im Orient seit alters her bekannte Legende. Um die Bedeutung einer Person hervorzuheben, der man göttliche Eigenschaften oder göttliche Herkunft zuschrieb, ist behauptet worden, sie sei – gezeugt auf außergewöhnliche Weise – von einer Jungfrau geboren worden.[91]

JUDITH: Vielleicht der erste, der das von sich selbst behauptete, war der assyrische König Sargon I., gut zweieinhalb Jahrtausende vor der Zeitenwende.[92] In Ägypten wurde am 24./25. Dezember die Geburt eines Götterkindes durch eine Jungfrau gefeiert.[93] Mithras galt als Weltheiland, der als Sohn eines himmlischen Vaters von einer irdischen Jungfrau geboren wurde.[94] Seine Geburt wurde gefeiert mit der Kultformel: «Die Jungfrau hat geboren, zunimmt das Licht.»[95]

CHRISTOPH: Ich gehe wohl nicht fehl, wenn ich vermute, daß auch die biblische[96] Erzählung von den Magiern (Sterndeutern) aus dem Osten legendarischen Charakter hat.

JUDITH: Den Verfassern der Evangelien war offenbar kein Mittel zu gering, wenn es zur Glorifizierung der Geburt Jesu beitragen konnte. Heidnische Astrologie, gegen die die Lehrer des Christentums später energisch aufstanden[97], als Künderin des jüdischen Messias?! Das verstehe, wer will!

JESUS: Der Evangelist Matthäus wirbt für seinen neuen Glauben. Ist das wirklich so schwer zu verstehen? Wenn schon Repräsentanten des «Heidentums» dem Messiaskind huldigen, um wieviel mehr ist dann das Volk, dem der Messias gesandt wurde, dazu aufgerufen? Das will Matthäus zum Ausdruck bringen.

JUDITH: Gerühmt von Heiden – von Juden in den Tod getrieben, diese Tendenz kommt mir bekannt vor.

JESUS: Liebe Judith, der Stern, dem die Magier folgen, hat, wie du weißt, auch einen biblisch-jüdischen Hintergrund. Matthäus nimmt mit dem Stern Bezug auf die Thora: «Ein Stern geht auf im Volk der Jakobssöhne, ein König steigt empor in Israel.» Hier wird nach jüdischem Glauben der Messias angekündigt.[98]

JUDITH: Matthäus ist allerdings nicht der erste, der diesen Bezug zur Thora herstellt. Lange vor ihm wird in den Schriftrollen von Qumran der Jakobsstern erwähnt und mit dem Messias, den die Qumrangemeinde erwartet, in Verbindung gebracht.[99]

JESUS: Laßt uns zu den Magiern aus dem Osten zurückkehren! Zunächst zu dir, Christoph: In den biblischen Legenden wird bekanntlich nirgends von «Königen» oder gar von einer Dreizahl von Königen berichtet. Das ist sehr viel spätere «christliche» Zutat. Zum zweiten: Magier, wie sie im Urtext des Neuen Testaments genannt werden, waren Angehörige einer orientalischen Priesterkaste, welche als Verkünder mithräischer und zarathustrischer Lehren vom Iran nach Westen gezogen waren, um ihren Glauben, der auch astrologisches Gedankengut barg, dort bekannt zu machen.[100] Wir können also annehmen, daß es sich bei den sogenannten Heiligen Drei Königen um Mithrasjünger handelt, die das Christentum adoptiert hat.[101] In der frühchristlichen Kunst werden sie zumeist mit der phrygischen Mütze[102], dem typischen Erkennungszeichen für Mithras, dargestellt.[103] Dieser charakteristischen Kopfbedeckung des Mithras könnt ihr auch heutzutage noch begegnen.[104] Sogar die späteren Namen der «Drei Könige» –

Caspar, Melchior und Balthasar – lassen sich auf die Mithras-Trinität zurückführen.[105]

JUDITH: Ätzend! Die Legende von den Magiern aus dem Morgenland kombiniert jüdisches Glaubensgut mit mithräischem Beiwerk!

Die Schriftrollen von Qumran

CHRISTOPH: Im Frühjahr 1947 tickerte eine Sensationsmeldung sondergleichen um die Welt. In der judäischen Wüste hatten Beduinen in einer Höhle nahe dem Toten Meer mehrere lederne Schriftrollen aufgestöbert, die dort vor 2000 Jahren versteckt worden waren. Die Jahre nach 1947 brachten aus anderen Höhlen in der Umgebung weitere Schriftrollen ans Licht.[106] Alle diese Lederrollen entstammen der Bibliothek der Essener[107] (Betonung auf der zweiten Silbe), einer strenggläubigen jüdischen Bruderschaft, welche im nahegelegenen Qumran[108] ihr Gemeindezentrum besaß. Bis dahin kannte man die Essener nur aus der antiken Geschichtsschreibung, vor allem von Flavius Josephus und von Plinius dem Älteren. Die Entzifferung und Übersetzung der überwiegend hebräisch geschriebenen Qumrantexte elektrisierte die Fachwelt der Bibelforscher und Historiker: Bücher des Alten Testaments finden sich darunter, die mindestens eintausend Jahre früher niedergeschrieben worden sind als die frühesten bis dahin bekannten hebräischen Bibeltexte[109], ferner Kommentare zu biblischen Schriften aus derselben Zeit.

JUDITH: Geradezu einen Schock lösten aber die übrigen Schriftrollen aus, denn sie enthalten Gedankengut der Essenersekte, das teilweise beachtliche Übereinstimmungen mit dem Neuen Testament aufweist, jedoch erwiesenermaßen älter ist als dieses.[110] Manche Sätze, die uns im Neuen Testament als Worte Jesu überliefert sind, findet man bereits in den essenischen Schriften. Sie waren längst niedergeschrieben, bevor Jesus geboren wurde. Wie steht Jesus von Nazareth zu den Qumran-Essenern?

JESUS: Was erwartest du, Judith? Zwei, drei Sätze, die deine Zweifel ausräumen? Oder bestätigen? Auch dich möchte ich um etwas Geduld bitten. Deine Frage rührt an Themen, die sehr komplex und darüber hinaus für viele Menschen von einer solchen Tragweite sind, daß ein Ja oder Nein nicht meine Antwort sein kann. Wir können uns die Zeit dazu nehmen, wenn ihr wollt.

JUDITH: Wir sollten, meine ich. Die Schriftrollen von Qumran haben Berge von Fachliteratur entstehen lassen, ich weiß. Bis zur Jahresmitte 1959, also innerhalb von nur 12 Jahren nach der Entdeckung der Schriftrollen, haben 89 Verfasser in 156 Büchern, Buchteilen oder Aufsätzen die Beziehung der Qumrantexte zum Neuen Testament behandelt.[111] Seit damals sind mehr als 30 Jahre vergangen, die gleichfalls der Erforschung dieser alten Schriften gedient haben. Noch um ein Vielfaches umfangreicher ist die Literatur zur Person des Jesus von Nazareth: Allein zwischen 1960 und 1977 sind knapp tausend Titel erschienen.[112] Wie kaum anders zu erwarten, findet das Verhältnis Qumrans zum entstehenden Christentum in einer gewaltigen Bandbreite verschiedener Meinungen seinen Widerhall. Noch 1913 konnte Albert Schweitzer behaupten: «Essenische Elemente lassen sich im Christentum nicht aufzeigen.»[113] Nach den Qumranfunden lautet nun die Gegenposition, im Neuen Testament gebe es, religionsgeschichtlich pauschal geurteilt, nichts Neues; alles sei alt.[114] Die Essener hätten praktisch alles vorweggenommen, was Jesus und die Christen zwei Jahrhunderte später glaubten und taten.[115] Oder noch exponierter: *Jesus selbst sei ein*

Essener gewesen.[116] Dazwischen erkennt man vermittelnde Positionen, wie diese:

> *«Die Texte aus Qumran setzen nirgendwo christliche Aussagen voraus, umgekehrt aber finden sich im Neuen Testament zahlreiche Stellen, an denen der Einfluß von Gedankengut aus Qumran deutlich wahrzunehmen ist.»*[117]

Oder, etwas direkter:

> *Die «Feststellung, das Christentum habe von Qumran entlehnt, beschreibt den Tatbestand zutreffend; ...Jesus steht in wichtigen Punkten der Qumrangemeinde näher als dem offiziellen Judentum».*[118] *«Tausend Einzelheiten weisen... auf seine tiefgehenden Beziehungen zu der essenischen Umwelt und auf seine vollkommene Übereinstimmung mit den grundlegenden Lehren und dem inneren religiösen Leben der Sekte hin.»*[119] *«Das Kloster von Qumran ... ist vielleicht eher die Wiege des Christentums als Bethlehem oder Nazareth.»*[120]

Aber auch beschwichtigende Äußerungen werden laut[121], oder man fürchtet, «die Originalität Jesu und somit auch des Christentums überhaupt» könnten in Frage gestellt werden.[122] Am bemerkenswertesten aber scheint mir die Tatsache zu sein, daß die ganze Diskussion, die ja nun wahrlich kein unbedeutendes Thema zum Gegenstand hat, fast ausschließlich in Fachkreisen geführt wird – weitgehend unbemerkt von der «christlichen Öffentlich-keit».

CHRISTOPH: Du solltest aber auch erwähnen, Judith, daß zwischen dem Essenertum einerseits, Jesus und dem später aufkommenden Christentum andererseits, zahlreiche unüberbrückbare Gegensätze bestehen.[123]

JUDITH: D'accord, auch über diese müssen wir natürlich reden. Ich habe nur hin und wieder den Eindruck, daß christliche Theologen den Blick senken, sobald Qumran in ihr Gesichtsfeld tritt. Fürchten sie, der geistigen Nähe Jesu

zu den Qumran-Essenern ins Auge zu sehen? Ein Beispiel: Ein bekannter christlicher Buchautor[124] kündigt eine «unvoreingenommene Analyse» an, um sodann aber ausschließlich *Gegensätze* zwischen den Qumranschriften und dem Neuen Testament mehrere Seiten lang herauszustellen. Die zahllosen Übereinstimmungen sind mit keinem einzigen Wort erwähnt und nur durch die Parenthese «trotz Gemeinsamem» vertreten. Man beachte den Singular! «Analyse» oder Apologie?[125] Ebensogut könnte man gerade umgekehrt verfahren: «trotz Unterschiedlichem» Jesus als Essener hinstellen. In beiden Fällen wäre damit nicht mehr gewonnen als eine Bestätigung der Meinung, die der Autor schon zuvor eingenommen hatte.
Ein weiteres Beispiel: Der Autor[126] zeigt auf, wie wichtig die Qumrantexte für das Neue Testament sind. «Nicht nur einzelne Begriffe oder Vorstellungen lassen sich von ihnen her besser verstehen», schreibt er. «Gerade auch Hauptprobleme der neutestamentlichen Theologie... – all dies muß im Licht der Qumrantexte gesehen und neu beantwortet werden. Das kann freilich nicht bedeuten, daß in Qumran die Wiege des Christentums stand...» Ihr habt richtig gehört: Auf Hauptprobleme des Neuen Testaments müssen neue Antworten gesucht werden. Eine bestimmte Antwort darf dabei «freilich» nicht herauskommen...

JESUS: Du urteilst sehr schroff, Judith. Bist *du* denn dagegen gefeit, von deinem Glauben geleitet zu werden, wenn du debattierst?[127]

JUDITH: Der qumranische Einfluß auf das Neue Testament beginnt bei deiner Geburt, über die wir ja schon gesprochen haben. Jeder kennt die Hirtenlegende, in welcher Lukas die Engel ausrufen läßt:

> *«Ehre sei Gott in der Höhe und Friede auf Erden und den Menschen ein Wohlgefallen.»*[128]

An dem Sinn dieses Satzes ist viel herumgerätselt worden. Er wird erst verständlich vor dem Hintergrund der Qumranrollen; dort ist an etlichen Stellen von dem Wohlgefallen Gottes die Rede[129], und der Passus: «Dein Erbarmen gilt allen Söhnen deines Wohlgefallens»[130], ist Lukas ganz ähnlich. Gemeint sind damit «Auserwählte des (göttlichen) Wohlgefallens»[131]. Luthers Übersetzung erweist sich somit als unrichtig. Lukas ist nur so zu verstehen:

> *«Friede (denjenigen) Menschen auf Erden, die von Gottes erwählender Gnade getroffen sind, die sein Wohlgefallen haben und daher zu seinem Wohlgefallen leben.»*[132]

Es gilt als sicher, daß die Lukasstelle in der frühen christlichen Gemeinde unter Qumran-Einfluß entstanden ist.[133]

CHRISTOPH: Ich erinnere mich an jene Himmelsstimme bei Markus: «Du bist mein lieber Sohn, an dir habe ich Wohlgefallen.»[134] Wenn ich diese Stelle nun auch im – wie soll ich sagen – qumranisch-lukanischen Sinne lese, heißt das, daß Jesus zu diesem Kreis der Erwählten Gottes gehört.[135] Und stutzig werde ich, wenn ich Markus weiter lese: Gleich nach seiner Erwählung durch göttliches Wohlgefallen geht Jesus in die Wüste – so, wie die Qumranleute als Erwählte Gottes in die Wüste gegangen sind.

JUDITH: Hat Lukas sich von Qumran inspirieren lassen? Die Textstellen links las man in Qumran. Die Zitate rechts habe ich der lukanischen Geburtslegende entnommen:

Qumran:	*Lukas:*
Einer wird kommen, der «mit Namen als Gottes Sohn gepriesen und den man Sohn des Höchsten nennen wird».[136]	*«Er … wird Sohn des Höchsten genannt werden. …Deshalb wird man das Kind Sohn Gottes nennen.»*[136]

Qumram:	*Lukas:*
Es «kommt der Gesalbte der Gerechtigkeit, der Sproß Davids; denn ihm und seinem Samen ist der Bund der Königsherrschaft über sein Volk gegeben für ewige Geschlechter...»[137]	*«...wird ihm das Königtum seines Vorfahren David übertragen. Er wird für immer über die Nachkommen Jakobs regieren. Seine Herrschaft wird nie zu Ende gehen.»*[137]
«... in seiner Herrlichkeit leuchtete mein Licht auf; denn ein Licht aus der Finsternis hast du mir aufleuchten lassen...»[138]	*«... er schickt uns das Licht, das von oben kommt. Es wird für alle leuchten, die im Dunkeln sind.»*[138]
«...fürchtet euch nicht... Heute ist seine Zeit... Und er schickt ewige Hilfe dem Lose seiner Erlösung durch die Kraft des herrlichen Engels für die Herrschaft Michaels im ewigen Licht; um zu erleuchten durch Freude... Es freut sich Gerechtigkeit in den Höhen, und alle Söhne seiner Wahrheit jauchzen in ewiger Erkenntnis.»[139]	*«Fürchtet euch nicht! Siehe, ich verkündige euch große Freude, die allem Volk widerfahren wird; denn euch ist heute der Heiland geboren... Und alsbald war bei dem Engel die Menge der himmlischen Heerscharen, die lobten Gott und sprachen: ‹Ehre sei Gott in der Höhe...›»*[139]
«Und ich wurde zur Falle für die Übeltäter, aber zur Heilung für alle, die umkehren von der Sünde.»[140]	*«Dieses Kind ist von Gott dazu bestimmt, viele in Israel zu Fall zu bringen und viele aufzurichten.»*[140]

Übrigens haben weder die Qumraner noch Lukas, wenn sie vom «Sohn des Höchsten» oder vom «Sohn Gottes» sprechen, dabei an eine leibliche Abstammung von Gott gedacht.[141] Das lag völlig außerhalb jüdischer Vorstellungsmöglichkeiten.

JESUS: Es gibt in der Tat viele signifikante Übereinstimmungen zwischen den Qumranrollen und dem Neuen Testament, aber auch ebenso deutliche Widersprüche. Wir sollten sie uns anschauen. Dann werdet ihr klarer sehen, was mich mit den Qumranern verbindet und was mich von ihnen trennt.

2. Die Lebenshaltung der Essener und des Jesus von Nazareth

Separatismus

JUDITH: Um die Mitte des zweiten Jahrhunderts vor unserer Zeitrechnung trennten sich die Essener, deren Name mit «die Heiligen» oder «die Frommen» wiedergegeben werden kann, von der Jerusalemer Priesterschaft, weil sie deren Gesetzesverständnis[1] als zu lasch ansahen.[2] Gründer der essenischen Gemeinschaft war der «Lehrer der Gerechtigkeit», selbst ein Priester.[3] «Die Frommen» zogen sich in die judäische Wüste zurück, wo sie, einen Steinwurf weit vom Toten Meer, als Zentrum ihrer Bewegung die Siedlung Qumran errichteten – in einer Einöde, die sich ausnimmt «wie der Landschaft gewordene Zorn des Bibel-Gottes»[4]. Der römische Schriftsteller Plinius der Ältere (23 n. Chr. – 79 n. Chr.) hat uns in seiner 37 Bände umfassenden Naturkunde (Naturalis Historia) diese Beschreibung der Essener hinterlassen:

> *«An der Westküste des Asphaltsees (d.h. des Toten Meeres) wohnen die Essener in einiger Entfernung von den schädlichen Gerüchen, die man am Ufer selbst erlebt. Sie sind ein einsames Volk, das außergewöhnlichste in der Welt, das ohne Frau, ohne Liebe, ohne Geld lebt, nur mit den Palmbäumen als ihren Gefährten. Aber sie halten ihre Anzahl aufrecht, da Neulinge zu ihnen in Fülle kommen, Männer, die des Lebens überdrüssig sind oder die durch Schicksalswendungen dazu gebracht wurden, ihre Lebensweise sich zu eigen zu machen. Und so hat dieses Volk, obwohl es kaum zu glauben ist, zahllose Jahrhunderte hin-*

durch fortgelebt. Andere, die Reue über ihr Leben empfinden, werden ihre Kinder.»[5]

Dieser Auszug in die Abgeschiedenheit der Wüste war von religiösen Motiven getragen. Viele Juden sahen für die nahe Zukunft das Weltende heraufziehen und sehnten die Errichtung der Königsherrschaft Gottes herbei. So, wie Israel einst in der Wüste die besondere Nähe seines Gottes erfuhr, wird nun der Anbruch der Heilszeit in der Wüste erwartet.[6]

CHRISTOPH: Und so, wie die Juden seit altersher darauf bedacht waren, sich durch Religion und religiöses Brauchtum von ihren Nachbarvölkern abzusondern[7], ebenso sagt sich die Essenersekte jetzt von ihren Mitbürgern los.

JUDITH: In der qumranischen Gemeinderegel können wir dies nachlesen:

> *«Wenn dies für die Gemeinschaft in Israel geschieht, so sollen sie entsprechend diesen Festsetzungen ausgesondert werden aus der Mitte des Wohnsitzes der Männer des Frevels, um in die Wüste zu gehen, dort den Weg des Herrn zu bereiten, wie geschrieben steht: In der Wüste bereitet den Weg des Herrn, macht eben in der Steppe eine Bahn unserem Gott.»*[8]

JESUS: Erlaube mir, deine Schilderung kurz zu unterbrechen! Die Essener zitieren den Propheten Jesaja.[9]

JUDITH: Dieselbe Jesajastelle setzen alle vier Evangelisten zu Johannes dem Täufer in Beziehung.[10] Viele Forscher sehen deshalb – auch wegen weiterer Übereinstimmungen mit Qumran – Johannes den Täufer als einen Essener an. Er stehe den Essenern jedenfalls so nahe, «daß es möglich ist, er habe einst ihrer Gemeinde angehört, sie aber verlassen, weil er den sektiererischen Separatismus der Essener ablehnte und die Buße zur

Sündenvergebung für *ganz* Israel möglich machen wollte».[11]

Christoph: Die Essener betrachten sich als die von Gott Erwählten, um als «Rest Israels»[12] den Bund mit ihm neu einzugehen[13]; durch strengste Askese und Beachtung der mosaischen Gesetze will man sich auf den Beginn der Heilszeit vorbereiten.[14] Die Qumrangruppe vermeidet möglichst jeden Kontakt zu ihren jüdischen Mitbürgern, sie pflegt eine fast totale Abkehr von der Welt. Eine heilige Isolation. Könnte Jesus sich mit einem solchen elitären Bewußtsein identifizieren?

Jesus: Ich verstehe die Lebenshaltung dieser Menschen, sie zeugt von tiefer Religiosität. Insofern fühle ich mich ihnen verbunden. Wenn du jedoch die Zeit meines öffentlichen Auftretens[15] zum Vergleich heranziehst, so beantwortet das deine Frage. Anstatt mich von der Welt und meinen Mitmenschen abzukehren, wende ich mich ihnen – besonders den «Unreinen», den gesellschaftlichen Außenseitern und sozial Deklassierten – zu. Ihnen will ich Hoffnung geben. Die Botschaft vom Heil der nahen Gottesherrschaft soll jene erreichen, die von sich aus gar nicht mehr damit rechnen, daß es für sie noch eine Heilsmöglichkeit gibt, weil sie von den «Gerechten» ohnehin abgeschrieben sind.[16] Ihr kennt die Stelle bei Markus:

> *«Später war Jesus bei Levi zu Gast. Viele Zolleinnehmer und andere, die einen ebenso schlechten Ruf hatten, nahmen mit Jesus und seinen Jüngern an der Mahlzeit teil. Sie alle hatten sich Jesus angeschlossen. Ein paar Gesetzeslehrer von der Partei der Pharisäer sahen, wie Jesus mit diesen Leuten zusammen aß. Sie fragten seine Jünger: ‹Wie kann er sich mit Zolleinnehmern und ähnlichem Gesindel an einen Tisch setzen?› Jesus hörte es, und er antwortete ihnen: ‹Nicht die Gesunden brauchen den Arzt, sondern die Kranken. Ich soll nicht die in Gottes neue Welt*

einladen, bei denen alles in Ordnung ist, sondern die ausgestoßenen Sünder.›»[17]

JUDITH: Ich muß schon sagen, für einen Rabbi ist deine Gefolgschaft schlechthin «befremdend»[18], ja «unmöglich»[19]. Du wendest dich sozusagen als Seelenarzt weder von sündigen Frauen ab noch von den äußerst unbeliebten Zolleinnehmern, die mit den Römern kollaborieren, noch von anderen Sündern; darin, so ist gesagt worden, zeige sich «der verborgene messianische Impuls Jesu, der Versuch, das Verlorene wiederzugewinnen».[20] Andererseits: Die Essener und mit ihnen die Mehrzahl der Juden haben einen *königlichen* Messias erwartet. Ein «Arme-Leute-Messias»[21] – soll *das* der Messias Israels sein?

JESUS: Ich ging in die Städte und Dörfer, wo die Menschen wohnen[22], und nicht – wie die Essener – in die menschenleere Wüste. Einmal habe ich davor gewarnt, den Messias in der Wüste zu erwarten[23] und hinzugefügt, sogar die von Gott Erwählten könnten getäuscht werden.[24]

CHRISTOPH: Jedenfalls wird man nicht im Ernst annehmen dürfen, daß jemand, der so handelt und redet wie Jesus, Anhänger essenischer Lehren oder womöglich Mitglied ihrer mönchischen Gemeinschaft gewesen ist.

JUDITH: Ich weiß nicht – mir ist das zu glatt, Christoph. Deine These geht offenbar von der Vorstellung aus, daß ein Mensch sich im Laufe seines Lebens nicht ändere, und sie zieht ein einziges Jahr[25] im Leben des Jesus von Nazareth als Vergleichbasis heran. Entschuldige, mir ist das zu schmal gedacht.
Der durch den essenischen Separatismus und durch Jesu Hinwendung zur Welt gekennzeichnete – unversöhnlich scheinende – Antagonismus zeigt, so merkwürdig dies auf den ersten Blick scheinen mag, etwas beide Verbindendes. *Beiden*, den Qumranern und Jesus ist die gleiche Grund-

motivation zu eigen, nämlich eine tiefe Unzufriedenheit mit der herrschenden Gesellschaftsordnung im Volk der Juden, und *beide* werden dadurch zu gesellschaftlichen Außenseitern: Die Qumraner, indem sie sich aus der jüdischen Zivilisation verabschieden, teils sogar ins Ausland emigrieren. Man weiß, daß im ersten Jahrhundert v.Chr. eine ziemlich bedeutende Gruppe die Qumrangemeinde verließ und in der Gegend von Damaskus siedelte.[26] Jesus nun geht aus der gleichen Grundhaltung heraus Konflikte mit der etablierten Gesellschaftsschicht ein. Er zieht als Wanderprediger ohne festen Wohnsitz durchs Land und wendet sich, wie wir gesehen haben, den Randgruppen dieser Gesellschaft zu, prangert Mißstände[27] an und redet einer «Umwertung aller üblichen moralischen Werte»[28] das Wort. Aber, wie gesagt: Beider Haltung – die deine und die essenische – entsprießt derselben Wurzel.

JESUS: Du hast recht.

JUDITH: Im übrigen verliert der Antagonismus zwischen den Essenern und Jesus etwas von seiner Schärfe, wenn wir folgendes bedenken: Der essenische Isolationismus hat sich im Laufe der vielen Jahrzehnte vergeblichen Wartens auf den Messias offenkundig abgeschwächt. Die als Lebensregel für die Damaskusgruppe verfaßte sogenannte Damaskusschrift ist in vielen Punkten weniger streng als die Gemeinderegel für Qumran.[29] Außerdem wächst die essenische Bewegung über Qumran hinaus und breitet sich nach und nach in der ganzen jüdischen Welt aus.[30] In den Dörfern und Städten Palästinas leben essenische Gruppen[31], auch in Jerusalem gibt es eine solche.[32] In herodianischer und nachherodianischer Zeit wird sogar eines der Stadttore von Jerusalem «Essener-Tor» genannt.[33] Vermutlich gab es unweit dieses Tores so etwas wie ein Essener-Viertel.[34] Manche Essener besaßen im Volk großes Ansehen.[35] Der Einfluß ihres Denkens auf weite Schichten des

Volkes scheint beträchtlich gewesen zu sein.[36] Zur Zeit der römischen Prokuratoren, d.h. vom Jahre 6 n.Chr. an, kann man eine weitere Lockerung der strengen Regeln und schließlich zelotische[37] Tendenzen bei den Essenern beobachten.[38] Während wir also bei den Essenern eine gewisse Öffnung ihrer separatistischen Ideologie feststellen können, ist Jesus andererseits nicht ganz frei von separatistischen Neigungen. Kann man das so sehen?

JESUS: Meinst du meine Ablehnung familiärer Bindungen? In ihr zeige sich, so ist gesagt worden, eine «radikale Forderung nach Abkehr von der Welt».[39] Oder meine ablehnende Haltung gegenüber Eigentum und Besitz?[40] Oder meine Anweisung zu beten? «Gehe in dein Zimmer und schließ die Tür zu!»[41] Auch ich selbst ziehe mich zum Gebet immer in die Abgeschiedenheit zurück.[42] Du könntest weitere Literaturstellen ausfindig machen, zum Beispiel: Meine Jünger «gehören nicht zur Welt, so wie ich nicht zu dieser Welt gehöre».[43]

JUDITH: Ich denke vor allem an deine Mission, die ausschließlich dem Volk der Juden gilt.[44] Deine Verkündigung richtet sich nicht über die Grenzen des jüdischen Volkes hinaus; an Mission unter den Heiden hast du nie gedacht.[45] Hast du nicht sogar Nichtjuden mit Hunden und mit Schweinen verglichen?[46] Eine Analogie zur Qumrangemeinde wird damit erkennbar, deren Heilsdenken auch nur die Mitbrüder als «Rest Israels»[47] einschließt; Mission betreiben die Qumraner nicht.[48]

CHRISTOPH: Das kann aber nicht heißen, die grundverschiedene Haltung Jesu und der Essener zu verwischen. Jesus wendet sich den Angehörigen seines Volkes *zu* und nicht von ihnen *ab*!

Judith: Spätere Jahrhunderte haben gezeigt, daß beider Wege sich nicht auszuschließen brauchen, sondern einander ergänzen; sie sind im Christentum beide beschritten worden: Die Hinwendung zur Welt und zum Mitmenschen einerseits, andererseits die organisierte Separation in Gestalt zahlreicher Kirchenspaltungen[49], Sektengründungen und mönchischer Lebensformen.[50]

Disziplin und Askese

CHRISTOPH: Die Essener betrachten sich als eine «Gemeinde der Männer der vollkommenen Heiligkeit».[51] Strenger Gesetzesgehorsam, akkurate Befolgung der Sabbatruhe und der Reinheitsgebote sowie tägliche Reinigungsriten sind ihnen eine aus tiefer Religiosität empfundene Pflicht. Geschlechtliche Beziehungen und Privateigentum verachten sie.[52] Der Tageslauf der Essener, namentlich der monastischen Gruppe in Qumran, ist streng asketisch geprägt. Sie halten eine feste Gebetsordnung ein, welche die Gebetszeiten nach dem Sonnenstand[53] auf den Tag verteilt und die mit dem Gebet vor Sonnenaufgang[53] beginnt. Festgelegt sind auch die Zeiten der Arbeit und der gemeinsamen Mahlzeiten[54] sowie die im Judentum üblichen Fastenzeiten.[55] Wo mindestens zehn Mitglieder beieinander sind, haben sie

> *«Tag und Nacht, beständig einer nach dem anderen», im Gesetz zu forschen. «Und die Vielen sollen gemeinsam wachen den dritten Teil aller Nächte des Jahres, um im Buch zu lesen und nach Recht zu forschen und gemeinsam Lobsprüche zu sagen.»*[56]

Den gemeinsamen Beratungen der Essener liegt eine bindende Redeordnung zu Grunde. Niemand darf in die Worte seines Nächsten hineinreden, einzuhalten ist die Reihenfolge nach dem Rang des Redners in der Gemeinde, und auch dann bedarf er einer Redeerlaubnis «der Vielen».[57] Ein Strafenkodex sorgt für die Durchsetzung der

Regeln. So wird zum Beispiel derjenige, «der mitten in die Worte seines Nächsten hineinredet» oder «wer einschlummert bis zu dreimal während einer Sitzung», für zehn Tage von der Gemeinschaft ausgeschlossen.[58] Gröbere Verstöße werden mit längeren Zeitstrafen geahndet, die bis zur völligen Verstoßung aus der Gemeinschaft reichen.[59] Hören wir Josephus zu:

> *«Weder Geschrei noch sonstwelcher Lärm stört je die Weihe des Hauses, sondern sie geben einander das Wort, wie es sich der Reihe nach fügt. Die Menschen draußen aber mutet die Stille drinnen wie ein schauerliches Mysterium an; diese Stille ist eine Folge der ständig eingehaltenen Nüchternheit und der Übung, Speise und Trank nur bis zur Sättigung zu sich zu nehmen.»*[60]

Können wir uns Jesus oder einen seiner Jünger in dieser Kongregation vorstellen?

JESUS: Mein Lebensstil weist kaum asketische Züge auf.[61] Ich teile zwar die essenische Haltung gegenüber Eigentum und Vermögen, und auch eine ähnliche Einstellung zur Ehe könnt ihr bei mir finden. Darüber hinaus gibt es nichts, das mich in die Nähe der Essener rücken könnte. Meine Jünger und ich kennen keine festen Gebetszeiten. Meistens bete ich in Abgeschiedenheit allein[62], selten in Gemeinschaft mit meinen Jüngern.[63] Allerdings mache ich den Jüngern klar, «daß sie immer beten und darin nicht nachlassen sollten».[64]

JUDITH: Deine Frage

> *«Wird Gott nicht erst recht seinen Erwählten zu Hilfe kommen, wenn sie ihn Tag und Nacht anflehen?»*[65]

mutet fast wie eine Anspielung auf essenische Gebetsrituale an.

JESUS: Die Essener sind nicht die einzigen Frommen im Lande. Aber laß mich meinen Gedanken zu Ende führen.

Fasten hat, wenn es nicht zur Schau gestellt wird, durchaus einen guten Sinn.[66] Ich selbst nehme es damit jedoch nicht so genau. Das sieht Matthäus ganz richtig:

«Danach kamen die Anhänger des Täufers Johannes zu Jesus und fragten: ‹Wie kommt es, daß wir und die Pharisäer regelmäßig fasten, aber deine Jünger nicht?› Jesus antwortete: ‹Ihr erwartet doch nicht, daß die Gäste bei einer Hochzeit mit Trauermienen herumsitzen, solange der Bräutigam da ist? Die Zeit kommt früh genug, daß der Bräutigam ihnen entrissen wird, dann werden sie fasten.›»[67]

CHRISTOPH: Auch sonst stehst du nicht gerade in dem Ruf eines Nahrungsasketen. Man hat dir sogar vorgeworfen, ein «Vielfraß und Säufer» zu sein.[68]

Jesus: Ich habe oft mit Menschen, die in der Gesellschaft einen schlechten Ruf genießen, Tischgemeinschaft gehalten; das ist wahr.[69] Denn Tischgemeinschaft verbindet auf besondere Weise.

Armut

JUDITH: Von Josephus wissen wir, daß die Essener den Reichtum verachten.[70] Er berichtet im einzelnen:

«Man findet bei ihnen auch niemand, der mehr besitzt als die anderen, denn nach ihrem Gesetz müssen jene, die sich ihrer Sekte anschließen wollen, ihr Hab und Gut an die Gemeinschaft übertragen! Auf diese Weise trifft man bei ihnen weder auf erniedrigende Armut noch auf Reichtum, der überheblich macht, vielmehr wird der gesamte Einzelbesitz zu einem einzigen brüderlichen Gemeingut. ... Untereinander kaufen und verkaufen sie nichts; wer etwas braucht, dem gibt ein jeder von dem Seinen und bekommt auch wiederum das von jenem, was er benötigt;

und sogar ohne Gegenleistung kann man von jedem Beliebigem sich das Nötige aneignen. ... Deshalb reisen sie ohne jedes Gepäck und nur mit Waffen, um sich gegen Räuber wehren zu können. ... Schuhe und Kleidung wechseln sie nicht, bevor sie völlig zerfetzt und abgetragen sind.»[71]

Fast 2000 Jahre später fand man diesen Bericht des Flavius Josephus in den Schriftrollen von Qumran bestätigt. In ihren Schriften verabscheuen die Essener «Besitz und Gewinn»[72] und bezeichnen sich selber als die «Gemeinde der Armen»[73]. Nach der Gemeinderegel sollen sie «ihren Besitz in die Gemeinschaft Gottes einbringen», um «all ihren Besitz nach seinem gerechten Rat» einzusetzen.[74] Für das Gemeingut bestellen sie einen Aufseher.[75] Ihr Armutsideal ist eschatologisch geprägt; Armut gilt ihnen als Gnadenstand.[76]
Wie die Essenergemeinde, so sieht auch Jesus von Nazareth jeden Besitz als gefährlich für die Gottesfurcht an.[77] Oder?

JESUS: Ich habe mich gegen Reichtum und Besitz gewandt.[78] Meinen Jüngern habe ich erklärt, sie sollten sich um Nahrung und Kleidung keine Sorgen machen.[79]

«Zerbrecht euch nicht den Kopf darüber, was ihr essen und trinken werdet. Damit plagen sich Menschen, die Gott nicht kennen. Euer Vater weiß, was ihr braucht. Sorgt euch nur darum, daß ihr euch seiner Herrschaft unterstellt, dann wird er euch mit all dem anderen versorgen.»[80] *«Nehmt nichts mit auf den Weg außer einem Wanderstock; kein Brot, keine Vorratstasche und auch kein Geld! Zieht Sandalen an, aber kein zweites Hemd.»*[81]

JUDITH: Die Übereinstimmung deiner Haltung mit dem Bericht des Josephus über die Reisegewohnheit der Essener ist frappierend. Diese Armut auf Wanderschaft ist «qumranisch»[82].

JESUS: Laßt es mich noch deutlicher ausdrücken:

«Sammelt keine Reichtümer hier auf Erden! Denn ihr müßt damit rechnen, daß Motten und Rost sie auffressen oder Einbrecher sie stehlen. Sammelt lieber Reichtümer bei Gott. Dort werden sie nicht von Motten und Rost zerfressen und können nicht von Einbrechern gestohlen werden. Denn euer Herz wird immer dort sein, wo ihr euren Reichtum habt.»[83]

Hängt also euer Herz nicht an den Besitz! Schon dieses Wort verrät euch, wenn ihr genau hinhört, welcher Körperteil zum Besitzen verwendet wird; es ist nicht der edelste. Was ihr mit dem Gesäß besetzen könnt, ist euer «Besitz». Tragt darum das Herz nicht im Hintern! Von unrechtmäßigem oder ergaunertem Besitz will ich gar nicht erst reden.

JUDITH: Das wären dann wohl diejenigen Dinge, welche von dem zum Besitzen vorgesehenen Körperteil – aus Kapazitätsgründen – nicht mehr eingenommen werden können. Das heißt: Man besch…

JESUS: «Ich sage es euch noch einmal: Eher kommt ein Kamel durch ein Nadelöhr, als ein Reicher in Gottes neue Welt.»[84]

CHRISTOPH: Wie weit haben wir westlichen Menschen, die wir vom Streben nach wirtschaftlichem Wohlstand und nach Gewinnmaximierung beseelt sind, uns von dieser Haltung entfernt?[85]

JESUS: Mit großer Leidenschaft sammelt ihr, was man nur sammeln kann: Briefmarken, Münzen, Kunstgegenstände, Spielzeug, Antiquitäten usw., usw. Und mit jedem neuen Stück in eurer Sammlung entfernt ihr euch ein Stück weiter von Gott. «Verkauft euren Besitz und schenkt das Geld den Armen!»[86] Tut dies aber so unauffällig wie möglich. Gott, der auch das Verborgenste sieht, belohnt euch dafür.[87]

JUDITH: Eine aller Ehren werte und demütige Haltung, die, wenn ich richtig sehe, nur noch von dem späteren römischen Philosophen und Kaiser Marc Aurel (121–180 n.Chr.) erreicht worden ist. Marc Aurel sagte, ohne die Auffassung Jesu überhaupt zu kennen, daß jede edle Tat ihren Lohn in sich selber trägt.[88]

CHRISTOPH: Dann brauche ich Jesus wohl nicht mehr zu fragen, was er von unserer heutigen Praxis hält, Spenderlisten in der Zeitung zu veröffentlichen oder sich um des eigenen Vorteils willen Spendenbescheinigungen ausstellen zu lassen.

JUDITH: Der berühmte Beginn der Bergpredigt, den Martin Luther übersetzt hat mit: «Selig sind, die da geistlich arm sind; denn das Himmelreich ist ihr;»[89] und der so schwer verständlich erscheint, gehört auch in unseren Zusammenhang. Die «geistlich Armen», das sind – mit Schalom Ben-Chorin – «die um des Geistes willen arm Gebliebenen», diejenigen, «die absichtlich arm geblieben sind, um sich für den Geist, den Geist Gottes, zu bereiten».[90] Werfen wir noch einmal einen Blick in die Qumranschriften, so finden wir dort bereits denselben Begriff: «Arme des Geistes»[91] und entsprechende Formulierungen[92]. Wir haben hier eine Vokabel vor uns, die im Judentum sonst nirgends vorkommt[93] und die eine Gemeinsamkeit Qumrans und des Matthäus-Evangeliums darstellt.[94] Wenn ich resümieren darf, können wir also beim Thema Armut «interessante Analogien»[95] zwischen Qumran und Jesus feststellen. Kommt Jesus aus essenischen Kreisen?

CHRISTOPH: Was bedeutet es schon, wenn wir bei den Essenern und Jesus die «Gemeinsamkeit» herausgefunden haben, arm zu sein? Schließlich dürften Jesus und die Essener diesen Stand damals schon mit der Mehrheit der Weltbevölkerung geteilt haben!

JESUS: Du übersiehst das Wesentliche, Christoph. Nicht die Armut als solche ist das Hervorhebenswerte, sondern, wie wir gesehen haben, die *innere Einstellung* dazu: die Bedürfnislosigkeit, um innerlich frei zu sein und aufnahmefähig für die Botschaft Gottes. Diese findet man in Qumran in vorbildlicher Weise.[96] Damals wie heute dürfte es eine verschwindend kleine Minderheit sein, die sich aus Frömmigkeit – «um des Geistes willen» – bei Hab und Gut auf das Allernotwendigste beschränkt.

Judith: Zumal, wenn man bedenkt, daß die gemeinsame jüdische Tradition Jesu und der Essener, die hebräische Bibel, den Frommen und Gerechten gern mit irdischen Gütern und einer stattlichen Zahl von Söhnen gesegnet sieht.[97] Wir erkennen in der Tat eine auffallende geistige Verwandtschaft zwischen den Essenermönchen und Jesus.
Auch die ersten Christen betrachten sich später als die von Gott bevorzugten Armen und leben wie die Qumraner in einer Gütergemeinschaft.[98] Sie nennen sich wie die Qumraner «ebionim» («Arme»), man spricht daher von Ebioniten.[99] Die frühe Christengemeinde hat, so befinden viele, die Gütergemeinschaft von Qumran übernommen, die heutigen Großkirchen hingegen lassen diese Wurzeln nicht mehr vermuten: Sie pflegen den Wohlstand der Reichen dieser Welt.[100]

Ehelosigkeit

CHRISTOPH: Über die Einstellung der Essener zur Ehe weiß man recht gut Bescheid. Lassen wir zunächst wieder Josephus sprechen:

> *«Über die Ehe denken sie abträglich, doch nehmen sie die Kinder anderer auf, solange sie noch in einem bildungs-*

fähigen Alter stehen, und sehen in ihnen Zugehörige und formen sie nach ihren Idealen. Damit lehnen sie die Ehe und die daraus entstehende Nachkommenschaft wohl nicht gemeinhin ab, doch sie verschanzen sich gegen die Lüsternheit der Frauen, von denen sie überzeugt sind, daß sie in keinem Fall einem einzigen Mann die Gattentreue bewahren.»[101]

Die Forschung hält diese Beobachtung des Flavius Josephus im wesentlichen für zutreffend. Die Qumranschriften lassen ein ausgeprägtes Reinheitsdenken der Essener erkennen, das vor allem in rituellen Waschungen und Tauchbädern seinen Ausdruck findet. Nicht nur nach der Berührung eines Fremden müssen die Essener sich waschen, sondern auch, nachdem ein älterer Mitbruder von einem jüngeren berührt worden ist.[102] Es entspricht diesem Reinheitsbedürfnis, geschlechtliche Enthaltsamkeit zu üben und deshalb auf Ehe und Familie zu verzichten.[103] Kompromißlos scheint diese Haltung indessen nicht gewesen zu sein[104], denn die Archäologen haben in Qumran auch Frauengräber aufgedeckt.[105] Auch außerhalb ihres Zentrums Qumran leben verstreut im Lande Angehörige der Essenergemeinde[106], unter denen es Verheiratete gibt.[107]

JUDITH: Nun aber zu Jesus und seinen Jüngern. Die Frage, ob Jesus ledig oder verheiratet war, befruchtet die Zölibatsdiskussion bis in unsere Tage. Warst du verheiratet?

JESUS: Genügt dir nicht, was in den Evangelien steht?

JUDITH: Mit keinem einzigen Wort gehen die Evangelien auf diese Frage ein. Da es zum Stande eines Rabbi gehörte, verheiratet zu sein[108], schließe ich aus dem Schweigen der Evangelien, daß du verheiratet warst; deine Jünger, aber vor allem deine Gegner hätten, wenn du unverheiratet gewesen wärest, bestimmt nach diesem Mangel gefragt.[109]

Jesus: Liebe Judith, die Leute haben mich respektvoll mit «Rabbi» angeredet – obwohl ich kein ordinierter Rabbi gewesen bin.[110] Die Anrede «Rabbi» war in damaliger Zeit gegenüber Kennern und Lehrern der Thora allgemein üblich, aber noch nicht auf die ausgebildeten und ordinierten Gelehrten beschränkt.[111] – Schau ruhig hinein in die Evangelien! Berichten sie nicht umfassend über meine familiären Verhältnisse?

> *«Ist er nicht der Sohn des Zimmermanns? Ist nicht Maria seine Mutter, und sind nicht Jakobus, Josef, Simon und Judas seine Brüder? Leben nicht auch seine Schwestern hier bei uns?»*[112]

Viele andere Bibelstellen beschäftigen sich mit meiner Familie.[113] Meinst du nicht, die Evangelisten hätten auch über meine Ehe berichtet, wenn es da etwas zu berichten gegeben hätte?

Christoph: Ich möchte dich darauf aufmerksam machen, Judith, daß Jesus – obzwar er auch das fünfte Gebot «Ehre deinen Vater und deine Mutter!» sehr ernst nimmt[114] – eine ausgeprägte familienfeindliche Einstellung erkennen läßt:

> *«Wer sich mir anschließen will, der muß bereit sein, mit Vater und Mutter zu brechen, ebenso mit Frau und Kindern, Brüdern und Schwestern, und sogar das eigene Leben aufzugeben. Sonst kann er nicht mein Jünger sein.»*[115]
> *«Jeder, der um meinetwillen sein Haus, seine Geschwister, Eltern oder Kinder oder seinen Besitz zurückgelassen hat, der wird das alles hundertfach wiederbekommen und dazu das ewige Leben.»*[116]

Bei dieser Quellenlage ist kaum anzunehmen, daß die Evangelien einen verheirateten Jesus, der seine Frau oder Familie verläßt, um sich seiner Sendung zu widmen, unerwähnt gelassen hätten.[117]

JESUS: «Was ich jetzt sage, kann nicht jeder verstehen, sondern nur die, denen Gott das Verständnis gegeben hat. Es gibt verschiedene Gründe, warum jemand nicht heiratet. Manche Menschen sind von Geburt an eheunfähig, manche – wie die Eunuchen – sind es durch einen späteren Eingriff geworden. Noch andere verzichten von sich aus auf die Ehe, weil sie ganz davon in Anspruch genommen sind, daß Gott jetzt seine Herrschaft aufrichtet. Versteht es, wenn ihr könnt!»[118]

CHRISTOPH: Verstehe ich dich richtig? Du hast also aus eschatologischen Gründen ehelos gelebt[119]; der ungeteilten Hingabe an Gott hast du den Vorzug gegeben.[120] Für manche deiner Jünger wird wohl dasselbe gegolten haben.[121]

JUDITH: Wir erkennen, wenn ich zusammenfassen darf, «eine wirkliche Analogie zwischen Qumran und Jesus»[122] in der Frage des Eheverzichts. Eine Haltung, die umso mehr ins Auge sticht, als sie dem übrigen Judentum fremd ist.[123]

CHRISTOPH: Wenn wir einen Sprung von einigen Jahren machen, so finden wir, daß Ehelosigkeit auch bei Paulus und im nachapostolischen Christentum eine Rolle gespielt hat, aber wohl noch nicht in der Urgemeinde.[124]

Frauen

JUDITH: Seit langer Zeit haben die Familien im Alten Orient patriarchalischen Charakter. Man rechnete die Abstammung nur vom Vater her, und das «Haus des Vaters» umfaßte die ganze Familie: Vater, Söhne, Schwiegertöchter und Enkel. Der Vater war Mittelpunkt, Autorität, Ernährer und Beschützer der Frauen und Kinder.[125] Die gesellschaftliche Stellung der Frau in Palästina war gering. Sie erbte nichts von ihrem Ehemann, und Töchter konnten von ihrem Vater nur erben, wenn kein männlicher Erbe vorhanden war.[126] Die verheiratete Frau galt als Eigentum des Mannes, der sie ohne Verteidigung verstoßen konnte, während umgekehrt die Frau kein Recht hatte, sich von ihrem Gatten zu scheiden.[127] Ihr Ansehen hob sich mit der Geburt von Kindern, besonders Knaben; im übrigen hatte sie hart zu arbeiten, aber man erwies ihr dafür Achtung.[128]

> *«Dies sind die Arbeiten, welche die Frau für ihren Mann tut: sie mahlt, sie bäckt, sie wäscht, sie kocht, sie säugt ihr Kind, sie macht für ihn das Bett zurecht, und sie schafft in Wolle.»*[129]

In der Tempelanlage durfte sie nur bis in den Vorhof, den Hof der Frauen, kommen.[130] So kann man gut verstehen, daß in den Synagogen die Männer Gott dafür dankten, nicht als Frauen auf die Welt gekommen zu sein.[131]

CHRISTOPH: Und die Qumraner setzen noch einen drauf. Von Josephus kennen wir ihre Grundhaltung bereits.[132] Sie haben nur Verachtung für die Frau übrig; die Frau ist für die Qumraner von Grund auf schlecht und pervers.[133] In einer Schrift aus Höhle 4 wird über die Frau gesagt: «Unter den Fundamenten der Finsternis hat sie ihr Zelt.» Und: «Sie ist die Ursache aller Wege der Verderbnis.»[134] Der Teufel Belial, der mit drei Netzen Israel fangen wolle, benutze als erstes Netz die «Unzucht», noch *vor* dem «Reichtum» und der «Befleckung des Heiligtums».[135] «Unzucht» und «Hurerei» sind der qumranischen Gemeinde die «Greueltaten» schlechthin.[136]
Vor dem Hintergrund dieses infernalischen Sittengemäldes hebt sich Jesu Haltung zu Frauen geradezu wohltuend ab.

JESUS: Ich weiß wohl, worauf du anspielst. Mein Gespräch mit der Samaritanerin am Jakobsbrunnen in Sychar setzt die Jünger in Erstaunen[137], denn für einen Rabbi ist es befremdlich, sich mit einer Frau zu unterhalten[138] – noch dazu mit einer Nichtjüdin. Für mich selbst ist es, wie für euch Heutige, die selbstverständlichste Sache der Welt. Zu den Menschen, die mit mir von Stadt zu Stadt und von Dorf zu Dorf ziehen, gehören auch Frauen. Lukas schreibt über uns:

> *«Die zwölf Jünger begleiteten ihn, außerdem folgten ihm einige Frauen, die er von bösen Geistern befreit und von anderen Leiden geheilt hatte. Es waren Maria aus Magdala, aus der er sieben böse Geister ausgetrieben hatte, Johanna, die Frau von Chuzas, einem Beamten in der Verwaltung des Fürsten Herodes[139], dazu Susanna und viele andere Frauen.»[140] «Sie alle sorgten mit ihrem Vermögen für den Unterhalt Jesu und seiner Jünger.»[141]*

JUDITH: Ihr laßt euch von Frauen finanziell unterhalten. Welch ein ungeheuerlicher Vorgang in jener patriarchalischen Welt!

JESUS: Alle diese Frauen gehören zu meiner Jüngergruppe.[142]

CHRISTOPH: In Qumran wäre das alles völlig undenkbar. Aber es kommt noch «dicker». Lukas berichtet:

> *«Ein Pharisäer hatte Jesus zum Essen eingeladen. Jesus ging in sein Haus, und sie legten[143] sich zu Tisch. In derselben Stadt lebte eine Frau, die für ihr ausschweifendes Leben bekannt war. Als sie hörte, daß Jesus bei dem Pharisäer eingeladen war, kam sie mit einem Fläschchen voll kostbarem Salböl. Weinend trat sie von hinten an Jesus heran, und ihre Tränen fielen auf seine Füße. Da trocknete sie ihm mit ihren Haaren die Füße ab, küßte sie und goß das Öl über sie aus. Als der Pharisäer, der Jesus eingeladen hatte, das sah, sagte er sich: ‹Wenn dieser Mann wirklich ein Prophet wäre, wüßte er, was für eine das ist, von*

der er sich anfassen läßt! Er müßte wissen, daß sie eine Prostituierte ist.› Nach einem Wortwechsel zwischen Jesus und seinem Gastgeber sagte Jesus schließlich «zu der Frau: ‹Deine Schuld ist dir vergeben!› Die anderen Gäste fragten einander: ‹Was ist das für ein Mensch, daß er sogar Sünden vergibt?› Jesus aber sagte zu der Frau: ‹Dein Vertrauen hat dich gerettet. Geh in Frieden!›»[144]

Dieser Vorfall ist aus mehreren Gründen höchst aufschlußreich. Erstens veranschaulicht er einmal mehr Jesu unbefangenen Umgang mit Frauen – zumal mit Frauen, die bis heute zu den gesellschaftlich Diskriminierten gehören. Das Befremden eines Gastgebers würde heute kaum milder ausfallen. Malt euch die Reaktion eines Qumran-Esseners in dieser Situation aus! Er hätte seinen Abscheu über die Unfaßbarkeit des Geschehenen offen ausgedrückt. Zum zweiten erhalten wir einen kleinen Einblick in die verwickelte Geschichte, die eine Jahrzehnte währende Tradition und Redaktion des Neuen Testaments genommen hat. Den Kern der Handlung stellen alle vier Evangelisten übereinstimmend dar: Eine Frau salbt den Körper Jesu mit kostbarem Öl. Es divergieren aber die Details der Szene und die Deutung des in der Handlung verborgenen Sinnes.[145] Der dritte und für mich bedeutsamste Aspekt kommt jedoch in dem Erstaunen der übrigen Gäste zum Ausdruck: «Was ist das für ein Mensch, daß er sogar Sünden vergibt?»

JUDITH: Nach jüdischem Gesetzesverständnis konnte keine menschliche Autorität aus eigener Macht Schuld vergeben; nur Gott selbst oder ein Vertreter Gottes konnte solche Vergebung aussprechen.[146]

CHRISTOPH: Ein Akt der Vergebung liegt auch in Jesu Verhalten gegenüber der Ehebrecherin, das von Johannes berichtet wird.[147] Auf Ehebruch stand nach jüdischem Gesetz für beide Beteiligte die Todesstrafe.[148] Jesus bewahrt die Frau, die man beim Ehebruch überrascht hatte, vor der Steinigung mit den Worten:

> *«Wer von euch noch nie gesündigt hat, der soll den ersten Stein auf sie werfen.»*[149]

Ihre Ankläger zogen daraufhin, einer nach dem anderen, ab. Auch bei dieser Szene wollen wir uns einen Augenblick lang vorstellen, sie hätte sich vor einem der «Männer der vollkommenen Heiligkeit»[150] zugetragen. Er hätte mit Nachdruck auf die Tötung gedrungen.[151]

JESUS: Frauen waren es, die bis zuletzt zu mir gehalten haben; bis unters Kreuz haben sie mich begleitet.[152]

CHRISTOPH: Frauen haben auch – nach Darstellung der Evangelisten – als erste das leere Grab gesehen[153], und der vom Tode auferweckte Jesus ist zuerst Frauen erschienen und hat ihnen aufgetragen, den Kreis der Jünger zu informieren.[154]

JUDITH: Es ist nicht zu fassen: Frauen sollen Zeugnis ablegen vom Auferstandenen!? Frauen, deren Zeugenaussage vor Gericht nach damaligem jüdischem Recht nichts gilt.[155]

CHRISTOPH: Eine Welt liegt zwischen Jesus und der Frauenfeindlichkeit Qumrans.

Das Gesetz

JUDITH: Das «Gesetz» durchdringt als alles bestimmende Maxime das Leben eines jeden Juden der damaligen Zeit. «Gesetz», das sind die fünf Bücher Moses – die Thora.[156] Ihnen entnimmt der Jude die *religiösen* und ethischen Pflichten wie den Dekalog (die Zehn Gebote)[157], das Sabbatgebot, Reinheits- und Speisegesetze, Inzestverbote, Vorschriften über den Tempelkult, Opfergaben und -riten, das Priesterwesen und nicht zuletzt das Bilderverbot[158].

CHRISTOPH: Mit welchem heiligen Ernst die Juden sich dem Gesetz unterwerfen, schildert Josephus auf eindrucksvolle Weise:

> *«Als Pilatus von Tiberius als Statthalter nach Judäa geschickt worden war (= 26 n. Chr.), ließ er die Kaiserbilder, die sogenannten Legionsadler, nächtlicherweise verhüllt nach Jerusalem bringen. Tags darauf entstand darüber bei den Juden eine außerordentliche Beunruhigung; denn wer an den Zeichen vorüberkam, war durch diesen Anblick aufs schwerste erschüttert, bedeutete es doch nichts anderes, als daß das Gesetz der Juden verhöhnt wurde, wo dieses doch ausdrücklich die Aufstellung eines Bildnisses in der Stadt verbietet. Auf diese negative Reaktion der Stadtbewohner hin kam auch die Landbevölkerung noch massenhaft zusammen, und man zog nun nach Caesarea zu Pilatus und bat ihn inständig, die Bildnisse aus Jerusalem wegbringen zu lassen und nicht an die alten Gesetze zu rühren. Pilatus lehnte es ab, und nun warfen sich die Bittsteller im Umkreis um den Palast auf das Antlitz nieder und verblieben fünf Tage und Nächte in dieser Weise, ohne sich von der Stelle zu bewegen.»[159] Anschließend drohte Pilatus den protestierenden Juden mit dem Einsatz des Militärs, «er wolle sie umbringen lassen, falls sie die Kaiserbildnisse nicht bei sich duldeten; und schon gab er den Soldaten ein Zeichen, die Schwerter blank zu ziehen. Doch die Juden fielen allesamt zu Boden, als hätten sie es so vereinbart, und sie boten den Nacken dar und riefen laut, sie wollten lieber sterben als gegen das Gesetz der Väter verstoßen. Pilatus aber war betroffen ob ihrer lauteren Gottesfurcht und befahl, die Bildnisse sofort aus Jerusalem wegzubringen.»[160]*

JUDITH: In der Thora sind darüber hinaus die für das *bürgerliche* Leben geltenden Rechtsnormen enthalten, wie z. B. Schadensersatzvorschriften und das Recht der Ehescheidung, ferner Rechtssätze, die wir heute als *öffentli-*

ches Recht bezeichnen würden, z. B. das Asylrecht, Regeln der Kriegführung und, nicht zu vergessen, *Strafgesetze*. Die Thora gilt als gottgegeben, absolut bindend und unaufhebbar.[161] Da die «weltlichen» und religiösen Gesetze alle gleichermaßen von Gott kommen, gibt es keinen Grund und auch kein Mittel, beide zu unterscheiden.[162] Staatliche Gesetze kannte das Judentum daneben nicht. In späterer talmudischer Zeit hat man insgesamt 613 «göttliche Vorschriften» in der Thora gezählt.[163] Die Auslegung der Thora und die Handhabung der Justiz, die ursprünglich zum Amtsbereich der Priester gehört hatten[164], gingen in nachexilischer Zeit (also nach 539 v. Chr.) in die Hände der Schriftgelehrten über.[165] Diese «Schriftgelehrten» oder auch «Gesetzeslehrer» waren also entsprechend dem Wesen des Gesetzes Theologen und Juristen zugleich.[166] Ihr Berufsstand schrieb einen bestimmten Bildungsgang vor, dessen Ziel die Ordination zum Rabbi war.[167] Da der in der Thora überlieferte Wille Jahwes für alle Zeiten unantastbar ist[168], konnte es eine echte Rechtsfortbildung nicht geben, und so wurde es zur Hauptaufgabe der Schriftauslegung, die Thora für die Bedürfnisse einer sich verändernden Gesellschaft anwendbar zu machen, ohne dabei den Schrift gewordenen Willen Gottes zu mißachten. Diese Problemlage brachte im Laufe der Zeit eine Fülle von – sich oft widerstreitenden – Auslegungsschulen hervor, deren wichtigste zur Zeit Jesu durch die Pharisäer repräsentiert wird.[169] Die Pharisäer – oder jedenfalls ein großer Teil der Pharisäerschaft – behaupten, daß auch die *mündliche* Lehre dem Mose am Sinai gegeben und nur nicht niedergeschrieben worden sei; sie bestehen auf der gleichen Rechtsverbindlichkeit des geschriebenen wie des mündlichen Rechts.[170] So hat sich im Laufe von Jahrhunderten um die 631 schriftlichen Gesetze herum eine Vielzahl mündlicher Verhaltensnormen – die Halacha – gebildet. Diese «mündliche Thora» übertrifft in ihrem Umfang die schriftliche bei weitem.[171] Jede Einzelheit des täglichen Lebens ist damit durch Gesetze erfaßt. Der einfache, nicht gelehrte Jude kann den genauen Sinn vieler Vorschriften kaum kennen oder ist nicht imstande, sie einzuhalten.[172] Die Pharisäer andererseits machen die peinliche Beachtung einer jeden Vorschrift zu einem wesentlichen Teil ihrer Lehre und Lebensweise.[173]

CHRISTOPH: Dieses Los des Verstricktseins in eine kaum überschaubare Vielfalt gesetzlicher Vorschriften mag ein Jude zur Zeit Jesu uns Heutigen vorausgelebt haben. Nur noch der Spezialist unter den Juristen ist wohl in der Lage, ein Rechtsgebiet zu überblicken, der dem Recht unterworfene einzelne ist es längst nicht mehr.[174]

JUDITH: In jener Zeit akuter messianischer Naherwartung, in der viele Juden das Ende des jetzigen Weltalters heraufziehen sehen oder es herbeisehnen, sind nun zwei unterschiedliche Tendenzen zu beobachten. Manche meinen, jeder Mensch werde den Willen Gottes aus eigenem inneren Antrieb erfüllen; die vielen Gebote und Verbote hätten ihre Schuldigkeit getan.[175] Andere – offenbar die Mehrheit – werden im Hinblick auf die messianische Zeit zu umso strengerer Gesetzesfrömmigkeit veranlaßt und an die Grenze menschlicher Leistungsfähigkeit getrieben.[176]

CHRISTOPH: Zu letzteren gehört die Essenerbewegung.

JUDITH: Ja, für sie ist «das Gesetz Moses die einzige Lebensregel und sind die Propheten ihr einziger Wegweiser für die Ereignisse der letzten Tage».[177] Die Gemeinderegel Qumrans beginnt mit der Aufforderung,

> *«Gott zu suchen mit ganzem Herzen und ganzer Seele, zu tun, was gut und recht vor ihm ist, wie er durch Mose und durch alle seine Knechte, die Propheten, befohlen hat.»*[178]

Und als Sanktion haben die Qumraner hinzugefügt:

> *«Jeden Mann unter ihnen, der ein Wort aus dem Gesetz Moses absichtlich oder aus Nachlässigkeit übertritt, soll man aus dem Rat der Gemeinschaft fortschicken, und er darf nicht wieder zurückkehren.»*[179]

Die essenische Gemeinde-Halacha ist autoritativ, jede andere Auslegung zurückweisend, und in vielen Punkten sogar gesetzesverschärfend, beispielsweise hinsichtlich der Inzestverbote und der Polygamie.[180] Alles in allem verhalten sich die Essener in ihrem rigiden Gesetzesgehorsam noch extremer als die Pharisäer.[181] Wie steht Jesus von Nazareth zum jüdischen Gesetz?

JESUS: Liebe Judith...

CHRISTOPH: Man weiß doch, daß Jesus sich alle «Freiheit»[182] gegenüber dem Gesetz herausnimmt.

JUDITH: Wo hast du denn das her? Jesus war, so sagen es die Gelehrten, ein gesetzestreuer Jude, der nie und nirgends gegen die mosaischen Gesetze verstieß.[183]

JESUS: Ihr habt beide recht. Christlich empfindende Gelehrte sehen es meist wie Christoph[184], während jüdisch empfindende Forscher Judiths Auffassung teilen.[185] Ich sage euch, Wahrheit ist umfassender, als es der Glaubensgewißheit des einen oder des anderen entspricht. Schlagt meine Worte nach, die der Schriftsteller Matthäus zur Bergpredigt zusammengestellt[186] hat.

> *«Denkt nicht, ich sei gekommen, um das Gesetz Moses und die Weisungen der Propheten außer Kraft zu setzen. Ich bin nicht gekommen, um sie außer Kraft zu setzen, sondern um ihnen volle Geltung zu verschaffen. Ich versichere euch: Solange Himmel und Erde bestehen, bleibt auch der letzte i-Punkt im Gesetz stehen. Das ganze Gesetz muß erfüllt werden. Wer also ein noch so unbedeutendes Gebot*

übertritt und auch andere dazu verleitet, der wird in der neuen Welt Gottes der Geringste von allen sein. Deshalb sage ich euch: Ihr werdet niemals in die neue Welt Gottes kommen, wenn ihr seinen Willen nicht besser erfüllt als die Gesetzeslehrer und Pharisäer.»[187]

JUDITH: Wir entdecken in diesen Worten einen Gesetzesrigorismus bei dir, der dem essenischen nicht nachsteht: Du berufst dich wie die Qumraner auf Moses und die Propheten, und du verwirfst die Laxheit der Pharisäer. Auch du *verschärfst*[188] das geschriebene Gesetz, indem du dazu autoritativ formulierte Radikalthesen[189] aufstellst: «Ihr wißt, daß unseren Vorfahren gesagt worden ist... Ich aber sage euch...»[190] Nicht erst der Mörder verstößt nach Jesus gegen das göttliche Strafgesetz, sondern bereits derjenige, der «auf seinen Bruder zornig ist»; nicht erst der vollzogene Ehebruch ist gesetzwidrig, sondern schon der Gedanke daran.

JESUS: Diese beiden Tatbestände geben eine durchaus jüdische Rechtsauffassung wieder, Judith. Jeder, der einen Gefährten beschämt, «ist, als ob er Blut vergieße», so nennt es der Talmud.[191] Und weiter: «Jeder, der ein Weib (begehrlich) anblickt, ist so, als hätte er sie beschlafen.»[192]

CHRISTOPH: Der Zug zur Verinnerlichung[193] des Gesetzesgehorsams scheint mir bei dir jedoch stärker ausgeprägt zu sein, die Schwelle zum Gesetzesbruch verlegst du, wenn ich so sagen darf, radikal ins Innere des Menschen.

JESUS: Du darfst.

JUDITH: Dein Gesetzesverständnis ist damit sogar schärfer als das heutige Strafrecht.[194] Auch für den Verinnerlichungsprozeß bei Jesus gibt es Entsprechungen im essenischen Schrifttum.[195] Wir müssen demnach einen strengen Gesetzesgehorsam konstatieren, den Jesus mit den Essenern teilt. In bezug auf die Ehescheidung stimmen die Essener und Jesus – abweichend vom übrigen Judentum![196] – sogar fast wörtlich überein.[197] Sowohl in den Qumrantexten als auch in den Evangelien finden sich zahlreiche Polemiken gegen die Pharisäer; die pharisäische Halacha lehnen beide, die Essener entschiedener noch als Jesus, ab.[198]

CHRISTOPH: Paradoxerweise führen uns die Evangelien daneben einen Jesus vor Augen, der sich von Qumran geradezu dramatisch abhebt. Während die Essener sich förmlich an die Thoraweisungen als Weg des Heils klammern, wendet Jesus sich deutlich gegen eine buchstabengetreue, ritualisierte Befolgung der Thora.[199] Frömmigkeitsübungen mißbilligt er.[200]

JESUS: Ich fordere *radikalen* Gehorsam, der den *ganzen* Menschen erfaßt; der Mensch hat dem Gesetz zu gehorchen, nicht weil es geboten ist, sondern dadurch, daß er die Forderungen des Gesetzes versteht und von sich aus bejaht.[201] Es geht mir um den innersten Sinn des Gesetzes.[202]

CHRISTOPH: Den du in genialer Übergehung juristischer Auslegungstechniken aufdeckst. Einer alten juristischen Auslegungsregel folgend, ist bei der Auslegung einer Erklärung «der wirkliche Wille zu erforschen und nicht an dem buchstäblichen Sinne des Ausdrucks zu haften».[203] Um den Willen des «Gesetzgebers» zu ermitteln, wendet der Jurist heute verschiedene Auslegungstechniken an; die Gerichtspraxis kommt auf diesem Wege mitunter sogar zu einem Resultat «contra legem», *gegen* den Wortlaut des Gesetzes! Jesus ist weit entfernt von jeder Gesetz-ist-Gesetz-Haltung. Er geht, jegliche theologische und juristische Exegese souverän beiseite lassend, hinter den buchstäblichen Sinn der Thora zurück und findet dort den Willen des «Gesetzgebers», nämlich Gottes ursprünglichen Willen. Aber es kommt noch schlimmer (für die Gesetzeslehrer seiner Zeit): Jesus findet den genuinen Willen Gottes auch *außerhalb* der Thora, unter Umständen sogar *gegen* ihren überlieferten Wortlaut.[204]

JESUS: Viele Menschen haben das nicht verstanden. Sie fragten und fragten: «Wo hat er das her? Von wem hat er diese Weisheit?»[205] «Wie kommt es, daß er die heiligen Schriften so gut kennt?»[206] «Wer hat dir die Vollmacht dazu gegeben?»[207] Ich habe versucht, den Menschen mein Gesetzesverständnis vorzuleben.

CHRISTOPH: In der Konsequenz deiner Haltung verhinderst du die Steinigung der Ehebrecherin und stellst dich damit gegen das Gesetz.[208] Den Buchstaben des Gesetzes hast du gegen dich, wenn du Reinheitsvorschriften gering achtest und vor allem auf *innere* Reinheit Wert legst.[209] Der Gegensatz zu Qumran könnte in diesem Punkte kaum schärfer sein. Auch wenn der Buchstabe des Sabbatgebotes entgegenzustehen scheint, heilst du Menschen am Sabbat.[210] Dadurch heiligst du den Menschen – so sehe ich es –, nicht nur im alttestamentlichen Sinne, wonach Krankheit und Gebrechen als Folge von Sünde gelten[211], auch in unserer heutigen Sprache ist heil und heilig etymologisch dasselbe Wort. Geschieht die Heilung am Sabbat, dann wird durch die Heiligung des Menschen auch der Sabbat auf besondere Weise geheiligt.

JESUS: «Der Sabbat ist für den Menschen da, nicht der Mensch für den Sabbat.»[212]

JUDITH: Darin kann dir ein Jude ohne weiteres zustimmen.[213]

CHRISTOPH: Nein, Judith, ein Essener ganz gewiß nicht. Der Satz ist im Kern antiessenisch.[214] Das Gesetzesverständnis

Jesu kulminiert schließlich in der sogenannten «Goldenen Regel».

JESUS: Damit meint man die Forderung:

> *«Behandelt die Menschen so, wie ihr selbst von ihnen behandelt werden wollt – das ist alles, was das Gesetz und die Propheten fordern.»*[215]

JUDITH: Ich finde an diesem Satz nichts Aufregendes. Diese «Goldene Regel» war in der Antike[216] weit verbreitet und natürlich auch dem Judentum[217] bekannt.

JESUS: Beweist das nicht umso mehr die Richtigkeit des Satzes? Ich möchte einen Schritt weiter gehen und noch radikaler formulieren:

> *«Liebe den Herrn, deinen Gott, von ganzem Herzen, mit ganzem Willen und mit deinem ganzen Verstand! Dies ist das größte und wichtigste Gebot. Das zweite ist gleich wichtig: Liebe deinen Mitmenschen wie dich selbst! In diesen beiden Geboten ist alles zusammengefaßt, was das Gesetz und die Propheten fordern.»*[218]

Um dir diesmal zuvorzukommen, Judith: Ich weiß, daß beide Gebote bereits in der Thora[219] enthalten sind; ich habe sie nur zusammengefügt.

CHRISTOPH: Damit schließt sich der Kreis, finde ich. Was anfangs wie ein Widerspruch in sich aussehen mochte – Jesu strikte Gesetzestreue und andererseits seine Loslösung vom Buchstaben des Gesetzes –, hat dieselbe Wurzel, nämlich das allesumgreifende Liebesgebot. Wo Jesus sich zu entscheiden hat, entweder die Sabbatruhe zu achten, oder einem Mitmenschen zu helfen, wählt er die tätige Nächstenliebe, weil sie ihm dem Doppelgebot am besten zu entsprechen scheint.

JUDITH: Gut, meinetwegen. Dennoch meine ich: Jesus *ver-*

schärft das Gesetz auf der ganzen Linie. Nicht nur durch seine Radikalthesen in der Bergpredigt, sondern auch dort, wo er sich vom Gesetz zu lösen scheint. Er nimmt seinen Landsleuten das weg, woran sie sich klammern können, den «Buchstaben» des Gesetzes, den formaljuristischen Gehorsam. Statt dessen fordert er sie auf, sich vollkommen dem tiefen Sinn des Gesetzes zu beugen. Was nützen Hände- und Tellerwaschen, wenn der Mensch eine unreine Gesinnung hat? Wenn ich einem Menschen meine Nächstenliebe vorenthalte, nur weil Sabbat ist, wird dann nicht die Sabbatruhe zur Friedhofsruhe?

JESUS: Ihr habt mich verstanden.

JUDITH: Wer das Gesetzesverständnis Jesu ein «Aufsprengen der Gesetzlichkeit»[220] oder «Freiheit gegenüber dem Gesetz»[221] nennt, hat Jesus falsch verstanden. Das Gegenteil ist richtig. Er ist und bleibt ein tiefgläubiger Jude, das heißt: ein «gesetzestreuer Jude»[222].
Außerdem muß man sich stets vor Augen halten, daß unter den Schriftgelehrten jener Tage häufig heftigste Diskussionen über einzelne Gesetzesregelungen geführt worden sind.[223] Auch was insgesamt als «das Gesetz» zu gelten habe, wurde damals, je nach religiöser Gruppenzugehörigkeit, unterschiedlich beurteilt; «das Gesetz» als eine «einheitlich definierte Größe» existierte so nicht.[224] «Drei Juden – vier Meinungen!»[225] Dieses geflügelte Wort sagt alles.

CHRISTOPH: Gewiß, aber sollte man nicht ergänzen: Jesus hat nicht nur diskutiert, sondern die Liebe zu den Menschen vorgelebt?
Von Qumran hebt sich Jesus jedenfalls so deutlich ab, daß er dort exkommuniziert worden wäre.[226] Zur Zeit seines öffentlichen Auftretens kann er der Qumrangemeinde unmöglich angehört haben.

Der Sabbat

CHRISTOPH: Den wöchentlichen Ruhetag verdankt die Menschheit dem jüdischen Gesetz[227], soviel ich weiß.

JUDITH: Ja. Das Sabbatgebot erscheint in der Thora – wie die meisten ihrer Vorschriften – nicht als Bestandteil eines systematisch aufgebauten Gesetzbuchs, wie wir das von den staatlichen Gesetzen des 20. Jahrhunderts kennen, sondern als Teil einer eher weniger geordneten Sammlung von Vorschriften; wie viele andere Thoranormen auch, ist das Sabbatgebot mehrmals festgehalten.[228] Gott ließ den Israeliten durch Mose sagen:

> *«Beachtet also den Sabbat! Er soll euch ein heiliger Tag sein. Sechs Tage in der Woche habt ihr Zeit, um eure Arbeit zu tun. Der siebte Tag aber soll ein Ruhetag sein, der mir geweiht ist.»*[229]

Auf einen Verstoß stand die Todesstrafe.[230] Noch heute gilt im Judentum der Sabbat als der heiligste Tag, heiliger als der höchste Festtag.[231]

CHRISTOPH: Für das Christentum wurde der *Sonntag* als Tag der Auferstehung Jesu zum heiligen Tag der Woche[232], wobei merkwürdigerweise eine heidnische Sprachtradition fortgeführt wird; der Tag hat seinen Namen von der Verehrung des Sonnengottes.[233]

JUDITH: Nun, was verbotene Arbeit im Sinne des Sabbatgebotes ist, konnte natürlich nicht jedem einzelnen überlassen bleiben, sondern wurde durch die Halacha der Schriftgelehrten, namentlich der Pharisäer, detailliert festgelegt.

CHRISTOPH: Der Theologe Rudolf Bultmann schreibt dazu:

> *«Die Kleinlichkeit der Vorschriften geht ins Absurde und Lächerliche. Weil Arbeit am Sabbat verboten ist, so gilt auch das Ausraufen der Ähren zur Stillung des Hungers als*

Sünde. Über die am Sabbat verbotenen, beziehungsweise erlaubten Weisen, einen Knoten zu knüpfen oder zu lösen, werden minutiöse Bestimmungen getroffen. Fragen werden diskutiert wie die, ob man am Sabbat einen eingesetzten Zahn tragen darf (da ja das Lastentragen verboten ist), ob man ein am Sabbat gelegtes Ei essen darf. Wohl darf man den Sabbat brechen, um ein Menschenleben zu retten; aber mit großer Ängstlichkeit wird festgesetzt, wie weit man in den dafür notwendigen Handlungen gehen darf.»[234]

Die «Spitzfindigkeit der schriftgelehrten Juristen»[235] legt sich so als erdrückende Last auf das Leben der Menschen.

JESUS: Diese Last wollte ich den Menschen abnehmen.

«Ihr plagt euch mit den Geboten, die die Gesetzeslehrer euch auferlegt haben. Kommt doch zu mir; ich will euch die Last abnehmen! Ich quäle euch nicht und sehe auf keinen herab. Stellt euch unter meine Leitung und lernt bei mir; dann findet euer Leben Erfüllung. Was ich anordne, ist gut für euch, und was ich euch zu tragen gebe, ist keine Last.»[236]

JUDITH: Was die Essener betrifft, so besitzen sie ihre eigene, sehr ausführliche Halacha zur Sabbatruhe, die noch strenger ist als die pharisäische (spätere rabbinische).[237] Nach ihnen darf am Sabbat über Fragen der Arbeit nicht einmal *gesprochen* werden.[238] Allerdings haben sie – ganz unessenisch! – die Thora insoweit entschärft, als sie die Todesstrafe in eine siebenjährige Überwachung des Delinquenten und einen ebenso langen Ausschluß von der Gemeindeversammlung umgewandelt haben.[239]

CHRISTOPH: Auch Jesus entschärft die Sabbatfrage und geht dabei wesentlich weiter als die Essener.

JESUS: Ich mache mich jedoch nicht, wie Markus glauben machen könnte, frei vom Sabbat[240]; das ist für einen gläubigen Juden völlig undenkbar.

CHRISTOPH: Aber du zeigst hinter der Gesetz-ist-Gesetz-Haltung der Pharisäer und Essener den innersten Sinn des Sabbats auf. Der Mensch soll Muße haben, seines Schöpfers zu gedenken, ohne sich in seinen Alltagssorgen zu verlieren.

JESUS: Ich stimme dir zu und bleibe dabei: Der Sabbat ist für den Menschen da – und nicht umgekehrt.

CHRISTOPH: Mit dieser Einsicht trägst du mehr zur Heiligung des Tages bei als die ganze zur Verselbständigung neigende pharisäische Sabbat-Kasuistik. Und diese Haltung gestattet es dir, am Sabbat zu heilen, selbst wenn keine Lebensgefahr besteht.[241]

JESUS: Das Entscheidende ist nicht, *was* einer tut, sondern *warum* er es tut: die Motivation.[242] Vergleicht damit eure gottferne Zeit, in der viele um wirtschaftlicher Effizienz willen anstreben, den siebten Tag als Ruhetag abzuschaffen, und dies teilweise – mit Hilfe staatlicher Behörden – bereits durchgesetzt haben! Muß ich euch sagen, was ich davon halte?

CHRISTOPH: Was hältst du andererseits von der qumranischen Sabbatpraxis? In Qumran heißt es:

> *«Niemand soll am Sabbattag etwas essen außer dem, was schon vorbereitet ist, und von dem, was verdirbt auf dem Feld.»*[243]

Erlaubt sind also nur solche Feldfrüchte, die schlecht werden, zum Beispiel heruntergefallene Ähren.

JESUS: Du kennst meine Meinung in diesem Punkte, Christoph! An einem Sabbat *reißen* meine Jünger unterwegs Ähren ab und essen die Körner, um ihren Hunger zu stillen.[244] Ich war an diesem Sabbatbruch, falls es denn einer gewesen sein sollte[245], nicht selbst beteiligt, habe allerdings das Verhalten meiner Jünger ausdrücklich verteidigt.

CHRISTOPH: In Qumran heißt es zum Vieh:

> *«Und wenn es in einen Brunnen fällt oder in eine Grube, so soll er es nicht am Sabbat wieder herausholen.»*[246]

JESUS: Dem kann ich nicht zustimmen.

> *«Wenn jemand von euch nur ein einziges Schaf hat, und es fällt an einem Sabbat in eine Grube, holt er es dann nicht heraus?»*[247]

CHRISTOPH: Wenn dasselbe Schicksal einem Menschen widerfährt, fordert Qumran:

> *«Einen lebendigen Menschen, der in ein Wasserloch fällt oder sonst in einen Ort, soll niemand heraufholen mit einer Leiter oder einem Strick oder einem anderen Gegenstand.»*[248]

JESUS: Nein, nein, nein!

> *«Ein Mensch ist doch mehr wert als ein Schaf! Also ist es erlaubt, einem Menschen am Sabbat zu helfen.»*[249]

CHRISTOPH: Diese Beispiele (Ährenabreißen / Tier in der Grube / Mensch in der Grube) zeigen besonders augenfällig den «schroffen Gegensatz»[250] zwischen deinem Sabbatverständnis und dem Sabbatrigorismus der Qumrangemeinde. Man hat geradezu den Eindruck, Jesus kenne diese Tatbestände der qumranischen Sabbat-Halacha und wende sich gezielt gegen sie. Stimmt dieser Eindruck?

JESUS: Sind meine Worte dir nicht deutlich genug?

Rein und unrein

JUDITH: Jeder fromme Jude ist auf die genaue Einhaltung der Reinheitsvorschriften der Thora bedacht. Du nimmst diese Vorschriften jedoch nicht so ernst.

JESUS: Christoph hat schon recht, wenn er bemerkt, daß es mir vor allem auf die *innere* Reinheit des Menschen ankommt.

> *«Nichts, was der Mensch von außen in sich aufnimmt, kann ihn unrein machen; nur das, was aus ihm selbst kommt, macht ihn unrein.»*[251]

CHRISTOPH: Das sind unerhörte Klänge, die dem zeitgenössischen Judentum, gleich welcher Prägung, zuwiderlaufen[252] und einen Angriff auf einen zentralen Bereich der Thora enthalten.[253]

JUDITH: Jüdischerseits sieht man das gelassener, Christoph. Jesus hebt nicht die Thora aus den Angeln, vielmehr geht es ihm um die Erkenntnis, daß gerade das strikte Wahren ritueller Reinheit eine moralische Laxheit fördern kann; für Jesus übersteigt der *moralische* Wert bei weitem jeden *rituellen* Wert der Reinheitsgebote.[254]
Ich sollte, scheint mir, zum Verständnis des Gesetzes etwas weiter ausholen: Die Vorschriften über Unreinheit und Reinigung haben ihre Wurzeln in Vorstellungen, die den israelitischen Stämmen und den sie umgebenden Völkern gemeinsam waren.[255] Archaische Tabus sind ihr Ursprung.[256] Die biblischen Vorstellungen von Unreinheit und Reinigung schließen zwei Faktoren ein: in geringerem Maße den hygienischen, vor allem aber den religiösen Gesichtspunkt.[257] Heilig ist der Gott Israels, darum sollen auch die Israeliten heilig sein.[258] Heilig sein, heißt: rein sein.[259] Unrein kann man werden durch: Götzendienst, geschlechtliche Verirrungen, Frauen durch die Geburt eines Kindes[260], Mann und Frau durch Ausfluß aus den Geschlechtsorganen, Hautkrankheiten, Berührung eines toten Tieres oder eines menschlichen Leichnams, durch den Genuß von Blut oder bestimmter, verbotener Speisen (z.B. des Fleisches von Hasen oder Schweinen).[261] Um Reinheit

wiederzuerlangen, muß der Unreine die jeweils vorgeschriebenen Reinigungsriten – Waschungen von Personen und Gegenständen sowie Opferdienst – vollziehen und bestimmte Wartezeiten einhalten. Die Pharisäer auferlegen den Menschen auch solche Reinheitsgebote, die ursprünglich nur den Priestern galten,

> *«so daß das ganze Leben gleichsam den Charakter kultischer Heiligkeit erhält. Alle Vorgänge und Vornahmen des täglichen Lebens treten unter die Frage der Reinheit, und so breitet sich eine Fülle von rituellen Vorschriften über Essen und Trinken, über Schlachten und Zubereiten der Speise, über die Gefäße, in denen man sie zubereitet, über Reinhaltung des Leibes von Unreinigkeiten, über Waschungen, über Unreinigkeiten, welche ansteckende Krankheiten, Tod und Geburt, Entstehen und Vergehen des Lebens, Berührung mit anderer Unreinheit verursachten.»*[262]

CHRISTOPH: Alle fremden Völker betrachtet man als unrein, weil ihr Land durch Götzendienst befleckt ist; infolgedessen macht die Berührung eines Fremden unrein.[263]

JESUS: Dies alles kann dazu führen, daß der Mensch sich bei rituellen Äußerlichkeiten aufhält und meint, damit genug geleistet zu haben. Entscheidend vor Gott ist jedoch die *innere* Reinheit: die Reinheit des Herzens.[264] Damit sage ich euch nichts Neues. Die Psalmen singen bereits davon.[265]

JUDITH: Ich habe also doch recht. Auch hinsichtlich der Reinheitsgesetze gibt Jesus *nicht* eine *neue* Weisung, sondern legt die ursprüngliche Intention Gottes aus; mit seiner Auslegung des Willens Gottes steht er in bester jüdischer Tradition.[266]
Außerdem weiß man doch, daß die Halacha der Schriftgelehrten keinen Monolithen bildet, sondern oft genug kontrovers diskutiert wird. Wir können geradezu von einem

«religiösen Pluralismus des Judentums»[267] zur Zeit Jesu sprechen. Im ersten Jahrhundert v.Chr. schreibt ein hellenistischer Jude unter dem Namen Phokylides: Nicht Reinigungen machten den Körper rein, sondern die Seele.[268] Nach meinem Empfinden noch radikaler als Jesus sagt der Talmud: Selbst ein Heide, der sich mit der Thora beschäftigt, gleiche dem Hohenpriester.[269] Und: Ein in Blutschande Gezeugter, der ein Schüler der Weisen ist, stehe höher als der Hohepriester, der ein Unwissender ist.[270] Wird hier nicht der innere Wert eines Unreinen deutlich über das personifizierte Reinheitsideal erhoben?

CHRISTOPH: In schärfstem Kontrast hierzu befinden sich allerdings die Reinheitsvorstellungen der Essener, sind sie doch strenger als die Thora und strenger als deren Auslegung durch die Pharisäer. Ein Jude, der der Sekte beizutreten wünscht, darf nach seiner Zulassung ein Jahr lang die «Reinheit der Vielen» nicht anrühren[271], ein weiteres Jahr lang ist es ihm untersagt, «das Getränk der Vielen» zu berühren.[272] Reinigungswasser, das ein Unreiner berührt hat, wird dadurch unrein.[273] Wenn ein älterer Mitbruder (mit höherem Weihegrad) von einem jüngeren berührt worden ist, muß er sich waschen.[274] Überhaupt ist ein Essener von einem so tiefen Sündenbewußtsein[275] geplagt, daß er täglich das Bedürfnis nach einem rituellen Reinigungsbad verspürt.[276] Zwei hierfür geeignete Bassins und eine Reihe von Zisternen haben die Archäologen in Qumran freigelegt. Die heilige Stadt Jerusalem soll vor jeder Verunreinigung bewahrt werden, deshalb ist in Jerusalem Geschlechtsverkehr untersagt.[277] Nichts, aber auch gar nichts davon hat Jesus mit den Essenern gemein. Man erinnere sich an seinen unbefangenen Umgang mit Nichtjuden, mit Sündern und Kranken! Über rituelle Waschungen Jesu und seiner Jünger ist nichts bekannt.

JESUS: Einverstanden.[278]

JUDITH: Ich bitte um Nachsicht. Bei aller Verschiedenheit ist da doch etwas Gemeinsames. Tauchbäder und Waschungen allein genügen auch dem Essener nicht; reinigende Wirkung kommt solchen Riten nur zu, wenn zugleich die Seele des Menschen demütig allen Geboten Gottes gehorcht.[279]

> *«Sie können nicht gereinigt werden, wenn sie nicht umgekehrt sind von ihrer Bosheit; denn Unreines ist an allen, die sein (Gottes) Wort übertreten.»*[280]

Ganz wie bei Jesus kann also auch den Essener nur unrein machen, was aus ihm selber kommt. Auch für den Essener ist «Reinheit des Herzens» ein wesentlicher religiöser Wert.[281]

CHRISTOPH: Es bleibt aber Jesu Gleichgültigkeit gegenüber der kultisch-rituellen Praxis.

JESUS: So ist es.

Die Pharisäer

JUDITH: Du hast einmal gesagt:

> *«Die Gesetzeslehrer und Pharisäer sind die berufenen Ausleger des Gesetzes, das Mose euch gegeben hat. Ihr müßt ihnen also gehorchen und tun, was sie sagen.»*[282]

Wie die Pharisäer schätzt du das Gebot der Nächstenliebe sehr hoch[283] – im Unterschied zu den Sadduzäern und den Essenern.[284] Und mit den Pharisäern teilst du den Glauben an eine Auferstehung der Toten[285] – wieder im Unterschied zu den Sadduzäern und Essenern.[286] Warst du ein Pharisäer?

Christoph: Mußt du deinem «falschen Propheten»[287] noch eins draufsatteln, Judith, und Jesus mit jenen Heuchlern in Verbindung bringen?

Jesus: Jeder Jude war und ist ein bißchen Pharisäer. Laßt mich das erklären! Die Pharisäer[288] haben sich Mitte des zweiten Jahrhunderts v.Chr. aus der pietistischen Bewegung der Chasidim, der «Frommen», herauskristallisiert; ihr Name bedeutet soviel wie die «Abgesonderten». Im ersten Jahrhundert vor und nach der Zeitenwende wurden sie nach ihrer Mitgliederzahl und Anhängerschaft und aufgrund ihres Einflusses zur mächtigsten religiösen Bewegung im Volke und haben das religiöse Leben im Lande geprägt. Die Pharisäer taten sich besonders in der Auslegung der Thora hervor, woraus eine umfangreiche mündliche Tradition entstanden ist. Beim Volke war diese Laienbewegung, auch wenn der einzelne die Vielfalt der zu befolgenden Vorschriften kaum mehr überblicken konnte, durchaus beliebt.

Judith: Zwei Pharisäer haben, wie ihr wißt, Weltberühmtheit erlangt: der Apostel Paulus[289] und der Historiker Flavius Josephus[290].

Jesus: Die Pharisäer überlebten als einzige der vier großen jüdischen Religionsparteien – Pharisäer, Sadduzäer, Essener, Zeloten – die Katastrophe des Jahres 70 n. Chr. Nach dem staatlichen Zusammenbruch waren sie es, die Gottesdienst und Lehrbetrieb wiederbelebt und neu geordnet haben. Ihren geistigen Erben, den Rabbinen, verdankt das Judentum die großen religiösen Werke: die Mischna, den Jerusalemer und den Babylonischen Talmud. Man kann also durchaus sagen, daß jeder Jude seit dem Entstehen dieser Bewegung von den Pharisäern gelernt hat. Es ist unmöglich, Jude zu sein, ohne vieles mit den Pharisäern gemeinsam zu haben. Ich fühle mich ihnen «nahe»[291], habe den Pharisäern aber nicht angehört.[292]

CHRISTOPH: Du hast aber nicht immer solche freundlichen Worte für die Pharisäer gefunden!

JESUS: Anstatt sich Gott ganzheitlich zuzuwenden, haben die Pharisäer die Thora oft sehr kleinlich[293] ausgelegt und den Menschen eine verwirrende Vielfalt religiöser Pflichten auferlegt. Wir haben schon darüber gesprochen.[294] Ich habe deshalb vor ihrer Halacha auch gewarnt:

> *«Ihr ganzer Gottesdienst ist sinnlos, denn sie lehren nur Gebote, die sich Menschen ausgedacht haben. Gottes Gebot schiebt ihr zur Seite, aber an den Vorschriften von Menschen haltet ihr fest.»[295] «Ihr (Menschen) plagt euch mit Geboten, die die Gesetzeslehrer euch auferlegt haben. Kommt doch zu mir; ich will euch die Last abnehmen.»[296]*

Ihre Frömmigkeit trugen die Pharisäer oft selbstgerecht zur Schau[297], weshalb ich sie mehrfach der Heuchelei geziehen habe.[298] Ich war nicht der einzige, der dies tat.[299] Die Pharisäer haben allerdings im Neuen Testament eine zu «schlechte Presse», so schlimm, wie sie dargestellt werden, waren sie nicht.[300]

JUDITH: Beim Stichwort «Heuchler» fallen mir die Essener ein. Diese haben ständige ideologische Auseinandersetzungen mit den Pharisäern.[301] Wieder und wieder klagen sie die Pharisäer als «Heuchler» an[302], ganz ähnlich wie du das tust. Zwei sprachliche Ähnlichkeiten stechen besonders ins Auge:

> *Die Essener sprechen von den Pharisäern als Leuten, die «mit Tünche verputzen».[303] Jesus vergleicht sie mit «übertünchten Gräbern».[304]*
> *Bei den Essenern heißt es: «Und sie verschlossen den Trank der Erkenntnis vor den Dürstenden...»[305] Bei Jesus: «Ihr habt den Schlüssel weggenommen, der die Tür zur Erkenntnis öffnet.»[306]*

Kommen deine und der Essener Pfeile aus demselben Köcher?

JESUS: Die Essener und ich beziehen wiederholt Stellung gegen den Pharisäismus. Doch damit nicht genug: Dabei fallen auch noch sprachliche Gemeinsamkeiten auf! Also, wenn das nichts zu bedeuten hat!? Bis hierher hat deine Vermutung einiges für sich. *Inhaltlich* lassen sich jedoch die essenische und meine Kritik an den Pharisäern nicht zur Deckung bringen.[307] Ich darf dich an deine Worte zu Beginn dieses Themas erinnern.

Pazifismus

CHRISTOPH: Du giltst den Christen als «Friedefürst».[308] In den sogenannten Paulusbriefen[309] wirst du als Friedensstifter gepriesen, ja, du seist darin «der Friede schlechthin, der Friede in Person».[310]

JESUS: Das sind spätere christliche Deutungen.

CHRISTOPH: Aber du hast dich doch selber als Pazifist zu erkennen gegeben. Du ermutigst die Menschen, Frieden zu schaffen.[311] Einem Begleiter, der dich beschützen will, befiehlst du:

> *«Steck dein Schwert weg; denn wer zum Schwert greift, wird durch das Schwert umkommen.»*[312]

Du gehst noch weiter:

> *«Ihr sollt euch überhaupt nicht gegen das Böse wehren. Wenn dich einer auf die rechte Backe schlägt, dann halte ihm auch die linke hin.»*[313]

Und schließlich forderst du sogar zur Feindesliebe auf.[314]

JESUS: An allem halte ich fest.

JUDITH: Hattest du Verbindung zu den Qumranern? Josephus sagt von ihnen: «Für den Frieden tun sie alles.»[315] Sie haben sich ja in die Einsamkeit der Wüste zurückgezogen und gehen auf diese Weise jeglichem Zwist aus dem Wege. Der Qumraner bekennt:

> *«Ein Herr des Friedens (bin ich) für alle Seher des Rechten.»[316] «Nicht will ich jemandem seine böse Tat vergelten, mit Gutem will ich jeden verfolgen.»[317] «Böses will ich nicht in meinem Herzen bewahren.»[318]*

Sind das nicht außerordentlich «christliche» Töne? Die Übereinstimmung mit deiner Haltung ist verblüffend.[319]

JESUS: Geistige Verwandtschaft zu Friedfertigen ist mir nicht unangenehm.

CHRISTOPH: Du zeigst nur *eine* Seite der qumranischen Medaille, Judith. Die Essener haben für alle, die nicht zu ihnen gehören, nur «ewigen Haß»[320] übrig, ihnen gilt immerwährender Zorn bis zum Tag der Rache, an dem dann der Streit offen ausgetragen und jeder Außenstehende durch Gottes Gericht vernichtet werden wird.[321]

JUDITH: Bedarf nicht auch das pazifistische Image Jesu einer Korrektur? Er gießt seinen Zorn über ganze Städte aus – Chorazin, Betsaida, Kafarnaum –, die sich von ihm abgewandt haben, und droht mit dem Tag des Gerichts.[322] Seinen Jüngern empfiehlt er, ihren Mantel zu verkaufen und dafür ein Schwert zu beschaffen.[323] Und schließlich heißt es bei ihm nicht etwa: «Schwerter zu Pflugscharen, sondern: statt Friedenspalmen Schwerter.»[324]

> *«Vielleicht denken die Menschen, daß ich kam zu bringen Frieden auf die Welt, und sie wissen nicht, daß ich kam zu bringen Trennung auf die Erde, Feuer, Schwert, Krieg. Denn fünf werden sein in einem Haus; drei werden sein ge-*

gen zwei, und zwei gegen drei, der Vater gegen den Sohn und der Sohn gegen den Vater, und sie werden dastehen als einzelne.»[325]

Hier hat die Jesus-Überlieferung «ein aggressives, vielleicht sogar destruktives, jedenfalls ein radikales, kritisches Potential».[326] Und auf welche schreckliche Weise sich dieses Wort erfüllt hat, lehrt uns die Geschichte: Aus den verfolgten Christen wurden, kaum waren sie staatlich anerkannt, die unerbittlichen Verfolger Andersgläubiger. Man schändete und zerstörte...

JESUS: «mit jüdisch-christlicher Intoleranz»[327]

JUDITH: ...Mithräen und andere fremde Heiligtümer[328] und begann, eine Blutspur um den Erdball zu legen: Kreuzzüge – Hexenprozesse – Ketzerverbrennungen – Auschwitz. Heute mordet man weniger, Exkommunizierungen tun's auch.

JESUS: Nächstenliebe scheint vielen «Berufschristen» ein Fremdwort zu sein, von Feindesliebe scheinen sie nie etwas gehört zu haben.

JUDITH: Aber zurück in die damalige Zeit. Sowohl die Jesustradition als auch die Qumranleute halten einen Konflikt mit ihrer Umgebung für unvermeidlich; diese innere «Verwandtschaft»[329] wird noch deutlicher, wenn Jesus sagt:

«Wenn jemand zu mir kommt und nicht seinen Vater und seine Mutter und sein Weib und seine Kinder und seine Brüder und seine Schwestern und dazu auch sein Leben haßt, kann er nicht mein Jünger sein.»[330]

Solche Haltung ist «nur für Jesus und Qumran, nicht für das sonstige Judentum typisch», Jesus fordert hier «wohl noch kompromißloser als Qumran».[331]

JESUS: Ja, so kann man es sehen.

CHRISTOPH: Unser Thema heißt Pazifismus. Ein ausgesprochen militanter Zug zeigt sich bei den Essenern, wenn wir noch einmal einen Blick in ihre Bibliothek werfen. Die sogenannte Kriegsrolle, ein zu Beginn unserer Zeitrechnung redigiertes Werk[332], schildert mit großer Anschaulichkeit und Dramatik den «Krieg der Söhne des Lichts gegen die Söhne der Finsternis». Söhne des Lichts, das sind die Erwählten der Qumrangemeinde, die zusammen mit den Heerscharen Gottes in diesem endzeitlichen heiligen Krieg alle Gottlosen und alle Dämonen ausrotten werden. Für Ausrüstung, Aufstellung und Kampfesweise der Truppen werden so genaue Anweisungen erteilt, daß der Krieg als ein wirklicher und nicht bloß fiktiver aufgefaßt worden ist.[333] In Kolumne VI lesen wir:

> *«Die erste Abteilung wirft auf die Schlachtreihe des Feindes sieben Kampfwurflanzen. Und auf das Blatt der Wurflanze soll man schreiben: Lanzenblitz für die Kraft Gottes. Und auf die zweite Waffe soll man schreiben: Blutpfeile, um Getroffene zu fällen durch den Zorn Gottes. Und auf die dritte Wurflanze soll man schreiben: Flammendes Schwert, das die gefallenen Frevler frißt im Gericht Gottes. Alle diese sollen siebenmal schleudern und dann zu ihrem Posten zurückkehren. Und nach ihnen rücken zwei Abteilungen der Zwischentruppen aus und stellen sich zwischen den beiden Schlachtreihen auf. Die erste Abteilung hält Speer und Schild. Und die zweite Abteilung hält Schild und Schwert, um Getroffene zu fällen durch Gottes Gericht und zum Weichen zu bringen die Schlachtreihe des Feindes durch die Kraft Gottes, um allem Volk der Nichtigkeit die Vergeltung ihrer Bosheit heimzuzahlen. Und dem Gott Israels wird die Königsherrschaft gehören, und durch die Heiligen seines Volkes wird er Kraft erweisen.»*[334]

Wir werden also kaum von friedfertigen Mönchen sprechen können.

JUDITH: Dein Zepter als «Friedefürst» hat ja nun auch schon ein paar matte Stellen bekommen; wie stehst du zum Endzeit-Krieg?

JESUS: Die Qumrangemeinde ist davon überzeugt, das Weltende mit seinen gewaltigen Ereignissen stehe unmittelbar bevor. Diese Auffassung habe ich geteilt.[335] Und ich habe gesagt:

> *«Erschreckt nicht, wenn nah und fern Kriege ausbrechen. Es muß so kommen, aber das ist noch nicht das Ende. Ein Volk wird gegen das andere kämpfen, ein Staat den anderen angreifen.»*[336]

Eine furchtbare Schreckenszeit wird sich anschließen.[337]

JUDITH: Darin zeigt sich eine «Parallele»[338] zu Qumran. Diese Intensität der Naherwartung findet man «ausschließlich in Markus 13 und Qumran».[339]

JESUS: Allerdings lehne ich für den eschatologischen Endkampf Waffengebrauch ab.[340]

CHRISTOPH: Die Essener haben offenbar aktiv am Krieg gegen Rom teilgenommen. Und du?

JESUS: Wohl kaum. Man hat mich am 7. April 30 hingerichtet[341], der Krieg begann im Jahr 66.

CHRISTOPH: O, das tut mir... Wie konnte ich... – In essenischen Kreisen ist allem Anschein nach der Krieg gegen Rom (66–70 n. Chr.) als der heilige Krieg der Endzeit aufgefaßt worden, der eine Teilnahme geboten erscheinen ließ. Flavius Josephus berichtet darüber, daß der Essener Johannes als Truppenkommandant in Galiläa eingesetzt und bereits in der Anfangsphase des Krieges gefallen war.[342] In Galiläa liegt auch der Ursprung des jüdischen Widerstandes, der Zeloten. Fragmente qumranischer Schriftrollen, die man in Masada, der letzten Zitadelle des zelotischen Widerstandes, gefunden hat, lassen den Schluß zu, daß die Essener Verbindung zu den Zeloten aufgenommen und diese unterstützt haben.[343] Du stammst aus Galiläa, dem Kernland der Zeloten, mindestens zwei Männer aus deinem Gefolge – Simon und Judas – waren Zeloten.[344] Warst du selber ein Zelot?

JESUS: Manche haben das von mir behauptet.[345] Ich habe die anbrechende Königsherrschaft Gottes jedoch nicht politisch verstanden[346] und hatte, im Gegensatz zu den politisch-religiösen Heißspornen der Zeloten, keine antirömischen Ambitionen. Das seht ihr am besten an meiner Unvoreingenommenheit gegenüber Zolleinnehmern[347], die ja als Kollaborateure Roms angesehen wurden.[348] Mein Wort «Gebt dem Kaiser, was des Kaisers ist!»[349] bedeutet, daß für mich ein Aufstand gegen den römischen Kaiser nicht in Frage kommt.[350] Nein, ich war kein Zelot.[351]

JUDITH: Nun weiß man aber, daß die Kreuzesstrafe die typische Strafe der römischen Machthaber für politische Rebellen war.[352] Zugleich mit dir haben die Römer zwei «Verbrecher» gekreuzigt[353], von denen man annimmt, daß sie Zeloten waren.[354] Die Römer haben dich wohl *doch* als politischen Rebellen hingerichtet.

JESUS: Jede Besatzungsmacht dieser Welt ist bemüht, Umtriebe jeglicher Art aufzuspüren, von denen sie glaubt, daß sie ihr gefährlich werden könnten. Natürlich auch die Römer. Viele meiner Landsleute vor mir und nach mir haben sie kurzerhand an Kreuze gehängt.

> *«Rom hat so viele Juden ans Kreuz geschlagen, daß der Holzbestand des Landes Israel nicht ausreichte. Im jüdischen Kriege sollen fünfhundert Juden pro Tag gekreuzigt worden sein.»*[355]

Mich haben die Römer unbehelligt gelassen, zunächst jedenfalls. Später wurde ich als Aufrührer denunziert und folglich am Kreuz hingerichtet; ich trat aber nicht wirklich als zelotischer Führer auf.[356]

JUDITH: Das verstehe ich nicht ganz. Als Grund für deine Hinrichtung hatte man auf ein Schild geschrieben: «Der König der Juden.»[357] Eben dieser Königstitel ist es aber, den viele Zelotenführer, die als politisch-messianische Kronprätendenten auftreten, für sich beanspruchen. Josephus nennt namentlich *Judas*, den Gründer der zelotischen Bewegung[358], ferner *Simon,* einen Knecht des Königs Herodes[359], und den Schafhirten *Athronges*.[360] Und er fährt fort:

> *«So war Judäa eine wahre Räuberhöhle, und wo sich nur immer eine Schar von Aufrührern zusammentat, wählten sie gleich Könige.»*[361]

Wer von ihnen in römische Hände gerät, wird ans Kreuz geschlagen.

JESUS: Liebe Judith, mit meinem Prozeß und dem gegen mich vollstreckten Todesurteil ist die Wissenschaft bis heute nicht zufrieden, zu vieles bleibt ihr rätselhaft, zu vieles kann sie nicht erklären.[362] Dem Hohenpriester und seiner sadduzäischen Gefolgschaft war ich gewiß ein Dorn im Auge. Meine Tempelkritik, meinen Lebenswandel und meine Lehre mußten sie als gegen ihre eigenen, konservativen Interessen gerichtet empfinden. Sie betrieben ein richterliches Ermittlungsverfahren vor dem jüdischen Hohen Rat gegen mich, das ihnen aber nichts einbrachte. Nur mit der Anklage, welche die Kreuzesinschrift wiedergibt, konnte mich die sadduzäische Priesterschaft mit der Aussicht auf Erfolg bei den Römern anschwärzen. Denn das war klar: «König der Juden» bedeutete in den Augen Roms Rebellion, und dieser Vorwurf führte dann auch zu meiner Verurteilung durch Pilatus.[363] Politische Prozesse werden aus Gründen der Staatsraison geführt und, wie man weiß, nicht immer nach allen Paragraphen der Prozeßordnung abgewickelt.[364] Keinesfalls hat man mich «standrechtlich gekreuzigt»[365]; verglichen mit den Tausenden meiner Landsleute, die das gleiche Schicksal erlitten haben, bekam ich ein geradezu rechtsstaatliches Verfahren.

CHRISTOPH: «Die späteren christlichen Inquisitionsgerichte jedenfalls sind durchweg mit weniger Schuldfeststellung ausgekommen, um – in Jesu Namen – den Scheiterhaufen zu verordnen.»[366]

JUDITH: Ich ahne, welches Interesse die sadduzäische Tempelpriesterschaft bewogen haben könnte, deinen Tod zu wünschen und dich den Römern auszuliefern. War Vergeltung das Motiv? Wenn es zutreffen sollte, daß Jesus aus essenischen Kreisen kommt oder ihnen nahesteht, könnte sehr wohl Vergeltung die treibende Kraft der Tempelpriester gewesen sein. Denn aus den Qumranschriften weiß man, daß die Essener den Tempel für entweiht hielten und sich vom Tempelkult gänzlich zurückgezogen haben.[367] Führten die Sadduzäer also einen Vergeltungsschlag?

CHRISTOPH: Die Pharisäer, die sich so manchen Vorwurf Jesu gefallen lassen mußten, werden wohl auch ihre Hände im Spiel gehabt haben.

JESUS: Du übersiehst, Christoph, daß in den ersten drei Evangelien die Pharisäer im Zusammenhang mit meinem Prozeß nicht erwähnt sind; sie haben mit meinem Prozeß nichts zu tun.[368]
Und was die Priesterschaft angeht: Laßt mich einen Vergleich mit eurer Zeit ziehen! Nimm an, Christoph, du führtest ein Leben, das nicht dem entspricht, was in deiner Umgebung als Norm angesehen wird: Du hättest zum Beispiel täglich Umgang mit gesellschaftlichen Außenseitern, vielleicht mit Verfassungsfeinden, du verzichtetest aus

freien Stücken auf Arbeit und Einkommen, lebtest als umherziehender Wohnsitzloser von der Hand in den Mund, in den Fußgängerzonen der Städte diskutiertest du sozialreligiöse Themen, die von der Auffassung der Mehrheit der Gutsituierten weit entfernt sind. Du kündigtest ein neues Weltalter an, das soeben jetzt anbreche und zu dem das Establishment der Gesellschaft keinen Zutritt habe. Du würdest Kopfschütteln und Ablehnung hervorrufen, zuerst bei deinen nächsten Familienangehörigen, dann in der Nachbarschaft und in deinem Heimatort. Die Polizei als Hüterin von Recht und Ordnung hätte dich längst «erkennungsdienstlich erfaßt» und ein waches Auge auf dich. Besonders bei den konservativ Denkenden würdest du Anstoß erregen.[369] Der eine würde gegen dich intrigieren, ein anderer versuchen, dich mundtot zu machen...

JUDITH: Bedurfte es nicht sogar im liberalen England einer Hyde Park Corner (1872!), um öffentlich auszusprechen, was man dachte?

JESUS: ...Manche Mitbürger, die um ihre konservativen Ideale und, soweit sie zum Establishment gehören, um ihren Einfluß und ihre Macht fürchten, würden es am liebsten sehen, wenn du ganz verschwändest.[370] Von «mundtot» zu ganz tot ist oft nur ein kleiner Schritt. Werden nicht überall auf der Welt «Unruhestifter» von den Mächtigen verfolgt, politische Gegner «ausgeschaltet», unbequeme Mahner hinter Schloß und Riegel gesetzt, Priester, die der Staatsmacht mißfallen, tot aufgefunden, «Maulkorberlasse» und «Berufsverbote» vollzogen, Mitglieder exkommuniziert, kritische Theologen kirchenamtlich zum Schweigen gebracht? Ich sage euch, wer auch nur *einen* Mitmenschen zum Schweigen bringen will, liefert mich erneut an Pilatus aus.

3. Die Gemeindeordnung der Qumrangemeinde und der Jesusgemeinde / Urkirche

Prinzipielle Vergleichbarkeit

CHRISTOPH: Man sagt, die Gemeinschaft der Jünger Jesu sei die Urform der «Kirche».[1] Andererseits habe ich gelesen, in den Qumranschriften erscheine zum ersten Mal das Bild einer «Kirche», einer eschatologischen Gemeinde.[2] Was ist denn nun richtig?

JESUS: Wer das Ende der Welt als unmittelbar bevorstehend erwartet[3], plant nicht in die Zukunft: Ich habe keine Kirche gründen wollen.[4] Von mir aus nennt den Jüngerkreis oder die Qumrangemeinde eine «Sondergemeinde» in Israel.[5] Erst nach meinem Tode hat sich aus dem Jüngerkreis die Urgemeinde der ersten (jüdischen) Christen und später die Kirche entwickelt.

JUDITH: Wie die Qumrangemeinde, so weiß sich auch die Urgemeinde der ersten Christen als das «Gottesvolk der Endzeit»[6]. Beide verstehen sich als die «Erwählten»[7] und werden als die «Heiligen»[8] bezeichnet. Die Urgemeinde betrachtet sich als diejenige, mit welcher Gott seinen «Neuen Bund» geschlossen hat[9], eine Beziehung, die Martin Luther bekanntlich mit «Neues Testament» übersetzt hat. Erstaunlich ist nun, daß bereits die Qumrangemeinde – lange Zeit vor den ersten Christen – ein «analoges Selbstverständnis»[10] zum Ausdruck gebracht hatte. In ihren Schriftrollen kann man nachlesen[11], daß die Qumranleute sich als die Gemeinde des «Neuen Bundes» begreifen. Und genau dies «verbindet beide», Qumrangemeinde und Urgemeinde, und «trennt beide vom Alten Testament und vom offiziellen Judentum».[12]

CHRISTOPH: Eines unterscheidet die Qumrangemeinde aber deutlich von der Urgemeinde: Die Qumranleute warten auf das erstmalige Erscheinen des Messias, während die ersten Christen der *Wiederkunft* Jesu als des Messias entgegensehen.

JUDITH: *Beide* warten jedoch sehnsuchtsvoll darauf, daß Gott endlich seine «Königsherrschaft»[13] errichte. Um das Gemeindeleben zu ordnen, hat die Urgemeinde «sich in manchen Stücken an das Vorbild, das ihr die Gemeinde von Qumran bot, angeschlossen».[14]

Aufnahme neuer Mitglieder

JUDITH: Um Mitglied der Qumrangemeinde werden zu können, muß der Novize eine mehrjährige Probezeit auf sich nehmen, nach deren erfolgreicher Absolvierung die Versammlung der Vollmitglieder einen Beschluß über seine Aufnahme faßt.[15] Außerdem hat er einen Initiationseid zu schwören.[16] Missionstätigkeit entfaltet die Qumrangemeinde nicht[17], denn den Außenstehenden gilt ihr Haß. Über Frauen denken die Qumraner, wie wir wissen, schlecht. Ihrer Gemeinderegel zufolge scheint die Gemeinde ein frauenloser Männerorden zu sein[18]; andere Qumranschriften, namentlich die Damaskusrolle, sind indessen nicht ganz so prüde.[19] Die Stellung der Frau ist auf jeden Fall eine untergeordnete. Wie denkt Jesus in diesen Dingen? Hätte ich deine Jüngerin werden können?

JESUS: Nichts von alledem, was du über Qumran berichtest, findest du bei mir. Probezeit und Vereidigung kenne ich nicht. Jünger kann werden, wen ich kraft meiner «souveränen Entscheidung»[20] berufe. Im Unterschied zur Qumrangemeinde haben die Jünger und ich Mission getrieben – allerdings beschränkt auf «die verlorene Herde, das Volk Israel».[21] Meine Haltung zu Frauen ist dir bekannt, Judith. Viele Frauen zählen zu meinem Jüngerkreis, sie haben noch zu mir gehalten, als die Männer längst das Hasenpanier ergriffen hatten.

CHRISTOPH: Die Urgemeinde verhält sich kaum anders, genauer gesagt: kaum qumrannäher. Zwar wird in der Urgemeinde – im Laufe der Zeit – eine Art Noviziat eingeführt, das aber bei weitem nicht so streng durchreglementiert ist wie das qumranische.[22] Allerdings: Hüben wie drüben wird Bekehrung und Buße als Eintrittsbedingung gefordert.[23] Als Aufnahmeritus wird in der Urgemeinde die Taufe vollzogen.[24] Mission ist ein ganz wesentliches Anliegen der Urgemeinde. Wiewohl auf Juden beschränkt[25], wird das Wirkungsfeld der Mission später, namentlich durch Paulus, auf Nichtjuden ausgedehnt – man betreibt «Heidenmission».[26] Und was die Frauen betrifft, so mögen sie in der Urgemeinde soziologisch ebenfalls eine untergeordnete Stellung eingenommen haben[27], sie sind jedoch in großer Zahl Mitglieder der Urgemeinde.[28] Die Missionsbotschaft gilt beiden Geschlechtern gleichermaßen.[29]

Streng geregelter Tageslauf

JUDITH: Der Tag der Qumrangemeinde ist durch klösterliche Strenge gekennzeichnet. Am Anfang steht das Gebet vor Sonnenaufgang.[30]

> *«Dann werden sie von den Vorstehern ausgesandt, ein jeder zu dem Tun, das er versteht. Wenn sie dann bis zur fünften*[31] *Stunde mit Hingabe gearbeitet haben, finden sie sich wieder an einem bestimmten Platz ein, binden sich*

eine Leinenschürze um und waschen sich mit kaltem Wasser. Nach dieser Waschung gehen sie zusammen in ein besonderes Gebäude, zu dem kein Andersgläubiger Zutritt hat. Sie selbst verfügen sich nun gewissermaßen ‹gereinigt› in das Refektorium wie in einen heiligen Raum. Ohne ein Wort zu reden, nehmen sie Platz, dann tischt ihnen der Bäcker der Reihe nach Brote auf, und der Koch bringt jedem eine Schüssel mit einem einzigen Gericht. Vor Beginn der Mahlzeit verrichtet ein Priester ein Gebet, und es wäre gesetzwidrig, zuvor das Essen anzurühren. Nach dem Mahle wird wieder gebetet, und am Ende preisen sie Gott als den Spender der Lebensnahrung. Dann legen sie die Kleider, die für sie gewissermaßen heilig sind, wieder ab und widmen sich bis zum Abend weiterhin ihrer Arbeit. Wieder zurückgekehrt speisen sie nochmals in der gleichen Form, doch zusammen mit den Gästen, wenn sich welche eingefunden haben.»[32]

Details haben die Qumraner in ihrer Gemeinderegel festgelegt. Darin finden wir eine Gebetsordnung[33] und eine Sitz- und Redeordnung[34] für die Sitzungen der Vollmitglieder. Auch Kleidervorschriften halten die Qumraner ein. Von Josephus wissen wir bereits, daß sie beim gemeinsamen Mahl ein «heiliges» Gewand anlegen. «Der ständige Gebrauch weißer Kleidung», sagt Josephus, gilt ihnen «als etwas Schönes».[35] Die Priester tragen besondere Gewänder.[36]
Was hält Jesus von solcher Reglementierung?

JESUS: Meine Jünger und ich leben ohne jedes Reglement. Wir planen nicht für den nächsten Tag.[37] Dem gemeinsamen Gebet bin ich abgeneigt, ich bete allein.[38]

CHRISTOPH: Auch die Urgemeinde dürfte insoweit nichts von Qumran entlehnt haben – allenfalls das spätere christliche Mönchtum mag hier seine Wurzeln finden. Gewiß gebrauchen auch die ersten Jesusgläubigen für ihre gottesdienstlichen Zusammenkünfte eine Redeordnung.[39] Weiß ist in den Augen der Urgemeinde die Farbe der Engelsgewänder[40], also wohl kaum dem Menschen angemessen. Das gemeinsame Gebet hat allerdings auch in der Urgemeinde seinen Platz.[41]

Organisation und Hierarchie

JUDITH: Die Qumranschriften zeugen von einer «straffen Durchorganisiertheit der Qumrangemeinde»[42]. Die Urgemeinde habe hingegen, so liest man, noch keine feste Organisation besessen.[43] Zu diesem Thema...

JESUS: ...laß mich gleich vorausschicken, daß ich *meine* Gruppe nicht durchorganisiert habe[44], so daß wir uns ganz auf Qumran und die Urgemeinde konzentrieren können.

JUDITH: Die Qumrangemeinde wird von einem Führungsgremium geleitet, darin «sollen zwölf Männer sein und drei Priester»[45]. Diese zwölf qumranischen Laien kommen mir bekannt vor, vielleicht solltest du doch etwas dazu sagen.

JESUS: Jeder Leser des Neuen Testaments weiß, daß ich unter meinen Jüngern einen engeren Kreis von «zwölf Männern» gebildet habe.[46] Die Zwölfzahl kommt, wie du dir denken kannst, nicht von ungefähr. Sie soll die zwölf Stämme Israels symbolisieren und damit die Zwölf als Repräsentanten des neuen Gottesvolkes der Endzeit bezeichnen.[47]

CHRISTOPH: Auch in der Urgemeinde repräsentieren diese Zwölf zunächst die Leitung der Gemeinde.[48] Priester gibt es in der Urgemeinde, anders als in Qumran, dagegen nicht.[49]

JUDITH: Wir haben also in Gestalt der Zwölf eine «wichtige Parallele»[50] zwischen Qumran und der Urgemeinde vor uns. Daneben kennt die Urgemeinde das Amt der «Ältesten»[51]; auch diese könnten in den «Ältesten» der Qumrangemeinde ihr Vorbild haben.[52]

CHRISTOPH: «Älteste» gibt es auch sonst im Judentum, nicht nur in Qumran.[53]

JUDITH: Eine herausgehobene Stellung hat in Qumran der «Aufseher».

> *«Er soll die Vielen unterweisen in den Werken Gottes und soll sie unterrichten über seine wunderbaren Machttaten und soll vor ihnen die ewigen Ereignisse erzählen. Und er soll Erbarmen mit ihnen haben wie ein Vater mit seinen Söhnen und alle ihre Verstreuten zurückbringen wie ein Hirt seine Herde. Und er soll alle ihre fesselnden Bande lösen, damit kein Bedrückter und Zerschlagener in seiner Gemeinde sei. Und jeden, der sich seiner Gemeinde anschließt, soll er auf seine Werke, seine Einsicht, seine Kraft, seine Stärke und sein Vermögen hin prüfen.»*[54]

Dem qumranischen «Aufseher» obliegen außerdem die Verwaltung des gemeinschaftlichen Vermögens[55] und bestimmte disziplinarrechtliche Aufgaben.[56] Viele sehen in ihm den Vorgänger des christlichen Bischofs.[57] – Auch der christliche Diakon späterer Zeit hat mit dem qumranischen maskil (Unterweiser) eine «frappierende Ähnlichkeit»[58].

CHRISTOPH: Für Qumran ist ein ausgeprägtes hierarchisches Denken typisch:

> *«Und man soll sie eintragen in die Ordnung, einen vor dem anderen, entsprechend seinem Verständnis und seinen Taten, damit alle gehorsam sind, einer dem anderen, der Geringere dem Höheren; und man soll ihren Geist prüfen und ihre Taten Jahr um Jahr, um einen jeden entspre-*

chend seinem Verständnis und der Vollkommenheit seines Wandels aufrücken zu lassen oder ihn entsprechend seiner Verkehrtheit zurückzusetzen; man soll zurechtweisen, ein jeder seinen Nächsten in Wahrheit und Demut und barmherziger Liebe untereinander.»[59]

JESUS: Für Rangdenken habe ich kein Verständnis. Als unter meinen Jüngern Streit ausbrach, wem von ihnen der erste Rang zukomme, habe ich sie zurechtgewiesen. Ihr wißt:

«Wer von euch etwas Besonderes sein will, der soll den anderen dienen, und wer von euch an der Spitze stehen will, soll sich allen unterordnen.»[60]

JUDITH: Deinem Beispiel scheint die Urgemeinde noch gefolgt zu sein, denn dort gibt es keine Rangordnung.[61] In der späteren «Kirche» aber kommen hierarchische Strukturen auf, die durchaus qumranisch genannt werden können.

CHRISTOPH: Erstaunlicherweise ist bereits in der Urgemeinde ein «Instanzenweg»[62] einzuhalten, nachdem ein Mitbruder eine Verfehlung begangen hat: Zuerst ist er unter vier Augen zu ermahnen – dann vor Zeugen – schließlich vor der Gemeinde.[63]

JESUS: Meine Regel ist einfacher. Hört:

«Wenn dein Bruder Unrecht getan hat, dann weise ihn zurecht, und wenn er es bereut, dann verzeih ihm.»[64]

JUDITH: Der gleiche dreistufige Instanzenweg, den die Urgemeinde vorschreibt, findet sich bereits in der Gemeinderegel von Qumran.[65] Ganz offensichtlich hat man ihn von dort übernommen, zumal da diese Prozedur dem übrigen Judentum völlig fremd ist.[66]
In der brüderlichen Ermahnung liegt jedoch nur der augenfälligste Aspekt. Auch sonst ist Brüderlichkeit in Qum-

ran und später in der Urgemeinde ein zentraler Wert.[67] Das brüderliche Teilen, die Gütergemeinschaft, innerhalb der Urgemeinde ist – wir haben darüber gesprochen – dem qumranischen Ideal nachgebildet.[68]

Disziplinarstrafen

JUDITH: Qumran kennt eine ganze Reihe von Disziplinarstrafen, mit denen die verschiedensten Verstöße gegen die Gemeinderegel geahndet werden.[69] Ein Auszug:

> *«Und wer vor seinem Nächsten nackt geht, ist aber nicht gezwungen dazu, soll mit sechs Monaten bestraft werden. Und ein Mann, der mitten in die Sitzung der Vielen hineinspuckt, soll mit dreißig Tagen bestraft werden. Und wer seine Hand aus seinem Gewand hervorstreckt und es flattert, so daß seine Blöße sichtbar wird, der soll mit dreißig Tagen bestraft werden. Und wer töricht mit lauter Stimme lacht, der soll bestraft werden mit dreißig Tagen. Und wer seine linke Hand herausstreckt, um damit zu fuchteln, der soll mit zehn Tagen bestraft werden.»*[70]

Natürlich werden nicht nur solche, uns Heutigen lächerlich anmutende Verhaltensweisen bestraft. Wer falsche Angaben bezüglich seines Besitzes macht, wird für ein Jahr ausgeschlossen.[71] Desgleichen…[72]

JESUS: Genug davon!

JUDITH: Das Wichtigste kommt noch: Wer die Grundlagen der Gemeinschaft antastet, wird exkommuniziert, d.h. völlig aus der Gemeinde verstoßen.[73] Diese schwerste Strafe zieht sich zu, «wer ein Wort aus dem Gesetz Moses absichtlich oder aus Nachlässigkeit übertritt»[74], «wer gegen die Grundlage der Gemeinschaft murrt»[75], wer flucht[76], «wer die Vielen verleumderisch hintergeht»[77] oder «wer abtrünnig wird von der Gemeinschaft»[78].

Könnte Jesus sich aus dem Strafenkodex Qumrans das eine oder andere zu eigen machen?

JESUS: Nichts davon! Ich komme ohne jeglichen Strafenkatalog aus. Hast du das Gebot der Nächstenliebe[79] und der Feindesliebe[80] schon vergessen?

JUDITH: Ist die Urgemeinde dir darin gefolgt?

CHRISTOPH: Darf ich...? Wenn wir einen Blick in das Neue Testament werfen, so lassen sich dort «gewisse Analogien» zu Qumran[81] – nicht etwa zu Jesus – aufspüren. Auch in der christlichen Gemeinde hat es schon sehr früh die Möglichkeit der Exkommunikation gegeben.[82] Im Laufe der Kirchengeschichte ist daraus ein machtvolles Disziplinierungsmittel entwickelt worden.[83] Zwischen Qumran und der Urgemeinde läßt sich ein anderer interessanter Vergleich ziehen: Beide Seiten vertreten die Gütergemeinschaft und dementsprechend die Ablieferung der Güter.[84] Und beiderseits wird die falsche Angabe der Eigentumsverhältnisse mit dem Ausschluß bedroht.[85]

Wie? Durch wen? Warum?

CHRISTOPH: Es läßt sich nicht leugnen: Auf dem Gebiet der Gemeindeordnung wird eine ganze Reihe von Konsonanzen hörbar zwischen Qumran und der Urgemeinde / Urkirche – nicht zwischen Qumran und Jesus. Die Gemeinsamkeiten sind vielleicht nicht erdrückend[86], aber doch auffallend. Wie ist das zu erklären? Auf welche Weise gelangten diese Essenismen ins Neue Testament?

JESUS: Mich laß aus dem Spiel, Christoph! Über Fragen der Lehre können wir später reden. Gemeindeordnung, Kirche, Organisatorisches – hier komme ich als Übermittler nicht in Frage; diese Dinge haben mich, wie ihr wißt, nie beschäftigt.

JUDITH: Die Wissenschaft hat keine plausible Erklärung für die essenischen Klänge im Neuen Testament. Das Spektrum der unterschiedlichsten Meinungen reicht von – man höre! – einer Gleichsetzung der Qumrangemeinde mit der Urgemeinde, beide seien in Wirklichkeit identisch[87], bis hin zur völligen Leugnung einer Abhängigkeit oder Ableitung.[88] Eins ist so unwahrscheinlich wie das andere.

JESUS: Ist es nicht so, Judith, daß Wahrheit beide Extreme umfaßt, so wie ein Baum Wurzel und Wipfel?

JUDITH: Du sprichst in Rätseln, wie soll ich dich verstehen?

CHRISTOPH: Manche meinen, Johannes der Täufer könnte qumranisches Gedankengut vermittelt haben.[89]

JESUS: Man hat schon oft auf eine geistige Verwandtschaft zwischen den Qumranleuten und Johannes aufmerksam gemacht.[90] Ich selber kannte den Täufer sehr gut und muß sogar gestehen, daß sein Wirken mein «geistiges und religiöses Denken nachhaltig beeinflußt» hat.[91] An organisatorischen Dingen war Johannes jedoch so wenig interessiert wie ich[92], hier scheidet er als Tradent ohne weiteres aus.

CHRISTOPH: Vielleicht haben Konvertiten, Menschen, die vom essenischen Judentum zur Urgemeinde übergetreten sind, auf die Urgemeinde «abgefärbt». Im Neuen Testament wird zum Beispiel berichtet, daß «einige Pharisäer»[93] und «viele Priester»[94] zur Urgemeinde übergetreten sind. Vielleicht waren auch Essener darunter[95], oder bei den Priestern handelte es sich um Priester aus Qumran?[96]

JESUS: Innere Unruhe scheint sich deiner zu bemächtigen, Judith. Sprich!

JUDITH: Du magst über vieles spekulieren, Christoph, aber das schlechthin Absurde solltest du bitte nicht in Erwägung ziehen! Ich halte es durchaus für möglich, daß der eine oder andere Pharisäer den großen inneren Schritt hat tun können und zu den Jesusgläubigen der Urgemeinde übergetreten ist. Von Paulus ist ja bekannt, daß er den Pharisäern angehört hatte[97], und noch in seinen Briefen schimmert pharisäisches Gedankengut durch.[98] Wir sprachen auch schon über die religiösen Werte, welche die Pharisäer und Jesus teilen, allen voran das Gebot der Nächstenliebe und die Auferstehungshoffnung.

CHRISTOPH: Wieso soll dann der Übertritt einen «großen inneren Schritt» darstellen?

JUDITH: Es ist ein riesiger Unterschied, ob ich – wie die Pharisäer – die Hoffnung hege, am Ende der Zeit zu den Auferstehenden zu gehören, oder ob ich – wie die Urgemeinde – die Auferweckung einer ganz bestimmten Person als *geschehenes* Ereignis zur Glaubensgewißheit habe. Paulus flehte:

> *«Warum wollt ihr Juden es denn nicht glauben, daß Gott tatsächlich einen Toten auferweckt hat?»*[99]

Und noch etwas ganz Ungeheuerliches, Christoph: Die Urgemeinde bezeugt ja nicht etwa die Auferstehung eines königlichen Messias, sondern eines Menschen, der wie ein politischer Aufrührer auf die schändlichste und erniedrigendste Art gehenkt wurde. «Für die Juden ist das eine Gotteslästerung», räumt Paulus ein.[100] Pharisäischen Augen müssen die Christen wie «eine wunderliche, einem Irrtum erlegene jüdische Sekte»[101] erschienen sein, weshalb man nicht gegen sie vorzugehen brauchte, sondern sie ruhig sich selbst überlassen konnte.[102] Diesen Gehenkten als erlösenden Gesandten Gottes zu begreifen, ist eine «ungeheure Glaubenstat»[103] des Pharisäers Paulus. Wie viele pharisäisch geprägte Durchschnittsjuden mögen diesen Schritt nachvollzogen haben? Bis auf den heutigen Tag hat ein gläubiger Jude die allergrößte Schwierigkeit damit.[104] Und, Hand aufs Herz: Wie viele Christen glauben die Auferweckung Jesu als wirkliches Geschehen? Um aber auf mein Anliegen zurückzukommen: *Essener* als Konvertiten sind mir unvorstellbar. Für sie wäre der Übertritt nicht nur ein «großer innerer Schritt», sondern ein Spagat über Glaubenswelten hinweg. Vom Jahre 30 an, dem Todesjahr Jesu, bis zum Jahre 70, als Qumran von den Römern zerstört wurde, mußten sich die Qumransekte und die Judenchristen als Konkurrenten um das Heil Gottes begreifen. Beide Sekten verstanden sich, je auf ihre Weise, als die Heiligen und Auserwählten, als das wahre Gottesvolk der Endzeit.[105] Beide lebten jedoch grundverschiedenen Anschauungen: Hier Mission – dort Isolation, hier Gleichberechtigung der Geschlechter (wenigstens ansatzweise) – dort Männerorden, hier ein geradezu handgreiflicher Auferstehungsglaube – dort höchstens (wenn überhaupt) eine vage Auferstehungshoffnung[106]. Und dann die unvereinbaren Messiasvorstellungen: Qumran weiß sich seit fast zwei Jahrhunderten als Gemeinschaft der Heiligen, es ist nach Plinius «das außergewöhnlichste Volk in der Welt»[107]. Wenn der Messias qumranischer Prägung kommt – man erwartet in Qumran deren zwei! –, dann gewiß nicht als ein umherziehender Obdachloser, der sich unter die Unreinen und Sünder mischt und am Galgen endet, sondern als Priester und als König, welche beide in kultischer Reinheit inmitten der Qumrangemeinde erscheinen werden.[108] Die Kreuzesstrafe ist nach qumranischem Gesetzesverständnis die Strafe für Hochverräter.[109] Wäre ein Essener Christ geworden, dann hätte er also «seine essenische Vergangenheit als Irrtum hinter sich lassen»[110] müssen. Nein und nochmals nein:

Essener scheiden als Konvertiten und Überbringer essenischer Ideen mit Sicherheit aus.

CHRISTOPH: Und wenn doch? Wenn es doch wider alle Vernunft anders gewesen sein sollte?

JUDITH: Warum um Himmels willen sollten ein paar Konvertiten, anstatt von der neuartigen Christengemeinde assimiliert zu werden, auf diese so sichtbar «abfärben»? Ich finde, wir sollten das Thema wechseln.

CHRISTOPH: Halt, wir haben die Priester vergessen. Nach deinen Ausführungen können mit den Priestern, welche zur Urgemeinde übergewechselt sind, eigentlich nicht qumranische Priester gemeint sein.

JUDITH: Eigentlich? Für qumran-essenische *Priester* trifft das Gesagte in noch stärkerem Maße zu. Eher sehe ich ein Kaninchen aus dem Zylinder hüpfen, als einen Qumranpriester zum Christentum konvertieren.

JESUS: Judith! Findest du deinen Vergleich passend?

JUDITH: Eher sehe ich ein Kamel durch ein Nadelöhr kriechen. Die Priester nehmen in Qumran bekanntlich die *höchste* Rang- und Heiligkeitsstufe ein.[111] Wie sollte ein solcher Ranghöchster zu Jesus finden – mit dessen ausgeprägtem Hang «nach unten»[112], der statt «heiliger» Isolation die «unheilige» Allianz mit kultisch Unreinen pflegt? Ausgeschlossen! Außerdem würde ein Qumranpriester durch einen Übertritt seine eigene Degradierung betreiben, denn in der Urgemeinde fungieren keine Priester.[113]

CHRISTOPH: Das leuchtet mir ein. Für einen Essener, zumal einen Priester, kann die Jesusgruppe bzw. die Urgemeinde kaum attraktiv gewesen sein, zu unterschiedlich sind Glaubensinhalte und Gemeindeordnung.

JUDITH: Den Übertritt hätte ein Essener nur dann ins Auge fassen können, wenn in der Jesusgruppe bzw. Urgemeinde schon zuvor «kernige» Essenismen vorhanden waren, mit denen er sich identifizieren konnte, die den «religiösen Spagat» etwas reduziert hätten. Oder will man etwa einem Durchschnittsessener oder Qumranpriester zugestehen, was kaum ein moderner Wissenschaftler, ob Theologe oder Historiker, Jesus von Nazareth zutraut: jenen gewaltigen Schritt heraus aus der Enge des Qumran-Essenismus? Also, auf die Gefahr hin, dich zu verprellen, Christoph: Der einzige, dem ich diesen radikalen Schritt wirklich zutraute, ist Jesus selber. Ist er denn nicht in vielem, was er sagt und tut, radikal, oft paradox, ja unerklärlich? Erscheint er uns nicht manches Mal so unerforschlich wie «Gottes Ratschluß»?

JESUS: Ich habe dir aufmerksam zugehört, Judith. Du hast übersehen, daß *ich* der Jerusalemer Urgemeinde in Fragen der Gemeindeordnung und Organisation außer «den Zwölfen» nichts hinterlassen habe. Wir haben uns ja ausführlich darüber unterhalten. Offen geblieben ist in deinen Ausführungen, welche Priester – wenn schon nicht qumranische – im Neuen Testament[114] gemeint sein könnten.

JUDITH: Sadduzäische Priester kommen ebensowenig in Frage. Sie leugnen den Auferstehungsglauben[115]; *sie* waren es, die deine Auslieferung an Pilatus betrieben haben[116], und *sie* sind die treibenden Kräfte bei der Verfolgung der Urgemeinde.[117] – Möglicherweise handelt es sich bei jenen zum Christentum konvertierten Priestern um solche Jerusalemer Priester, die der *pharisäischen* Richtung angehört haben[118], vielleicht auch um Mysterienpriester[119] oder um Priester aus der Sekte der Urmandäer[120].

CHRISTOPH: Ich stelle fest: Einer Antwort auf unsere Frage, wie denn die Essenismen ins Neue Testament gelangt sein könnten, sind wir keinen Schritt näher gekommen. Wir haben uns nur klargemacht, wie es *nicht* gewesen sein kann.

JUDITH: Statt der unhaltbaren «Überläufer-These» liegt der Gedanke näher, es könnten – gerade umgekehrt – Mitglieder der Urgemeinde aktiv geworden sein...

CHRISTOPH: ...und qumranisches Gedankengut *beigebracht* haben?

JUDITH: Ja! Die Mitglieder der Urgemeinde sind zunächst, wie bekannt, allesamt Juden. Und zwar Juden, die im religiösen Pluralismus jener Zeit aufgewachsen sind und *deren* Zugehen auf längst bekanntes jüdisch-häretisches Ideengut daher keinen vernunftsprengenden Spagat erfordert, wie es bei qumranischen Überläufern der Fall gewesen wäre. Der Eindruck, daß vieles nicht völlig deckungsgleich, sondern, wenn ich so sagen darf, «verstümmelt» im Neuen Testament angekommen ist, spricht ebenfalls dafür, das essenische Gedankengut könnte *nicht gebracht, sondern* – vielleicht über mehrere «Stationen» – *eingeholt* worden sein.

CHRISTOPH: Qumranische Gesprächspartner muß man aber erst finden!

JUDITH: Es könnte zu «Berührungen in Jerusalem oder sonst in Palästina»[121] gekommen sein. Wir wissen, daß auch außerhalb ihres religiösen Zentrums Qumran über das Land verteilt Essener lebten, einschließlich Jerusalems.[122] Die geographische Nähe wäre also durchaus gegeben. Oder diente Damaskus als Schmelztiegel?[123] Ein besonderes Problem stellt allerdings das Verschwiegenheitsgelübde dar, welches die Essener ablegen müssen;

jedoch scheinen trotz dieser «Nachrichtensperre» eine Menge essenischer Vorstellungen im Volk bekannt geworden zu sein.

CHRISTOPH: Rätselhaft bleibt mir das Motiv. Warum sollte die Urgemeinde von Qumran rezipieren wollen?

JUDITH: Vielleicht beeindruckte das Vorbild der seit fast 200 Jahren bestehenden Heiligen Gemeinde? Höchst bemerkenswert finde ich, daß die Essener – im Gegensatz zu den Pharisäern, Sadduzäern und Zeloten – im ganzen Neuen Testament nicht ein einziges Mal namentlich erwähnt werden, jede antiessenische Polemik fehlt.

CHRISTOPH: Religiöse Konkurrenz als Vorbild? Ich bitte dich! Wäre nicht derjenige, der die neue religiöse Bewegung ausgelöst hat, das bessere Vorbild: Jesus?

JESUS: «Wäre» hast du gesagt. Unbeabsichtigt? Erinnerst du dich nicht mehr an die vielen heidnischen Vorbilder, welche die frühen Christen zur Ermutigung und Stärkung ihres Glaubens benutzt haben? An die Magier aus dem Morgenland[124], an die Nachahmung des Mithrakanafestes, um meiner Geburt zu gedenken[125], an den Mythos der jungfräulichen Geburt[126], an die Glorifizierung meiner Mutter?[127] Oder an das jüdische Vorbild des davidischen Messias?[128]
Schon die Urgemeinde war vielfältigen Anfeindungen und Verfolgungen ausgesetzt.[129] In dieser Situation kann man sich abkapseln, wie das Beispiel der Qumrangemeinde zeigt. Oder man kann «sich der Welt ein Stückweit anpassen und so versuchen, die Verleumdungen zu entkräften».[130] Diesen Weg wählte die Urgemeinde. Man betreibt Werbung für seinen neuen Glauben, indem man sich auf prophetische Verheißungen stützt[131], auf Naturwunder und Legenden. Und man betreibt Mission, das heißt Abwerbung.

JUDITH: Das zieh' ich mir voll rein.

JESUS: Bitte? Natürlich betreibt man Mission nicht nur aus apologetischen Gründen, sondern auch, weil man seinen neuen Glauben ernst nimmt und andere zu ihm hinführen möchte. Wer missioniert, bedient sich dabei der Sprache und schöpft aus der Vorstellungswelt des zu Missionierenden.

JUDITH: Mhm. Ich stimme dir zu – jedenfalls in bezug auf das pharisäisch-rabbinische Judentum. Hinsichtlich Qumrans habe ich jedoch nach wie vor starke Bedenken. Dein Image in Qumran als «gehenkter Arme-Leute-Messias» – falls man dort überhaupt von dir Notiz genommen hat! – ist zu schlecht, als daß ein paar Essenismen organisatorischer Natur dieses Manko ausgleichen könnten. Da müßten schon gewichtigere theologische Inhalte präsentiert werden.

CHRISTOPH: Ich muß Judith recht geben. «Imagepflege» in Richtung Qumran gewinnt wohl keinen einzigen neuen Christen. Übrigens wird die Urgemeinde von dort auch nicht angefeindet oder verfolgt. Ich kann mir aber gut vorstellen, daß mancher Anhänger pharisäisch-rabbinischer Gelehrsamkeit die Heiligen von Qumran heimlich beneidete und sich wünschte, ihr Mitglied zu sein – wenn der Weg zu diesem Ziel nicht gar so beschwerlich und das Ende des Weges so ungewiß erschienen wären. Essenismen im aufkommenden Christentum könnten diesen Menschen eine Alternative aufzeigen.

JUDITH: Diese Menschen über den Tisch ziehen, meinst du!

CHRISTOPH: Du kannst so nett sein, Judith.

JUDITH: Danke, du auch.

CHRISTOPH: Ich gebe dir ja recht! Ich meine nämlich wie du, daß einige Essenismen in der Gemeindeordnung zu wenig

Attraktivität für einen Möchtegern-Essener ausstrahlen. Wichtigere theologische Inhalte, mit denen der Konvertit sich identifizieren kann, müßten schon hinzutreten.

JUDITH: Du machst dir etwas vor, Christoph. Ich meine, ein verkappter Annäherungsversuch an pharisäisch denkende Juden wird durch die antipharisäische Polemik im Neuen Testament glatt widerlegt. Laß mich zusammenfassen: Im Bereich der Gemeindeordnung hat sich die Urgemeinde in mancher Hinsicht, wenngleich wir nicht wissen, warum und und über welche Kanäle – jedenfalls nicht nur auf indirektem Wege[132] –, am Vorbild Qumrans orientiert. Nicht an Jesus! Kirche, Kirchenordnung, Kirchenrecht sind gewissermaßen *trotz Jesus* gewachsen.[133]
Haben die Väter der Kirche sich geirrt? Oder Jesus?

JESUS: Irren ist menschlich.

4. Die Lehren der Essener und des Jesus von Nazareth

4.1 Verkündigung

Prädestination und Willensfreiheit

CHRISTOPH: Ist der Lebensweg eines Menschen durch göttlichen Beschluß vorherbestimmt (prädestiniert), oder besitzt der Mensch einen freien Willen, seinen Lebensweg selber zu gestalten? Diese existentiale Frage hat die Menschen zu allen Zeiten und in allen Kulturen beschäftigt. Wie stellen sich die Essener und Jesus von Nazareth diesem Problem?

JUDITH: Darf ich mit den Essenern beginnen? Schon bevor die Schriftrollen von Qumran entdeckt worden waren, kannte man von Josephus die essenische Lehre, «alles stehe unter der Macht des Verhängnisses, und es komme bei den Menschen nichts vor, was nicht vom Geschicke bestimmt sei».[1] Die Lehre der Essener liest sich in der Tat, wie wir jetzt aus ihren Schriften ersehen, streng prädestinatorisch:

> *«Vom Gott der Erkenntnis kommt alles Sein und Geschehen. Ehe sie (die Menschen) sind, hat er ihren ganzen Plan festgesetzt. Und wenn sie da sind zu ihrer Bestimmung, so erfüllen sie nach seinem herrlichen Plan ihr Werk, und keine Änderung gibt es.»*[2] *«Denn kein Mensch bestimmt seinen Weg, kein Mensch lenkt seinen Schritt; sondern bei Gott ist die Gerechtigkeit, und aus seiner Hand kommt*

vollkommener Wandel, und durch sein Wissen ist alles entstanden. Alles, was ist, lenkt er nach seinem Plan, und ohne ihn geschieht nichts.»[3]

Ausgehend von dieser Grundhaltung, glauben die Essener an eine «doppelte Prädestination»[4] der Menschen. Gott hat jedem Menschen zwei Geister eingegeben, «das sind die Geister der Wahrheit und des Frevels».[5] Und «entsprechend dem Anteil», den diese Geister am einzelnen Menschen haben, wandelt dieser auf Erden.[6] Demgemäß gibt es zwei Klassen von Menschen, die «Gerechten» und die «Gottlosen».[7] Zur ersten Gruppe zu gehören, ist ein reiner Gnadenakt Gottes[8]; diese Menschen hat Gott «von Mutterleib an bestimmt für die Zeit des Wohlgefallens», «aber die Gottlosen hast du geschaffen für die Zeit deines Zornes, und von Mutterleib an hast du sie geweiht für den Schlachttag».[9] «Du hast sie bestimmt, um an ihnen große Gerichte zu vollziehen.»[10] Die essenische Prädestinationslehre ist eingebettet in einen ebenso strengen Determinismus (= Vorherbestimmtheit des gesamten Weltgeschehens).[11] Den Himmel, die Sterne in ihren Bahnen, Erde und Meere und alles, was darinnen ist, bestimmt Gott nach seinem Willen.[12]

«Denn alle Zeiten Gottes kommen nach ihrer Ordnung, wie er es ihnen festgesetzt hat in den Geheimnissen seiner Klugheit.»[13] *«Alles ist aufgezeichnet vor dir mit einem Griffel des Gedächtnisses für alle ewigen Zeiten.»*[14]

Dieses Wissen um die Allmacht Gottes läßt den Essener seine eigene Bedeutungslosigkeit erkennen. Voller Demut betet er:

«Ich bin Staub und Asche. Was soll ich denken, ohne daß du es willst? Und was sollte ich planen ohne deinen Willen? Wie soll ich Festigkeit gewinnen, ohne daß du mich aufstellst? Und wie soll ich einsichtig sein, ohne daß du es

mir bereitest? Und wie soll ich reden, ohne daß du mir den Mund auftust? Und wie soll ich antworten, ohne daß du mich belehrst? Siehe, du bist der Fürst der Göttlichen und der König der Angesehenen und der Herr jeglichen Geistes und der Herrscher über jedes Geschöpf. Und ohne dich wird nichts getan, und nichts wird ohne deinen Willen erkannt.»[15]

Hast du nicht ganz ähnlich wie die Qumraner gedacht?[16]

JESUS: Meine Jünger haben mich einmal gefragt: «Sage uns: Wie wird unser Ende sein?» Worauf ich ihnen geantwortet habe:

«Habt ihr denn enthüllt den Anfang, daß ihr sucht nach dem Ende? Denn der Ort, an dem der Anfang ist, dort wird auch das Ende sein. Selig ist, wer stehen wird am Anfang, und er wird das Ende erkennen und nicht schmecken den Tod.»[17]

Kennt ihr mein Gleichnis von der «selbstwachsenden Saat»[18]? Gottes neue Welt kommt unaufhaltsam, so wie die Frucht auf dem Halm aus dem Samenkorn hervorgeht. Der Mensch kann von sich aus nichts dazu tun. «In Gottes Anfang liegt das Ende schon eingeschlossen.»[19]

CHRISTOPH: Deine Gedanken sind hochmodern. In der New-Age-Esoterik des ausgehenden 20. Jahrhunderts kehren sie wieder:

«‹Jeder Anfang trägt das Ende in sich.› Dieses Gesetz besagt, daß im Augenblick des Beginnens einer Sache bereits der gesamte Verlauf und das Ende festgelegt sind. Wir hegen die Vorstellung, daß es möglich ist, in ein laufendes Geschehen einzugreifen und es zu beeinflussen. Doch jeder Beginn beinhaltet bereits sein Ende, so wie jedes Samenkorn die gesamte Pflanze beinhaltet samt den neuen Samen. Es ist immer alles in allem. In dem Samen ist die Frucht, in der Frucht der Same.»[20]

JUDITH: Die Gedanken Jesu sind nicht nur aktuell, sie sind vielleicht sogar – ich sage das mit hohem Respekt – so alt wie das menschliche Erkennen. Die deterministische Weltauffassung ist ja ein Kind der Astrologie, die, ausgehend von Babylonien, sich in der ganzen hellenistischen Welt ausbreitete (von der Mitte des 4. Jahrhunderts v. Chr. an).[21] Die Chaldäer, Priesterastronomen jener Zeit, haben an die Stelle der Willkür der antiken Götter die Idee einer unbeugsamen Notwendigkeit gesetzt, die das Weltall beherrscht.[22] Sie beobachteten, daß ein unwandelbares Gesetz die Bewegung der Himmelskörper regelte, und dehnten ihre Entdeckung auf alle sozialen und moralischen Phänomene aus.[23] Die sieben Planeten identifizierte man mit Gottheiten, Mars, Venus oder Merkur, die einen allgemein bekannten Charakter haben.[24] Der aus der Astrologie abgeleitete Determinismus faszinierte die Menschen und gewann einen Einfluß, den wir – wie gesehen – bis heute spüren. Während die hebräische Bibel diesen Einfluß noch nicht zeigt[25], hat er sich im nachbiblischen Judentum in verschiedener Ausformung niedergeschlagen. Besonders streng, wie wir sahen, bei den Essenern; maßvoll, eine Synthese mit der Willensfreiheit bildend, im pharisäisch-rabbinischen Judentum[26]; frei von deterministischem Einfluß scheinen die Sadduzäer geblieben zu sein.[27] Aber nicht nur im Judentum zeigte sich der Einfluß deterministischer Weltauffassung. Ebenso im semitischen Heidentum.[28] In der römischen Kaiserzeit galt die Astrologie sogar als die Königin der Wissenschaften.[29] Prägenden Einfluß gewann sie auf die stoische Philosophie.[30] Marc Aurel (121–180 n. Chr.) schreibt in stoischer Schicksalsergebenheit:

> *«Alle Dinge sind miteinander verflochten, und ihr Band ist heilig. Schwerlich ist eins dem anderen fremd. Denn sie bilden ja zusammen ein Ganzes und tragen zusammen zu*

ein und derselben Weltordnung bei.»[31] *«Alles, was dir widerfährt, ist dir aus dem Weltlauf von Anfang an mitbestimmt und verhängt.»*[32] *«Von Menschen eines bestimmten Charakters müssen notwendigerweise ihrer Natur entsprechende Handlungen begangen werden. Wer das nicht will, der will, daß die Feige keinen Saft hat.»*[33]

In dieser Haltung vermag Marc Aurel auch den tiefsten Schmerz zu ertragen.

«Nur ein Narr sucht im Winter nach Feigen. So handelt der Mann, der sein Kind vermißt, wenn es ihm nicht mehr gelassen ist.»[34]

JESUS: Ihr wißt, *ich* habe einen Feigenbaum, welcher – der kalten Jahreszeit entsprechend – keine Feigen trug, verflucht.[35] Verflucht sei jeder, der sich damit zufriedengibt, so zu sein, wie er ist!

JUDITH: Wenn ich mir das Christentum anschaue, dann stelle ich zu meiner Verwunderung fest, daß das Neue Testament mit einem astrologischen Coup eröffnet wird: Ganz vorn im ersten Evangelium ziehen Sterndeuter aus dem Osten dem Stern von Bethlehem nach, welcher – wie sie sagen – auf den neugeborenen König der Juden hinweise.[36] Auch das Ende des irdischen Jesus wird von kosmischen Ereignissen, einer Sonnenfinsternis und einem Erdbeben, begleitet.[37] Christliche Apologeten sahen sich dadurch allerdings nicht gehindert, die Astrologie aufs schärfste zu bekämpfen.[38]

CHRISTOPH: Der Prädestinationsgedanke hat im Christentum tiefe Wurzeln geschlagen. Bereits die Urgemeinde denkt prädestinatorisch.[39] In besonderem Maße gilt das für Paulus, ja man kann sagen, seine und die qumranische Prädestination gehen konform.[40] Dasselbe trifft für den Evangelisten Johannes zu.[41] Die Geschichte des Christentums zeigt ein ständiges Bemühen, mit der Prädestinationslehre zurechtzukommen.[42] Bis heute treiben wir, ohne es zu wissen, tagtäglich Astrologie, wenn wir zum Beispiel die französischen Namen der Wochentage Lundi, Mardi, Mercredi gebrauchen, denn die Astrologie lehrte, daß der erste dem Mond, der zweite dem Mars, der dritte dem Merkur unterstehe, wie die vier letzten den anderen Planeten.[43] Der christliche Sonntag führt, wie man weiß, seinen Namen auf die Verehrung der Sonne zurück.[44] Werfen wir einen Blick auf die Uhr! «Jedes Zeichen ihres Zifferblattes und die Einteilung der Zeit auf ihr verdanken wir Babylon. Der Tag von 12 Stunden, die Stunde von 60 Minuten, die Minute von 60 Sekunden bezieht sich auf 12 Monate und 360 Tage des alten babylonischen Sonnenjahres.»[45]

Konsequenterweise lehrt die heutige Astrologie als esoterische Disziplin, «daß es in dieser Welt niemals einen Zufall geben kann».[46]

> *Der Mensch werde «in diese Welt inkarniert, um sich zu entwickeln und nach seinen Fähigkeiten der Welt zu dienen». Dabei habe er einen «Lehrplan» einzuhalten, dieser sei «mit Sicherheit determiniert, er muß erfüllt werden». Der Mensch habe lediglich die Wahl, wie er den Lehrplan, die einzelnen Lernschritte, erfüllen wolle: durch bewußtes Lernen oder durch Schicksalsschläge. «Die Kurzformel heißt: Wer nicht lernt, leidet. … Glück wächst dort, wo der Mensch in Harmonie mit der Welt kommt. Glück wächst dort, wo der Mensch sich seiner Aufgabe bewußt wird und die Gnade erkennt, dienen zu dürfen.»*[47]

JUDITH: Wer nicht lernt, leidet. Ich wage den Satz kaum zu Ende zu denken: Gilt er auch für Jesus von Nazareth?

JESUS: Sollte er denn nicht?[48] – Wo immer wir vom «Schicksal» reden, das jemanden treffe, beruht dieser Sprachgebrauch ja auf unserer Vorstellung, daß es eine Instanz gibt, die es uns «geschickt» hat. Noch deutlicher werden wir, wenn wir vom «Geschick» sprechen. Unsere Sprache verrät uns also sehr genau, daß ein Absender hinter dem steht, was uns im Leben zuteil wird. Es wird uns zugeteilt. Glaubten wir wirklich an einen «Zufall» oder an die Macht des eigenen Willens, würden wir uns wohl kaum dieser Sprache bedienen.

JUDITH: Wir haben uns vor wenigen Minuten über die qumranische Vorstellung zweier Klassen von Menschen unterhalten, die einen vom Mutterleib an für das ewige Heil ausersehen, die anderen zur ewigen Verdammnis vorherbestimmt.[49] Ich möchte von Jesus wissen, wie *er* diese Zweiteilung der Menschheit beurteilt.

JESUS: Laß mich dir mit einem Gleichnis antworten.

> *«Von Dornengestrüpp kann man keine Weintrauben pflücken und von Disteln keine Feigen. Ein gesunder Baum trägt gute Früchte und ein kranker Baum schlechte. Umgekehrt kann ein gesunder Baum keine schlechten Früchte tragen und ein kranker Baum keine guten. Jeder Baum, der keine guten Früchte trägt, wird umgehauen und verbrannt werden.»*[50]

JUDITH: Du machst mir Angst. Oder habe ich dich mißverstanden?

JESUS: Ich will es euch erklären, Judith.

> *«Ein guter Mensch bringt Gutes hervor, weil er im Innersten gut ist. Ein schlechter Mensch kann nur Böses hervorbringen, weil er von Grund auf böse ist. Aber ich sage euch: Am Tag des Gerichts werden die Menschen sich verantworten müssen für jedes unnütze Wort, das sie gesprochen haben!»*[51]

Wenn der Weltrichter kommt, werden alle Menschen

> *«vor ihm versammelt werden, und er wird die Menschen in zwei Gruppen teilen.»*[52] *Zu den Menschen auf der rech-*

ten Seite wird er sagen: «Nehmt Gottes neue Welt in Besitz, die er euch von Anfang an zugedacht hat.»[53] *«Dann wird er zu denen auf der linken Seite sagen: Geht mir aus den Augen, Gott hat euch verflucht! Fort mit euch in das ewige Feuer, das für den Satan und seine Helfer vorbereitet ist!»*[54] *«Auf diese also wartet die ewige Strafe. Die anderen aber, die Gottes Willen getan haben, empfangen das ewige Leben.»*[55]

CHRISTOPH: Darin liegt «eine klare Scheidung der Menschheit»[56], wie ich sie aus Qumran im Ohr habe. Ernüchternd und hoffnungslos finde ich das. Der einzelne hat keine Möglichkeit, zu seinem Geschick beizutragen?

JESUS: Er hat, Christoph! Hast du die Verfluchung des Feigenbaumes denn nicht verstanden? Verflucht sei jeder, der sich damit zufriedengibt, zu sein wie er ist!

«Wem viel gegeben worden ist, von dem wird auch viel verlangt. Je mehr einem Menschen anvertraut ist, desto mehr wird von ihm gefordert.»[57]

Ich versichere euch: Wer sich nicht ändert, wird umkommen.[58] Nutzt die euch zugemessene Zeit! Gott hat Geduld mit euch, aber sie währt nicht ewig. Ein Feigenbaum, der keine Früchte trägt, erhält eine letzte Schonfrist, dann wird er umgehauen.[59]

JUDITH: Die Feigen Marc Aurels schienen mir bekömmlicher als die deinen. Ich verstehe kein Wort! Entweder ist mein Ende vorherbestimmt – so hast du es selber gesagt – oder ich habe die Möglichkeit, mich zu ändern. Aber doch nicht beides, das ist paradox, widerspricht der Logik.

JESUS: Hältst du es nicht für möglich, Judith, daß Wahrheit umfassender sein könnte, als menschliche Logik es zu fassen vermag?[60] Übrigens kennt auch Marc Aurel, den du wohl sehr schätzt, die paradoxe Wahrheit. Er fügt sich er-

geben in sein Schicksal und bekennt dennoch: «Unsern freien Willen kann uns niemand rauben.»[61] Zaghafte Ansätze hierzu zeigen auch die Essener, die eine «Abwendung von der Sünde»[62] und eine «Umkehr»[63] des Menschen für möglich halten. Ich selbst lasse mich darin jedoch von niemandem übertreffen. Darum habe ich mich den Menschen zu und nicht abgewandt; immer wieder habe ich sie zur Umkehr aufgerufen.[64]
Alles, auch eure Umkehr, liegt in Gottes Hand. Vertraut darauf!

> *«Ihr müßt nur Gott vertrauen. Ihr könnt euch darauf verlassen: Wenn ihr zu diesem Berg sagt: ‹Auf stürze dich ins Meer!› und habt keinerlei Zweifel, sondern glaubt fest, daß es geschieht, dann geschieht es auch. Deshalb sage ich euch: Wenn ihr Gott um etwas bittet und darauf vertraut, daß die Bitte erfüllt wird, dann wird sie auch erfüllt.»*[65]

Der Wille Gottes ist das Gesetz der Welt.[66] Ihr habt die Freiheit, euch ganz dem Willen Gottes zu unterstellen; eine andere habt ihr nicht. Nutzt sie: dann seid ihr wirklich frei!

> *«Die paradoxe Wahrheit lautet: Nur wer unter dem Gesetz steht, ist frei. Die Mehrzahl der Menschen versucht jedoch, Freiheit aus der Willkür heraus zu erreichen – dieser Weg führt aber in die Unfreiheit… Seine höchste Freiheit hat der Mensch erlangt, wenn er die Worte sprechen kann: ‹Herr, nicht mein Wille, sondern dein Wille geschehe.›»*[67]

CHRISTOPH: Ich habe diese Stelle etwas anders in Erinnerung.

JESUS: Mein Zitat stammt nicht aus dem Neuen Testament, Christoph, ich habe es der Astral-Esoterik des 20. Jahrhunderts entnommen.

Dualismus

CHRISTOPH: Mit der deterministisch-prädestinatorischen Weltauffassung eng verbunden ist der qumranische Dualismus, dessen Wesen man so zusammenfassen kann:

> *«Gott selbst hat zwei Geister geschaffen, den des Guten und den des Bösen. Der Geist des Guten ist der Fürst des Lichtes, der Engel der Wahrheit. Der Geist des Bösen ist der Engel der Finsternis. Der erstere wird von Gott geliebt, während der letztere sein Feind ist. Die gesamte Menschheits- und Weltgeschichte ist zu erklären aus dem unaufhörlichen Kampf dieser beiden Geister. Die Söhne des Lichts stehen unter der Herrschaft des Geistes des Guten, die Söhne der Finsternis unter der Herrschaft des Geistes des Bösen. Zwei Heere, zwei Wege, zweierlei Lohn. Am Ende der Zeiten wird der Geist des Bösen für immer verschwinden. Gott und der Geist des Guten werden endgültig siegen. Bis dahin aber sind in jeder Menschenseele, sogar in der der Söhne des Lichts, beide Geister vorhanden und liegen im Streit miteinander. Zur Zeit der letzten Heimsuchung, d.h. des großen Gerichts, werden die Seelen der Auserwählten vollkommen gereinigt werden und von nun an den Vollbesitz der göttlichen Erkenntnis genießen.»*[68]

Diese dualistische Ideologie zeigt sich in Begriffspaaren wie Licht/Finsternis, gut/böse, Gott/Satan, Himmel/Hölle, Lohn / Strafe u.a.m.; die Qumranschriften sind voll davon.[69] Viele dieser Vorstellungen sind uns wohlvertraut, denn sie finden sich im Christentum gleichermaßen…

JUDITH: …nicht jedoch in der hebräischen Bibel und ebensowenig im offiziellen Judentum.[70] Denkt Jesus dualistisch?

JESUS: Die kompromißlose Dogmatik Qumrans sucht ihr bei mir vergebens, ebenso die «Söhne des Lichts und der Finsternis»,[71] aber im Prinzip muß ich deine Frage beja-

hen, Judith. Schlagt das Neue Testament auf, und ihr werdet sehen, daß mir der Licht/Finsternis-Dualismus nicht fremd ist.[72] *Nach* mir haben besonders Paulus[73] und Johannes[74] sich seiner bedient; beide stimmen zuweilen im Wortlaut mit den Texten Qumrans überein. Auch andere Dualismen habe ich gebraucht wie zum Beispiel Unkraut/Weizen[75] sowie die Zweiteilung der Menschheit beim Gericht Gottes.[76]
Erinnert ihr euch daran? Ihr könnt nicht zwei Herren zugleich dienen: Gott und dem Mammon (= Geld).[77]

JUDITH: Dieser Ausspruch «könnte genau so gut auch in jedem der Texte vom Toten Meer stehen».[78]

JESUS: Wenn du meinst?

JUDITH: Nach der Zwei-Geister-Lehre Qumrans werden in messianischer Zeit, wenn der heilige Krieg der Endzeit ausgetragen werden wird, alle bösen Geister einschließlich der Menschen, von denen sie Besitz ergriffen haben, vernichtet werden.[79] Hast nicht auch du so gedacht?

JESUS: Ich habe vielen Menschen dadurch helfen können, daß ich ihren bösen Geist ausgetrieben habe.[80] Die Austreibung von bösen Geistern habe ich als Sieg über den Satan und als ein Signal für die jetzt beginnende Gottesherrschaft verstanden.[81]

> *«Wenn ich aber mit Hilfe von Gottes Geist die bösen Geister austreibe, so könnt ihr daran sehen, daß Gott schon angefangen hat, mitten unter euch seine Herrschaft aufzurichten.»*[82]

JUDITH: Dein Exorzisieren gehört, meine ich, dem «Kampfdualismus» an, wie wir ihn aus Qumran kennen.[83]

JESUS: Wenn du meinst?

JUDITH: Diese dualistische Ideologie, die ja, wie gesagt, im Judentum keine Heimat hat, woher kommt sie? Woher haben Qumran, Jesus und später Paulus und Johannes dieses Gedankengut?

CHRISTOPH: An deiner Frage haben sich die Wissenschaftler jahrzehntelang die Krallen geschärft. Die dualistische Ideologie, namentlich der Licht/Finsternis-Dualismus, ist für die Lehre des persischen Religionsstifters Zarathustra (etwa 7. Jahrhundert v. Chr.) kennzeichnend.[84] Man nimmt daher heute allgemein an, daß der Dualismus aus dem Iran nach Westen gelangt und auch ins häretische Judentum eingedrungen ist.[85] Allein der Weg, den dieser Einfluß genommen hat, läßt sich nicht genau rekonstruieren.

JUDITH: Ich darf daran erinnern, daß im 6. Jahrhundert v.Chr. Judäa unter persische Oberhoheit geriet; ganz Palästina war von 539 bis 333 v. Chr. Teil des persischen Weltreiches.[86]

Erwählungsbewußtsein

JUDITH: Das Volk Israel betrachtet sich – vielleicht orientiert an den Vorbildern altorientalischer Volksgötter[87] – als das auserwählte Volk Gottes. Mose spricht zu den Israeliten:

> *«Der Herr, euer Gott, hat euch als ein heiliges Volk für sich ausgesondert; er hat euch unter allen Völkern der Erde als sein Eigentum ausgewählt.»*[88]

Rund tausend Jahre später durchbrechen die Essener diesen Erwählungsgedanken: Nicht mehr Israel als Nation ist von Gott erwählt und ausgesondert, sondern der einzelne

Büßer und die Essenergemeinde, zu der er gefunden hat.[89] Die Essener betrachten sich als den übrig gebliebenen Rest des Gottesvolkes.

> *«Denn wegen ihres Treubruchs, da sie ihn verließen, hat er (Gott) sein Angesicht vor Israel und seinem Heiligtum verborgen und sie dem Schwert preisgegeben. Weil er aber des Bundes mit den Vorfahren gedachte, hat er einen Rest übriggelassen in Israel und sie nicht der Vernichtung preisgegeben.»*[90]

Darum wissen die Essener sich als

> *«Auserwählte des göttlichen Wohlgefallens, um für das Land zu sühnen und den Gottlosen ihre Taten zu vergelten.»*[91] *Sie sollen «entsprechend diesen Festsetzungen ausgesondert werden aus der Mitte des Wohnsitzes der Männer des Frevels, um in die Wüste zu gehen...»*[92]

CHRISTOPH: Die urchristliche Gemeinde zeichnet ein ganz ähnliches Selbstverständnis aus. Sie betrachtet sich – und zwar wie die Essener: *nur sich*! – als das auserwählte Volk Gottes. Wir haben darüber gesprochen, als wir die Qumrangemeinde und die Urgemeinde miteinander verglichen.[93] Zwischen beiden Gemeinden zeigt sich geradezu eine Erwählungskonkurrenz.[94]

JUDITH: Worüber wir aber noch nicht gesprochen haben: Wie steht Jesus von Nazareth zum Erwählungsgedanken? Hat auch die Gruppe um Jesus sich als die Erwählten begriffen?

JESUS: Ich habe den Menschen verkündet, daß Gott damit begonnen habe, seine Königsherrschaft, sein Reich, aufzurichten; wenn mir Dämonenaustreibungen gelingen, so könnten sie dies als Zeichen hierfür verstehen. Diejenigen, die mich verstanden, haben eine Ankündigung des Propheten Jesaja auf mich bezogen:

«Hier ist mein Beauftragter! Ihn habe ich erwählt, ihm gilt meine Liebe, an ihm habe ich Freude.»[95]

Ja, ich durfte mich als von Gott berufen, von ihm erwählt verstehen.[96] Die Zeichen waren untrüglich. Meine Jünger habe ich selbst berufen und sie dadurch in den Stand der Erwählten gehoben.[97]

JUDITH: Man kann das auch daran erkennen, daß du die Jünger bevorzugt in das Geheimnis der anbrechenden Gottesherrschaft eingeweiht hast. Ich zitiere:

«Euch läßt Gott erkennen, wie er jetzt seine Herrschaft aufrichtet, aber die Außenstehenden erfahren davon nur in Gleichnissen. Es heißt ja: ‹Sie sollen hinsehen, soviel sie wollen, und doch nicht erkennen, sie sollen zuhören, soviel sie wollen, und doch nichts verstehen, damit sie ja nicht zu Gott umkehren und er ihnen ihre Schuld vergebe!›»[98]

JESUS: Du magst als Indikator den engeren Kreis der Zwölf ansehen, Judith. Du weißt, daß die Zwölf das neue Gottesvolk der Endzeit repräsentieren sollen.[99]

JUDITH: Wie Qumran ist also auch deine Gruppe von einem tiefen Erwählungsbewußtsein getragen.

JESUS: Im Unterschied zu Qumran haben wir allerdings «Erwählung» nie als «Aussonderung» verstanden. Wir haben uns nicht in die selbstgewählte Isolation zurückgezogen, sondern haben versucht, Menschen für die Herrschaft Gottes zu gewinnen oder – wenn du so willst – die Erwählten Gottes aufzuspüren.

JUDITH: Der Erwählung und Aussonderung Israels aus den Völkern trägst du jedoch insofern Rechnung, als dein Anliegen ausschließlich «der verlorenen Herde, dem Volk Israel» gilt; «meidet die Orte, wo Nichtjuden wohnen», gebietest du den zwölf Jüngern.[100] Ich empfinde deine

Abgrenzung gegenüber Nichtjuden als ebenso scharf, wie diejenige der Essener gegenüber ihren jüdischen Mitbürgern. Du vergleichst sogar Nichtjuden mit Hunden[101] und einmal sogar mit Schweinen, vor die man keine Perlen werfen solle:

> *«Gebt heilige Dinge nicht den Hunden zum Fraß! Und eure Perlen werft nicht den Schweinen hin!»*[102]

Dein Bildwort reißt einen Abgrund zwischen Juden und Nichtjuden auf, der umso tiefer wirkt, als du an anderer Stelle das Reich Gottes mit einer Perle vergleichst[103]; Schweine hinwiederum gelten nach jüdischem Gesetz als kultisch unrein[104], gerade gut genug, um als Wirtstiere für Dämonen herzuhalten.[105]

JESUS: Du hast recht, Judith. Durfte ich hinsichtlich des Bundesvolkes Gottes nicht höhere Erwartungen hegen als gegenüber Nichtjuden? Mußte meine Enttäuschung nicht umso heftiger ausfallen? – Ich habe mich, wie du weißt, in einzelnen Fällen auch Nichtjuden zugewandt, zum Beispiel einer nichtjüdischen Frau[106], einem nichtjüdischen Hauptmann[107], einer Frau[108] und einem Mann[109] aus Samaria. Habe ich nicht sogar den Glauben jenes heidnischen Hauptmanns als vorbildlich für die Juden hingestellt?[110] Und habe ich nicht in meinem Beispiel des barmherzigen Samaritaners einen Nichtjuden zum Vorbild für einen Priester, einen Leviten und einen Schriftgelehrten genommen?[111]

JUDITH: Eine unerhörte Provokation![112] Das soll einer verstehen!? Erst «Keine Perlen vor die Säue!» und dann dies!

JESUS: «Freuen darf sich jeder, der nicht an mir irre wird.»[113]

JUDITH: Israel sieht sein Verhältnis zu Gott als «Bund».[114]

> *«In diesem Bunde, in dem Gott der Überlegene ist, den er aber dem Volke angeboten hat, verpflichten sich Gott und Volk gegenseitig – das Volk als Ganzes, nicht die Individuen; genau: die Männerschaft des Volkes. Das Volk verpflichtet sich zur alleinigen Verehrung Jahwes, und Jahwe verpflichtet sich, der Helfer und Schützer des Volkes zu sein.»*[115]

Das hebräische Wort «berit» wird mit «testamentum» ins Lateinische und als «Bund» oder «Testament» ins Deutsche übertragen.[116] Die Ereignisse des Jahres 586 v.Chr. – Zerstörung Jerusalems durch Nebukadnezar und Deportation der jüdischen Führungsschicht nach Babylon – besiegelten nicht nur den Untergang der Nation, sie führten auch zum Zusammenbruch der altisraelitischen Bundesidee.[117]

JESUS: Nach dem babylonischen Exil verkündeten die Propheten Jeremia und Ezechiel das Kommen eines neuen Bundes.

> *«‹Gebt acht!› sagt der Herr. ‹Es dauert nicht mehr lange, dann werde ich mit dem Volk von Israel und dem Volk von Juda einen neuen Bund schließen. Er wird nicht dem Bund gleichen, den ich mit ihren Vorfahren geschlossen habe, als ich sie bei der Hand nahm und aus Ägypten herausführte. Diesen Bund haben sie gebrochen, obwohl ich als ihr Herr sie nicht vernachlässigt hatte. Der neue Bund, den ich mit dem Volk Israel schließen will, wird völlig anders sein: Ich werde ihnen mein Gesetz nicht auf Steintafeln, sondern in Herz und Gewissen schreiben. Ich werde ihr Gott sein, und sie werden mein Volk sein. Ich, der Herr sage es.›»*[118]

JUDITH: Als Trägerin dieses «Neuen Bundes» betrachtet sich die essenische Gemeinde – und später auch die christliche Urgemeinde.[119] Der Damaskusschrift zufolge treten die Essener ein in den Bund, den «sie im Lande Damaskus aufgerichtet haben, welches der *neue Bund* ist».[120] Außerhalb dieses «Neuen Bundes» gibt es kein Heil; es genügt nicht mehr, als Jude geboren zu sein.[121]

JESUS: Ich teile die Meinung, daß das Judesein allein keinen Anspruch auf Teilnahme an der Gottesherrschaft begründet; darum habe ich die Menschen zur Umkehr gerufen.[122]

CHRISTOPH: Du hast offenbar die Sprache Jeremias und der Qumranleute aufgegriffen und deinerseits einen «Neuen Bund» initiiert. Jedenfalls lesen wir es bei Lukas so: «Dieser Becher ist der *neue Bund* Gottes...»[123] Martin Luther hat den «Neuen Bund» mit «Neues Testament» wiedergegeben,...

JUDITH: ...also einen Begriff gewählt, der bei den Essenern in Damaskus lange vor Jesus in festem Gebrauche stand.

Die Sühne der Söhne

JUDITH: Das Leben der Essener ist ganz und gar der Sühne gewidmet, sie sühnen für sich selbst und für die Mitglieder der Gemeinschaft, aber auch für Israel.[124] Die Qumranfrommen leben ihr gesetzestreues, asketisches Leben, so lesen wir in ihren Schriften, «um Sühne zu schaffen für alle, die sich willig erweisen zum Heiligtum in Aaron».[125] Besonders die leitenden Zwölf sind da, «um Schuld zu sühnen, indem sie Recht tun und Drangsal der Läuterung ertragen».[126] «Es ist eine ausgesprochene Märtyrerethik, die auf dem Boden dieser Gemeinde wächst.»[127] Auch vom Messias erwarten die Essener, daß er ihre «Sünde entsühnen» wird.[128]

CHRISTOPH: Allerdings üben die Essener Sühne «weder sterbend noch als Gottesknecht».[129]

JUDITH: Sie wissen sich aufs engste Gott verbunden. Als «Söhne deiner Wahrheit» und als «Söhne deines Wohlgefallens» rufen sie Gott an.[130] «Ja, du bist ein Vater für alle Söhne deiner Wahrheit»[131], lobpreisen sie Gott. Die Sühne der Söhne – sie will mir wie eine Vorahnung des Christentums erscheinen.

JESUS: Bei allem, was ich tat, war ich sicher, daß es das Werk Gottes sei. Als «Sohn Gottes» habe ich mich jedoch nie bezeichnet.[132] Das Christentum ist, wie du weißt, erst nach meinem Tode entstanden.

CHRISTOPH: Und dein Sühnetod? Nach christlicher Lehre hast du dein Leben als Lösegeld für alle Menschen hingegeben.[133]

JESUS: Ja, Christoph, so haben Markus und andere meinen Tod gedeutet. Meine Anhänger haben sich in einer furchtbaren Gewissensnot befunden. Sie hatten große Hoffnungen in mich gesetzt und mußten dann miterleben, wie die Römer mich als politisch-messianischen Aufrührer hinrichteten. Das war «schwerster Anstoß»[134] und unfaßbar. «Denn wer am Holz hängt, ist von Gott verflucht und bringt Unheil über das Land.»[135] Und so haben meine Getreuen nach einer Erklärung für meinen Tod gesucht; sie begriffen ihn als Sühne für andere. Das Markus-Wort ist nicht von mir.[136] Gewiß ahnte ich mein tragisches Ende[137], aber ich wollte nicht für andere leiden. Bei dem Gedanken daran haben mich Furcht und Zittern befallen.[138]

JUDITH: Wer die neutestamentlichen Schriften gründlich liest, stellt fest,

> *«daß Jesus nicht sterben wollte, um durch sein kurzes Leiden die Sünden der anderen zu sühnen. Er hat sich auch nicht als der leidende und sühnende Gottesknecht aus Jesaja verstanden – das geschah in der jungen Kirche erst nachträglich, nach der Kreuzigung.»*[139]

JESUS: Für mich stand ganz klar fest, daß ich den Weg zu gehen habe, den Gott für mich bestimmt hatte.[140]

Selig sind die geistlich Armen

CHRISTOPH: Ein Kernstück christlicher Hoffnung sind die sogenannten Seligpreisungen Jesu, mit denen die Bergpredigt[141] einsetzt:

> *«Selig sind die geistlich Armen; denn ihrer ist das Reich der Himmel. Selig sind die Trauernden; denn sie werden getröstet werden. Selig sind die Sanftmütigen, denn sie werden das Land besitzen...»*[142]

JESUS: Ich will damit «sagen, daß es Menschen gibt, die vor Gott nicht etwas sind, durch das, was sie *handeln*, sondern durch das, was sie *erleiden*. Sie sind gezeichnet durch das, was die Welt an ihnen sündigt, und weil sie auf Erden zum Leiden bestimmt waren, tragen sie die Gewißheit der himmlischen Herrlichkeit an sich.»[143] Diese Menschen haben «die Gewißheit ihrer unzerstörbaren Würde in Gottes Augen. Mit diesem Bewußtsein können sich Arme, Sklaven und Prostituierte aus dem Staub erheben und sich selbst helfen. Sie übernehmen nicht länger das Wertsystem ihrer Ausbeuter, nach welchem nur ein Reicher ein wirklicher Mensch ist, die Nichtreichen hingegen ‹Versager› sind, die es im Lebenskampf nicht geschafft haben.»[144] Ich möchte allen diesen Menschen sagen: Das Reich Gottes ist das «messianische Reich der Armen».[145]

CHRISTOPH: In Qumran gibt es keine Bergpredigt und keine Seligpreisungen.[146]

JUDITH: Die Ausschließlichkeit, die ich deinen Worten entnehme, trifft so nicht zu. «Seligpreisungen gibt es auch sonst reichlich in jüdischer und griechischer Literatur»[147], namentlich in den Psalmen der hebräischen Bibel und in den Rabbinen.[148]

JESUS: Was ihr vielleicht nicht wißt: Die Bergpredigt habe ich nie gehalten; sie ist ein literarisches Werk des Schriftstellers Matthäus[149], der allerdings – dies sei zu seiner Ehre gesagt – meine eigenen Worte in seiner Komposition verarbeitet hat.[150]

JUDITH: Eines wollte ich noch anfügen. Deine berühmten Seligpreisungen am Anfang der Bergpredigt – ich meine: sie «atmen essenischen Geist»[151].

> *«Schon die ‹Armen im Geiste› sind auch eine Selbstbezeichnung der Essener.»[152] «In einer Stelle des essenischen Hymnenbuches[153] dankt der Verfasser Gott, daß er ihn zum Verkünder seiner Güte bestimmt hat, ‹den Demütigen zu verkünden von Deinem reichen Erbarmen und Heil aus ewiger Quelle zu melden den Geistgeknickten und den Trauernden ewige Freude.› Das entspricht den Demütigen, den geistlich Armen und den Trauernden der ersten drei Seligpreisungen Jesu.»[154]*

JESUS: Habe ich jemals behauptet, ich allein hätte einen Zugang zur Wahrheit?

Apokalypse: Weltende, Jüngstes Gericht, Himmel und Hölle

JUDITH: «Jesus und seine ersten Anhänger lebten wie die Qumransektierer in einer Zeit, die erfüllt war von messianischen Hoffnungen und apokalyptischen Träumen.»[155]

CHRISTOPH: Apokalyptisch? Apokalypsen – das sind Offenbarungsschriften bzw. Enthüllungsschriften, wenn ich nicht irre. Wie zum Beispiel die Johannesapokalypse, die letzte Schrift des Neuen Testaments.

JUDITH: Gewiß. Und unter Apokalyptik[156] versteht man die Gesamtheit der Offenbarungsschriften, also die Literaturgattung. Der Autor einer Apokalypse beschreibt – oft dramatisch ausgemalt – das heraufziehende Weltende, das Gericht Gottes über die Menschen mit Lohn und Strafe und den Anbruch eines neuen, himmlischen Weltalters (Äons), lauter Ereignisse, die ihm in einer Vision oder einem Traum offenbart wurden. Typisches apokalyptisches Gedankengut sind außer der sogenannten Zwei-Äonen-Lehre die Lehre von der Auferstehung der Toten und der «Menschensohn», die zu dieser Zeit Eingang in die jüdische Theologie fanden.[157] Die älteste und vielleicht bekannteste Apokalypse ist das Danielbuch der hebräischen Bibel, dessen Entstehung in die Jahre 167 bis 164 v.Chr. datiert wird.[158] Andererseits reicht die jüdische Apokalyptik hinauf bis in die Mitte des zweiten Jahrhunderts n.Chr., außer dem Danielbuch und Jesaja[159] wurde jedoch keine weitere Schrift in den hebräischen Kanon aufgenommen. Offenbar, weil das apokalyptische Ideengut später als fremdartig empfunden wurde.[160]

CHRISTOPH: Die jüdische Apokalyptik hat großen Einfluß auf das Neue Testament gehabt, namentlich auf die Briefliteratur, Markus 13 und die Johannesapokalypse.[161] «Das

Neue Testament verrät auf Schritt und Tritt den Einfluß apokalyptischen Denkens.»[162] Oder, um mit Ernst Käsemann und anderen zu sprechen: Die Apokalyptik ist «die Mutter aller christlichen Theologie».[163] Vom Ende des ersten Jahrhunderts n.Chr. bis ins beginnende Mittelalter hat das Christentum eine umfangreiche apokalyptische Literatur hervorgebracht, die nicht ins Neue Testament aufgenommen worden ist.[164] Mit der Apokalyptik treten einmal mehr die jüdischen Wurzeln des Christentums zutage.

JUDITH: Ich bin nicht sicher, Christoph. Apokalyptisches Denken ist, wie gesagt, an sich nichts spezifisch Jüdisches und wohl von außerhalb in die jüdische Vorstellungswelt eingesickert. Die dualistische Ideologie stammt, wie wir gesehen haben, aus der Religion Zarathustras. Das gleiche dürfte für die Apokalyptik zutreffen, auch sie gilt den meisten Forschern als ein Import aus Persien.[165] Zarathustra (etwa 7. Jahrhundert v. Chr.) kündigte in seinen Prophezeiungen den Welterlöser an:

> *«Die mächtige verheißungstragende Sonnenäther-Aura, die gottgeschaffene, verehren wir im Gebet, die übergehen wird auf den sieghaftesten der Heilande und die anderen, seine Apostel; die die Welt vorwärtsbringt, die sie überwinden läßt Alter und Tod, Verwesung und Fäulnis, die ihr verhilft zu ewigem Leben, zu ewigem Gedeihen, zu freiem Willen. Wenn die Toten auferstehen, wenn der lebende Überwinder des Todes kommt und durch den Willen die Welt vorwärtsgebracht wird.»*[166]

Der Prophet lebte in dem

> *«Bewußtsein des bald hereinbrechenden Weltendes, bei dem Ahura Mazda erscheinen wird und mit seinen Helfern und dem Feuerordal Gute und Böse, Gerechte und Ungerechte, Wahrhaftige und Lügner scheiden wird».*[167]

Er erwartete das «kommende Reich Ahura Mazdas», seines Gottes.[168] Schon Zarathustra sah in seinem Wirken die beginnende Gegenwart des Gottesreiches.[169] Diese Haltung macht Zarathustra «zum ersten Apokalyptiker des Vorderen Orients».[170] Allerdings betrieb er keinerlei apokalyptische Spekulationen, sondern drückte sich nur «knapp und andeutend über das von ihm erwartete Ende aus – wie Jesus von Nazareth».[171]

JESUS: Ich ein Apokalyptiker? Wie ihr wißt, habe ich nichts Schriftliches hinterlassen und auch nicht die Autorität berühmter Persönlichkeiten benutzt, um mir Aufmerksamkeit zu verschaffen; so gesehen dürft ihr mich nicht zur Apokalyptik zählen.

CHRISTOPH: Und soweit es den *Inhalt* deiner Verkündigung betrifft?

JESUS: Meine Verkündigung war beherrscht von dem Gedanken der unmittelbar bevorstehenden Gottesherrschaft.[172] Die gegenwärtige Weltzeit war abgelaufen, man lebte in der letzten Generation.

> *«Wenn ihr alle diese Dinge kommen seht, dann wißt ihr, daß das Ende unmittelbar bevorsteht. Ich sage euch: diese Generation wird das alles noch erleben.»*[173]

Ja, ich meinte, das Reich Gottes hatte bereits begonnen.[174] Nicht nationale Hoffnung bestimmte mich dabei[175], vielmehr teilte ich die kosmologische Erwartung der Apokalyptik.[176]

> *«Nach dieser Schreckenszeit wird sich die Sonne verfinstern, und der Mond wird nicht mehr scheinen, die Sterne werden vom Himmel fallen, und die Ordnung des Himmels wird zusammenbrechen. Dann kommt der Menschensohn in den Wolken mit göttlicher Macht und Herrlichkeit, und alle werden ihn sehen. Er wird die Engel in alle Himmelsrichtungen ausschicken, um von überall her die Menschen zusammenzubringen, die er erwählt hat.»*[177]

Ihr habt also recht, wenn ihr mich als Vertreter der jüdischen Apokalyptik seht.[178] Im Unterschied zu ihr – jedoch in Übereinstimmung mit Zarathustra, das sieht Judith ganz richtig – beschränkte ich mich bei der Ausmalung des Gottesreiches auf knappste Linien.[179]

JUDITH: Viele Qumrantexte gehören zur apokalyptischen Literatur.[180] Ich erinnere an eine Kongruenz zwischen Qumran und Jesus, über die wir vor einiger Zeit gesprochen haben: Die Qumraner lebten – wie Jesus – in akuter Naherwartung[181]; sie glaubten:

> *«Die Gegenwart sei Endzeit, die priesterliche Qumrangemeinde sei Endgemeinde, man lebe in der letzten Generation... Das endgültige Ende, das Gericht und der Anbruch des neuen Äons seien nahe.»*[182] *«Die Gemeinde ist der Ort, an dem schon das künftige Heil präsent ist.»*[183]

Darin zeigt sich eine «große Gemeinsamkeit zwischen Qumran und Jesus»[184], eine Gemeinsamkeit, die umso stärker ins Auge sticht, als eine solche *Intensität* der Naherwartung im übrigen Judentum fehlt.[185] Ist Jesus also doch ein Qumraner?

JESUS: Die Übereinstimmung, die du zwischen Zarathustra und mir ausgemacht hast – sie trennt mich von Qumran: Die Qumraner tragen die letzten Ereignisse und die Königsherrschaft Gottes in den kräftigsten Farben auf.[186]

CHRISTOPH: Ein zentraler Punkt qumranischer Eschatologie ist das Weltgericht Gottes; es steht bevor, ja, man erwartet, daß es «noch über die jetzt lebende Generation hereinbrechen» werde.[187] «Die Vernichtung der Gottlosen wird in ihrer vollständigen Ausrottung bestehen, aufgrund eines umfassenden Blutbades, das die Erde von ihrem Vorhandensein befreien wird.»[188] Ein wichtiges Strafmittel dabei ist in den Qumrantexten das Feuer.[189] Und mit

Staunen vernehmen wir, daß die Erwählten aus Qumran, allen voran die Zwölf des Leitungsgremiums, im Gericht Gottes mitwirken.[190]

JESUS: Ich habe diese Ereignisse genauso gesehen, aber, wie gesagt, nicht so stark aufgetragen. Gottes Gericht habe ich erwartet und den Menschen mit allem Nachdruck angekündigt.[191] Die Bergpredigt schließt mit dem Weltgericht.[192] «Diese Erwartung gibt allem Tun und Lassen sein Gewicht auf Leben und Tod.»[193] Auch ich habe den Menschen wieder und wieder vor Augen geführt, was sie erwartet, wenn sie sich nicht ändern: Hölle und Feuer![194]

> *«Geht mir aus den Augen, Gott hat euch verflucht! Fort mit euch in das ewige Feuer, das für den Satan und seine Helfer vorbereitet ist.»*[195]

CHRISTOPH: Aber *Menschen* wirken doch nicht mit im Gericht Gottes!

JESUS: Nein? Den von mir auserwählten Zwölfen habe ich gesagt, daß sie «auf zwölf Thronen sitzen und über die zwölf Stämme Israels Gericht halten» werden.[196]

CHRISTOPH: Jeden Tag nehme ich mir vor, mich zu ändern, aber ich schaffe es nicht. Nicht ein einziges der simpelsten kleinen Laster wird geringer. Ich empfinde Angst vor deiner «Unheilsverkündigung»[197] und Hilflosigkeit – in gleichem Maße, wie mir die Qumraner Angst und Schrecken einflößen.[198] Jawohl, so ist es!

JESUS: Christoph, Christoph, hast du denn das Wichtigste schon wieder vergessen? Der Mensch vermag von sich aus nichts, Gott jedoch ist alles möglich.[199] Vertrau auf ihn und ordne deinen Willen ganz dem seinen unter, dann wirst du erleben, was du vollbringst.[200] Und Gott wird dich dafür belohnen.

JUDITH: Was meinst du damit? Zahllose deiner Worte und Gleichnisse enthalten mit höchstem Nachdruck den Gedanken des Lohnes.[201] Mir liegt daran, noch einmal an Marc Aurel zu erinnern, der klipp und klar festgestellt hat, daß jede edle Tat ihren Lohn in sich selber trägt.[202]

JESUS: Ich sage dir, du wirst teilnehmen an der Königsherrschaft, am Reich, Gottes, wie Martin Luther übersetzt hat; das ist der Lohn.[203] Versucht aber nicht, euch die Teilnahme durch gute Werke zu *verdienen*, so wie ihr bei euren Geschäften Leistung und Gegenleistung verrechnet! Gott läßt nicht mit sich handeln. Was ihr um des Lohnes willen tut, ist umsonst. Es ist die «reine, freie Gnade Gottes»[204], die euch an seiner Königsherrschaft teilhaben läßt. Findest du noch immer, meine Auffassung stehe hinter der Marc Aurels zurück?

CHRISTOPH: Deine Auffassung geht weit über den alttestamentlich-jüdischen Lohngedanken hinaus, der sehr stark an den Verdiensten des Frommen orientiert war.[205]

JUDITH: Du denkst wie die Qumraner. In den Qumranschriften ist der Gedanke des himmlischen Lohnes an keiner Stelle ausdrücklich erwähnt,[206] wenngleich man ihn durchgängig aus ihrem Inhalt erschließen kann. Die Erwählten werden durch die Wahrheit Gottes geläutert und durch seinen heiligen Geist von allen gottlosen Taten gereinigt werden.[207] Sie werden leben in

> *«ewiger Freude in immerwährendem Leben und einem Kranz der Herrlichkeit mit prachtvollem Gewand in ewigem Licht».[208]*

Der gleiche Gedanke an ein Prachtgewand, das die Mitglieder des Gottesvolkes verliehen bekommen, findet sich übrigens in der Johannesapokalypse.[209] Wie Jesus, so ist auch den Qumranfrommen jede Verdienstrechnerei fremd. Der Qumraner weiß, daß er seinen Stand allein der Gnade Gottes verdankt.[210]

> *«Nur durch deine Güte wird ein Mann gerecht und durch dein reiches Erbarmen.»*[211]

So klingt es in den Lobliedern Qumrans. – Wenn ich ein Fazit ziehen darf: Die qumranische und die neutestamentliche Enderwartung sind «weitgehend gleich», ja – insofern beide das Ende des derzeitigen Weltalters als unmittelbar bevorstehend erachten – sogar «wirklich gemeinsam».[212] Auch die Qumranfrommen verwenden intensiv den Begriff der Königsherrschaft, des Reiches Gottes, der im Neuen Testament eine so herausragende Rolle spielt.

JESUS: Den Menschen im jüdischen Land die Königsherrschaft Gottes zu verkünden, empfand ich als meinen eigentlichen Auftrag.

Die Königsherrschaft (das Reich) Gottes

CHRISTOPH: Die essenischen Schriften reden, wie Judith zutreffend bemerkt, verschiedentlich von der Königsherrschaft Gottes.[213] Das Verständnis dieses Begriffes ist, trotz apokalyptischer Erwartung des Weltendes, offenbar ein politisch-nationales:[214]

> *«Und du, Gott, bist furchtbar in der Herrlichkeit deiner Königsherrschaft, und die Gemeinde deiner Heiligen ist in unserer Mitte zu ewiger Hilfe... Fülle dein Land mit Herrlichkeit und dein Erbteil mit Segen. Eine Menge von Vieh sei auf deinen Feldern, Silber und Gold und Edelsteine in deinen Palästen. Zion, freue dich sehr, strahle auf im Jubel, Jerusalem, und jauchzet, alle Städte Judas. Öffne beständig deine Tore, daß man zu dir bringe den Reichtum der Völker. Und ihre Könige sollen dir dienen und dir hul-*

digen alle deine Bedrücker, und den Staub deiner Füße werden sie lecken. Töchter meines Volkes, brecht in lauten Jubel aus, legt herrlichen Schmuck an und herrscht ... (Erhebe dich) Israel, um zu herrschen auf ewig.»[215]

JUDITH: Die Qumraner verwenden den Begriff der Königsherrschaft Gottes nicht nur «verschiedentlich», Christoph, er hat in vielen ihrer Schriften eine geradezu «zentrale Bedeutung»[216]. In den sogenannten Sabbatliedern ist von der «Königsherrschaft» Gottes 21mal die Rede, und 55mal wird Gott «König» genannt.[217] Nirgends im antiken jüdischen Schrifttum wird die Königsherrschaft Gottes so sehr in den Vordergrund gerückt wie in den Sabbatliedern Qumrans: Sie tritt dort sogar häufiger in Erscheinung als in dem viel längeren Markusevangelium, wo die Königsherrschaft Gottes den zentralen Inhalt der Verkündigung Jesu bezeichnet.[218]

JESUS: Der Gedanke der Königsherrschaft Gottes ist allerdings keine Erfindung Qumrans, er hat seine Wurzeln in der hebräischen Bibel. Bereits dort findet ihr die politische und nationale Dimension der Königsherrschaft Gottes. Wie in anderen semitischen Völkern stellte man sich auch in Israel Gott als König vor,

«dessen Wille für das Volk Gesetz ist, der als Richter durch seinen Schiedsspruch Streitigkeiten schlichtet, und wie er innerhalb des Volkes der Rechtshelfer ist, so ist er auch nach außen der, der Israels Kriege führt. Am Neujahrsfest wird seine Thronbesteigung gefeiert mit dem Rufe: ‹Jahwe ward König!› Die Festlieder preisen ihn als erhaben über alle Götter und als Herrn der Welt. Seine Königsherrschaft wird in der kultischen Feier als gegenwärtiges Ereignis erlebt.»[219] *Der Psalmist singt: «Alle Geschöpfe sollen dich preisen, Herr, alle, die zu dir gehören, sollen dir danken! Vom Glanz deines Königtums sollen sie reden und von deiner gewaltigen Macht, um allen Men-*

schen deine Taten zu verkünden, die Herrlichkeit und Pracht deines Königtums! Du bist König für alle Zeiten, und deine Herrschaft hört niemals auf!»[220]

JUDITH: Mit der Apokalyptik[221] trat dann eine neue Dimension der Gottesherrschaft hinzu: diejenige der Welterneuerung, des Kommens eines neuen, göttlichen Weltalters; dieser neue Aspekt, so nimmt man heute an, entstammt der Religion Zarathustras. Wir unterhielten uns darüber.[222]
Die Sabbatlieder aus Qumran sind «der wichtigste vorchristliche jüdische Text zum Thema ‹Gottes Königsherrschaft›».[223] In welchem Sinne nun spricht Jesus von der Königsherrschaft Gottes?

JESUS: Mein ganzes Denken und Handeln «diente einem einzigen Ziel, einer Vorstellung, die sich heute schwer in Worte fassen läßt: der Verwirklichung des Reiches Gottes auf Erden.»[224] Man hat gesagt, daß ich «darin aufging und darin unterging, die Herrschaft Gottes zu verkündigen und zeichenhaft zu verwirklichen».[225] Das Reich Gottes ist daher zu Recht der zentrale Begriff auch im Neuen Testament. Johannes der Täufer hat übrigens vor mir verkündet, daß das Reich Gottes heranstehe; seine Erkenntnis habe ich übernommen und weitergeführt.[226] Ich weiß, Judith, deine Frage zielt tiefer. Wie soll ich euch die Königsherrschaft, das Reich Gottes verständlich machen? Anders als die große Mehrheit meiner Landsleute – die Essener eingeschlossen – habe ich die Herrschaft Gottes nie im nationalen Sinne verstanden.[227] Mir war klar, daß der Boden Palästinas nicht das Hoheitsgebiet des Reiches Gottes sein konnte, daß das Reich Gottes «nicht die Wiedervereinigung Israels in Frieden und Freiheit war und womöglich seine Weltherrschaft».[228]

JUDITH: Dir war es klar – aber wem außer dir? Sogar deine Jünger haben der nationalen-politischen Auffassung angehangen.[229] «Stellst du für Israel das Reich wieder her?» haben sie dich gefragt.[230]

JESUS: Leider hast du recht.

CHRISTOPH: Welcher Art war denn deine Erwartung der Königsherrschaft Gottes? Du sprachst «von der angekommenen Königsherrschaft Gottes, als ob nichts mehr käme, und von der kommenden, als ob sie noch nicht angekommen wäre. Wie man das erklären soll, ist ein Dauerproblem der Forschung.»[231] «Ist die Gottesherrschaft also rein zukünftig, zukünftig aber sehr nahe, ist sie rein gegenwärtig, mehr zukünftig als gegenwärtig, mehr gegenwärtig als zukünftig oder ebenso zukünftig wie gegenwärtig?»[232]

JESUS: Meine Erwartung war zwar keine nationale oder politische, aber doch eine diesseitige, das heißt, ich habe den Einbruch der Herrschaft Gottes in unsere irdische Menschenwelt erwartet.[233]

JUDITH: Eine durchaus «qumrannahe»[234] Haltung.

JESUS: Dabei war ich, wie ihr wißt, dem zeitgenössischen apokalyptischen Denken verhaftet: Das Ende der jetzigen Welt und der Anbruch der kommenden Welt standen bevor.

JUDITH: Deine Erwartung hat sich – wie jeder weiß – bis heute nicht erfüllt. Das Reich Gottes auf Erden ist ausgeblieben. Alles ist, wie es war. Noch immer leiden und hungern Menschen, werden Menschen durch Menschen ausgebeutet, gedemütigt, getötet. Gewinnstreben, Mißgunst und Haß regieren.

CHRISTOPH: Seit 2000 Jahren warten die Christen innigst darauf, daß deine Ankündigung sich endlich erfüllen möge. Albert Schweitzer bemerkt:

«Die ganze Geschichte des ‹Christentums› bis auf den heutigen Tag, die innere, wirkliche Geschichte desselben, beruht auf der ‹Parusieverzögerung›»,[235]

das heißt, auf dem Ausbleiben des Messias und des Gottesreiches. Anstelle des Reiches Gottes bekamen die Menschen die christliche Theologie – Paulus machte den Anfang – und die Kirche.

JESUS: Die existierende Welt, in der ihr lebt, wurde in der Tat nicht durch eine neue Welt Gottes abgelöst. Ich habe mich darin – ebenso wie die Qumraner und andere apokalyptisch denkende Zeitgenossen – *geirrt.*[236]

CHRISTOPH: Wie bitte? Dein zentrales Anliegen ein Irrtum? Wohin sollen wir denn nun mit unserem real existierenden Christentum?[237] «Niemand wird annehmen, daß sich die Kirchen jemals aus gegebenem Anlaß irrtumshalber auflösen.»[238] Nietzsche darf doch nicht recht behalten mit seiner Frage: «Was sind denn diese Kirchen noch, wenn sie nicht die Grüfte und Grabmäler Gottes sind?»[239]

JESUS: Du schüttest das Kind mit dem Bade aus, Christoph. Nichts von allem, was es auf der Welt gibt, existiert «irrtumshalber». Manches beruht vielleicht auf einem Irrtum von Menschen – jedoch nur bei vordergründig-kausaler Betrachtungsweise. Nie kommt etwas von ungefähr; alles, was ist, ist gottgewirkt. Nie habe ich dazu aufgefordert, die Verhältnisse zu ändern.[240] Alles geschieht zu *seiner* Zeit. Zeiten kommen, und Zeiten gehen.

CHRISTOPH: Ich verstehe dich nicht. Ein Irrtum bleibt ein Irrtum.

JESUS: Außerdem habe ich die Königsherrschaft Gottes auf Erden *nicht nur* im Sinne der jüdischen Apokalyptik verkündet. Wenn ihr die Evangelien aufmerksam lest, wird euch mein Umdenken begegnen; da Gotteserfahrung kein gedanklich-analytischer Prozeß ist, sollte ich vielleicht lieber sagen: Mit meinem ganzen Menschsein habe ich die tiefe Erfahrung der Herrschaft Gottes gemacht. Um meine eigene Erfahrung den Menschen mitzuteilen, habe ich ihnen gesagt, sie sollten nicht nach kosmischen Zeichen Ausschau halten.[241] So sanft wie die Saat komme das Reich Gottes, habe ich in meinen «Wachstumsgleichnissen»[242] den Menschen nahezubringen versucht. Es wird keine andere Welt geben, weder jetzt noch irgendwann. Wer Augen hat zu sehen und Ohren hat zu hören, der weiß es: Gottes Herrschaft ist «mitten unter euch»[243].

JUDITH: Ganz ähnlich wie du haben auch die Qumraner gedacht. Auch sie sprechen nicht nur vom *zukünftigen* Reich Gottes, sondern sie empfinden es als *gegenwärtiges* Heil in ihrer Gemeinde: In liturgischer Feier empfängt man die schon jetzt gegenwärtige Königsherrschaft Gottes, und die Gemeinde partizipiert bereits jetzt an ihr.[244] Ein Qumraner würde dich sofort verstehen, wenn du ihm sagtest: Gottes Herrschaft ist «mitten unter euch».

JESUS: Ich habe das Wort aber nicht zu Qumranern gesprochen, sondern zu Pharisäern und einfachen Leuten.[245]

CHRISTOPH: Was wolltest du den Menschen damit sagen? Auf einen Qumraner mußte es unerhört anstößig wirken, wenn du dem einfachen Volk verkündest: Gottes Herrschaft ist «mitten unter euch». Seit Jahrhunderten sind Theologen bemüht herauszufinden, was du damit gemeint hast.[246]

JESUS: Kein einziges Wort habe ich in dem Bewußtsein gesprochen, daß es wissenschaftlicher Exegese bedürftig oder auch nur zugänglich wäre.[247] Meinen Jüngern habe ich auf ihre Frage, wann das Reich Gottes kommen werde, mehrmals eingeschärft:

«Die neue Welt, auf die ihr wartet, ist gekommen, aber ihr erkennt sie nicht. ... Das Reich wird nicht kommen im Ausschauen danach. Man wird nicht sagen: Siehe hier! oder: Siehe dort! Sondern das Reich des Vaters ist ausgebreitet über die Erde und die Menschen sehen es nicht.»[248]

CHRISTOPH: Dies zu interpretieren, sollen sich Theologen oder Philosophen abmühen! Ich versteh's nicht.

JUDITH: Ohne alle wissenschaftlichen Interpretationsversuche, die wir noch weniger verstehen als die Worte Jesu: Sollten wir nicht wenigstens den Gedanken wagen, auch wir könnten zu denjenigen gehören, die das Reich Gottes nicht sehen? Könnte es denn nicht sein, daß Jesus vieles so meint, wie er es gesagt hat?

JESUS: Ändert euch! Vergeßt jedes «Ich will»! Ordnet euren Willen ganz dem Willen Gottes unter! Vertraut darauf, daß ihr es könnt! Dann werdet ihr die ganze Wirklichkeit erfahren. Mit euren Sinnen erkennt ihr nur einen Teil davon.[249]

«Ich werde euch das geben, was nicht das Auge gesehen und was nicht das Ohr gehört und was nicht die Hand berührt hat und was nicht gekommen ist in den Sinn des Menschen.»[250]

Die Herrschaft Gottes ist mitten unter euch, vertraut darauf!

JUDITH: Kann ich das Reich Gottes so verstehen?

«Es ist das Reich dessen, der ‹Gott erwählt›, der ‹Gottes Willen zu dem seinen gemacht› und dadurch sich mit Gott verbunden hat, das Reich, welches nicht durch die Fügung von Geburt und Beginn allein, sondern durch den Willen des Menschen erlangt wird, nicht geschenkt, sondern errungen... Das Reich Gottes bedeutet hier nichts Überschwengliches, nichts Jenseitiges und Überweltliches nur;

es bezeichnet nichts anderes als das Dasein des Menschen, der sich in bereitem, freiem Gehorsam zu Gott und seinem Dienste hingewandt hat, so daß er darin sein Leben gestaltet, in der Welt lebt, in welcher das ewige Sittengesetz, das Gottesgebot waltet, in welcher durch die Tat des Menschen das Jenseits ins Diesseits hineingeführt wird. Jenseits und Diesseits wie zu einem werden. In das Reich Gottes eintreten, das heißt, sich über die bloße Gebundenheit des Daseins und ihr Schicksal erheben und das Leben erwerben, zu welchem Gott den Menschen emporgerufen hat, in welchem er Gott nahe, bei Gott und vor Gott ist. In dem Werke des Menschen wird das Reich Gottes erschlossen.»[251]

JESUS: Dem brauche ich nichts hinzuzufügen.

JUDITH: Mein Zitat stammt von dem 1956 verstorbenen Rabbiner Leo Baeck.

CHRISTOPH: Ich weiß nicht, ob ich viel verstanden habe, soviel jedenfalls scheint sicher: Die Reich-Gottes-Vorstellungen Jesu und der Essener weisen zwar äußerliche Gemeinsamkeiten auf, inhaltlich indessen decken sie sich nicht.

4.2 Konsequenzen für die Lebensführung der Menschen hier und jetzt

Umkehr

JUDITH: «Umkehr» ist ein charakteristischer, häufig wiederkehrender Begriff in den Qumranschriften, und auch für die Predigt des Jesus von Nazareth ist dieser Ausdruck typisch.[1] Deine Botschaft ist «zuerst einmal Umkehrruf»[2]. Mir scheint hier eine augenfällige «Analogie»[3] zwischen Qumran und Jesus vorzuliegen.

JESUS: Du weißt…

CHRISTOPH: Das Leitthema einer angesehenen Kulturzeitschrift lautete kürzlich: «Umkehr ist Leben».[4]

> *«Umkehr ist Leben» – auf diese griffige Kurzformel ist eine Grundaussage der Predigt Jesu zu bringen, abgrundtiefe Wahrheit, herausfordernd und erlösend.*[5]

JESUS: Ihr beide kennt die alten Propheten. Sie haben alles Wesentliche zur Umkehrthematik bereits «vorgedacht und vorhergepredigt»[6].

> *«Wer sich gegen den Herrn aufgelehnt hat, wer seine eigenen Wege gegangen, seinen eigenen Plänen gefolgt ist, der soll umkehren und zum Herrn kommen. Der Herr wird ihn wieder annehmen, denn er ist voll Güte und Erbarmen.»*[7]
> *«Ändert euch also und begeht kein Unrecht mehr! Ladet keine Schuld mehr auf euch! Macht euch frei von eurem früheren Leben; schafft euch ein neues Herz und eine neue Gesinnung! Warum wollt ihr unbedingt sterben, ihr Israeliten? Ich habe keine Freude daran, wenn einer wegen seiner Vergehen sterben muß. Das sage ich, der Herr. Also ändert euch, damit ihr am Leben bleibt!»*[8]

Die Umkehrforderung Qumrans und die meine sind also nicht neu. Dennoch hat Judith nicht unrecht, wenn sie mich mit Qumran vergleicht. Da sowohl die Qumraner als auch ich das Weltende und das Jüngste Gericht für die allernächste Zukunft erwarteten[9], erhielt die Umkehr der Menschen gerade für uns eine schneidende Aktualität.

CHRISTOPH: Und Johannes der Täufer? Gehört er nicht auch hierher? Gilt nicht er als dein «Vorläufer»[10]? Man hat gesagt, es tue «der Würde Jesu keinen Abbruch, wenn man ihn als den authentischsten Schüler Johannes' des Täufers betrachtet, der seine Botschaft am besten verstand und am radikalsten daraus die Konsequenzen zog».[11]

JESUS: Gewiß, Johannes hat mein «geistiges und religiöses Denken nachhaltig beeinflußt».[12] Angesichts der herannahenden Endkatastrophe hat er alle Juden zur Umkehr aufgerufen.[13] Damit meinte er «nicht bloß den Wandel der Gesinnung, sondern auch der Tat».[14]

JUDITH: Des Täufers Ruf zur Umkehr unterscheidet sich, wenn ich richtig sehe, nicht grundlegend von der qumranischen Umkehrforderung. Auch die Qumranleute fordern einen völligen Sinneswandel der Menschen, der sich in ihrem Handeln manifestieren müsse:

> *Es gilt «umzukehren zum Gesetz Moses gemäß allem, was er (Gott) befohlen hat, von ganzem Herzen und ganzer Seele, ...zum Wandel in seinem Willen.»*[15]

Der Mensch habe umzukehren «von allem Bösen» bzw. «von der Sünde», wird den Sektenmitgliedern immer wieder eingeprägt.[16]

JESUS: Für die Qumraner ist Umkehr allerdings gleichbedeutend mit dem Eintritt in ihre Gemeinde.[17] Johannes dagegen wendet sich mit seinem Umkehrruf an *alle* Juden.[18] Darin unterscheidet er sich von der Qumrangemeinde.

CHRISTOPH: Was meint Jesus von Nazareth, wenn er von «Umkehr» redet? Was soll der Mensch tun? Mit deinem Satz:

> *«Jetzt will Gott seine Herrschaft aufrichten und sein Werk vollenden. Ändert euer Leben und glaubt diese gute Nachricht.»*[19]

fange ich – bei allem Respekt – wenig an.

JESUS: Dem, was die alten Propheten vor vielen Jahrhunderten den Menschen gesagt haben und was die Exegeten Qumrans dazu beigesteuert haben, ist kaum etwas hinzuzufügen. Lest euch diese Stellen aufmerksam durch! Umkehr geschieht immer «ganzheitlich oder sie geschieht gar nicht. Mit halbem Herzen und nur in Teilbereichen der Wirklichkeit gibt es keine Umkehr.»[20] Sie erfordert daher «eine vollständige Umkehrung der inneren Haltung»[21], und sie wird erkennbar im «Handeln»[22] des Menschen. Erbringt «echten Gehorsam»[23] gegenüber Gottes Geboten, die ihr ja kennt! Verzichtet auf alles, woraus ihr sonst euer Leben gewinnen wollt und bestreitet![24] Konkret: Werdet arm im Sinne der Seligpreisungen![25] Jeder, der mehr hat, als er zum Leben braucht, lebt auf Kosten anderer! Befolgt die Einzelweisungen in der Bergpredigt![26] Ihr seht: «Eine Lebenswende tut not, so radikal wie eine neue Geburt.»[27] Ich habe euch ein Beispiel gegeben, ich habe euch mein Leben vorgelebt. Macht es ebenso! Folgt mir nach![28]

CHRISTOPH: Du verlangst Unmögliches, niemand schafft das![29] Alles nimmst du den Menschen weg, was geeignet wäre, um sich daran festzuhalten: Eigentum und Vermögen – Beruf – Arbeit – gesellschaftliches Ansehen – ein freies Vaterland – die Familie. Selbst das Gesetz gibt keinen sicheren Halt mehr. Wer könnte so leben außer dir? Ich erinnere an Nietzsches bekannten Sarkasmus: «Im Grunde gab es nur *einen* Christen, und der starb am Kreuz.»[30]

JUDITH: Vielleicht gab es doch einen weiteren Menschen, allerdings einen, der das Christentum überhaupt nicht kannte[31], ich meine Marc Aurel. Klingt bei ihm nicht reinste jesuanische Umkehrethik an?

> *«Alles das, was du auf Umwegen zu erreichen hoffst, kannst du schon jetzt haben, wenn du es dir nicht selber versagst. Dann nämlich, wenn du alles Vergangene dahinten läßt und die Zukunft der Vorsehung anheimstellst und nur dein gegenwärtiges Leben auf Frömmigkeit und Gerechtigkeit richtest. Auf Frömmigkeit, damit du lieb hast, was dir beschieden ist. Denn dir hat es die Allnatur gebracht und dich ihm. Auf Gerechtigkeit aber, damit du frei und ohne Umschweife die Wahrheit sagst und nach dem Gesetz und nach Gebühr handelst.»*[32]

JESUS: Laßt euch die Verfluchung des unfruchtbaren Feigenbaumes[33] als Mahnung dienen! Ihr seid auf der Welt, um euch zu ändern! Vertraut auf Gott, daß ihr es könnt; euer Glaube kann Berge versetzen.[34]

CHRISTOPH: Bedeutet «Umkehr» nicht vor allem, sich für soziale Gerechtigkeit einzusetzen?

JESUS: Kannst du mich denn nicht verstehen, Christoph? Ich habe nie verlangt, die Verhältnisse zu ändern.[35] Ihr selbst sollt euch ändern! An diesem Punkte endet meine Toleranz.[36]

Nächstenhaß und Feindesliebe ?

JUDITH: Sowohl die Qumraner als auch Jesus stehen, wenn beide die Nächstenliebe fordern, in bester jüdischer Tradition. In der Thora gebietet der Höchste: «Liebe deinen Mitmenschen wie dich selbst.»[37] Häufiger als in den Evangelien kommt das Gebot der Nächstenliebe in den Qumranschriften vor.[38] Wir lesen darin zum Beispiel, es habe

> *«jeder seinen Bruder zu lieben wie sich selbst», alle sollten «herzliche Liebe und demütigen Wandel auf allen ihren Wegen» üben und in «barmherziger Liebe untereinander» leben.*[39]

CHRISTOPH: Diese Zitate machen aber auch deutlich, daß die Nächstenliebe des Qumraners seinen klösterlichen Mitbrüdern gilt – und zwar nur ihnen; gepflegt wird eine gestufte Nächstenliebe (Bruderliebe), die sich nach dem Grade der Läuterung und der Erkenntnis des andern bemißt.[40]

JESUS: Auch ich habe mich, wie ihr wißt, auf die Thora bezogen: «Liebe deinen Mitmenschen wie dich selbst.»[41] Im Unterschied zu den Qumranern halte ich aber nichts davon, die Nächstenliebe auf seinesgleichen zu beschränken. Der Mensch ist auf der Welt, um sich zur Vollkommenheit hin zu entwickeln.[42] Um auf diesem Wege voranzuschreiten, müßt ihr eure Ichbezogenheit und euren engen Horizont der Freunde, Verwandten und Bekannten durchbrechen.

> *«Wie könnt ihr von Gott eine Belohnung erwarten, wenn ihr nur die liebt, die euch auch lieben? Sogar Betrüger lieben ihresgleichen. Was ist denn schon Besonderes daran, wenn ihr nur zu euren Brüdern freundlich seid? Das tun auch die, die Gott nicht kennen.»*[43]

CHRISTOPH: Wer sind denn meine Nächsten? Wer außer Familienangehörigen und Bekannten? Wie weit muß ich den Kreis ziehen?

JESUS: Aber Christoph! Du sollst überhaupt keinen Kreis ziehen! Meine Meinung dazu ist dir doch seit langem bekannt. Derjenige Mitmensch, der in der jeweiligen Situation deiner Zuwendung und Hilfe bedarf – das ist dein Nächster. Du kennst doch das Beispiel des barmherzigen Samaritaners![44] Wenn nicht, dann rufe es dir in Erinnerung!

JUDITH: Geradezu «christlich» anmutende Klänge vernimmt man aus Qumran, wenn es dort heißt:

> *«Nicht will ich jemandem seine böse Tat vergelten, mit Gutem will ich jeden verfolgen.»*[45]

Jesus teilt diese Einstellung[46], wie man weiß, geht aber einen radikalen[47] Schritt über Qumran hinaus. Als ob du nicht schon genügend unerfüllbare Forderungen an die Menschen gerichtet hättest, forderst du die Menschen nun dazu auf, sogar ihre Feinde zu lieben.

> *«Ihr wißt auch, daß es heißt: ‹Liebe alle, die dir nahestehen, und hasse alle, die dir als Feinde gegenüberstehen.› Ich aber sage euch: Liebt eure Feinde und betet für die, die euch verfolgen.»*[48]

Während das Gebot der Nächstenliebe auf guter hebräischer Tradition beruht, weiß ich mit deiner Anspielung «Ihr wißt, daß es heißt, hasse deine Feinde!» nichts anzufangen. Woran hast du dabei gedacht? In der hebräischen Bibel und im jüdischen Schrifttum findet sich nirgends eine Aufforderung, seine Feinde zu hassen.[49]

JESUS: Wirklich nicht? Hast du nicht die Essener vergessen, Judith? Die einzige Aufforderung, seine Feinde zu *hassen*, kommt aus Qumran.[50] Gemeint sind alle, die nicht zu ihrer Gemeinschaft gehören; ihnen gilt der Haß der Qumraner.[51]

JUDITH: War deine einleitende Bemerkung demnach als Stichelei gegen Qumran gedacht?

JESUS: Du sagst es.[52]

CHRISTOPH: Deine Worte zeigen die Überlegenheit des Christentums über das qumranische Judentum. Folglich mußte Qumran untergehen und das Christentum sich entfalten.

JESUS: Du irrst, Christoph, und zwar dreifach. *Erstens* und zum wiederholten Male: Weder war ich selbst Christ noch gab es zu meinen Lebzeiten ein Christentum.[53] *Zweitens:* Denke stets an die Geschichte von dem Pharisäer und dem Zöllner[54], vor allem an ihr Ende: Wer sich selbst erhöht, der wird erniedrigt werden. Du kannst dich darauf verlassen. *Drittens:* Zeige du mir einen einzigen Christen, der seine Feinde liebt, und ich will dir recht geben! Zeige du mir einen einzigen christlichen Prediger, der – ohne inneren Vorbehalt! – sich den gesellschaftlichen Außenseitern zuwendet: den Wohnsitzlosen, den Gesetzesbrechern, den Dirnen und Underdogs, und ich will dir recht geben! Ist nicht umgekehrt Fremdenfeindlichkeit, ja Fremdenhaß, in sogenannten christlichen Ländern besonders weit verbreitet?

CHRISTOPH: Mhm. Jedenfalls bleibt die von dir propagierte Feindesliebe eine typisch christliche *Forderung*.

JESUS: Was ist sie wert? Eine ethische Forderung, die ihr tagtäglich ignoriert? Ich habe nicht nur die Forderung erhoben, sondern habe mich bemüht, euch ein Beispiel zu geben. Im übrigen war ich beileibe nicht der erste, welcher die Menschen zur Feindesliebe ermuntert hat.[55] Buddha[56] (etwa 500 v. Chr.), Sophokles[57] (496–406 v. Chr.), Laotse[58] (etwa 300 v. Chr.) oder Seneca[59] (55 v. Chr.–40 n. Chr.) haben dies vor mir getan.

JUDITH: Im Judentum ist allerdings keiner so weit gegangen wie du.[60] Nach dir war es vor allem Marc Aurel (121–

180 n. Chr.), für den feststand, daß die Menschen «um einander willen da sind»[61], dem darum die Liebe zum Mitmenschen als zentraler Wert galt[62], den er bis zur «Feindesliebe»[63] steigerte:

> *«Haßt mich jemand? Das ist seine Sache! Ich aber bin gütig und wohlgesinnt gegen jedermann.»[64] Denke stets daran, «daß die Güte unbesiegbar ist, wenn sie echt und nicht nur gezwungen oder erheuchelt ist. Denn was kann dir der bösartigste Mensch tun, wenn du bei deiner Güte gegen ihn verharrst und ihn bei Gelegenheit sanft ermahnst und eines Besseren belehrst, indem du gerade dann auf dem Posten bist, wenn er dir weh tun will: ‹Nicht doch, mein Sohn! Wir sind zu anderem bestimmt. Ich für meine Person habe schwerlich Schaden davon, doch du leidest Schaden, mein Sohn!› – Und dann ihm sanft und ohne Anzüglichkeit zeigen, daß das wirklich so ist, daß das nicht einmal die Bienen tun oder andere Tiere, die den Trieb zur Gemeinschaft empfinden. Du mußt das aber weder mit Ironie noch unter Schmähungen tun, sondern voll Liebe und ohne Bitterkeit; auch nicht in schulmeisterlichem Ton oder in der Absicht, daß dich ein anderer, der dabei steht, bewundert, sondern allein zu ihm gewandt sprechen, auch wenn andere Leute dabeistehen sollten.»[65]*

JESUS: Ein tief empfindender, großartiger Mensch! Die Steigerung zur Feindesliebe liegt in der Konsequenz *echter* Nächstenliebe.[66] Das weiß auch Marc Aurel. «Gott macht keine Unterschiede zwischen Freund und Feind.»[67] Niemand ist von jeher eines andern Feind. Der Mensch schafft sich vielmehr seine Feinde selbst – aus Angst, aus Habsucht, aus Neid oder aus Eifersucht.[68] Mit anderen Worten: Ihr macht euch Feinde durch eure Vorstellung vom Mitmenschen. Kehrt um! Ändert von Grund auf eure innere Haltung, dann verschwinden auch eure Feindbilder[69], und ihr seht, daß es nur Mitmenschen gibt wie ihr, die der Zuwendung bedürfen.

Christoph: Unfaßlich, wie du mit Marc Aurel, einem römischen Kaiser, harmonierst. Unüberbrückbar ist andererseits der Gegensatz zwischen dir und Qumran.

Jesus: Die Absonderung der Qumraner von der jüdischen Gesellschaft ist *Ursache* und zugleich *Wirkung* ihres Hasses auf alle, die nicht zu ihrer Gemeinschaft gehören: Ein solcher Feindeshaß kann nur in der totalen Isolation gedeihen und ist umgekehrt die Voraussetzung dieser Abwendung gewesen. In diesen Teufelskreis, der kaum zu durchbrechen war, gelangte vor allem die Elite in Qumran. Abgesehen von dieser Elite gab es aber im ganzen Lande Essener und Menschen, die ihren Lehren anhingen; sie lebten und arbeiteten unter ihren jüdischen Mitmenschen.[70] Kann sich hier Haß auf Nichtessener bilden oder, falls vorhanden, auf Dauer halten? Wohl kaum.[71]
Übrigens enthalten die Qumranschriften selber Anzeichen einer Lockerung des Hasses. Unter Bezug auf die Thora[72] heißt es darin: «Du sollst keinen Groll bewahren gegen die Söhne deines Volkes!»[73] Folgerichtig wird gefordert, «seinen Bruder zu lieben wie sich selbst, des Elenden und des Armen und des Fremdlings sich anzunehmen.»[74] Die qumranische Gemeinderegel gestattet es jedem, «der sich in Israel willig zeigt»,[75] sich dem Aufnahmeverfahren in die Gemeinschaft zu unterziehen. «Und an dem Tage, an dem sich der Mann verpflichtet, umzukehren zum Gesetz des Mose, wird der Engel der Feindschaft von ihm weichen, wenn er seine Worte einhält.»[76] Die potentielle Ausdehnung der Nächstenliebe auf alle Landsleute ist damit vorgezeichnet. Ihr seht, wie komplex die «essenische Haßliebe»[77] in Wahrheit ist. Als «unüberbrückbar» würde ich daher die essenische und meine Haltung nicht bezeichnen.

Judith: Auch bei dir bricht manchmal «eine gewisse Härte durch, daß man fragen möchte, ist es denn der Herr der

Liebe, der redet»?[78] «Aufbrausendes Wesen»[79], «Kaskaden von Beschimpfungen»[80], «Fluchworte»[81], «glühenden Zorn»[82], ja sogar «glühenden Haß»[83] hat man dir vorgeworfen.

CHRISTOPH: Jetzt hör aber auf!

JUDITH: Zorn ist ein Zeichen von Schwäche, bemerkt Marc Aurel.[84] Und Jesus sagt: Wer seinem Nächsten zürnt, gleiche einem Mörder.[85]

CHRISTOPH: Du wirst unverschämt, Judith. Halt den Mund!

JESUS: Schweige du, Christoph, und laß sie reden!

JUDITH: Wie reimt sich das auf «Feindesliebe»? Ganze Städte deckst du mit deinem Zorn zu[86], du zürnst Menschen, die bei dir stehen[87], «Schlangenbrut» nennst du Gesetzeslehrer und Pharisäer[88], Petrus schiltst du einen «Satan».[89] Nichtjuden vergleichst du mit «Hunden» und «Schweinen».[90] «Wie lange soll ich euch ertragen?» fragst du die um dich versammelten Menschen[91], und deine Gegner würdest du am liebsten «mit einem Mühlstein um den Hals» ersäufen.[92] Deinen Jüngern schließlich vertraust du an, daß du nicht Frieden in die Welt bringen willst, sondern Streit und Entzweiung.[93]

JESUS: «Wes das Herz voll ist, des geht der Mund über.»[94] Es ist wahr, der Unmut über die Verstocktheit und Halbherzigkeit der Menschen quoll mir aus der Brust. In ihrem tiefsten Innern haben sie nichts begriffen. – Wolltest du mir den heftigsten Vorwurf ersparen, Judith? Ich habe den Menschen auch gesagt, daß nur derjenige sich mir anschließen könne, der seine engsten Angehörigen – Vater, Mutter, Frau und Kinder, Brüder und Schwestern – *haßt.*[95]

JUDITH: Ein Wort «von erschreckender Radikalität und Unerbittlichkeit»[96]. Nächstenhaß und Feindesliebe, das verstehe, wer will! Du bist mir unergründlich. Die Qumraner fordern, wie wir wissen, Haß auf diejenigen, die nicht zu ihnen gehören; daran habe ich mich – schweren Herzens – gewöhnt. Daß du einem ganz ähnlichen Radikalismus das Wort redest, schockiert mich. Auch zu deiner Gruppe kann nur gehören, wer haßt. Solchen Radikalismus findet man nur in Qumran und bei dir, im sonstigen Judentum kommt er nicht vor.[97]

JESUS: Den *ganzen* Menschen wollte ich in die Entscheidung zwingen – in die kompromißlose Entscheidung für Gott.

JUDITH: Das wollten die Qumranleute auch.

Ehe- und Sexualmoral

CHRISTOPH: Ehebruch wird im gesamten Judentum abgelehnt.[98] Ich nehme an, Jesus teilt diese Auffassung.

JESUS: So ist es.[99]

JUDITH: Der rechtliche Tatbestand des Ehebruchs war jedoch bei Mann und Frau verschieden: Die Ehefrau brach, wenn sie sich mit einem anderen Mann einließ, ihre eigene Ehe und, wenn dieser andere Mann verheiratet war, auch dessen Ehe. Der Ehemann hingegen brach eine Ehe nur dann, wenn er sich einer anderen *verheirateten* Frau zuwandte; er brach also nur deren Ehe, nicht seine eigene.[100] Diese Unterscheidung war von existentieller Bedeutung für den Delinquenten, denn auf Ehebruch stand die Todesstrafe.[101] Die Ungleichbehandlung der Geschlechter hat dich offenbar nicht gestört.

JESUS: Ich habe mich nie öffentlich dagegen ausgesprochen, das ist richtig.[102] Aber an meiner Meinung, daß eine

Ehe aus zwei *Partnern* besteht, die beide die *gleichen* Pflichten haben, darfst du nicht zweifeln.[103]

CHRISTOPH: Du hast sogar das jüdische Gesetz zu Lasten des Mannes verschärft: Allein sein begehrlicher Blick auf eine andere Ehefrau sei Ehebruch.[104]

JESUS: Bereits die verwerfliche Gesinnung verstößt gegen euren Auftrag umzukehren. Umkehr vollzieht sich von innen nach außen. Ich stand mit der Verschärfung des Ehebruchstatbestandes allerdings nicht allein, wie du vielleicht annimmst. Auch in Qumran verdammte man den begehrlichen Blick[105]; die Essener waren aufgefordert,

> *«vollkommen zu wandeln auf allen seinen (Gottes) Wegen und nicht nachzugehen den Gedanken des schuldigen Triebes und unzüchtigen Augen».*[106]

Nicht nur die Frömmsten der Frommen dachten so, auch im allgemeinen Judentum galt das Verbot des begehrlichen Blickes.[107]

> *«Jeder, der ein Weib (begehrlich) anblickt, ist so, als hätte er sie beschlafen.»*[108]

JUDITH: So jüdisch Jesus in Sachen des Ehebruchs urteilt, so unjüdisch ist seine Haltung zur Ehescheidung.[109] Nach jüdischem Gesetz konnte ein Mann seine Frau entlassen, wenn er ihrer überdrüssig war; er brauchte ihr nur eine Scheidungsurkunde zu übergeben.[110] Die jüdische Ehefrau hatte dagegen keine rechtliche Möglichkeit, eine Scheidung einzuleiten.[111]

JESUS: Ich habe mich rigoros gegen die Ehescheidung und eine nachfolgende zweite Eheschließung ausgesprochen.

> *«Was Gott zusammengefügt hat, sollen Menschen nicht scheiden. Wer sich von seiner Frau trennt und eine andere heiratet, begeht Ehebruch gegenüber seiner ersten Frau.»*[112]

JUDITH: Du hast ein Herz für Frauen, das weiß ich seit langem. Mit deinen Äußerungen zur Ehescheidung ergreifst du wiederum «eindeutig Partei für die in Ehesachen rechtlich empfindlich benachteiligte Frau».[113]

CHRISTOPH: Eine in der Tat extrem unjüdische Haltung.

JESUS: Genauso rigoros und unjüdisch wie ich verhalten sich die Essener, denn auch sie verbieten die Ehescheidung.[114]

JUDITH: Wieder drängt sich mir die Ahnung auf, ob diese Übereinstimmung denn «zufällig» sein kann.

JESUS: Kennt ihr die qumranische Einstellung zur Polygamie (Mehrehe)?

JUDITH: Ich glaube, die Essener sind dagegen.

JESUS: Im damaligen Judentum war die Polygamie durchaus erlaubt: Der Mann durfte mit mehr als einer Frau gleichzeitig verheiratet sein.[115] Den Essenern, die wie ich ehelos gelebt haben[116], war die Polygamie zuwider. Sie polemisierten gegen die Polygamie wörtlich mit der Thora: «Als Mann und Weib hat er sie erschaffen.»[117]

CHRISTOPH: Also wiederum durch und durch unjüdisch! Und du? Wie steht Jesus zur Polygamie? Allgemein-jüdisch oder qumranisch?

JESUS: Ausdrücklich habe ich mich nicht gegen die Polygamie gewandt[118], jedoch kannst du an meinen Äußerungen zur Ehescheidung ablesen, daß ich auch die Polygamie mißbillige. Mit demselben Argument, das die Essener gegen die Polygamie richten, habe ich auf die pharisäische Fangfrage nach dem Scheidebrief geantwortet: «Aber Gott hat am Anfang den Menschen als Mann und Frau geschaffen.»[119]

JUDITH: Eine ganz und gar «qumranische Argumentation»[120]. Zusammenfassend darf ich wohl «eine wirkliche Analogie zwischen Qumran und Jesus in Fragen der Ehe- und Sexualmoral»[121] feststellen.

4.3 Form: Sprache, Zeichenhandlungen, Kult

Esoterik (Geheimlehre)

JUDITH: Der Historiker Flavius Josephus berichtet, daß die Novizen der Essenersekte sich eidlich verpflichten mußten, über andere Sektenmitglieder nichts «preiszugeben, auch wenn es um Leben oder Tod gehe», und die Regeln der Gemeinschaft keinem Außenstehenden mitzuteilen.[1]

CHRISTOPH: Merkwürdig. Wie bringt es Josephus dann fertig, in seinen Werken seitenlang Details aus der klösterlichen Abgeschiedenheit der Essenergemeinde mitzuteilen?

JUDITH: Josephus hat, wie er in einer autobiographischen Notiz bekennt, selber als Sechzehnjähriger – also um das Jahr 53 n. Chr. – eine Zeitlang den Essenern angehört.[2] Außerdem mag er über Freigänger der Sekte, die in Dörfern und Städten lebten[3], Kenntnisse gesammelt haben, vielleicht erhielt er sie auch von Ausgestoßenen[4] oder Abtrünnigen[5]. Der Verschwiegenheitspflicht zum Trotz scheinen manche Lehren der Essener im Volke bekannt geworden zu sein.[6] Und so mag auch Josephus gewußt haben, wo er seine Informanten findet.
Josephus' Angaben werden durch die Schriftrollenfunde bestätigt. Nach der Sektenregel Qumrans haben die Mitglieder zu «schweigen über die Wahrheit der Geheimnisse der Erkenntnis»[7], das heißt, das Wissen um Gottes Schöpfungswerk und seine Vorsehung ist geheimer Alleinbesitz der Qumrangemeinde.[8] Sie hat «den Rat des Gesetzes zu verbergen inmitten der Männer des Frevels».[9]

CHRISTOPH: Das qumranische Judentum zeigt damit Gemeinsamkeiten mit den im Orient verbreiteten Mysterienreligionen. Bei diesen Mysterienreligionen waren die Eingeweihten untereinander durch das Geheimnis verbunden und von den Ungeweihten geschieden; auch die Mysten waren durch einen Eid zur Geheimhaltung verpflichtet.[10]

JUDITH: Gab und gibt es nicht auch unter den Christen eine Menge Mysterienhaftes? Man hat gesagt, daß «die Verbreitung der orientalischen Kulte dem Christentum den Weg geebnet»[11] habe, ja sogar, daß das Christentum «in seiner eigenen Kultgestaltung weitgehend durch diese Mysterienkulte beeinflußt»[12] worden sei.

CHRISTOPH: Es trifft zu: Schon früh haben Christen «sich als mysterienartige Gemeinschaft organisiert»[13]. «Der Kyrios Jesus Christos wird nach Art einer Mysteriengottheit verstanden.»[14] Bis ins 5. Jahrhundert wurden «Taufe und Taufbekenntnis, Abendmahl und Vaterunser vor Außenstehenden geheimgehalten».[15] Irgendwie ist das Christentum «selber im Ursprung und Wesen eine Mysterienreligion»[16].

JUDITH: Zurück zu Qumran! Schwer verständlich sind viele Qumrantexte auch heute noch, weil sie immer wieder Decknamen verwenden, zum Beispiel «Lehrer der Gerechtigkeit» für den Sektengründer[17], «Frevelpriester»[18], «Lügenmann»[19], die «Kittäer»[20] u. a. m. Sich selber, so hat die Qumranforschung herausgefunden, bezeichnen die Essener häufig als «Juda»[21], die Sadduzäer nennen sie «Manasse»[22], und hinter dem Decknamen «Ephraim» verbergen sie die Pharisäer[23]; letztere werden auch «die nach glatten Dingen suchen» genannt.[24]

CHRISTOPH: Geheimniskrämerei also, wohin man blickt.

JUDITH: Eine nur Eingeweihten verständliche Geheimsprache zu verwenden, das war in apokalyptischen Kreisen üblich.[25] So heißt es im Danielbuch:

«Was ich dir gesagt habe, soll bis zur letzten Zeit geheim und versiegelt bleiben. Die, die Gott die Treue gebrochen haben, werden es nicht verstehen; aber die Männer, denen Gott Weisheit gegeben hat, werden es begreifen.»[26]

Die Qumranschriften beziehen sich sogar auf diese Stelle des Danielbuches.[27] Schließlich scheinen die Essener noch eine ganz besondere Geheimhaltungsstufe gekannt zu haben.

In Höhle 4 hat man «ein esoterisches Werk gefunden, dessen Worte, wie üblich im Hebräischen, von rechts nach links geschrieben sind, die einzelnen Buchstaben aber von links nach rechts. Außerdem fanden sich hier vermischt phönikische, hebräische, griechische und Geheimbuchstaben. Obwohl dieses Werk noch nicht veröffentlicht ist, läßt schon diese seine außergewöhnliche Art darauf schließen, daß es eine Geheimlehre der Gemeinschaft enthalten muß.»[28]

CHRISTOPH: Qumran lehrt, daran besteht kein Zweifel, esoterisch.[29] In dieses Bild eines Geheimbundes will nun Jesus ganz und gar nicht passen. Er verfügt sehr wohl – wie Qumran – über ein «eschatologisches Sonderwissen»[30], predigt aber in aller Öffentlichkeit. Mit seiner Lehre wendet er sich nicht an einen Zirkel von Auserwählten, die ein strenges, mehrjähriges Auslese- und Aufnahmeverfahren absolviert haben, sondern an das einfache Volk, an den «Mann auf der Straße» – voraussetzungslos. Jesus lehrt also anders als Qumran, nämlich unesoterisch.[31]

JESUS: So scheint es dir, Christoph, und so haben es viele als Durchschnittschristen im Gedächtnis behalten. Seht doch genauer hin! Vor einer großen Zuhörerschar habe ich das Gleichnis vom Sämann erzählt:

«Ein Bauer ging aufs Feld, um zu säen. Als er die Körner ausstreute, fiel ein Teil von ihnen auf den Weg. Die Vögel

kamen und pickten sie auf. Andere fielen auf felsigen Grund, der nur mit einer dünnen Erdschicht bedeckt war. Sie gingen rasch auf; als aber die Sonne hochstieg, vertrockneten die jungen Pflanzen, weil sie nicht genügend Erde hatten. Wieder andere fielen in Dornengestrüpp, das bald das Korn überwucherte und erstickte. Doch nicht wenige fielen auch auf guten Boden und brachten Frucht. Manche brachten hundert Körner, andere sechzig und wieder andere dreißig. Wer hören kann, soll gut zuhören!»[32]

CHRISTOPH: Nun gut, das sind nach deinen Worten Sätze für jemanden, der «hören kann», der Ohren hat, das Mysterium vom kommenden Reich Gottes aufzunehmen.

JUDITH: Viele können es nicht gewesen sein, die allermeisten haben dich nicht verstanden, noch die heutige Theologie hat an deinem Sämann-Gleichnis eine harte Nuß zu knacken.[33] Auch deine Jünger hatten ihre Schwierigkeiten.

«Die Jünger kamen zu Jesus und fragten: ‹Warum gebrauchst du Gleichnisse, wenn du zu den Leuten redest?› Jesus antwortete: ‹Euch läßt Gott erkennen, wie er seine Herrschaft auf der Erde durchsetzt, die anderen nicht.›»[34]

Als ob damit des Wundersamen nicht schon genug gesagt wäre, fährt Jesus fort:

«Wer viel hat, dem wird noch mehr gegeben, so daß er mehr als genug haben wird. Wer aber wenig hat, dem wird auch noch das Wenige weggenommen, das er hat. Aus diesem Grund benutze ich Gleichnisse, wenn ich zu ihnen spreche. Denn sie sehen, aber erkennen nichts; sie hören, aber verstehen nichts.»[35]

Das Wenige, das einem auch noch genommen wird? Ich glaub', mir zieht's die Schuhe aus! Handelt es sich hier um einen Versprecher oder Übersetzungsfehler? Oder um eine Erfindung des Evangelisten?

Jesus: Du machst es dir zu einfach, wenn du als Fehler oder Erfindung abtust, was nicht in deine Vorstellung paßt. Markus, Matthäus, Lukas und Thomas haben den Satz überliefert, Matthäus und Lukas sogar zweimal.[36] Kannst du denn nicht verstehen? Sieh dir das Sämann-Gleichnis noch einmal genau an!

> *«Wer den richtigen Geist und Glauben bereits hat, dem wird durch die Gleichnisse die Botschaft vom Reiche Gottes...noch deutlicher, klarer, zum innersten Besitz. Wer aber nicht diesen Geist und diesen Glauben, diese innere Bereitschaft mitbringt, der wird durch die Gleichnisse noch mehr verwirrt, und es wird ihm noch der letzte Rest von Gottvertrauen durch die Paradoxie mancher Gleichnisse genommen, so daß die Gleichnisse wie ein Scheidewasser wirken.»*[37]

Christoph: Aber deinen Jüngern erläuterst du das Sämann-Gleichnis, und zwar: *nur* ihnen![38]

Jesus: Sie sind die von mir Erwählten![39]

Judith: Das Gleichnis vom Sämann ist ein besonders schönes, aber nur eines von vielen. Du bedienst dich sehr oft einer Bildersprache, die Begriffe unserer materiellen Welt auf die transzendente Welt Gottes überträgt.

> *«Jesus erzählte den Leuten noch viele ähnliche Gleichnisse, damit sie ihn besser verstehen konnten, und verkündete ihnen so die Botschaft Gottes. Nie sprach er zu ihnen, ohne Gleichnisse zu gebrauchen. Aber wenn er mit seinen Jüngern allein war, erklärte er ihnen alles.»*[40]

Christoph: Paradox. Soll wirklich das Verstehen gefördert oder vielleicht auch Geheimnisvolles verborgen, nur angedeutet werden? Wir entdecken einen Jesus, der sich oft genug geheimnisvoll und rätselhaft ausdrückt und deshalb von seinen Zuhörern nicht verstanden wird, ja, der es geradezu darauf anzulegen scheint, nicht von jedem verstanden zu werden!

JUDITH: Qumran läßt grüßen! Sprichst du Sätze für Eingeweihte, für wenige Begnadete?[41]

JESUS: «Ich sage meine Geheimnisse denen, die würdig sind meiner Geheimnisse.»[42]

JUDITH: Urplötzlich habe ich wieder das Gefühl, in Qumran zu stehen. Du bist mir ein Rätsel. Zwar trittst du öffentlich auf, aber mehrmals schärfst du Menschen, die du geheilt hast, ein, niemandem davon zu erzählen.[43] Auch deinen Jüngern gebietest du: «Sprecht zu niemand über das, was ihr gesehen habt!»[44] Und: «Sagt keinem, daß ich der versprochene Retter bin!»[45] Obgleich du sie in den verborgenen Sinn deiner Gleichnisse einweihst, haben deine Jünger, «diese vertrautesten Anhänger Jesu, kaum eine Ahnung, wovon er sprach».[46] Sogar sie müssen sich vorhalten lassen:

> *«Versteht ihr denn immer noch nichts? Fällt euch das Begreifen so schwer? Seid ihr genauso verstockt wie die anderen? Ihr habt doch Augen und Ohren, warum seht und hört ihr nicht?»*[47]

Die «breite Masse» versteht deine Worte nicht.[48] Viele, auch deine eigene Familie, halten dich deshalb für verrückt.[49] Ganze Landstriche zeigen dir – trotz deiner Heilungen und wundervollen Taten – die kalte Schulter[50], desgleichen deine Vaterstadt Nazareth.[51] Sogar diejenigen, die besonders geschult sind im Auslegen der Heiligen Schrift, Gesetzeslehrer und Pharisäer, verstehen dich nicht.[52]

JESUS: «Freuen darf sich jeder, der nicht an mir irre wird!»[53]

CHRISTOPH: Wieder so eine Rätselrede. Kannst du uns nicht weiterhelfen? Aus deiner Lehre ist heute eine Wissenschaft geworden, die die Menschen noch weniger verstehen als deine Worte. Deiche von Dogmen sind aufgeschüttet und trennen dich von denen, die dich verstehen wollen. Aus deinen Gleichnissen ist nicht Verständnis, sondern die Gleichnisforschung hervorgegangen, ein Wissenschaftszweig, der seit Jahrzehnten damit beschäftigt ist, deine Gleichnisse zu durchdenken und der Berge von Fachliteratur zu diesem Thema aufgetürmt hat. Darf man da von einem heutigen Durchschnittschristen oder von einem Durchschnittsjuden am Beginn unserer Zeitrechnung erwarten, daß er dich verstanden hat?

JUDITH: Kaum. «Durchschnittsjuden» haben dich bis heute nicht verstanden.

CHRISTOPH: Und unter den Christen ist die Quote wohl auch nicht viel besser. Selbst hinsichtlich derjenigen, die deine Lehre von Berufs wegen verbreiten, habe ich so meine Zweifel. Eine Bekehrung der «breiten Masse» konntest du eigentlich nicht erwarten, und sie hat – genau besehen – bis in die heutige Zeit nicht stattgefunden. Eine «flächendeckende» christliche Frömmigkeit – wo hat es die jemals gegeben?

JUDITH: Es war ja bekanntlich nicht allein der Glaube, der zu dem heute real existierenden Christentum geführt hat.

CHRISTOPH: Sag uns, teilst du dein Geheimnis mit Qumran?

JESUS: Ist's nur Neugier, die euch treibt? Seht ihr mich wieder in der essenischen Ecke stehen?

CHRISTOPH: Ich weiß nicht... «Wer viel hat, dem wird noch mehr gegeben», sagst du. Und über die Menge der Leute: «Sie sehen, aber erkennen nichts.» War also auch dein Lehren und Wirken eine Botschaft für wenige Eingeweihte? Dein Wort «erinnert»[54] sehr an Qumran. Den Qumranern gab Gott «die Einsicht der Erkenntnis, um deine (Gottes) Wunder zu verstehen».[55] Auch sie sagen über das Volk: «Man sieht, ohne zu erkennen.»[56]

JUDITH: Ihre Schriften werden noch deutlicher. Der Qumraner sagt von sich:

> *«Licht ist in meinem Herzen aus seinen wunderbaren Geheimnissen. Auf das, was ewig ist, hat mein Auge geblickt, tiefe Einsicht, die Menschen verborgen ist...»*[57]

Mir scheint, als knüpftest du an solche Einsicht an, wenn du deinen Jüngern anvertraust:

> *«So soll auch alles, was jetzt noch verborgen ist, ans Licht kommen, und was jetzt noch unverständlich ist, soll verstanden werden. Wer hören kann, soll gut zuhören.»*[58]

JESUS: Und wenn es so wäre? Hättet ihr mehr gewonnen als eine Befriedigung eurer Neugier, wenn ich euch zustimmte? Jeder weiß, daß ich Jude bin. Bekannt ist auch, daß das damalige Judentum keine Einheit bildete, sondern in einen religiösen Pluralismus aufgefächert war. Irgendwo in diesem Spektrum werde ich doch wohl meinen Platz haben dürfen. Oder? Hättet ihr für euren Glauben auch nur einen i-Punkt gewonnen, wenn ihr entdecktet, wo genau im damaligen Judentum meine religiöse Herkunft liegt?

CHRISTOPH: Mhm. Man hat behauptet, du hättest der Essenergemeinde angehört. Die essenische Verschwiegenheitspflicht sei der wahre Grund dafür gewesen, weshalb du dich deinen Zuhörern auf so geheimnisvolle Weise mitgeteilt hättest.[59]

JESUS: Findest du das auch, Christoph? Meine Verkündigung der Königsherrschaft Gottes geht, wie du gesehen hast, mit der essenischen Vorstellung von der Königsherrschaft Gottes nicht konform.[60] Die Bindung an einen Verschwiegenheitseid würde in diesem so wichtigen Punkte leerlaufen, meinst du nicht auch?

CHRISTOPH: Naherwartung und Prädestination aber sind in Qumran und bei dir fast deckungsgleich.[61] Deine verhüllende Sprache könnte deshalb sehr wohl aus der Esoterik Qumrans entlehnt sein.[62]

JESUS: Wirklich? Habe ich nicht den Menschen gerade diese Dinge, die Nähe der neuen Zeit[63] und der Menschen Prädestination[64], gänzlich unverhüllt verkündet? Es gab auch sonst allerhand Geheimlehren, und es gibt sie bis heute. Niemand ist je auf die Idee gekommen, den Ursprung der Apokalyptik oder der Mysterienkulte in Qumran zu suchen.

JUDITH: Wenn deine Esoterik *nichts* mit Qumran zu tun hat, womit dann? Warst du dir deines messianischen Auftrags unsicher, und wolltest du dich vor öffentlicher Desavouierung schützen? Oder wolltest du dein «messianisches Inkognito»[65] wahren?

JESUS: Niemand, der als Mensch geboren wird, kommt auf die Welt mit einem Schild um den Hals, das ihm bescheinigt, er werde Arzt oder Kaufmann, Musiker oder Mystiker, Bettler oder Philosoph, Mönch oder Messias. Den Weg eines jeden Menschen hat Gott vorgezeichnet, gewiß, aber finden muß der Mensch diesen Weg selber. Er muß ihn sich durch eigene Anstrengung erschließen. Ich habe lange und hart um meinen Lebensweg gerungen. Mit 30 Jahren erst bin ich in die Öffentlichkeit getreten[66], um die Botschaft Gottes, so wie ich sie verstand, zu lehren.

CHRISTOPH: Nun sag es uns: Bist du der Messias?

JESUS: Ich bin's. Diese Antwort erhoffst du dir doch, nicht wahr? Wahr ist: Das, was du glaubst, das ist![67] Deine Arbeit an dir selber kann dir aber niemand abnehmen.

CHRISTOPH: ...?

Jesus: Wenn du deine Fassung wiedergefunden hast, Christoph, können wir noch einmal über den Messias reden.[68] Für den Augenblick so viel: Nach allem, was ich erlebt habe, habe ich es für möglich gehalten, Gott könnte mich als den künftigen Messias Israels ausersehen haben. Mein Hoffen richtete sich auf die Zukunft, etwas Gegenwärtiges zu verbergen, hatte ich keinen Anlaß.[69]

Christoph: Du lehrst in aller Öffentlichkeit, aber deine Lehre birgt Geheimnisse. Wenn das wirklich *nichts* mit Qumran zu tun hat und auch ein «Messiasgeheimnis» *nicht* der tiefere Grund hierfür ist: Verbirgt Jesus, um zu offenbaren? Oder, weniger paradox gefragt, dient seine geheimnisvolle Rede der Offenbarung Gottes?

Jesus: Mein zentrales Anliegen war es, die Königsherrschaft Gottes den Menschen nahezubringen, dafür habe ich gelebt und gewirkt.[70] Gottes Herrschaft ist nicht beschreibbar[71], sie offenbart sich euch jedoch im kleinsten Samenkorn.[72] Die menschliche Sprache muß bildhafte Vergleiche gebrauchen, die unserer Lebenserfahrung in der materiellen Welt entnommen sind, um die transzendente Herrschaft Gottes zu veranschaulichen.[73] Sprechen wir nicht immer wieder vom «Himmelszelt», von der «Wohnung Gottes», von seiner «Königsherrschaft», von «himmlischen Heerscharen», vom «Thron Gottes» oder vom «Sohn Gottes»? Wissend, daß dies alles «Begriffe» sind, die man – wie schon das Wort sagt – mit den Händen «begreifen» kann? Kann man nicht die Erfahrung machen, daß ein Mensch, je näher er dem unerklärlichen und unbeschreiblichen Mysterium der Herrschaft Gottes gekommen ist, um so weniger von seinen Mitmenschen verstanden wird?

> *«Die Wahrheit kam nicht nackt zur Welt, sondern sie ist gekommen in Symbolen und Bildern. Die Welt kann sie nicht anders empfangen.»*[74]

Du hast recht, Christoph, allein die Sprache des Gleichnisses ist Gott geziemend, da sie «Gottes Verborgenheit zugleich wahrt und offenbart»[75].

CHRISTOPH: Du verbirgst also, um zu offenbaren...[76]

JESUS: ...und um die Menschen zu eigener Anstrengung zu motivieren. Sie sollen sich die Bedeutung meiner Worte durch eigene Anstrengung erschließen.[77] Zu einem «Existenzwechsel»[78] will ich sie bewegen. Kennt ihr den Beginn des Thomas-Evangeliums?

> *«Dies sind die verborgenen Worte, die Jesus der Lebendige sprach ... und er sagte: Wer die Bedeutung dieser Worte findet, wird den Tod nicht schmecken.»*[79]

Sprache; Synopse Qumran–Jesus

JUDITH: Eine unglaubliche Vielfalt sprachlicher und inhaltlicher Berührungen zwischen Qumran und dem Neuen Testament haben wir inzwischen kennengelernt.

CHRISTOPH: Nennenswerte Belege für die manchmal gehörte Behauptung, einzelne Jesusworte fänden sich bereits in den Qumrantexten, haben wir indessen nicht zutage gefördert.

JUDITH: Ich finde, du verniedlichst unsere Arbeit, Christoph. Denke nur an die «Armen im Geiste», von denen Jesus spricht, sie sind eine Selbstbezeichnung der Qumraner[80]; auch Jesu Seligpreisungen scheinen mir essenisch inspiriert.[81] Sowohl die Essener als auch Jesus fordern, man dürfe sich nicht gegen das Böse wehren[82], und beide sprechen vom «Neuen Bund».[83] Dies sind nur wenige der Übereinstimmungen, die sich mir besonders eingeprägt haben. Ich habe einmal die sprachlichen und inhaltlichen

Gemeinsamkeiten, die mir zwischen den Qumrantexten und einigen Jesusworten aufgefallen sind, in einer

Synopse *

zusammengestellt. Links die ältere[84], qumranische Fassung – rechts die jüngere[84] Fassung der Evangelisten:

Qumran:	*Jesus:*
«...deine Güte, den Demütigen zu verkündigen nach der Fülle deiner Barmherzigkeit. ...die zerschlagenen Geistes sind und Trauernde zu ewiger Freude.»[85]	*«Selig sind die Barmherzigen; denn sie werden Barmherzigkeit erlangen. ...Selig sind die Trauernden; denn sie werden getröstet werden.»*[85]
«Und er mache dich heilig unter seinem Volk und zu einer großen Leuchte, zum Licht für den Erdkreis in Erkenntnis und zu erleuchten das Angesicht vieler...»[86]	*«Ihr seid das Licht der Welt.»*[86]
«...die in der Vollkommenheit des Weges wandeln, wie er (Gott) befohlen hat.»[87]	*«Ihr nun sollt vollkommen sein, wie euer himmlischer Vater vollkommen ist.»*[87]
«Denn du kennst jedes Vorhaben einer Tat, und jede Antwort einer Zunge nimmst du wahr...»[88]	*«Dein Vater, der auch das Verborgenste sieht, wird dich dafür belohnen.»*[88]
«Wie soll ich reden, ohne daß es schon erkannt wäre?»[89]	*«Euer Vater weiß, was ihr braucht, bevor ihr ihn bittet.»*[89]

* Es empfiehlt sich, den folgenden Seiten zunächst nur einige Stichproben zu entnehmen, die dann später ergänzt werden können. Die Anordnung der Textstellen folgt der Reihung (Katene) des Neuen Testaments.

Qumran:	*Jesus:*
«…Lügenpropheten, die durch Irrtum verführt sind.»[90]	*«Hütet euch vor falschen Propheten.»*[90]
«Du stelltest mich hin wie einen starken Turm, wie eine hohe Mauer, und gründetest auf Felsen meinen Bau, und ewige Fundamente dienen mir als Grund…»[91]	*«Wer meine Worte hört und sich nach ihnen richtet, wird am Ende dastehen wie ein Mann, der überlegt, was er tut, und deshalb sein Haus auf felsigen Grund baut.»*[91]
«Und er soll … alle ihre Verstreuten zurückbringen wie ein Hirt seine Herde.»[92]	*«Als er die vielen Menschen sah, weil sie so hilflos und verängstigt waren wie Schafe, die keinen Hirten haben.»*[92]
Die Essener betrachten alle, die nicht zu ihrer Gemeinde gehören, das übrige Israel, als verloren.[93]	*Jesus sieht das Volk Israel als «verlorene Herde».*[93]
«Und wie soll ich reden, ohne daß du mir den Mund auftust? Und wie soll ich antworten, ohne daß du mich belehrst? Siehe du bist … der Herr jeglichen Geistes und der Herrscher über jedes Geschöpf.»[94]	*«…macht euch keine Sorgen, was ihr sagen sollt oder wie ihr es sagen sollt. Es wird euch in dem Augenblick schon eingegeben werden. Nicht ihr werdet dann reden, sondern der Geist eures Vaters wird aus euch sprechen.»*[94]
«Und dann wird die Wahrheit der Welt für immer hervorkommen.»[95]	*«Was jetzt noch verborgen ist, muß ans Licht kommen, und was noch niemand weiß, muß enthüllt werden.»*[95]
«Schwert, wache auf wider meinen Hirten und wider den Mann, der mir nahe steht, ist der Spruch Gottes. Schlage den	*«Meinet nicht, daß ich gekommen sei, Frieden auf die Erde zu bringen. Ich bin nicht gekommen, Frieden zu bringen,*

Qumran:	*Jesus:*
Hirten, und die Schafe sollen sich zerstreuen, und ich will meine Hand wider die kleinen wenden. ...Diese werden gerettet werden zur Zeit der Heimsuchung, aber die übrigen werden dem Schwert ausgeliefert werden, wenn der Gesalbte kommt...»[96]	*sondern das Schwert. Denn ich bin gekommen, einen Menschen mit seinem Vater zu entzweien und eine Tochter mit ihrer Mutter und eine Schwiegertochter mit ihrer Schwiegermutter, und des Menschen Feinde werden die eignen Hausgenossen sein. Wer sein Leben findet, der wird es verlieren; und wer sein Leben verliert um meinetwillen, der wird es finden.»*[96]
«Er, der gute Nachricht bringt.»[97]	*«...den Armen wird die gute Nachricht verkündet.»*[97]
«...eifere ich gegen alle, die Frevel tun, und die Männer des Trugs.»[98]	*«Dann begann Jesus mit harten Worten über die Orte zu sprechen, in denen er die meisten Wunder getan hatte, und die Menschen hatten sich doch nicht geändert.»*[98]
«Ich preise dich, Herr! ... Und ich wurde ... zur Klugheit für die Einfältigen und zum festen Sinn für alle, die bestürzten Herzens sind.»[99]	*«Vater, Herr über Himmel und Erde, ich preise dich dafür, daß du den Unwissenden zeigst, was du den Klugen und Gelehrten verborgen hast.»*[99]
«Denn man sieht, ohne zu erkennen...»[100]	*«Denn sie sehen, aber erkennen nichts...»*[100]
«Und sie wählten jeder die Verstocktheit seines Herzens und trennten sich nicht vom Volk und ihrer Sünde.»[101]	*«Denn dieses Volk ist im Innersten verstockt.»*[101]

Qumran:	*Jesus:*
«Du versetztest mich in Fremdlingsaufenthalt mit vielen Fischern, die das Netz auf dem Wasser ausbreiten...»[102]	*«Wenn Gott seine Herrschaft aufrichtet, ist es wie mit dem Netz, das im See ausgeworfen wird und mit dem man Fische von jeder Art einfängt.»*[102]
«Du (Gott) legst ein Fundament auf Fels und einen Querbalken nach rechtem Maß und rechter Setzwaage, ... zu bauen eine starke Mauer, die nicht erschüttert wird; und alle, die hineingehen, werden nicht wanken... Nicht wird eine Schar mit ihren Kriegswaffen hereinkommen...»[103]	*«Du bist Petrus; und auf diesen Felsen will ich meine Gemeinde bauen! Kein Feind wird sie vernichten können, nicht einmal der Tod.»*[103]
«Dies ist die erprobte Mauer, der köstliche Eckstein, nicht werden seine Fundamente wanken noch von ihrem Platz weichen –, eine Stätte des Allerheiligsten...»[104]	*«Der Stein, den die Bauleute verworfen haben, der ist zum Eckstein geworden. Von dem Herrn ist das geschehen und ist ein Wunder vor unsren Augen.»*[104]
«Und sie waren wie Blinde und solche, die nach dem Weg tasten...»[105]	*«Weh euch! Ihr wollt andere führen und seid selbst blind.»*[105]
«Du legst Furcht ... auf dein Volk und Zerschmetterung auf alle Völker der Länder, um auszurotten im Gericht alle, die dein Wort übertreten... alle meine Gegner sprichst du schuldig zum Gericht, um zu scheiden durch mich zwischen gerecht und gottlos.»[106]	*«Alle Völker der Erde werden vor (dem Menschensohn) versammelt werden, und er wird die Menschen in zwei Gruppen teilen...»*[106]

Qumran:	*Jesus:*
«Nur du hast geschaffen den Gerechten und ihn von Mutterleib an bestimmt für die Zeit des Wohlgefallens ... zu ewigem Heil und dauerndem Frieden...»[107]	*«Kommt her! Euch hat mein Vater gesegnet. Nehmt Gottes neue Welt in Besitz, die er euch Jesus von Anfang an zugedacht hat.»*[107]
«Verflucht seist du ohne Erbarmen entsprechend der Finsternis deiner Taten, und verdammt seist du in Finsternis ewigen Feuers.»[108]	*«Geht mir aus den Augen, Gott hat euch verflucht! Fort mit euch in das ewige Feuer, das für den Satan und seine Helfer vorbereitet ist.»*[108]
«Und alle Völker werden deine Treue erkennen und alle Nationen deine Herrlichkeit...»[109]	*«Darum geht nun zu allen Völkern der Welt und macht die Menschen zu meinen Jüngern.»*[109]
«Der (Stern aus Jakob = Messias, der) zu seinem Vater sprach und zu seiner Mutter ‹ich kenne dich nicht›, und der seine Brüder nicht ansah und seine Söhne nicht kannte. Denn er hielt dein Wort und bewahrte deinen Bund.»[110]	*«Man richtete ihm aus: ‹Deine Mutter und deine Brüder und Schwestern stehen draußen und wollen etwas von dir.› Jesus antwortete: ‹Wer sind meine Mutter und meine Brüder?› ... ‹Wer tut, was Gott will, der ist mein Bruder, meine Schwester und meine Mutter!›»*[110]
«...du hast mein Ohr aufgetan für wunderbare Geheimnisse.»[111]	*«Wer Ohren hat zu hören, der höre!»*[111]
«...entsprechend ihrer Einsicht läßt du sie nahe kommen ... und man soll ihren Geist prüfen und ihre Taten Jahr um	*«Nach dem Maß eures Zuhörens wird Gott euch Verständnis geben, ja sogar noch mehr. Denn wer viel hat, dem*

Qumran:	*Jesus:*
Jahr, um einen jeden entsprechend seinem Verständnis und der Vollkommenheit seines Wandels aufrücken zu lassen oder ihn entsprechend seiner Verkehrtheit zurückzusetzen.»[112]	*wird noch mehr gegeben, aber wer wenig hat, dem wird auch noch das wenige genommen, das er hat.»*[112]
«Und ich war wie ein Seemann im Schiff im Toben der Meere, ihre Wogen und all ihre Wellen stürmten gegen mich heran. Ein Wirbelwind ohne Stille zur Erquickung der Seele... Und es brauste die Urflut zu meinem Stöhnen, und meine Seele gelangte bis an die Tore des Todes.»[113]	*«Da kam ein schwerer Sturm auf, so daß die Wellen über Bord schlugen. Das Boot füllte sich schon mit Wasser, Jesus aber schlief im Heck des Bootes auf einem Kissen. Die Jünger weckten ihn und riefen: ‹Kümmert es dich nicht, daß wir untergehen?›»*[113]
«Aber du, mein Gott, hast den Sturmwind zur Windstille gekehrt, und die Seele des Armen hast du gerettet.»[114]	*«Da stand Jesus auf, bedrohte den Wind und befahl dem tobenden See: ‹Still! Gib Ruhe!› Der Wind legte sich und es wurde ganz still. ‹Warum habt ihr solche Angst?› fragte Jesus. ‹Habt ihr denn immer noch kein Vertrauen?›»*[114]
«Und alle meine Freunde und Verwandten haben sich von mir abbringen lassen und halten mich für ein untaugliches Gerät. ...Und es redeten Übles wider mich mit frevelhafter Lippe alle, die meinem Kreise verbunden waren.»[115]	*«Ein Prophet wird überall geachtet, nur nicht in seiner Heimat, bei seinen Verwandten und in seiner Familie. ...seine Angehörigen ... sagten sich: ‹Er muß verrückt geworden sein.›»*[115]

Qumran:	*Jesus:*
«...du, mein Gott, hast mich verborgen vor den Menschenkindern und hast dein Gesetz in mir verborgen bis zur Zeit, da deine Hilfe mir offenbart wurde.»[116]	*«‹Für wen halten mich eigentlich die Leute? ... Und ihr›, wollte Jesus wissen, ‹für wen haltet ihr mich?› ...Jesus schärfte ihnen ein, mit niemandem darüber zu reden.»*[116]
«...bis aufsteht der Gesalbte (= Messias) Aarons und Israels, und ihre Sünde wird er entsühnen...»[117]	*«...der Menschensohn ist ... gekommen, ... sein Leben als Lösegeld für alle Menschen hinzugeben.»*[117]
«...dies ist die Zeit der Drangsal für Israel und der Kundmachung des Krieges unter allen Völkern. ...An ihm kämpfen zu einem großen Gemetzel die Gemeinde der Göttlichen und die Versammlung der Menschen. ...Und dies ist die Zeit der Drangsal für das ganze Volk der Erlösung Gottes. Und unter allen ihren Drangsalen war keine wie diese, die ihrem Ende zueilt, zur ewigen Erlösung.»[118]	*«Erschreckt nicht, wenn nah und fern Kriege ausbrechen. ...Ein Volk wird gegen das andere kämpfen, ein Staat den anderen angreifen. ...was in jenen Tagen geschieht, wird furchtbarer sein als alles, was jemals seit Erschaffung der Welt geschehen ist und noch geschehen wird. Wenn der Herr diese Schreckenszeit nicht abgekürzt hätte, würde kein Mensch gerettet werden; aber er hat sie denen zuliebe abgekürzt, die er erwählt hat.»*[118]
«...auf daß du ... dich mächtig erzeigst an mir vor den Menschenkindern; denn durch deine Gnade ist mein Stand.»[119]	*«Alle ... staunten über diese Botschaft von Gottes rettender Gnade. Aber sie wunderten sich, so etwas aus seinem Munde zu hören...»*[119]
«So wurde ich ... zum Gerede auf der Lippe der Gewalttäti-	*«Ihr dürft euch freuen, wenn euch die Leute hassen, wenn*

Qumran:	*Jesus:*
gen, Spötter knirschten mit den Zähnen. Und ich bin geworden zu einem Spottlied für die Übeltäter, und gegen mich strömte die Versammlung der Gottlosen herbei.»[120]	*sie euch aus ihrer Gemeinschaft ausstoßen, euch beschimpfen und verleumden, weil ihr euch zu mir bekennt.»*[120]
«Und sie verschlossen den Trank der Erkenntnis vor den Dürstenden...»[121]	*«Ihr habt den Schlüssel weggenommen, der die Tür zur Erkenntnis öffnet.»*[121]
«Und er (der Aufseher der Gemeinde) soll Erbarmen mit ihnen haben wie ein Vater mit seinen Söhnen...»[122]	*«...sah ihn sein Vater und fühlte Erbarmen, lief hin, fiel ihm um den Hals und küßte ihn.»*[122]
«Man soll zurechtweisen, ein jeder seinen Nächsten in Wahrheit und Demut und barmherziger Liebe untereinander.»[123]	*«Wenn dein Bruder Unrecht getan hat, dann weise ihn zurecht, und wenn er es bereut, dann verzeih ihm.»*[123]
«...du hast Fallende aufgerichtet durch deine Kraft, aber die Hochgewachsenen fällst du, um sie zu erniedrigen.»[124]	*«...wer sich erhöht, der wird erniedrigt; aber wer sich geringachtet, der wird erhöht.»*[124]
Wehe über Jerusalem: «...sie tun Ruchlosigkeit im Lande und große Schmach unter den Söhnen Jakobs, und sie werden Blut vergießen wie Wasser auf der Festungsmauer der Tochter Zion und im Gebiet Jerusalem. ...die letzten Priester von Jerusalem ... am Ende der	*Wehe über Jerusalem: «Wenn feindliche Heere Jerusalem belagern, dann wißt ihr: die Stadt wird bald zerstört. ...Die Menschen werden mit dem Schwert erschlagen ... werden. Jerusalem wird von Fremden verwüstet werden...»*[125]

Qumran:	*Jesus:*
Tage wird ihr Reichtum mitsamt ihrer Beute in die Hand der Streitmacht der Kittäer (= Römer) gegeben werden...»[125]	
«...deren Herrschaft aufhören wird.»[126]	*«...bis auch deren Zeit abgelaufen ist.»*[126]
«...die viele mit dem Schwert vernichten, wehrlose Knaben und Greise, Weiber und Kinder, und sogar mit der Frucht im Mutterleibe haben sie kein Erbarmen. ...Seine Frauen, seine Säuglinge und seine Kinder werden in die Gefangenschaft gehen, seine Helden und seine Edlen durch das Schwert.»[127]	*«Besonders hart wird es Frauen treffen, die gerade ein Kind erwarten oder einen Säugling stillen... Die Menschen werden ...als Gefangene in die ganze Welt verschleppt werden.»*[127]
«...durch sein Wissen ist alles entstanden...und ohne ihn geschieht nichts.»[128]	*«Durch ihn wurde alles geschaffen; nichts ist entstanden ohne ihn.»*[128]
«Aber du, mein Gott, hast in meinen Mund etwas gelegt wie Frühregen für alle Durstigen und eine Quelle lebendigen Wassers, die nicht trügt...»[129]	*«Wer aber von dem Wasser trinkt, das ich ihm gebe, wird niemals mehr Durst haben. Ich gebe ihm Wasser, das in ihm zu einer Quelle wird, die ewiges Leben schenkt.»*[129]
«Du hast den Geist gebildet und sein Werk bestimmt... und von dir her kommt der Weg alles Lebendigen.»[130]	*«Der Geist Gottes macht lebendig; alles Menschliche ist dazu nicht fähig.»*[130]
«Auch die, die mein Brot aßen, haben die Ferse gegen mich erhoben.»[131]	*«Einer, der mein Brot gegessen hat, hat sich gegen mich gewandt.»*[131]

Qumran:	*Jesus:*
«Und er wird über sie sprengen den Geist der Wahrheit wie Reinigungswasser...»[132]	*«Ich werde den Vater bitten, daß er euch ... gibt den Geist der Wahrheit...»*[132]
«Gepriesen seist du, Herr! Denn du hast nicht verlassen die Waise und den Geringen nicht verachtet.»[133]	*«Ich lasse euch nicht wie Waisenkinder allein, sondern werde zu euch zurückkommen.»*[133]
«...die mit einem Männlichen schwanger ist, leidet Pein in ihren Wehen. Denn unter todbringenden Krampfwellen gebiert sie ein Männliches, und unter höllischen Wehen bricht hervor aus dem Schoß der Schwangeren ein Wunder von einem Ratgeber mit seiner Heldenkraft...»[134]	*«Wenn eine Frau ein Kind zur Welt bringt, leidet sie Schmerzen; aber wenn das Kind geboren ist, vergißt sie die Schmerzen und ist nur noch glücklich, daß ein Mensch zur Welt gekommen ist.»*[134]

CHRISTOPH: Deine Synopse ist eindrucksvoll, Judith. Ich könnte dir jedoch ebenso viele Jesusworte zusammenstellen, die nicht die geringste Affinität zu Qumran aufweisen.

JUDITH: Was uns heute an Textzeugnissen aus Qumran zur Verfügung steht, ist nur ein lächerlich kleiner Ausschnitt aus der essenischen Bibliothek. Das meiste ist verlorengegangen. Nach den erhaltenen Fragmenten muß die Bibliothek der Essener mindestens 400 Schriftrollen umfaßt haben.[135] Man kann nur spekulieren, was diese Rollen an weiterem Gedankengut geborgen haben mögen.

CHRISTOPH: Viele Rollen werden wohl auch Duplikate gewesen sein.

JESUS: Laß mich auf deine Spekulation mit einem Gleichnis antworten, Judith: Eine Frau bereitete für ein Gastmahl einen Kuchen vor. Es sollte ein besonders festlicher Kuchen werden. Den Teig fertigte sie nach Landessitte so an, wie die anderen guten Backfrauen es tun. In diesen Teig nun mengte die Frau ein paar unübertreffliche orientalische Gewürze, die dem Kuchen die besondere Note geben sollten. Als der Kuchen aufgetragen wurde, bemerkten Kenner unter den Gästen sogleich die erlesenen Zutaten: Ein Teil der besonderen Gewürzpflanzen wurde nur in einer abgelegenen Oase für den Eigenbedarf gezogen, nirgendwo sonst. Die anderen Gewürze hatte die Gastgeberin selber hergestellt. Ein Gast wollte von ihr wissen, ob sie den einen Teil ihrer Gewürze aus jener Oase mitgebracht habe. «Hat es dir denn nicht geschmeckt?» Mit diesen Worten wandte sich die Gastgeberin den anderen Gästen zu.

CHRISTOPH: Ich bestehe darauf: Die Formulierungen der Qumraner – gerade dies läßt sich an Judiths Synopse sehr schön ablesen – wirken oft spröde, weitschweifig und wiederholen sich litaneiartig.[136] Dagegen «zeichnen sich Jesu Worte durch ihre Kürze und poetische Prägung aus», ihr Inhalt verrät «eine ungewöhnliche Autorität».[137]

JUDITH: Ganz unbestritten. Nun ist es aber leider eine Binsenweisheit, daß nicht Jesus selber die Evangelientexte verfaßt hat, diese Texte vielmehr erst etliche Jahrzehnte nach seinem Tode aus verschiedenen Quellen – zunächst mündlichen Traditionen, dann schriftlichen Sammlungen – zusammengestellt und redigiert worden sind. Die Literaten bzw. ihre «Künstlernamen» sind uns ja bekannt: Matthäus, Markus, Lukas und Johannes. Im übrigen ist kein einziges Evangelium im Original erhalten. Was wir heute besitzen, sind «Abschriften von Abschriften von Abschriften», deren keine mit der anderen völlig übereinstimmt.[138]

«Es sieht ganz so aus, als wären nie in der Religionsgeschichte so unterschiedliche Werke zwischen zwei Buchdeckel geraten wie die vier Evangelien und die Paulinischen Briefe.»[139]

JESUS: Ein bißchen wirst du mir schon lassen müssen, Judith.

CHRISTOPH: Noch einmal: In Qumran gab es beispielsweise weder Gleichnisse noch ein Vaterunser.[140]

JESUS: Ist hier nicht der Wunsch der Vater deines Gedankens, Christoph?

CHRISTOPH: Deine Gleichnisse sind «etwas völlig Neues»![141]

JESUS: Aber, aber...

JUDITH: Die Form der Gleichnisrede war zur Zeit Jesu unter den Schriftgelehrten überaus populär.[142] So hat zum Beispiel Philo von Alexandria (etwa 20 v. Chr.–40 n. Chr.), ein Zeitgenosse Jesu, sich des Gleichnisses bedient.[143] In der rabbinischen Literatur gibt es «Tausende von Gleichnissen».[144]

CHRISTOPH: Du hast Qumran vergessen. Oder wolltest du es vergessen?

JUDITH: Wer Augen hat zu sehen, der sieht, so möchte ich in Abwandlung der Redeweise Jesu sagen. Auch Qumran kennt Gleichnisse.[145] In einem «ausführlichen Gleichnis wird die Gemeinde als wunderbare Pflanzung Gottes»[146] geschildert. Die Hymnen enthalten ferner ein «Geburtswehen-Gleichnis»[147], ein «Löwenmaul-Gleichnis»[148] und ein «Seemann-Gleichnis»[149]. Jesus hat sich mit seiner Lehrmethode, wie du siehst, im Rahmen des damaligen Judentums bewegt, aber ich füge gern hinzu: Er hat diesen Rahmen, «wie das bei ihm üblich war, gesprengt».[150] Die Gleichnisse Jesu sind fraglos «dichterische Kunstwerke von höchstem Rang»,[151] sie sind «Weltliteratur»[152] geworden.

CHRISTOPH: Muß man nicht auch das Vaterunser dazu zählen? Es ist «außerordentlich kurz gehalten», man sieht ihm an, daß Jesus «ein Meister prägnanter Formulierungen» war.[153] Außerdem hat sich das Vaterunser im aramäischen Urtext gereimt.[154]

JUDITH: Das Vaterunser ist «mit einem ebenso wichtigen jüdischen Gebet, dem sogenannten Qaddisch, literarisch verwandt».[155] Gewiß hat «Jesus bei der Komposition des Vaterunser sich beim jüdischen Gebetsschatz umgeschaut».[156]

JESUS: Wo sonst?

JUDITH: Das Vaterunser «ist ein großartiges, inniges Gebet; aber es ist genauso christlich wie jüdisch, und dem betenden Juden ist es so nahe, daß er es mitbeten kann, ohne dabei zu merken, daß er ein Gebet einer angeblich fremden Religion spricht.»[157]

CHRISTOPH: Gut, gut. Aber in Qumran suchst du ein solches Gebet vergebens.

JUDITH: Formal hast du recht. Eine vergleichbare kompakte religiöse Dichtung fehlt in Qumran. Inhaltlich allerdings findet man zu jeder Zeile des Vaterunser ein Gegenstück in den Qumrantexten. Langatmiger und umständlicher. Und verstreut über mehrere Textspalten. Sieh dir die folgende Synopse an, Christoph! Halt, warte noch einen Augenblick! Mir fällt auf, daß die qumranischen Aussagen *gegenwärtiges* Geschehen ausdrücken: Die Herrlichkeit Gottes ist in der Gemeinde präsent. Der Wille Gottes wird nicht erst erbeten, er geschieht bereits in seiner heiligen Gemeinde.[158] Jesus dagegen lehrt beten im *Optativ,* das heißt in der Wunschform: Dein Reich komme! Dein Wille geschehe! Manchmal ertappe ich mich bei dem Gedanken, so könnte jemand geredet haben, der selber aus der heiligen Gemeinde kommt und dem es nun darum geht, auch für die «verlorene Herde»[159] das Heil zu erflehen. Das Vaterunser:[160]

Qumran:	*Jesus:*
«...du bist ein Vater für alle Söhne deiner Wahrheit...»[161]	*«Vater unser im Himmel,»*[161]
«...du sollst ihn heiligen und seinen Namen verherrlichen...»[162]	*«geheiligt werde dein Name.»*[162]
«...für die Zeit des Wohlgefallens, ...zu ewigem Heil und dauerndem Frieden und keinerlei Mangel.»[163]	*«Dein Reich komme.»*[163]
«Du hast die Himmel ausgespannt zu deiner Ehre, all ihre Heere hast du gesetzt nach deinem Willen... Du hast die Erde geschaffen durch deine Kraft..., und alles was darinnen ist, bestimmst du nach deinem Willen.»[164]	*«Dein Wille geschehe, wie im Himmel, so auf Erden.»*[164]
«Und wenn sich Not auftut, will ich ihn rühmen, und über seine Hilfe will ich gleichfalls jubeln.»[165]	*«Unser tägliches Brot gib uns heute.»*[165]
«...der vergibt denen, die von der Sünde umkehren... Nicht will ich jemandem seine böse Tat vergelten.»[166]	*«Und vergib uns unsere Schuld, wie auch wir vergeben unseren Schuldigern.»*[166]

Qumran:

Ich preise dich, Herr! Denn du stütztest mich durch deine Kraft, und deinen heiligen Geist hast du auf mich ausgegossen, daß ich nicht wanke. Und du stärktest mich vor den Kämpfen des Frevels, und in all ihrem Verderben hast du mich nicht abschrecken lassen von deinem Bund. ...du hast meine Seele erlöst aus der Grube...»[167]

Jesus:

«Und führe uns nicht in Versuchung, sondern erlöse uns von dem Bösen.»[167]

Prophetie

JUDITH: Jesus wird in den synoptischen[168] Evangelien öfter «Prophet» genannt.[169]

CHRISTOPH: Aus gutem Grund, denn die Synoptiker schildern in der Tat etliche Weissagungen Jesu. Beispielsweise sieht Jesus seinen Tod und seine Auferstehung voraus[170], er kündigt die Zerstörung des Tempels[171] und Jerusalems[172] an. Jesus weissagt den Ablauf des Passahmahles[173], den Verrat des Judas[174] und die Verleugnung durch Petrus[175]. Man wird Jesus wohl als «Exponent jüdischen Prophetentums»[176] bezeichnen dürfen.

JESUS: Wie du schon angedeutet hast, gab es im Judentum auch andere prophetisch begabte Menschen.

JUDITH: Die Zeit der großen Propheten – ich erinnere an Jesaja oder Jeremia – war indessen längst vorbei; um die Zeitenwende gab es nur noch ärmliche Reste jüdischen Prophetentums[177], Johannes den Täufer einmal ausgenommen und, wie gesagt, Jesus von Nazareth. Josephus berichtet, unter den Pharisäern habe es einige gegeben, die «im Rufe standen, göttliche Weissagungsgabe zu besitzen»[178]. An anderer Stelle referiert er über einen Mann namens Jesus, der vier Jahre vor Beginn des ersten Krieges gegen Rom, also im Jahre 62 n. Chr., sein «Wehe über Jerusalem und über den Tempel» Tag für Tag hinausschrie; er tat dies sieben Jahre und fünf Monate lang, bis er schließlich, von einem Stein aus einer Wurfmaschine getroffen, zusammensackte und starb.[179] Jesus von Nazareth stand mit seiner Weissagung der Zerstörung Jerusalems und seines Tempels, wie man sieht, nicht allein.

CHRISTOPH: Aber er war eine ganze Generation früher dran.

JESUS: Das stimmt, Christoph. Jedoch Jahrzehnte vor mir haben die Essener den Untergang Jerusalems prophezeit.[180]

JUDITH: Die Essener stehen hinsichtlich prophetischer Begabung Jesus sehr nahe. Wie Jesus ragen sie aus dem damaligen Judentum deutlich heraus. Hören wir Josephus zu:

> *«Es gibt bei ihnen auch Leute, die vorgeben, die Zukunft vorauszukennen, nachdem sie sich von Jugend an zutiefst mit heiligen Büchern, mit mancherlei Reinigungsriten und Prophetien befaßt haben. Tatsächlich passiert es selten, daß sie in ihren Weissagungen irren.»*[181]

Mit Namen hebt Josephus drei Essener hervor, die sich durch ihre Weissagungen besonders hervorgetan haben: Judas, Simon und Menaëm. Wir haben über diese drei schon gesprochen[182] und dabei mit Erstaunen zur Kenntnis genommen, daß auch viele andere religiös inspirierte Menschen die Aufmerksamkeit des Historikers fanden, einschließlich des Täufers Johannes, merkwürdigerweise jedoch nicht Jesus von Nazareth. Jedenfalls ist eine Ähnlichkeit zwischen vielen Essenern und Jesus in ihrer prophetischen Haltung nicht zu übersehen.[183]

Heilungswunder und andere

JUDITH: In den Evangelien wird Jesus als der große «Wundermann» dargestellt. Zum einen gelingen ihm wunderbare Heilungen und Exorzismen, ja sogar Totenerweckungen. Zweitens einige «Naturwunder»: Ich erinnere an den verdorrten Feigenbaum[184], an die Speisung der Fünftausend[185], an die Sturmstillung[186] und an Jesu Wandeln auf dem Wasser[187]. Und drittens ist Jesus selber Gegenstand von Wundern: Über ihm öffnet sich der Himmel und eine Himmelsstimme ertönt[188], vor den Augen dreier Jünger «ging mit Jesus eine Verwandlung vor», und Moses und Elija stehen plötzlich bei ihm.[189] Und das größte aller Wunder: Jesus wird vom Tode erweckt und lebt.[190]
Dies alles ist modernen Ohren sehr schwer zugänglich, so schwer, daß die Reaktion darauf kaum ausbleiben konnte. Etliche Gelehrte haben nicht nur die Wunderberichte allesamt für Erfindungen der Schriftsteller des Neuen Testaments gehalten, sondern überhaupt in Abrede gestellt, daß du wirklich jemals gelebt habest.
JESUS: Sagt solchen Menschen, daß wir hier zusammengesessen und miteinander geredet haben!

CHRISTOPH: Aber… Unser Gespräch ist doch fiktiv!

JESUS: Wirklich?

CHRISTOPH: Die ganze Wundertümelei der Evangelisten steht im Widerspruch zu unserem heutigen naturwissenschaftlichen Weltbild. Ich finde, dem Glauben an Gott schaden die Wunder mehr, als daß sie ihn fördern. Nichts davon läßt sich beweisen.

JESUS: Sei nicht albern, Christoph! Was willst du «beweisen»? Deine Vokabel entstammt der mathematischen Fachsprache und ist erst im Jahre 1670 aufgekommen.[191] Die ursprüngliche Bedeutung des Wortes «be-weisen» meint, jemanden «weise» machen[192], jemanden «wissend machen».[193] Und das soll für die Beziehung des Menschen zu Gott nicht gelten?

CHRISTOPH: Doch, doch! In diesem umfassenden, ganzheitlichen Sinne, gewiß!

JESUS: Nicht jedoch im einengenden mathematisch-naturwissenschaftlichen Sprachgebrauch! Gut. Es hätte mich auch wundergenommen, wenn du gewissermaßen mit dem Rechner in der Hand Gott aufspüren wolltest. Naturwissenschaft ist ein Teil des Ganzen, nicht das Ganze ein Teil der Naturwissenschaft.[194]

CHRISTOPH: Wie bitte?

JESUS: Niemand würde auf die Idee kommen, psychischen Druck mit dem Barometer zu messen oder «trockenen» Lernstoff mit dem Hygrometer. Jeder würde sich der Lächerlichkeit preisgeben, der einen «hellen» Kopf mit dem Belichtungsmesser oder die Größe eines Staatsmannes mit dem Meterstab zu messen sich anschickte, um dann zu behaupten, psychischen Druck, «trockenen» Lernstoff, «helle» Köpfe und große Staatsmänner gebe es nicht. Alle diese Hilfsmittel sind gut, jedoch auf ihren naturwissenschaftlichen Anwendungsbereich beschränkt. Ebenso beschränkt würde handeln, wer Gott auf naturwissenschaftlichem Wege ergründen wollte. Gotteserfahrung liegt jenseits eures naturwissenschaftlichen Forschens. Gottes Ratschluß ist unerforschlich, wie ihr zu sagen pflegt. Noch einmal: Naturwissenschaft – ja, Wissenschaft überhaupt – ist ein Teil des Ganzen, nicht umgekehrt. Der Wiener Kardinal Franz König hat einmal einen bekannten Physiker gefragt: «Und was war vor dem Urknall?» Worauf dieser geantwortet hat: «Damit beschäftigen wir uns nicht.»[195]

JUDITH: Was hat das alles mit den spektakulären Wundern zu tun, die man dir nachrühmt? Sind sie nun historisch oder nicht? Hast du sie wirklich vollbracht, oder haben die Autoren des Neuen Testaments sie sich ausgedacht?

JESUS: Was nennst du Wunder, Judith? Wunder ist ein Geschehen, das beim Menschen ein Sich-wundern erregt, das ihm unerklärbar ist.[196] Auch in eurer Zeit ereignet sich vieles, wofür ihr keine Erklärung, jedenfalls keine naturwissenschaftliche Erklärung habt. Die Heilerfolge durch Akupunktur und Homöopathie beispielsweise sind «wissenschaftlich nicht zu begründen».[197] Erstere wird in China schon seit 4000 Jahren als Heilmethode angewandt.[198]

> *«Das Wunder der chinesischen Nadeln ist wie jedes andere Okkultmittel zwar erfahrbar, aber nicht meßbar.»*[199] *Es wuchs aus dem Willen des Heilers, «die bösen Geister durch Einstiche von Nadeln zu vertreiben».*[200]

Auch in eurer Zeit geschehen Heilungswunder. Seht euch doch um!

> *«Exorzist im Bischofsrang irritiert den Vatikan», so lautet eine Überschrift in der Stuttgarter Zeitung vom 28. Juni 1989. Die Rede ist sodann von dem afrikanischen Erzbischof Emmanuel Milingo. «In seiner Wohnung, nicht weit entfernt vom Petersdom, treibt der einstige Oberhirte von Lusaka Besessenen den Teufel aus und heilt Kranke.» Milingo hat, so wird berichtet, «Lahme gehend und Blinde sehend gemacht, aber nur durch die Kraft des Gebets». Ein Mittel, das er dabei anwendet, ist das «Handauflegen».*

Solche und ähnliche Geschehnisse gibt es in bemerkenswerter Zahl.[201] Menschen werden geheilt, ohne daß dies wissenschaftlich erklärt werden kann. Umgekehrt kann Wissenschaft oft zur Heilung nichts beitragen. «Die Medizin hat eine ungeahnte Meisterschaft darin entwickelt, gesund zu machen, ohne zu heilen»; machmal würde man lieber von einer «Reparatur» sprechen.[202] Heilung kommt aus dem Innern eines Menschen, sie wirkt von innen nach außen; es ist das Gottvertrauen, welches heil macht.[203] «Ist nicht die Sinnesänderung eines Menschen ein größeres Wunder, als alle anderen, die man ausdenken könnte?»[204]

JUDITH: Schon den alten Israeliten hatte der Hochgelobte verkündet: «Ich, der Herr, bin euer Arzt!»[205] Krankheit und Leiden galten gemeinhin als Folge der Sünde[206], das heißt, eines Mißachtens der göttlichen Gebote. Und konsequenterweise war es Aufgabe des Priesters und nicht des Mediziners, einen Aussätzigen für geheilt und damit rein zu erklären.[207] Auch Jesus hat sich, wie man weiß, an diese Regel gehalten und die vom Aussatz Geheilten zum Priester geschickt.[208]
Aber noch einmal: Hast du die Wunder wirklich vollbracht, die man von dir erzählt?

JESUS: Ich hatte gehofft, Judith, meine bisherigen Ausführungen wären dir Erklärung genug. Je nun. Die Heilungen, von denen die Evangelisten berichten, sind in ihrem Kern historisch.[209] In ihrem Kern, wohlgemerkt.

JUDITH: Aha.

JESUS: Stell' dir vor, du wärest zusammen mit – sagen wir – drei anderen Personen Zeuge eines ungewöhnlichen Vorganges geworden, zum Beispiel eines Eisenbahnunglücks oder einer außergewöhnlichen Rettung Verunglückter oder einer Himmelserscheinung. Und nimm wei-

ter an, ihr würdet von Neugierigen nach eurer Beobachtung befragt. Bist du sicher, daß sie nicht vier verschiedene «Berichte» erhielten? Wenn du dann noch berücksichtigst, wie viele mit Phantasie und hoher Fabulierkunst begabte Menschen im Orient wohnen, dann kannst du dir leicht ausmalen, daß viele Geschehnisse durch verklärende Ausschmückung beinahe zugedeckt worden sind. Dies trifft ganz und gar für die sogenannten Naturwunder zu. Sie entspringen allesamt dem Wunschdenken derer, die sie berichtet haben. Salopp gesagt: Hier haben die Menschen aus einer Mücke ein Kamel gemacht.[210] Oder meint ihr wirklich, Gott würde, um euch zu beeindrucken, seine Naturgesetze vorübergehend außer Kraft setzen? Ich habe mich stets dagegen ausgesprochen, auf Wunderzeichen zu setzen[211] und habe Menschen, die ich heilen konnte, aufgefordert, darüber zu schweigen.[212]
Man lebte damals in einer wundergläubigen Zeit. Wunder geschahen allenthalben.[213] Die außerjüdische Welt kennt eine Reihe von Wundertätern.[214]

> *«Jede Religion hat die ‹Wahrheit› ihrer Lehren durch Wunder bewiesen, und in vielen Religionen kehren dieselben immer wieder: Krankenheilungen, Totenerweckungen, Speisevermehrungen, Wandel auf dem Wasser, Höllen- und Himmelfahrten zählen zu den Standardwundern gerade vieler sogenannter Hochreligionen. Götter, Magier, Propheten und Thaumaturgen wurden in den griechisch-orientalischen Religionen lange vor Jesus damit ausgestattet, und in den Jahrzehnten nach seinem Tod hat man diese im Volke lebendigen Geschichten auch auf ihn übertragen und sein Bild immer mehr mit dem Goldglanz der Legende verklärt.»*[215]

Aber auch im Judentum treten Wundertäter auf.[216]

JUDITH: Kleine Fische, verglichen mit dir!

JESUS: Viele sogenannte Naturwunder werden berichtet. So schreibt der Historiker Josephus über das «Tor an der Nordseite des inneren Vorhofes» zum Tempel:

> *«Es war aus Erz und hatte ein ungeheures Gewicht, so daß zwanzig Männer Mühe hatten, wenn sie es abends schlossen; es war zusammengehalten von eisenbeschlagenen Querbalken, und seine Riegel waren tief in die Schwelle eingemauert, die aus einem einzigen Felsblock gefertigt war: Dieses Tor sah man um Mitternacht plötzlich von selbst aufgehen.»*[217]

Auch im Talmud ist von Naturwundern die Rede: Ein Johannisbrotbaum rückte hundert Ellen weit von seinem Ort; ein Wasserlauf versiegte; die Wände des Lehrhauses neigten sich.[218] In einem Öllämpchen des Chanina ben Dosa brannte statt Öl Essig.[219]
Mein berühmtester Vorläufer ist wohl der griechische Gott der Heilkunde *Asklepios* (latinisiert: Aesculap) gewesen; der Aesculapstab, ein von einer Schlange umwundener Stab, ist bis heute das Sinnbild der Heilberufe.

JUDITH: Der Aesculapstab?! Das erstaunt mich. Man hätte ja auch an das Kreuz denken können.

JESUS: Asklepios war «in Chirurgie und im Gebrauch von Drogen so erfahren, daß er als Vater der Medizin verehrt wird».[220]

> *«Er wurde zum Prototyp des antiken ‹Heilands›*[221]*, der wesentlich durch wunderbare Heilungen und gelegentlich auch durch Totenerweckungen charakterisiert ist. Innerhalb nur weniger Jahrzehnte nach der großen Pest in Athen (429 v. Chr.) nahm der vorher unbedeutende Kult des Asklepios einen ungeheuren Aufschwung. Man hat festgestellt, daß sein Tempel in Epidauros in kurzer Zeit zu einem Wallfahrtsort gedieh, der mit dem heutigen Lourdes konkurrieren könnte.»*[222]

Asklepios war ein Sohn des Gottes Apollon; Gott-Vater Zeus tötete ihn, schenkte ihm später jedoch wieder das Leben.[223]

Charakteristisch ist der folgende Wunderbericht. «Mit wenigen Änderungen könnte diese Geschichte auch in den Evangelien stehen.»[224]

> *«Er war hilfesuchend wegen seiner Stummheit ins Heiligtum gekommen. Als er sein erstes Opfer gebracht und die üblichen Zeremonien verrichtet hatte, sagte der Opferdiener, zum Vater des Knaben gewandt: ‹Gelobst du, wenn du deinen Wunsch erreicht hast, binnen Jahresfrist dein schuldiges Opfer als Heilgebühr darzubringen?› Da rief der Knabe plötzlich: ‹Ich gelobe es!› Der Vater aber entsetzte sich und hieß ihn noch einmal reden. Der Knabe redete wieder und war von Stund an geheilt.»*[225]

Aus der großen Menge antiker Heilgötter und Wunderheiler möchte ich noch einen herausgreifen. Der Heiler Apollonius von Tyana lebte zu meiner Zeit. Von ihm heißt es:

> *«Er stillt einen Sturm auf dem Meer, bewirkt das Aufhören eines Erdbebens, er heilt Lahme, Blinde, treibt Dämonen aus. In Rom erweckt er ein Mädchen, das eben begraben werden soll, zum Leben. Den Gefährten kündigt er seine Gefangennahme und Verurteilung an. Und nach seiner Auferstehung wird von seiner Himmelfahrt berichtet.»*[226]

CHRISTOPH: Ganz unzweifelhaft haben die Schriftsteller des Neuen Testaments aus fremden Brunnen geschöpft.[227]

Aus Qumran scheinen sie indessen nichts entlehnt zu haben. Unser Gespräch hat sich inzwischen weit von Qumran entfernt.

JUDITH: Josephus berichtet, daß die Essener das Heil von Leib und Seele sich besonders angelegen sein ließen und daß sie die heilenden Wirkungen von Kräutern und Mineralien erforschten.[228] Der Wundergedanke taucht in den Qumranrollen sehr wohl auf:

> *«Du (Gott) hattest mich unterwiesen in deinen wunderbaren Geheimnissen, und durch dein wunderbares Geheimnis hast du dich stark an mir erwiesen, wunderbar zu handeln vor vielen um deiner Ehre willen und kundzutun deine Machttaten allen Lebendigen.»*[229]

Ist es nicht denkbar,... Ich meine, könnte nicht ein Mann, der einst aus Frömmigkeit dem Orden beigetreten war, der Tag für Tag, Jahr für Jahr die heiligen Schriften studiert und den obigen Hymnus gebetet hat, könnte in einem solchen Manne nicht die Erkenntnis gereift sein, seine Bestimmung sei es, «wunderbar zu handeln vor vielen» und die Taten Gottes «allen Lebendigen» zu verkünden? Könnte nicht aus diesem Beweggrund ein gottergebener Mann die Enge des Ordens verlassen haben?

JESUS: Du kannst es doch nicht lassen, Judith!

JUDITH: Auch von Naturwundern ist in den Qumranrollen die Rede, beispielsweise von einer «Sturmstillung»[230], jedoch nur gleichnishaft, nicht als tatsächliches Geschehen wie in den Evangelien. Ein Wundertäter aus Qumran ist nicht bekannt geworden. Allerdings sehe ich in Jesu Dämonenaustreibungen eine geistige Verwandtschaft mit Qumran. Jesus hat seine Exorzismen als Sieg über den Satan und als Signal für die jetzt beginnende Gottesherrschaft verstanden; ganz ähnlich haben auch die Qumraner gedacht.[231]

CHRISTOPH: Nun halt mal die Luft an! Eine Welt trennt beider Haltung gegenüber körperlich Gebrechlichen. Qumran schließt diese Menschen – sie gelten bekanntlich als unrein – aus seiner Gemeinde aus.[232] Jesus dagegen wendet sich ihnen zu.

Judith: Eben!

Christoph: Wie bitte?

Judith: Eben das meine ich. Meinen Gedanken von vorhin werde ich nicht los…
Eine eigentümliche Übereinstimmung zeigt sich zwischen der Heilungspraxis Jesu und den Qumrantexten, ich denke an die Heilung durch das *Auflegen der Hände*. Diese Praxis ist außer im Neuen Testament nur noch in den Qumrantexten belegt, an keiner anderen Stelle im jüdischen Schrifttum.[233] Ich werde meinen Gedanken nicht los…

Die Taufe

Judith: Woher stammt eigentlich die christliche Taufe? In der jüdischen Proselytentaufe (einer Bekehrungstaufe für Nichtjuden), die erst später als die christliche Taufe entstanden ist, kann sie kaum ihr Vorbild haben.[234] Stand das erste Taufbecken in Qumran?

Christoph: Die Taufe ist, soviel *ich* weiß, etwas spezifisch Christliches, ein Sakrament.

Judith: Die Qumraner kannten schon lange vor dem Christentum eine Art Taufe. Man kann die Qumraner geradezu als eine «Taufsekte»[235] bezeichnen. Übrigens nicht die einzige ihrer Art. Es gab im Jordanland eine ganze Reihe jüdischer Taufsekten[236], von denen die Mandäer[237] und die Gruppe um den Täufer Johannes[238] die bekanntesten sind. Über die Qumran-Essener berichtet uns der Historiker Josephus, daß sie sich täglichen Waschungen unterzogen und «heilige Bäder» pflegten.[239] Wen wundert's. «Bei diesen Menschen, die dem Ideal engelhafter Vollkommenheit anhängen und doch täglich das Zurückbleiben hinter diesem hohen Ideal feststellen müssen, herrscht die deprimierende Überzeugung, daß sie unaufhörlich eine Beute der Sünde sind.»[240] Für den Essener war das tägliche Tauchbad, das ihm «die Gewißheit gab, wirklich rein zu sein, von höchster Wichtigkeit. Die schlimmste Strafe bestand denn auch darin, an diesem Tauchbad nicht teilhaben zu dürfen.»[241] In der Gemeinderegel Qumrans lesen wir:

> *«Nicht wird er entsühnt durch Sühnungen, und nicht darf er sich reinigen durch Reinigungswasser, und nicht darf er sich heiligen in Meereswasser oder Flüssen, und nicht darf er sich reinigen durch irgendein Wasser der Waschung. Unrein, unrein soll er sein alle Tage, da er verwirft die Satzungen Gottes, ohne sich zurechtweisen zu lassen in der Gemeinschaft seines Rates. Denn durch den Geist des wahrhaftigen Rates Gottes werden die Wege eines Mannes entsühnt, alle seine Sünden, so daß er das Licht des Lebens erblicken kann. Und durch den heiligen Geist, der der Gemeinschaft in seiner Wahrheit gegeben ist, wird er gereinigt von allen seinen Sünden, und durch den Geist der Rechtschaffenheit und Demut wird seine Sünde gesühnt. Und wenn er seine Seele demütigt unter alle Gebote Gottes, wird sein Fleisch gereinigt werden, daß man ihn mit Reinigungswasser besprenge und daß er sich heilige durch Wasser der Reinheit.»*[242]

CHRISTOPH: Mit solchem Reinheitsdenken hat die christliche Taufe wenig gemein. Theologen und Religionswissenschaftler sind mehrheitlich der Überzeugung, die Christen hätten ihre Taufe von Johannes dem Täufer übernommen.[243]

JESUS: Einem Juden.

JUDITH: Einem Juden, den viele Forscher für einen ehemaligen Essener halten.[244] Josephus schreibt über Johannes:

Ihn «hatte Herodes[245] *hinrichten lassen, obwohl er ein edler Mann war, der die Juden anhielt, nach Vollkommenheit zu streben, indem er sie ermahnte, Gerechtigkeit gegeneinander und Frömmigkeit gegen Gott zu üben und so zur Taufe zu kommen. Dann werde, verkündigte er, die Taufe Gott angenehm sein, weil sie dieselbe nur zur Heiligung des Leibes, nicht aber zur Sühne für ihre Sünden anwendeten; die Seele nämlich sei dann ja schon vorher durch ein gerechtes Leben entsündigt.»*[246]

Wenn wir diese Auskunft des berühmten Historikers über den Täufer mit dem Selbstzeugnis der Qumraner in ihrer Gemeinderegel vergleichen, dann fällt der identische Symbolwert beider Wasserriten auf: Beide Taufen wenden sich nur an Juden, und beide Taufen sind Bußtaufen, das heißt, wahre Reue und Bekehrung müssen dem Ritus vorausgehen, wenn ihm heiligende Wirkung zukommen soll.[247]

JESUS: In dieser Hinsicht stimmen die Evangelisten Matthäus, Markus und Lukas mit Josephus überein, auch sie charakterisieren die Johannestaufe als eine «Taufe der Umkehr zur Sündenvergebung».[248]

CHRISTOPH: Ich finde nicht, daß man die Johannestaufe und die essenischen Wasserriten zusammenbringen kann. Zum einen ist die essenische Taufe, im Unterschied zu Johannes, eine Selbsttaufe. Und noch auffälliger trennt beide, daß die essenischen Wasserriten häufig wiederholt werden, während die Johannestaufe ein *einmaliger* Akt ist.

JUDITH: Könnte es denn nicht sein, daß Johannes die essenische Wassertaufe weiterentwickelt hat? Er, der als früheres Mitglied des heiligen Männerbundes die qumranischen Reinigungsriten an sich vollzogen hat, machte daraus so etwas wie eine Volkstaufe, eine Taufe für *jeden* umkehrwilligen Juden.

CHRISTOPH: Das wäre ein revolutionärer Vorgang gewesen.

JUDITH: Zweifellos. Er bedeutete für Johannes das Aussteigen aus der separatistischen Ideologie Qumrans und eine Hinwendung zu den Menschen, die er ohne sein Eingreifen verloren glaubte. Die Menschen sind zu Johannes an den Jordan gepilgert, weil sie sich durch die Taufe ihre Errettung vor dem kommenden Zorngericht Gottes erhofften.[249] Mit peniblen Heiligungsriten hätte Johannes diese Menschen gewiß nicht erreicht oder er hätte sie überfordert, und da für ihn das Gericht Gottes akut bevorstand[250], genügte ihm ein einmaliger Taufakt, eine Nottaufe als eine Art «Letzte Hilfe» gewissermaßen. So, stelle ich mir vor, könnte es gewesen sein.
Was hat der Täufer damit gemeint, wenn er sagt, nach ihm werde derjenige kommen, der mit heiligem Geist und mit Feuer taufe?[251]

JESUS: Johannes nimmt damit eine uralte religiöse Vorstellung auf, derzufolge das Feuer ein «Symbol der Wahrheit»[252] ist, das am Ende der Zeit die ganze Erde reinigen und unter den Menschen Spreu und Weizen scheiden wird.[253] Das Bild von der Feuertaufe geht im wesentlichen auf Zarathustra zurück[254] und war im Orient weit verbreitet.[255]

JUDITH: Wie stehst du dazu?

JESUS: Ich habe diese Vorstellung des Täufers aufgegriffen und auf mich bezogen.[256]

JUDITH: Hat Jesus von Nazareth selber getauft?

JESUS: Entschuldige, Judith, daß ich deine Frage zunächst einmal stehen lasse. Auch ich habe mich der Taufe durch Johannes unterzogen. Sie war ein mich tief bewegendes Erlebnis und hat meinen weiteren Lebensweg entscheidend geprägt.[257]

Christoph: Judiths Konstruktion einer «Nottaufe» gefällt mir nicht. Ist es nicht absurd anzunehmen, Jesus, der Idealmensch und nach christlicher Lehre Gottes Sohn, hätte eine solche Taufe nötig gehabt?

Judith: Die Johannestaufe war, wie gesagt, ganz unstreitig eine Bußtaufe. Hatte Jesus von Nazareth zu büßen, um dem Gericht Gottes zu entgehen?

Christoph: Du redest dummes, «anstößiges»[258] Zeug.

Judith: Hör mal! So wie Jesus seine Mutter behandelt, bricht er wissentlich das fünfte Gebot[259]; so wie er Zorn und Beleidigungen austeilt[260], könnte er wohl Grund gehabt haben, sich von Johannes taufen zu lassen.[261]

Jesus: «Nur einer ist gut, Gott!»[262]

Christoph: Ich weiß nicht... Vielleicht haben die Schriftsteller des Neuen Testaments deine Taufe durch Johannes erfunden.

Jesus: Warum sollten sie? Zweifelst du an mir? Johannes hat mich wirklich getauft. Ich sage es dir noch einmal: Diese Taufe markierte den Wendepunkt in meinem Leben. Schon die Evangelisten und die Christen der Antike empfanden meine Taufe als «anstößig» und versuchten, die Texte darüber zu retuschieren; wahrscheinlich hätten sie die Taufe am liebsten ganz gestrichen, aber das konnten sie sich bei einem historischen Faktum, das von vielen bezeugt werden konnte, nicht leisten.[263]

Judith: Aus dem Neuen Testament kann man noch heute eine gewisse Überlegenheit des Täufers über Jesus heraushören, welche die ersten Christen offenbar als mißlich empfanden. Matthäus und Johannes zeigen «ein deutliches Bestreben, dem Gedanken einer Überlegenheit des Täufers gegenüber Jesus entgegenzutreten».[264] Habt ihr euch als Rivalen bei der Verkündung des Reiches Gottes und seines Gerichts empfunden, du und Johannes?

Jesus: Johannes und ich? Nein, Judith! Dazu verdanke ich Johannes zu viel![265] Aber auf unsere Jüngergruppen wird deine Überlegung zutreffen, die Johannesjünger und meine Anhänger hatte ein Rivalitätsdenken ergriffen, das siehst du richtig.[266]

Christoph: Dennoch haben deine Anhänger später die Johannestaufe übernommen? Das ist nicht leicht einzusehen. Hat Jesus selber getauft?

Jesus: Die frühen Christen haben sich zwar die Johannestaufe zum Vorbild genommen, aber sie haben die Taufe «mit neuem Inhalt erfüllt».[267] Man taufte jetzt in meinem Namen.[268] Die christliche Taufe wurde ein Initiationsritus, der den Täufling für immer zum Glied der Kirche macht.[269] Wie die Johannestaufe, so war auch die christliche eine Taufe für Erwachsene – bis ins zweite und dritte Jahrhundert.[270] Erst dann kam, nach und nach, die Kindertaufe in Gebrauch.[271]

Judith: Wahrscheinlich sollte ein Mensch möglichst früh und unwiderruflich für die Kirche vereinnahmt werden. Zu groß war der Konkurrenzdruck der antiken Mysterienreligionen. Wir konnten ja schon mehrmals die Beobachtung machen, daß das Christentum, um sich behaupten und entfalten zu können, heidnisches Ideengut und Brauchtum kopiert und schließlich das antike Heidentum überwunden hat. Ich denke an die «Sterndeuter aus dem Morgenland», an die «Hirten auf dem Felde», die «Jungfrauengeburt», die «Mutter Gottes» und an das «Weihnachtsfest».[272]

Jesus: Auf Christophs Bedenken möchte ich noch etwas ergänzen. Die Johannestaufe wurde, wie gesagt, von den Christen mit neuem Inhalt erfüllt: «Im Vordergrund der

Taufsymbolik standen Sterben und Neugeborenwerden, symbolisiert durch das Untertauchen und wieder Heraufsteigen.»[273]

CHRISTOPH: Der Täufling sollte an deinem Sterben und Auferstehen teilhaben. Die christliche Taufe stellt also doch, jedenfalls ihrem *Inhalte* nach, eine Neuschöpfung dar.

JESUS: Nein, Christoph, so verhält es sich nicht. Die vielen Mysterienreligionen des Vorderen Orients kannten längst vor dem Christentum Taufen mit solchem Symbolgehalt.[274]

> *«In der synkretistischen Umwelt war die Vorstellung weit verbreitet, daß der Verehrer einer Gottheit durch die Weihe mit deren Schicksal verbunden wird und dadurch Heil empfängt. In den Mysterienreligionen war der Gedanke geläufig, daß der Myste durch die Weihe am Geschick der sterbenden und auferstehenden Kultgottheit Anteil gewinnt.»*[275]

Dieses «mysterion» wurde dann bei den Christen zum «sacramentum».[276] Mancher antike Myste ließ sich in mehrere verschiedene Mysterien einweihen, und da Taufen zu jedem Kult gehörten, war er dann «mit allen Wassern gewaschen».[277]

CHRISTOPH: Es kann also keinem Zweifel unterliegen, woher der Sinngehalt der christlichen Taufe stammt. Keinesfalls aus der Hinterlassenschaft Qumrans, des Johannes oder anderer jüdischer Täufer.

JUDITH: Darf ich auf meine Frage zurückkommen: Hat auch Jesus von Nazareth getauft?

JESUS: Für Rituale und Kulthandlungen habe ich, ihr wißt es, wenig übrig. Nein, Judith, ich habe selber nicht getauft[278], noch habe ich irgend jemandem einen Taufauftrag erteilt.[279]

Das Heilige Mahl

CHRISTOPH: Das zweite Sakrament der christlichen Kirchen ist das Abendmahl. Der älteste Bericht, den wir darüber besitzen, stammt aus der Feder des Apostels Paulus, niedergeschrieben um das Jahr 55.[280]

JUDITH: Also ein Vierteljahrhundert nach Jesu Tod.

CHRISTOPH: Ja, gewiß. Die Niederschriften von Markus, Matthäus und Lukas sind noch später, ungefähr zwischen 70 und 90, anzusetzen.[281] Paulus schreibt:

> *«In der Nacht, in der Jesus, der Herr, ausgeliefert wurde, nahm er das Brot, sprach darüber das Dankgebet, brach es in Stücke und sagte: ‹Das ist mein Leib, der für euch geopfert wird. Tut das zu meinem Gedächtnis!› Ebenso nahm er nach dem Essen den Becher und sagte: ‹Dieser Becher ist der neue Bund Gottes, der mit meinem Blut besiegelt wird. Sooft ihr daraus trinkt, tut es zu meinem Gedächtnis!›»*[282]

JUDITH: Der ursprüngliche Sinn dieses letzten Mahles ist heftig umstritten. «Bekanntlich ist zur Deutung im Laufe der Jahrhunderte ein ungeheurer theologischer Scharfsinn aufgeboten worden, und die christlichen Konfessionen und Denominationen unterscheiden sich u.a. gerade in dem Verständnis des Abendmahls und verweigern bei divergierender Auffassung einander die Abendmahlsgemeinschaft.»[283]

JESUS: Ich habe in meinem engsten Jüngerkreis ein «Abschiedsmahl»[284] gehalten.

JUDITH: Mehr nicht?

JESUS: Mehr nicht. Die Leib- und Blutsymbolik und die Einsetzungsworte, welche ihr bei Paulus findet, sie sind in der frühen Gemeinde gebildet worden, man wollte meiner gedenken. Von mir sind sie nicht.[285]
Die Tischgemeinschaft, das gemeinsame Essen und Trin-

ken, war im Judentum, wie ihr vielleicht wißt, Ausdruck engster «Verbundenheit mit Gott und zugleich mit anderen Menschen».[286] Um dieses Band zu festigen, wollte ich mit meinen Vertrauten ein letztes Mal zusammen sein. Der Tischgemeinschaft mit anderen Menschen habe ich immer besondere Bedeutung beigemessen. Wenn ich mich mit gesellschaftlich Ausgestoßenen an einen Tisch gesetzt habe,...

CHRISTOPH: ...was einem frommen Juden, der sich genau an die Reinheitsvorschriften hielt, nie in den Sinn gekommen wäre!

JESUS: Wenn ich mich mit gesellschaftlich Ausgestoßenen an einen Tisch gesetzt habe, dann wollte ich diesen Menschen neue Hoffnung geben und ihnen damit sagen, daß sie für das bevorstehende Reich Gottes nicht verloren sind.

CHRISTOPH: Welten liegen zwischen deiner Haltung und der Katharsis Qumrans.

JUDITH: Trägt schon die jüdische Mahlzeit im allgemeinen «kultischen Charakter»[287], so gilt dies für Qumran in besonderem Maße. Vor der gemeinsamen Mahlzeit reinigen sich die Essener gründlich, legen «heilige» Gewänder an und begeben sich «in das Refektorium wie in einen heiligen Raum», zu dem kein Andersgläubiger Zutritt hat.[288] Bei diesem Mahl muß es «sich um Heiliges oder noch eher um Hochheiliges handeln», so ist gesagt worden.[289] Ein Heiliges Mahl ist also gewiß keine Erfindung Jesu oder der Christen. Das letzte Mahl Jesu mit seinen Jüngern erinnert in mancher Hinsicht an das essenische Mahl. Beide Mahle enthalten «die Elemente Brot und Wein».[290] Auch in Qumran nimmt zuerst der Ranghöchste bei Tisch – dort der Priester – das Brot und spricht das Dankgebet.

«Und wenn sie den Tisch richten, um zu essen, oder den Most, um zu trinken, soll der Priester seine Hand zuerst ausstrecken, um den Lobspruch zu sagen über dem Erstling des Brotes und des Mostes.»[291]

Ich muß schon sagen: «Die äußere Ähnlichkeit ist wohl sehr auffällig.»[292] Mit dem Mahl verknüpfen beide Seiten die Erwartung des nahen Endheils, der neuen Welt Gottes; Qumraner wie Jesus nehmen sozusagen das messianische Mahl der Endzeit vorweg.[293] Und auf beiden Seiten fehlen Frauen und Kinder.

JESUS: Das Tischgebet, vor allem das Dankgebet nach der Mahlzeit, spricht jeder fromme Jude; typisch qumranisch ist jedoch, darin stimme ich dir zu, der doppelte Anfangssegen über Brot und Wein.[294]

JUDITH: Bei den Christen zeigt sich später eine weitere Parallele zu Qumran: Beiderseits dürfen nur Mitglieder am Heiligen Mahl teilnehmen, in Qumran sind es die Ordensmitglieder, nur Kirchenmitglieder, Getaufte, bei den Christen.

JESUS: Solche Exklusivität ist mir fremd. Die Christen haben häufig Bräuche eingeführt, deren Urheber ich nicht bin, Bräuche, die sie aus fremdem Glaubensgut, nicht selten aus dem sie umgebenden Heidentum, übernommen haben. Das «Abendmahl» der Urgemeinde war zunächst ein reines Sättigungsmahl.[295] Der kultisch-sakramentale Charakter ist dem Mahl erst später außerhalb Palästinas beigelegt worden.[296] «Die Vorstellungen von der Vereinigung mit einem Gott durch Essen und Trinken und das Ritual seiner Verspeisung sind uralt.»[297] Charakteristisch wurden sie für die antiken Mysterienreligionen.

«Es handelt sich in ihnen um die Kommunio mit einer gestorbenen und wieder zum Leben erstandenen Gottheit, an deren Schicksal der Feiernde durch das sakramentale

> *Mahl teilbekommt, wie wir es von den Attis- und Mithrasmysterien wissen.»*[298]

Besonders enge Übereinstimmungen mit dem christlichen Abendmahl weist das Heilige Mahl des Mithraskultes auf. Man beging es zum Gedächtnis an die letzte Mahlzeit des Meisters mit den Seinen. Gereicht wurden Wasser oder ein Gemisch von Wasser und Wein. Die Hostien waren mit einem Kreuzzeichen versehen; man gebrauchte die gleichen Mahlgeräte wie bei der christlichen Eucharistie, Kelch und Patene.[299] Heilige Mahlzeiten sind jedoch für fast alle orientalischen Mysterien nachweisbar.[300] Dort liegen die religionsgeschichtlichen Wurzeln des christlichen Abendmahles.[301] Übrigens: Auch die «Fisch-Symbolik» kommt aus diesem Umfeld.[302] Zarathustra (etwa 7. Jahrhundert v. Chr.) soll einmal gesagt haben:

> *«Wer nicht von meinem Leib essen und von meinem Blut trinken wird, so daß er sich mit mir vermischt, wie ich mich mit ihm vermische, der wird das Heil nicht haben.»*[303]

JUDITH: Der Evangelist Johannes formuliert dies zum Verwechseln ähnlich.[304]

Der Schwur

JUDITH: Der Schwur war von alters her bei den Juden in Gebrauch, um die Wahrhaftigkeit einer Aussage zu beteuern; das jüdische Gesetz verbot lediglich den Meineid.[305] Dieses Eidesverständnis gilt heute wohl weltweit. Auch Jesus von Nazareth vermochte die weltweite Verbreitung des Schwures nicht aufzuhalten.

JESUS: In eurem Privatleben leistet ihr Schwüre, und ihr brecht sie wieder. Eure Soldaten schwören Fahneneide. Diensteide haben eure Richter abzulegen, eure Beamten und Bürgermeister. Zeugen und Sachverständigen wird vor Gericht der Eid abgenommen. Eure politischen Repräsentanten – Präsidenten, Regierungschefs, Minister – leisten den Amtseid und berufen sich dabei auf Gott. Katholische Priester werden auf die päpstliche Lehre vereidigt, ja, in keiner anderen Institution werden so viele Eide geschworen wie in der katholischen Kirche.[306]

> *«Ich aber sage euch: Ihr sollt überhaupt nicht schwören!»*[307]

«Sagt ganz einfach Ja oder Nein; jedes weitere Wort ist vom Teufel.»[308] Oder wollt ihr euch die Wahrheit für besondere Lebenslagen reservieren? Ich sage euch: Niemals soll euch eine Lüge über die Lippen kommen! Unterlaßt das Schwören!

CHRISTOPH: Einmal mehr stellst du eine kaum erfüllbare Forderung an die Menschen.[309]

JUDITH: Jesus steht mit seiner Forderung nicht allein. Wie er scheren auch die Essener aus dem sie umgebenden Judentum aus. Sie schwören zwar einen Initiationseid, ähnlich den Mysterienkulten. Im übrigen aber verwerfen sie, wie Jesus, den Eid überhaupt.[310] Josephus berichtet:

> *«Jedes Wort, das sie sprechen, ist verläßlicher als ein Eid; zu schwören weigern sie sich, denn sie erachten es schlimmer als einen Meineid; sie sagen nämlich, wer gegen Treu und Glauben verstößt, ist schon gerichtet auch ohne die Zeugenschaft Gottes.»*[311]

JESUS: Deine Gedanken zu erraten, Judith, fällt mir nicht schwer.

Der Tempel

CHRISTOPH: Das religiöse Zentrum des Judentums bildete der Tempel in Jerusalem. Er war der heiligste Platz in Palästina, ja, der «Nabel der Welt»; war er doch «wegen der geglaubten Gottesgegenwart Symbol der göttlichen Weltordnung, Symbol der Erwählung Israels, ‹Zions›, zentraler Bezugspunkt aller Juden, auch der Diaspora.»[312] Im Tempel wurden die in der Thora vorgeschriebenen Opfer dargebracht. Alljährlich pilgerten Zehntausende Wallfahrer zum Tempel, dem zweiten Tempel, wie er genannt wird.

JUDITH: Eigentlich müßten wir bereits vom dritten Tempel sprechen, Christoph. Den ersten hatte König Salomo nach siebenjähriger Bauzeit um 955 v. Chr. erstellen lassen.[313] Nach dem babylonischen Exil wurde im Jahre 515 v. Chr. der zweite Tempel eingeweiht[314], ein kleines, bescheidenes Heiligtum, verglichen mit dem salomonischen Vorgängerbau.[315] Herodes der Große war es, der diesen zweiten Tempel zu einem gigantischen Prachtbau umgestalten ließ. Nach zehnjähriger Bauzeit wurde im Jahre 10 v. Chr. «eines der berühmtesten architektonischen Unternehmen» der damaligen Zeit im wesentlichen vollendet.[316] Das will etwas bedeuten, denn die Zeit war berühmt für Prachtbauten aller Art. Die Feinarbeiten am Tempel dauerten noch Jahrzehnte an. Diese dritte Tempelanlage verschlang den gesamten nachbabylonischen Tempel. Der Historiker Josephus schildert seine Pracht auf mehreren Seiten. Ein kleiner Ausschnitt daraus:

> *«Auf diesem gewaltigen Untergrund erhoben sich aber auch die entsprechenden Bauten. Alle Säulenhallen wiesen doppelte Säulenreihen auf, und das Dach lag jeweils auf 25 Ellen hohen Monolithen aus glänzend weißem Marmor, und den Abschluß bildeten Decken aus Zedernholz.*

Obgleich diese Säulenhallen außen nicht etwa bemalt oder durch Plastiken geschmückt waren, gaben doch der wundervolle Baustoff, die kunstvolle Arbeit und die Wohlproportioniertheit einen köstlichen Anblick. ... Das Äußere des Tempels wies alles auf, was Herz und Augen staunen läßt. Denn über und über war der Tempel mit dicken Goldplatten umhüllt, und wenn die Sonne aufging, dann gab er einen Glanz wie Feuer von sich, so daß der Beschauer, auch wenn er absichtlich hinsah, sein Auge wie vor den Strahlen der Sonne abwandte. Tatsächlich hatten die Fremden, die sich Jerusalem näherten, den Eindruck eines Schneegipfels; denn wo er des Goldes entbehrte, da war er leuchtend weiß.»[317]

Leider hat von dieser architektonischen Pracht nichts die Zeit überdauert. Zu sehen ist noch die ausgedehnte Plattform, auf der sich einst das Gotteshaus erhob und auf der heute der Felsendom ruht, außerdem ein Teil der Stützmauern, die, aus gewaltigen, minutiös behauenen Steinquadern trocken zusammengefügt, die Tempelplattform tragen.

CHRISTOPH: Jener herodianische Prunkbau also war der Tempel zur Zeit Jesu und das Wallfahrtsziel der Juden aus aller Welt.

JUDITH: Ja. Man feierte drei Pilgerfeste, an denen alle männlichen Juden verpflichtet waren, vor Gott zu erscheinen und Opfer darzubringen: das Passahfest, das Wochenfest (Pfingsten) und das Laubhüttenfest.[318] Im Tempel bildete «das blutige Tieropfer den Mittelpunkt der heiligen Handlungen, umwölkt von Weihrauchdüften und unter den Tempelgesängen, vorwiegend Psalmen, die mit zahlreichen Musikinstrumenten begleitet wurden».[319] Zu diesen Festen strömten die Juden nach Jerusalem. Auch viele in der Diaspora lebende Juden fühlten sich verpflichtet, wenigstens hin und wieder, möglichst zum Passahfest, nach Jerusalem zu pilgern.[320] 125 000 Pilger mögen es gewesen sein, die jährlich nach Jerusalem kamen.[321]

Wie sieht Jesus von Nazareth den Tempel?

JESUS: Ich ging mehrmals in den Tempel und redete zu den Menschen.[322]

CHRISTOPH: Hast du gehört, Judith? Vergleiche diese Haltung mit der essenischen! Von den Essenern weiß man, daß sie gegenüber dem Tempel von hochgradigen Berührungsängsten geplagt wurden. Sie weigerten sich, den Tempel zu betreten, weil sie ihn für entweiht hielten; deshalb beteiligten sie sich auch nicht am Opferkult. Die im Tempel amtierende Priesterschaft war in den Augen der Essener korrupt, unrein und nicht legitimiert, den Tempeldienst zu versehen.[323] Soweit im Stadtgebiet Jerusalems Essener lebten, wohnten sie nahe der westlichen Stadtmauer in großer Distanz zum Tempel.[324] Die Essenerschaft erwartete einen künftigen, reinen Tempel[325]; der gegenwärtige unreine Tempel werde zugrunde gehen.[326]

JUDITH: Ist die Haltung Jesu zum Tempel wirklich so grundverschieden von der essenischen?

JESUS: Auch ich habe, wie ihr wißt, die Zerstörung des Tempels angekündigt.[327] Gewiß galt dem Tempel als dem Haus Gottes meine Hochschätzung, allerdings stand auch ich dem gegenwärtigen Tempeldienst kritisch gegenüber.[328] An den großen Festtagen glich der Tempel eher einem Basar als einem Gotteshaus, was meinen schärfsten Widerwillen erregt hat.[329] Den Opferkult mißbillige ich.[330]

JUDITH: Wie Qumran.

JESUS: Nicht ganz, Judith. Rituelle Verunreinigung des Tempels war mein Motiv nicht. Ich habe diese Dinge nicht so eng gesehen wie die Qumraner.

JUDITH: Aufs Ganze gesehen möchte ich schon meinen: Dein «bedingtes Nein» zum Tempel rückt dich «in die Nähe von Qumran».[331]
Nun kannten die Qumraner, um ihr Manko auszugleichen, ein Äquivalent zum Tempel in Jerusalem. Sie haben sich selbst, ihre Gemeinde und ihren streng rituellen Lebenswandel, als einen *geistigen* Tempel verstanden, der dem steinernen Tempel in Jerusalem überlegen sei.[332]
JESUS: Ich schätze diese Haltung Qumrans, sie ist auch die meine. Auch ich sah in meiner Jüngerschaft einen neuen geistigen Tempel.[333] Die frühen Christengemeinden teilten diese Auffassung.[334]

JUDITH: Diese «Gleichsetzung der Gemeinde mit dem Tempel», ich kann nicht umhin, sie «ist qumranisch».[335]

5. Der Messias

Eine jüdische Hoffnung

JUDITH: Du weißt, daß die Juden dir den Messias nicht «abnehmen». Kaum eine andere Frage interessiert mich aber so wie diese: Bist du der Messias Israels?

CHRISTOPH: Israels?

JUDITH: Oder hat das Wunschdenken deiner hinterbliebenen Getreuen dich in diese Rolle gehoben? Gib uns diesmal bitte eine klare Antwort! Bist du es?

JESUS: «Ich bin's»: Würdest denn *du* mir diese Antwort «abnehmen», Judith? Ein Bekenntnis, das die übergroße Mehrheit meiner Landsleute mit Kopfschütteln quittieren würde? Habe ich jemals ein Bekenntnis abgelegt, das man mir «abzunehmen» hätte? Du wirst eine klare Antwort bekommen, ich verspreche es. Aber werdet ihr sie auch akzeptieren?
Es gibt in der jüdischen Religions- und Theologiegeschichte «keinen Messias schlechthin»[1]. Er ist eine mehrdeutige, schwer faßbare Gestalt.

> *«Der Messias (wörtlich der Gesalbte) ist, allgemein gesprochen, eine von Gott in die endzeitliche Not des Volkes Gottes hineingesandte Macht-, Symbol- und Repräsentationsgestalt. Bald wird diese Gestalt als König, bald als Widerstandsheld, bald als religiöser Revolutionär, bald als Befreier, bald als Hohepriester, bald als Prophet, bald als Lehrer und bald als bloßer Herold des Anbruchs der Endherrschaft Gottes vorgestellt. Bisweilen werden zwei (ein Prie-*

ster und ein Laie) oder drei (ein Vorläufer, eine leidende und eine triumphierende Gestalt) Messiasse erwartet.»[2]

Bei aller Verschiedenheit der Messiashoffnungen ist der Messias aber stets eine «innerjüdische Gestalt»[3]. Ein Hoffnungsträger für das unter Fremdherrschaft leidende Volk.

JUDITH: Darum gilt der biblische David fast allen Juden als «messianischer Prototyp»[4]. Messianische Hoffnung ist in erster Linie

> *«nationale Hoffnung, nämlich die Hoffnung auf die Wiederherstellung des Davidreiches unter einem davidischen König, dem ‹Messias›. Die Hoffnung auf den Messias ist zunächst nicht die Erwartung einer supranaturalen Gestalt als Heilbringer, sondern die Erwartung der Restituierung der davidischen Dynastie. Der Messias, der die neue Heilszeit heraufführen wird, ist als ein Mensch gedacht. Er wird König in Jerusalem sein; die zwölf Stämme Israels werden aus der Zerstreuung im heiligen Lande gesammelt werden, und der König wird das Land unter sie verteilen. Er wird als Kriegsheld die Feinde zerschmettern und Israels Weltherrschaft aufrichten; aber der Krieg wird nicht oder kaum mehr als ein wirklicher Krieg vorgestellt, sondern supranationale Kräfte bringen die Entscheidung.»*[5]

CHRISTOPH: So habe ich Jesus nie verstanden!

JESUS: Mit Recht, Christoph. Auch ich habe mich nie in dieser Rolle gesehen. «Nichts von der Macht und Herrlichkeit, die nach jüdischer Vorstellung den Messias charakterisiert», ist in meinem Leben verwirklicht.[6] Die urchristliche Gemeinde war es, die meine davidische Herkunft durch Stammbäume zu belegen suchte, um mich als den Messias auszuweisen.[7]

JUDITH: Sie muß sich in einem ziemlichen Argumentationsnotstand befunden haben, denn beide Stammbäume, die man zusammengestellt hat, widersprechen einander.[8]

JESUS: Der Schriftsteller Lukas hat um der messianischen Beweisführung willen meine Geburt nach Bethlehem verlegt – in die Geburtsstadt König Davids.[9] Auch manche meiner Mitbürger haben mich mit dem Davidmessias identifiziert.[10] Viele Christen tun es, wenn sie Davidssohn-Lieder singen, bis auf den heutigen Tag.[11] Ich kann dieser Mann nicht gewesen sein, und ich bin es nicht.

JUDITH: Das ist in der Tat eine klare Auskunft. Sie leuchtet mir auch ganz und gar ein: Wärst du wirklich als Davidmessias aufgetreten, dann hätten die *Römer* als erste ein Auge auf dich geworfen, dann wären *sie* es gewesen, die dir nach dem Leben getrachtet hätten, so wie sie Tausende von Zeloten, darunter Messiasanwärter, ans Kreuz geschlagen haben. Der in römischen Diensten schreibende Historiker Flavius Josephus weiß nichts von dir.[12] Offensichtlich waren die Römer an dir völlig desinteressiert. Nach Darstellung der Evangelisten war es die *jüdische* Führungsschicht, die sadduzäischen Tempelpriester und ihre Sympathisanten, welche dich beiseite schaffen wollte[13]; der Römer bediente sie sich sozusagen als Vollzugsorgane.

JESUS: Die jüdische Messiashoffnung um die Zeitenwende war allerdings, wie gesagt, vielschichtiger und komplizierter. Sie hatte zum Teil, unter dem Einfluß der Apokalyptik, kosmologische Züge angenommen; der Messias wurde als übernatürliches Wesen, als himmlischer Erlöser gedacht.[14]

CHRISTOPH: Von ihm ist auch im Neuen Testament die Rede. Du kündigst ihn an mit den Worten:

> *«Nach dieser Schreckenszeit wird sich die Sonne verfinstern, und der Mond wird nicht mehr scheinen, die Sterne werden vom Himmel fallen, und die Ordnung des Himmels wird zusammenbrechen. Dann kommt der Menschensohn*

in den Wolken mit göttlicher Macht und Herrlichkeit, und alle werden ihn sehen. Er wird die Engel in alle Himmelsrichtungen ausschicken, um von überall her die Menschen zusammenzubringen, die er erwählt hat.»[15]

JUDITH: Bist du dieser ominöse *Menschensohn*[16]?

JESUS: Spricht man von sich selber in der dritten Person, Judith?[17] Selbst wenn ich mit dem *Menschensohn* mich gemeint hätte, müßte ich deine Frage verneinen. Christophs Zitat gibt nur einen Teil meiner Rede wieder. Ich habe hinzugefügt:

> *«Wenn ihr alle diese Dinge kommen seht: dann wißt ihr, daß das Ende unmittelbar bevorsteht. Ich sage euch: diese Generation wird das alles noch erleben. Himmel und Erde werden vergehen, aber meine Worte nicht.»*[18]

Ich sagte euch schon, ich habe mich darin – wie viele meiner Zeitgenossen – geirrt.[19]

CHRISTOPH: Du machst mich ratlos. Nach allem, was ich über dich gehört und gelesen habe, mußt du dich doch als der Messias verstanden haben.

JESUS: Bei jedem Wort, das ich sprach, und bei jedem Schritt, den ich tat, war ich sicher, nicht aus eigener Kraft so zu handeln. Ich war im tiefsten davon überzeugt, Gott habe mich «dazu berufen, die Verwirklichung seines Reiches einzuleiten» und mir «dazu eine besondere Autorität verliehen».[20] Die geheime Hoffnung erfüllte mich, «beim Anbrechen des Reiches Gottes in den Messias-Menschensohn verwandelt und als solcher offenbar zu werden».[21] Gott hat, wie ihr wißt, anders entschieden. Ich lebte nicht in dem Bewußtsein, der Messias zu *sein.*

CHRISTOPH: Bringst du damit nicht die ganze neutestamentliche Theologie zum Wanken?

JESUS: Nein, Christoph. Die Exegeten des Neuen Testaments – jedenfalls ihre große Mehrheit – sehen diese Dinge nicht anders als ich.[22]

JUDITH: Du bist nicht als Messias aufgetreten, und du hast dich geirrt, sagst du. Nun gut, ich habe es mir fast gedacht. Paradoxerweise beginnt aber nach deinem Tod das Christentum sich als «radikale Messiasbewegung»[23] zu entfalten und expandiert im Laufe der Jahrhunderte zu einer weltumspannenden Religion. Den hebräischen Titel «Messias» («Maschiach») macht man in seiner griechischen Übersetzung «Christos» sogar postum zum Bestandteil deines Namens. Wie reimt sich das auf dein angeblich unmessianisches Auftreten?

JESUS: Einige Menschen hatten, wie du weißt, ihre Messiashoffnung bereits zu meinen Lebzeiten auf mich gerichtet; das konnnte ich nicht verhindern. – Und zum andern: «Nach meinem Tod», sagst du. Ist das denn die *ganze* Wahrheit?

JUDITH: Ich komme mir vor wie ein unartiges Kind, das enttäuscht an seinem Geburtstagstisch steht und – den Blick auf das unerbetene Geschenk des Vaters gerichtet – trotzig stammelt: «Das habe ich mir doch nicht gewünscht!» Wir haben jetzt also einen ganz anderen, einen «christlichen» Messias. Entgegen der jüdischen Messiashoffnung wurde «der traditionelle Messiasbegriff in einer paradoxen Weise umgebogen».[24]

JESUS: In deinem Gleichnis wird der Vater seinem Kind gewiß den einen oder anderen Wunsch erfüllt haben. Aber der Wunsch und Wille des Kindes kann nicht die einzige Richtschnur für das Handeln des Vaters sein. Und so mag es geschehen, daß das Kind – und vielleicht auch sein großer Bruder – vor der Entscheidung des Vaters fassungslos dasteht. Meinst du nicht auch?

JUDITH: Dennoch: Wie nur konnte sich dieser paradoxe Messiasglaube ausbreiten? Immer wieder traten damals im jüdischen Land Messiasanwärter auf. «Die Atmosphäre in Judäa war gesättigt mit messianischen Erwartungen, wodurch sich bestimmten sozialen Gruppen, zumal aus der Unterschicht, die Möglichkeit bot, messianische Könige auf den Thron zu heben.»[25]

> *«Da waren Gruppen, die Propheten und Messiasse sahen und die dann immer wieder durch die Statthalter blutig auseinandergetrieben und an Kreuze gehängt wurden.»*[26]

Sie alle verschwanden mit ihrer Hinrichtung für immer aus dem Gedächtnis und aus den Herzen der Menschen. Mit dem Rebellentod am Kreuz war die Sache erledigt. Tot am Holz zu hängen, war nach alter jüdischer Vorstellung eine «Gotteslästerung»[27],

> *«denn wer am Holz hängt, ist von Gott verflucht und bringt Unheil über das Land».*[28]

So steht es im Gesetz Moses. Auch der übrigen Welt muß die Verkündigung, ein Gekreuzigter sei der Retter, höchst anstößig erschienen sein. Für Griechen, deren Philosophen fordern, daß «Gott in Schönheit offenbar»[29] werde, ist dieser Gedanke «barer Unsinn»[30]. So sieht es Paulus. Und auch römischen Ohren wird der Kreuzestod Jesu kaum weniger befremdlich geklungen haben. Nach römischem Recht ist der Kreuzestod die Strafe für Hochverräter.[31] «Von einem so schmachvollen Tod darf man in Gegenwart nobler Menschen nicht einmal reden.»[32]

CHRISTOPH: Jesus «ist für unsere Sünden gestorben»[33], damit die Menschen von der Sünde erlöst sind.[34] Er wurde für uns «geopfert»[35]. So sagt es Paulus.

JUDITH: Heiliger Gott! Wenn das die Millionen Opfer der Gaskammern, der Weltkriege, der Völkermorde und tagtäglichen Verbrechen hören könnten! Tausende von Juden starben vor Jesus den Tod am Kreuz und Tausende nach ihm! Alle starben sie ihren eigenen, qualvollen Tod! Und kein Hahn krähte danach! Weißt du eigentlich, was du da redest, Christoph?

JESUS: Christoph weiß es, denke ich. Das Opfer des Leidenden ist nur die halbe Wahrheit, Judith.

JUDITH: Juden können das nicht annehmen.

JESUS: Nein? Ich *bin* Jude!

JUDITH: Der Gedanke an einen leidenden Messias ist dem Judentum fremd.

JESUS: Dem *damaligen* Judentum.[36] Aber der Schritt hin zu dieser Vorstellung war schon bereitet. Der uralte Gedanke des Märtyrertums hat, wie du weißt, seinen Ursprung im Judentum.[37] «Die Glaubenstreue der Juden fand ihren höchsten Ausdruck in ihrer Bereitschaft, eher zu sterben als die Gebote der Thora zu übertreten.»[38] Der «leidende Gerechte» ist eine durch und durch jüdische Vorstellung.

CHRISTOPH: Und nicht zu vergessen: Der «leidende Knecht Gottes» bei Jesaja, der stellvertretend für andere leidet und sühnt.[39]
Wo ist eigentlich unser Thema geblieben? Von angeblichen «Berührungen» mit Qumran habe ich lange nichts mehr gehört.

JESUS: Es gibt keine.

JUDITH: Nein, es gibt wohl keine Berührungspunkte zwischen der qumranischen Messianologie und der Christologie des Neuen Testaments, die über das Allgemein-jüdische hinausgehen. Zunächst erwarten die Qumraner – darin gehen sie mit dem übrigen Judentum konform[40] – einen endzeitlichen Propheten und einen königlichen Davidmessias. Darüber hinaus rechnen sie mit einem *zweiten*, einem priesterlichen Messias.[41]

CHRISTOPH: Dem Christentum genügt *ein* Messias!

JUDITH: Nun ja, wenn man einmal vom Hebräerbrief absieht, Christoph. Diese sonderbare Schrift, deren Verfasser und Empfänger unbekannt sind[42], übernimmt, wenn ich so sagen darf, die qumranische Messianologie und legt dar, daß *beide* messianischen Würden, sowohl diejenige des davidischen Messias (aus Juda) als auch die priesterliche, in der Person des Jesus von Nazareth erfüllt seien.[43] Im übrigen sehe auch ich nur Differenzpunkte. Der Titel Menschensohn, den die Evangelisten Jesus nicht weniger als 51mal in den Mund legen[44], erscheint in den Qumrantexten kaum.[45]

JESUS: Sagst du uns noch ein Wort zur qumranischen Leidenstheologie?

JUDITH: Das Märtyrerdenken ist auch in Qumran tief verwurzelt. «Die Frommen leiden für andere.»[46] Obschon das «Leiden der Gerechten» sie ständig beschäftigt, ist ein leidender Messias «mit dem theologischen Denken der Qumrangemeinde unvereinbar».[47] Dieses Privileg darf, wie man sieht, allein Jesus von Nazareth im Lichte der späteren Christologie für sich in Anspruch nehmen.

JESUS: Du zweifelst noch immer, Judith? Die Naherwartung ganzer Generationen hat sich als Irrtum erwiesen und mit ihr die überkommene Messiaserwartung. Der *Menschensohn* versank im Strom der Geschichte, und ein *Messiaskönig* wird nicht den Thron besteigen.

CHRISTOPH: Dafür gibt es nun einen Weltheiland, an …

JESUS: …an den man «nur» zu glauben braucht, wolltest du sagen? Du machst es dir zu einfach, Christoph! Nachfolge ist angesagt! *Dies* glaubt:

«Wer mit mir gehen will, der muß sich und seine Wünsche aufgeben. Er muß sein Kreuz auf sich nehmen und mir auf meinem Weg folgen. Denn wer sein Leben retten will, wird es verlieren. Aber wer sein Leben für mich und die Gute Nachricht verliert, wird es retten.»[48]

Folgt mir also nach! Kehrt um! Tragt ohne Trotz das Leid, das euch zuteil wird! Sucht es nicht anderen oder dem «Zufall» unterzuschieben, denn zugeteilt wurde es euch! Ich habe versucht, euch ein Beispiel zu geben. Vertraut darauf, daß ihr es könnt! Euer Vertrauen kann Berge versetzen, und Gott wird euer Vertrauen erwidern.[49] Euer Gottvertrauen ist es, das euch mit Gottes Welt versöhnt; es macht euch und die Welt heil. Sagt! Kann ein Messias mehr für euch tun?

Sohn Gottes ?

CHRISTOPH: Du bist – habe ich dich recht verstanden? – nicht der erwartete Messias. Aber die christliche Lehre erachtet dich als Sohn Gottes. Kann man das glauben?

JESUS: Kann man das glauben? Nein, Christoph, die Frage ist, ob *du* es glauben kannst!

CHRISTOPH: Ich? Ich dachte, Jesus könnte mir weiterhelfen.

JESUS: Wie denkst du darüber, Judith?

JUDITH: Deine Lehre bedeutet mir sehr viel, ich wünschte, wir Menschen könnten sie beherzigen.[50] An einen Sohn des Hochgelobten vermag ich indessen nicht zu glauben. Wir Juden haben «eine eindeutige Glaubenstradition über die Einheit und Einzigkeit Gottes».[51] Mose hat unseren Vorfahren verkündet:

«Hört, ihr Israeliten! Der Herr ist unser Gott, der Herr und sonst keiner.»[52]

Du hast es genauso verkündet: Gott und kein anderer![53] «Die Einzigkeit Gottes wird als kostbarste und wichtigste jüdische Glaubenstradition verstanden.»[54] Versteht mich bitte nicht falsch: Ich kann nicht!
Vielen anderen Menschen mag es ebenso ergehen. Den Muslimen beispielsweise. In ihrer Heiligen Schrift, dem Koran, ist viel von Jesus die Rede. Er gilt als «Diener Gottes» und «Prophet»[55], mehr noch: Muhammad betrachtet ihn als «Gesandten Gottes», als «Wort Gottes» und als «Geist von ihm».[56] Gott habe Jesus abberufen und zu sich in den Himmel erhoben.[57] Auch über die Christen urteilt Muhammad – im Unterschied zu Juden und Heiden – äußerst positiv: Während Juden und Heiden sich gegenüber den Muslimen «am meisten feindlich zeigen», seien die Christen «diejenigen, die den Gläubigen (d. h. den Muslimen) in Liebe am nächsten stehen».[58] Andererseits läßt Muhammad keinen Zweifel daran aufkommen, daß die christliche Gottessohn-Vorstellung verwerflich sei.[59] Wie die Juden, so vertritt auch er den «kompromißlosen Monotheismus».[60]

> *«Ungläubig sind diejenigen, die sagen: Gott ist einer von dreien. Es gibt keinen Gott außer einem einzigen Gott.»*[61]

JESUS: Kinder, Kinder, ihr argumentiert beide gleich – um genauer zu sein: Ihr macht beide den gleichen Fehler! Christophs «Kann *man* das glauben?» impliziert, es könne einen allen Menschen gemeinsamen Glauben geben. Dieser Irrtum hat schon viel Unheil in der Welt angerichtet.

JUDITH: Ätzend!

JESUS: Kein Dogma der Welt kann dein eigenes Gottvertrauen ersetzen, Christoph. Und du machst es auch nicht besser, Judith. Die jüdische Glaubenstradition vermag dich nur dann zu tragen, wenn sie deiner *eigenen* Glaubensüberzeugung entspricht. Wäre dies die einzige Stütze deines Glaubens: *weil* es der Glaube deiner Vorfahren ist, so hättest du einen toten Glauben.[62]

JUDITH: Also gut, ich bin davon überzeugt, daß du ein Sohn Gottes bist. In demselben Sinne, in dem auch die Qumran-Essener sich als Söhne Gottes verstanden haben.

CHRISTOPH: Lästerzunge! Wo ist denn nun dein Monotheismus geblieben?

JUDITH: Die Qumraner haben ihre ganze Lebensweise demütig dem Willen des einzigen Gottes unterstellt und sich Gott besonders eng verbunden gewußt. Deshalb können sie den Heiligen preisen:

> *«Du bist ein Vater für alle Söhne deiner Wahrheit und freust dich über sie wie eine Mutter über ihr Kind.»*[63]

Und der Heilige spricht: «Ihr seid Söhne für JHWH, euren Gott!»[64] Immer wieder verleihen die Qumraner ihrer Gewißheit Ausdruck, «Söhne seiner Wahrheit», «Söhne seines Wohlgefallens» oder «Söhne seines Bundes» zu sein.[65] Die zitierte Stelle mag ich als Frau übrigens besonders gern, weil sie Gott auch die mütterliche Seite zuerkennt. Ich empfinde sie geradezu als eine Nische in den Vater-Sohn-Religionen des Judentums und des Christentums.

CHRISTOPH: Das Judentum soll eine «Vater-Sohn-Religion» sein?

JESUS: Judith hat recht. Mehr noch. Das Verhältnis der Menschen zu Gott als Vater-Sohn-Beziehung zu deuten, ist im Grunde so alt wie der Mensch.

> *«Es ist erstaunlich, wenn man sieht, daß schon im Alten Orient, und zwar bereits im 3. und 2. Jahrtausend v. Chr., die Gottheit als Vater angeredet wurde. In Gebeten der Sumerer, lange vor den Tagen Moses und der Propheten, finden wir zuerst die Vater-Anrede, und schon hier bezeich-*

net das Wort ‹Vater› die Gottheit nicht nur als Ahnherrn des Königs und des Volkes und als mächtigen Gebieter, sondern auch als den ‹barmherzigen, gnädigen Vater, in dessen Hand das Leben des ganzen Landes liegt› (Hymnus aus Ur an den Mondgott Sin).»[66]

In Altsyrien-Kanaan galt der Gott El als «Vater der Menschen».[67] Auch im Iran[68], in Griechenland[69] und später in der stoischen[70] Philosophie wurde Gott der Vater genannnt. Selbstverständlich findet ihr diese Sprache vertrauender Ergebenheit auch in der biblischen Religion. Abraham, Isaak und Jakob werden als «Göttersöhne» verstanden.[71] Der Fromme erfährt Gott als «seinen Vater»[72] und sich selbst als «Gottes Sohn»[73]. Wir haben gesehen, daß die Qumraner ebenso empfinden.

CHRISTOPH: Andererseits aber wagten es die Juden – in heiliger Scheu vor dem Gottesnamen – nicht, den Namen Jahwe auszusprechen.[74] Welch ein merkwürdiger Kontrast zur vertraulichen Vater-Anrede! Dieselbe ehrfurchtvolle Distanz begegnet uns in den Qumranschriften, in denen der Gottesname entweder umschrieben wird oder an seiner Stelle Pünktchen gesetzt sind.[75] Eine solche Distanz finde ich bei Jesus überhaupt nicht. Er spricht wie selbstverständlich von Gott als seinem Vater, und in seinen Gebeten redet er Gott mit «Abba» an, das, der Kleinkindsprache entnommen, soviel wie «liebster Vater» bedeutet.[76] Die Gottesanrede «Abba» ist meines Wissens «ohne Parallele in der gesamten jüdischen Literatur».[77] Daraus muß ich schließen, daß deine Beziehung zu Gott über die allgemein-jüdische Vater-Sohn-Relation hinausreicht. Haben die Christen also doch recht, wenn sie dich nicht als *einen* Sohn Gottes, sondern als *den* Sohn Gottes bezeichnen?

JESUS: Ein Glaube hat niemals recht, Christoph, und *die* Mitglieder einer Religionsgemeinschaft haben es noch viel weniger. Es gibt keinen kollektiven Glauben.[78] Behellige mich nicht schon wieder mit solcher Verblasenheit, erinnere dich gefälligst an das, was wir zu Beginn dieses Themas besprochen haben! Der *einzelne* ist gefordert, ich habe es euch hundertmal gesagt. Diejenigen, die im Streit mit ihren Mitmenschen nachgeben, werden «Söhne Gottes» heißen[79]; liebet eure Feinde, dann seid ihr «Söhne eures Vaters in den Himmeln».[80] Wenn du betest, dann tu es allein und «bete zu deinem Vater, der im Verborgenen ist».[81] Auch ich habe es stets so gehalten[82]; woher die Schriftsteller des Neuen Testaments meine Gebetssprache kennen wollen, bleibt ihr Geheimnis.

JUDITH: Ich möchte zur Gebetssprache noch... Darf ich?

JESUS: Sprich!

JUDITH: Bis heute beten Juden zu ihrem «himmlischen Vater».[83] Diese Anrede ist jedoch, das räume ich ein, nicht besonders häufig. Man verwendet klangvolle Prädikate Gottes, wie «Ewiger», «der Heilige», «Gott unserer Väter», «Meister aller Welten», «Erbarmer», «König der Welt» oder «heiliger König»; «Vater» findet sich nur selten darunter, wie ein Blick in das hebräische Gebetbuch zeigt.[84]

CHRISTOPH: Und «Abba» kommt in der jüdischen Literatur, wie gesagt, überhaupt nicht vor.

JUDITH: Deine Behauptung ist unrichtig, Christoph, sie wird auch durch Wiederholung nicht richtiger. Auch andere heilige Männer jener Zeit, die sich in einem intimen Verhältnis zu Gott wußten, wie der galiläische Wundertäter Chanina ben Dosa, haben Gott «Abba» genannt.[85]

CHRISTOPH: Wie? Ich dachte Jesus... Die frühen Christen werden doch einen Grund gehabt haben, in Jesus den Sohn Gottes zu sehen. Das verstehe ich nicht.

JUDITH: Ich habe es, ehrlich gesagt, noch nie verstanden.

JESUS: Vielleicht wird euch dieses Verständnis gleich noch schwerer fallen. In der Antike…

CHRISTOPH: Ich weiß, ich weiß. Die griechische und die orientalische Mythologie kennen so viele Göttersöhne, daß man ein Amphitheater mit ihnen füllen könnte.[86] Dort handelt es sich aber um Mythen, Göttersagen, während hier Jesus von Nazareth vor uns steht. Das ist ein großer Unterschied.

JUDITH: Welcher bitte?

CHRISTOPH: Äh …

JESUS: Die Vorstellung von einem Gottmenschen, der ein Sohn des Höchsten ist, gehört «zu den archetypischen Wunschbildern der Seele, die nicht weniger Wirklichkeit sind als historische Vorgänge, nur in einem anderen Sinne».[87] Dieses intuitive Erfassen von Wirklichkeit hat in zahlreichen Mythen seinen Niederschlag gefunden und drückt in einem umfassenden Sinne Wahrheit aus.[88]

CHRISTOPH: Das genügt mir nicht. Historisch betrachtet, war es doch wohl so, daß du dich als der Sohn Gottes zu erkennen gegeben hast. Darauf hat sich dann der Glaube der frühen Christen gegründet.

JESUS: Es verhielt sich genau umgekehrt, Christoph. Christen waren es, die den «Sohn Gottes» glaubten erkannt zu haben. Daraufhin haben dann die Schriftsteller des Neuen Testaments mir entsprechende Worte in den Mund gelegt.[89] Ich habe mich nie vor anderen als «Sohn Gottes» bezeichnet.[90] Ähnliches gilt, wie ihr bereits wißt, von den besonderen Umständen meiner Geburt. Der Glaubensüberzeugung des Schriftstellers Matthäus ist es zu verdanken, daß die alte orientalische Legende von der Geburt aus der Jungfrau in das Neue Testament Eingang gefunden hat. Die Urgemeinde, desgleichen Paulus, haben davon noch nichts gewußt.

JUDITH: Warum unterhalten wir uns eigentlich noch über den «Sohn Gottes», wo wir doch wissen, daß der fromme Beter seit Jahrtausenden Gott als Vater angerufen und sich selber als Sohn Gottes empfunden hat?

JESUS: In der Vater-Sohn-Vorstellung des betenden Menschen kommt nur ein Teilaspekt des religiösen Empfindens zum Ausdruck. Ein weiterer Gesichtspunkt zeigt sich, wie gesehen, in Gestalt der Göttersöhne der Mythologie. Das ist aber längst nicht alles. In vielen Stellen der Bibel tragen auch Engel die Bezeichnung «Gottessöhne»[91], ein Sprachgebrauch, in dem interessanterweise die alte kanaanäische Vielgötterei weiterlebt.[92]

JUDITH: Die gleiche Umschreibung für Engel findet sich in Qumran.[93]

JESUS: Wußtet ihr, daß es königliche Göttersöhne gegeben hat? Dazu sollten wir noch einmal einen gedanklichen Ausflug in den Alten Orient unternehmen. Der *König* galt im Alten Orient als «ein Sohn der Gottheit und eine besondere Schöpfung der Götter, mit einer übermenschlichen Vollkommenheit ausgestattet».[94] Der sumerische Herrscher bezeichnet sich beispielsweise als «leiblichen Sohn» der Gottheit.[95] In Kanaan ist der König Keret ein Sohn des Gottes El.[96] Der ägyptische König trägt (seit etwa 2500 v. Chr.) den Titel «Sohn des Re»[97]; er ist «eines Leibes mit dem Vater, also ihm wesensgleich»[98] und «seinem heiligen Vater für die Amtsführung verantwortlich»[99]. Zwar «wird der König von Gott gezeugt, aber zur allgemeinen Annahme kommt diese Gottessohnschaft erst bei der wirklichen Thronbesteigung».[100]

Der Pharao Echnaton (1378–1362 v. Chr.) betet: «Du bist in meinem Herzen, kein anderer kennt dich außer deinem Sohn Echnaton; du hast ihn eingeweiht in deine Gedanken und in deine Kraft.»[101] *Über Pharao Haremhab (1322–1295) lautet eine Inschrift: «Es lebe der vollkommene Gott (Haremhab), Abbild des Re, König von Ober- und Unterägypten, ...leiblicher Sohn des Re, den er liebt, ...dem Leben gegeben ist wie Re ewiglich.»*[102]

Die Idee dieses Gottkönigtums erfaßt auch Griechenland – dort läßt sich Alexander der Große (336–323 v. Chr.) als «wahrhaftiger Gott in Menschengestalt» und als «Sohn Gottes» verehren[103] – und befruchtet den späteren römischen Kaiserkult. Bereits Kaiser Augustus (27 v. Chr.–14 n. Chr.) wird als «Erlöser des Römischen Reiches, als Wohltäter und Erretter der Menschheit, als Licht der Welt und Sohn Gottes» verehrt.[104] Bis ins japanische Kaiserreich des 20. Jahrhunderts läßt sich diese Linie verfolgen.

JUDITH: Hast du Israel absichtlich ausgespart?

JESUS: Israel fügt sich aufs beste in dieses Bild, Judith. Dem König kommt in besonderer Weise der Rang zu, Gottes Sohn zu sein.[105] In der Bibel spricht Gott über den König:

«Ich will ihn zum erstgeborenen Sohn machen.» Und: «Du bist mein Sohn, heute habe ich dich gezeugt.»[106]

König David erwidert: «Du bist mein Vater.»[107] Auch hier liegt die Auffassung zugrunde, daß der König der Juden mit der Thronbesteigung als neu gezeugter Sohn Gottes gilt. Über den Thronfolger, den Sohn Davids, spricht Gott:

«Ich will sein Vater sein, und er soll mein Sohn sein.»[108]

CHRISTOPH: Ursprünglich hatte mich interessiert, ob und inwiefern *Jesus* Gottes Sohn ist. Daß Gottessohnschaft im Sinne eines weltlichen Regenten nicht zu dir paßt, daran habe ich nie gezweifelt.

JESUS: In nachexilischer Zeit haben die Juden die Gottessohnschaft des Königs «entweder auf das Volk übertragen oder in die Erwartung auf den Messias umgedeutet».[109] Das heißt: Das Volk «versteht sich kollektiv als erstgeborener Sohn Gottes».[110] Zum andern richtet sich die Sehnsucht des Volkes auf den Messias, der als «Sohn Davids» die Davidsdynastie fortsetzen möge und dem natürlich zugleich die frühere Königswürde «Sohn Gottes» zusteht.[111]

JUDITH: Die Qumraner machen da keine Ausnahme. Auch sie stellen sich ihren königlichen Messias als «Sproß Davids» und als «Sohn Gottes» vor.[112]

CHRISTOPH: Also, wenn ihr mich fragt, mir reicht's jetzt. Das halbe Dutzend ist voll! Wir haben den frommen Menschen, der zum Vater betet – den Göttersohn der alten Mythen – den kanaanäischen Gottessohn – Engel – den politischen Herrscher als Gottessohn – das auserwählte Volk als Gottessohn-Kollektiv – schließlich den erwarteten Messias als König und Sohn Gottes im Sinne der Davidstradition! Kann ich mir jetzt für Jesus eine Gottessohn-Titulatur aussuchen?

JESUS: Aussuchen? Du wirst doch nicht im Ernst annehmen, irgendeiner meiner Jünger und Getreuen oder irgendeiner der ersten (jüdischen) Christen könnte einen Göttersohn nach Art der heidnischen Mythologie im Auge gehabt haben. Das lag völlig außerhalb der Vorstellungsmöglichkeiten eines im strengen jüdischen Monotheismus aufgewachsenen Menschen. Ein solcher Mensch hätte sich mit einem Fußtritt aus seiner religiösen Gemeinschaft katapultiert.

JUDITH: Der Gedanke ist so kurios wie die Vorstellung, ein europäischer Katholik des 20. Jahrhunderts könnte sich zum keltischen Druidenkult bekennen.

JESUS: Alle übrigen Gottessohnvorstellungen, namentlich diejenige des davidischen Messiaskönigs und Gottessohns, entsprechen bester jüdischer Tradition und tangieren nicht im mindesten den jüdischen Monotheismus, Judith. Weit und breit keine Lästerung des einzigen Gottes. «Woher miteins diese nervöse Empfindlichkeit?» So fragte schon vor hundert Jahren der jüdische Gelehrte Moriz Friedländer, und er fuhr fort:

> *«Sie rührt daher, daß die Nachwelt in ehrfurchtvoller Begeisterung für das Lebenswerk Jesu und in unbegrenzter Dankbarkeit für die durch ihn gewordene Erlösung alle diese Bilder buchstäblich genommen und den Messias Israels zu einer göttlichen Potenz erhoben hat.»*[113]

Hat er nicht recht? «Die Vergöttlichung des Menschen lag eben im Geiste der Zeit.»[114] Allerorten, auch außerhalb Palästinas, kamen Gottessohn-Spekulationen und mystische Vater-Sohn-Befindlichkeiten auf. Bedeutende Persönlichkeiten und rechtschaffene Männer sah man als «Söhne Gottes» an, beispielsweise *Herakles*, *Pythagoras* und *Platon*.[115] Platon seinerseits bezeichnete *Zarathustra* als «Gottessohn».[116] In der samaritanischen Literatur wird *Moses* als «präexistent» und als «Sohn deines (Gottes) Hauses» dargestellt.[117] Eine Hallstimme nennt den Galiläer *Chanina ben Dosa*, der zu Gott als seinem «Vater» betet, «mein Sohn».[118] Aus Rom ist der Satz überliefert: «Unsere Gegend ist so voll von gegenwärtigen Gottheiten, daß man leichter einen Gott als einen Menschen findet.»[119]

JUDITH: Der weise Marc Aurel hat einmal gesagt: «Es ist durchaus möglich, ein göttlicher Mann zu werden und doch von niemandem erkannt zu werden.»[120]

JESUS: In den Mysterienreligionen, die sich im ganzen Römischen Reich ausbreiten wie Pilze nach einem Gewitterregen, wird den Göttergestalten der Mythologie neues Leben eingehaucht.[121] *Mithras*, den die Gläubigen mit dem Sonnengott identifizieren, ist der «himmlische Vater»,[122]

gilt aber seinerseits als «Götterkind».[123] Ja, man kann sagen, daß «nun Sohn (und Tochter-) Gottheiten allenthalben als Helfer und Mittler zum höchsten Rang aufrücken».[124]
Eine gewisse Parallele zu den Mysterienkulten zeigt sich in der jüdischen Mystik, welche in jener Zeit ihren Anfang nimmt.[125] Auch hier erlebt man «eine Renaissance des mythischen Bewußtseins».[126] Im hebräischen Henochbuch wird erzählt, wie Henoch durch Gott von der Erde in die Himmelsregion erhöht wird, wo er den Namen Metatron erhält. Der erhöhte Henoch/Metatron spricht zu Rabbi Ismael:

> *«In der Liebe, in der mich der Heilige, Er sei gepriesen, mehr liebte als alle Söhne[127] der Höhe, machte er mir ein Kleid der Erhabenheit, in dem alle Arten von Licht enthalten sind, und er bekleidete mich damit. ... Und er machte für mich eine königliche Krone... Im Angesicht seiner ganzen Familie in der Höhe nannte er mich den kleinen JHWH. Es heißt ja: ‹Mein Name ist in ihm.›»*[128]

Man kann diese Würdebezeichnung «kleiner JHWH», durch welche Henoch/Metatron aus der Schar «aller Söhne der Höhe» herausgehoben wird, als «meistgeliebten Sohn Gottes, als höchsten und einzigartigen Sohn, als Abbild, als Abglanz höchstmöglicher Ausfaltung» deuten.[129]

JUDITH: Im esoterischen Judentum gibt es eine Art «Christologie»![130] Ist es denn zu fassen?

JESUS: Ihre höchste Ausformung hat dieses Bild mystischer Erfahrung Gottes im gnostischen Erlösermythos gefunden. Die Anfänge der Gnosis reichen weit in die Zeit vor der Entstehung des Christentums zurück und wuchsen zu einer mächtigen religiösen Bewegung der Spätantike heran.[131] Ihr Kern ist:

«Die Erlösung wird aus der himmlischen Welt gebracht. Vom höchsten Gotte gesandt steigt wiederum eine Lichtgestalt, der Sohn des Höchsten, sein Abbild, aus der Lichtwelt herab und bringt die Gnosis (Erkenntnis). Er ‹weckt› die in Schlaf oder Trunkenheit versunkenen Lichtfunken und ‹erinnert› sie an ihre himmlische Heimat. ... Er belehrt sie über die nach dem Tode anzutretende Himmelsreise und teilt ihnen die geheimen Formeln mit, kraft derer sie die Stationen dieser Reise – vorbei an den dämonischen Wächtern der Gestirnsphären – sicher passieren können. Und indem er vorangeht, bahnt er den Weg, der auch für ihn selbst, den Erlöser, Erlösung ist. Denn er ist hier auf Erden nicht in göttlicher Gestalt erschienen, sondern verkleidet in das Gewand irdischen Wesens, um so von den Dämonen nicht erkannt zu werden. Er hat damit Not und Leid des irdischen Daseins auf sich genommen und muß Verachtung und Verfolgung leiden, bis er Abschied nimmt und erhöht wird zur Lichtwelt.»[132]

CHRISTOPH: Die Vielfalt antiker Sohn-Gottes-Spekulationen übersteigt mein Fassungsvermögen. Ich mag dich nichts mehr fragen. Du machst alles nur noch schlimmer.

JESUS: Schlimmer als was? Als deine Denkgewohnheit?

CHRISTOPH: Wer bist du? Wie kann ich dich verstehen?

JUDITH: Wie haben dich die ersten (jüdischen) Christen verstanden?

JESUS: Die frühen Christen haben die Bezeichnung «Sohn Gottes» im Sinne der israelitischen Königstitulatur auf den (königlichen) Davidmessias bezogen.[133]

CHRISTOPH: Diesen Schluß kann nur ziehen, wer dich für den Davidmessias hält. Da du diese Rolle nicht angenommen hast, entfällt auch der mit ihr verbundene Königstitel «Gottessohn». Oder etwa nicht?

JESUS: Der Apostel und Theologe Paulus schreibt, ich sei meiner «irdischen Herkunft nach ein Nachkomme König Davids».[134] In die Stellung als «Sohn Gottes» habe Gott den Abkömmling erst später «eingesetzt», und zwar dadurch, daß «er ihn als ersten vom Tod erweckte».[135] An anderer Stelle betont Paulus: «Nicht die natürliche Abstammung macht zu Kindern Gottes», sondern: «Alle, die sich von Gottes Geist leiten lassen, sind Gottes Kinder.»[136] Ihr seht daran einmal mehr, daß Paulus die Geburtslegende des Schriftstellers Matthäus, nach der ich mein Leben als Gottessohn *begonnen* haben soll, nicht kennt oder nicht akzeptiert.

CHRISTOPH: Paulus hat es aber bei dieser «Einsetzung» zum Sohn Gottes nicht bewenden lassen.

JESUS: Mit dem Vordringen des Christentums in die griechisch denkende Welt, namentlich durch die Missionstätigkeit des Paulus, gewinnt der Titel des Gottessohnes «einen neuen Sinn»; er bezeichnet jetzt das «göttliche Wesen», die «göttliche Natur» des Christus.[137] Diese Entwicklung verwundert insofern kaum, als ja die Vorstellung von leiblichen Göttersöhnen – im Gegensatz zur biblisch-jüdischen Tradition – hellenistischer Anschauung wohlvertraut war.[138]

CHRISTOPH: Paulus verkündet seinen Gemeinden nun den im Himmel präexistenten und dann zur Erde gesandten Gottessohn[139], so wie dies ein halbes Jahrhundert nach ihm der Evangelist Johannes unternommen hat.[140]

JESUS: Beide, der Theologe und der Evangelist, sind in die Zeit akuter (jüdischer / synkretistischer) Erlösungshoffnung hineingeboren worden. Sie haben mein Leben und Handeln «mit den Begriffen des gnostischen Erlösermythos interpretiert».[141] Wir sprachen darüber: Der gnostische Erlöser «ist eine göttliche Gestalt der himmlischen

Lichtwelt, der Sohn des Höchsten, der vom Vater herabgesandt wurde, in Menschengestalt verhüllt, und durch sein Werk die Erlösung brachte».[142]

CHRISTOPH: Und die anderen Evangelisten?

JESUS: Markus, der älteste von ihnen – nach ihm aber auch Matthäus und Lukas – bringt zum Ausdruck, daß «Jesus durch den ihm in der *Taufe* geschenkten Geist zum Gottessohn wird».[143] Nur Matthäus stützt seine Verkündigung, wie gesagt, ergänzend auf die «Jungfrauengeburt».

JUDITH: Und bald wurde die Meinungsvielfalt so groß, daß sie durch Kirchenbeschlüsse in ihre Schranken gewiesen werden mußte.

JESUS: Beim Konzil von Nizäa (325 n. Chr.) wurde das euch bekannte Dreieinigkeits-Dogma beschlossen.[144] Das Konzil von Chalkedon (451 n. Chr.) formulierte das christologische Dogma.

CHRISTOPH: Wonach «Christus eine Person in zwei Naturen, einer göttlichen und menschlichen» sei.[145]

JUDITH: Durch Mehrheitsbeschlüsse hat man einen Menschen zum Gott erhoben!

JESUS: Wie wahr!

CHRISTOPH: Wem soll ich denn nun glauben?

JESUS: Glaube *mir*, Christoph! Warum fragst du? Du weißt, daß dein Glaube Berge versetzen kann.[146] In Abwandlung des bekannten Philosophenwortes[147] nimm dir vor: «Ich glaube, also ist es!» Genau darauf haben nach meinem Tode die ersten (jüdischen) Christen vertraut. Anderen Personen ist der Auferstandene nicht erschienen. Oder hast du je davon gehört, daß er dem Pilatus, dem Hohenpriester oder dem Herodes Antipas erschienen wäre?[148] Siehst du. Immer bin ich für dich derjenige, den *du* in mir siehst.

Auferstanden?

CHRISTOPH: Solange wir über den Messias und über den Sohn Gottes gesprochen haben, war von Qumran kaum noch die Rede. In diesen zentralen Fragen haben sich offensichtlich alle sogenannten Übereinstimmungen und Parallelen zwischen Jesus und Qumran verloren. Was soll's also, wenn in ephemeren Dingen – wie ich meine – vieles sich deckt?

JUDITH: Mich erstaunt weniger dieser Befund, als deine Verwunderung darüber. Die Qumranschriften sind, wie du weißt, ganz nach *innen* gerichtet; für den internen Gemeindegebrauch bestimmt, sollen sie die Gottesfurcht und den Glauben der Mitglieder kräftigen. Mission liegt nicht in ihrer Absicht. Außerdem spiegeln die Qumranrollen bekanntlich einen *früheren*[149] Entwicklungsstand wider als das Neue Testament. Qumran verharrte im Stadium der akuten Naherwartung, bevor die schriftliche Überlieferung abbrach. – Anders dagegen die neutestamentlichen Texte. Werbend wenden sie sich nach *draußen,* wollen sie neue Anhänger gewinnen. In verherrlichender Ausschmückung erzählen sie uns eine *spätere*[149] Entwicklungsphase, nämlich das Eintreffen der Erwartung, den Beginn der Heilszeit. Dieser unterschiedliche Blickwinkel – im einen Falle *Aus*blick, im anderen *Rück*blick – verschiebt natürlich die inhaltlichen Akzente der Texte. Vergleiche doch einmal das *Programmheft* für ein Theaterstück mit der späteren *Rezension,* wenn dem Kritiker das Stück gefallen hat – und wende deine Aufmerksamkeit in beiden Texten dem Hauptdarsteller zu!

CHRISTOPH: Deinen Vergleich finde ich unpassend. Wollten wir nicht noch über die Auferstehungshoffnung vieler Menschen reden?

JUDITH: Die Art, wie Jesus in den Tod gegangen ist, muß die Menschen tief beeindruckt haben. Mit keinem Wort wehrt er sich gegen die verlogene Anklage.[150] Die schlimmsten Erniedrigungen und Schmerzen erträgt er teilnahmslos.[151] Schmerzlindernde Mittel, die man ihm anbietet, nimmt er nicht an.[152] Das Mitleid weinender Frauen weist er von sich.[153] Ja, er findet noch nachsichtige Worte für seine Henker.[154] Auch denjenigen, die ihm Übles wollten, muß Jesus rätselhaft erschienen sein. Ich möchte dieser inneren Größe nun gewiß nichts nehmen, ...

CHRISTOPH: Das meine ich aber auch!

JUDITH: ...ich finde jedoch, wenn ich bei Josephus und in den Qumranschriften nachschlage, dort eine vergleichbare Geisteshaltung.[155] Josephus schreibt:

> *«Schmerzen überwinden sie durch ihre seelische Haltung, und den Tod ziehen sie einem Leben ohne Ende vor, wenn er sich naht in Begleitung des Ruhmes. Alle diese Charaktereigenschaften zeigten sich besonders im Krieg gegen die Römer; man folterte sie auf jede Weise, man brannte sie, zerschmetterte sie und zerrte sie durch alle Marterstätten, daß sie entweder den Gesetzgeber lästern oder Verbotenes essen sollten, aber sie verharrten unbeugsam und ließen sich weder zum einen noch zum andern zwingen, auch nicht zu schönen Worten für ihre Henker oder zu Tränen. In ihrer Pein fanden sie noch ein Lächeln, spotteten ihrer Folterknechte und schieden voll Bereitschaft aus dem Leben, als würden sie es wieder empfangen.»*[156]

Womit wir bei unserem Thema wären. Die Essener glauben an die Unsterblichkeit der Seele und an ein ewiges Leben. Lassen wir noch einmal Josephus zu Wort kommen:

> *Sie sind «davon überzeugt, daß der Körper wohl vergehe und daß das Stoffliche nicht von Dauer sei, daß jedoch die Seelen unsterblich seien für immer und ewig. ... Und wenn*

sie dann von den Fesseln des Fleisches befreit würden, dann fühlten sie sich wie aus langer Haft entlassen und erhöben sich in seliger Freude wieder nach oben. ... Das also ist die essenische Theologie der Seele, und wer einmal von ihrer Weisheit kostet, in dem haftet diese wie ein Köder, von dem er sich nicht mehr befreien kann.»[157]

Josephus vergleicht diese Theologie mit der griechischen Philosophie. Auch in den Qumranrollen kommt der Glaube zum Ausdruck, Gott habe die Essener «für das ewige Leben bestimmt».[158]

CHRISTOPH: Der Unterschied zu Jesus von Nazareth und zum späteren Christentum könnte – in diesem so existentiellen Punkte! – kaum deutlicher ausfallen. Jesus lehrt die Auferstehung der Toten, das heißt des *ganzen* Menschen einschließlich seines Körpers.[159] Diese Lehre steht in scharfem Kontrast zu dem qumranischen Höhenflug der Seele, von dem wir soeben gehört haben. Da auch ihre Schriftrollen nichts anderes hergeben, muß man annehmen, daß die Essener nicht an die Auferstehung der Toten glauben.[160]

JUDITH: Einverstanden.

JESUS: «Ihr seht die Sache ganz falsch. Ihr kennt weder die heiligen Schriften, noch wißt ihr, was Gott in seiner Macht vollbringt. Wenn die Toten auferstehen, werden sie ... leben wie die Engel im Himmel.»[161]
Ihr bemüht Begriffe aus eurer irdischen Erfahrungswelt: «Unsterblich», «Leben», «Körper», «Auferstehung» und «Auferweckung» – ich höre schon den morgendlichen Wecker klingeln. Glaubt ihr im Ernst, mit solchen trivialen Sprachbildern die Wirklichkeit Gottes zu erfassen? Ihr stoßt an die Grenze, bis zu der ein Mensch gültige Aussagen machen kann. Kaum besser als euch erging es Paulus, der tastend, umschreibend, um passende Worte ringend

von «Erhöhung», bald von «Erweckung» oder «Auferstehung» redet.[162]

«So könnt ihr euch ein Bild von der Auferstehung der Toten machen», schreibt Paulus. «Was in die Erde gelegt wird, ist vergänglich; aber was zum neuen Leben erweckt wird, ist unvergänglich. Was in die Erde gelegt wird, ist schwach und häßlich; aber was zum neuen Leben erweckt wird, ist stark und schön. Was in die Erde gelegt wird, war von natürlichem Leben beseelt; aber was zu neuem Leben erwacht, wird ganz vom Geist Gottes beseelt sein. Wenn es einen natürlichen Körper gibt, muß es auch einen vom Geist beseelten Körper geben. ... Brüder, das ist ganz sicher: Menschen aus Fleisch und Blut können nicht in Gottes neue Welt gelangen. Ein vergänglicher Körper kann nicht unsterblich werden. ... Wenn die Posaune ertönt, werden die Verstorbenen zu unvergänglichem Leben erweckt. Wir aber, die wir dann noch am Leben sind, bekommen einen neuen Körper. Unser vergänglicher Körper, der dem Tod verfallen ist, muß in einen unvergänglichen Körper verwandelt werden, über den der Tod keine Macht hat.»[163]

Soweit die Worte des Paulus. Ist wirklich ein Unterschied zu Qumran? Für alle Theologen nach ihm gilt nichts anderes. Es bleibt immer der unzulängliche Versuch, etwas zu beschreiben, das menschlicher Erfahrung und menschlicher Erkenntnis entzogen ist. Man könnte eine Bibliothek füllen mit Werken, die zum Thema «Auferstehung» verfaßt worden sind. Ich selber habe, das möchte ich vor allem Christoph sagen, nicht nur von «Auferstehung» gesprochen, sondern mindestens ebenso häufig von «ewigem Leben»[164].

JUDITH: Wie Qumran! «Ist das ein Zufall?»[165]

JESUS: Wir bewegen uns auf einem Felde, das menschlicher Sprache nicht zugänglich ist, Judith, und diese

Schwierigkeit wird durch die religiösen Vorstellungen des damaligen Judentums noch komplizierter. Die biblische Religion kannte von Haus aus überhaupt keinen Glauben an eine Auferstehung der Toten. Während – kurioserweise – bei den Nachbarvölkern Israels längst die verschiedenartigsten Auferstehungsvorstellungen artikuliert wurden, verharrten die Israeliten Jahrhunderte hindurch auf ihrem sehr diesseitsbezogenen Jahwe-Glauben.[166] Erst sehr spät, mit der Apokalyptik, gelangte die Auferstehungshoffnung auch ins Judentum; das Danielbuch, entstanden zwischen 167 und 164 v. Chr.[167], legt hiervon ein erstes Zeugnis ab.[168] Weitere Schriften folgten.[169] Wie das so ist: Da ein Glaube nicht als fertige Vorstellung vom Himmel fällt, sondern erahnt, gesucht und gefunden werden muß,dauerte es seine Zeit, bis die Auferstehung im Judentum Fuß fassen konnte, und auch dies natürlich nicht in einer fertigen, allen gemeinsamen Ausdrucksform, sondern vielfältig und facettenreich.[170] Von «Auferstehung der Leichen»[171] ist die Rede oder, sehr viel schwächer, von «Erweckung zum ewigen Leben»[172], einer Formulierung, die über 2000 Jahre später von christlichen Theologen aufgegriffen wird.[173] Die Sadduzäer widersetzen sich völlig dem neuen Glauben.[174] Andere denken dabei an «Wiederverkörperung»[175]. Ihr wißt, daß Johannes der Täufer von manchen als der wiedererschienene Prophet Elija angesehen wurde[176], und andere den Täufer oder den Propheten Elija in mir erkannt zu haben glaubten.[177] Anhänger findet der Auferstehungsglaube unter den Zeloten,[178] besonders aber bei den Pharisäern.[179] Letztere glauben – nach Josephus –, «es seien zwar alle Seelen unsterblich, aber nur die Seelen der Guten fänden Eingang in einen anderen Körper».[180] Die Essener, wie gesagt, denken über die «Unsterblichkeit der Seele» und über ein «ewiges Leben» nach. Wohl hatte der Glaube an ein, wie auch immer geartetes, Leben über den Tod hinaus eine weite Verbreitung im Judentum um die Zeitenwende gefunden, von einem *allgemeinen* Auferstehungsglauben kann man aber nicht sprechen.[181]

(Ausweislich der Tonbandaufzeichnung ergreifen Judith und Christoph gleichzeitig das Wort:)

JUDITH: Erkläre mir bitte, wie es möglich ist, daß die Nachbarvölker Israels *vor* den Juden einen Auferstehungsglauben gekannt haben!

CHRISTOPH: Der christliche Auferstehungsglaube ist im Gegensatz zum jüdischen *eindeutig*, und – wichtiger noch – er wird bezeugt durch leibliche Auferstehung einer bestimmten Person!

JESUS: Zuerst ein Wort an Christoph, ein vorläufiges zunächst. Das Christentum führt gewissermaßen die pharisäische Linie fort.

> *«Pharisäisches Judentum und Christentum stimmen hier vollständig überein. Aber das Christentum ging noch um einen Schritt weiter, wurde sozusagen ein* Super-Pharisäismus. *Während die Pharisäer die Auferstehung als eschatologische Hoffnung verkündigten, legte die Urgemeinde davon Zeugnis ab, daß die erwartete Auferstehung bereits in der Auferstehung Jesu Ereignis geworden ist, wobei dieses Ereignis als Unterpfand für die künftige Auferstehung aller Toten, oder der Gerechten, verstanden wurde. Jesus wird als der Erstling der Auferstehung gesehen.»*[182]

Ob der christliche Auferstehungsglaube *eindeutig* ist, wie du findest, darüber müssen wir noch reden. Jetzt aber zu Judiths Anliegen. Der Auferstehungsglaube ist Jahrtausende älter als das Judentum oder das Christentum – ja, es sprechen viele Anzeichen dafür, daß schon die Menschen der älteren Altsteinzeit (Neandertaler) einen Glauben an ein Weiterleben nach dem Tode kannten.[183] «Kaum ein

Kulturvolk hat sich so viele Gedanken um den Tod gemacht wie die alten Ägypter.»[184] Zu den Grundlagen des ägyptischen Glaubens gehörte es, daß «das Leben nach dem Sterben weitergeht, wenn auch in einer anderen Existenzform».[185] Mit Hilfe des Sonnengottes erfuhr der Mensch seine Auferstehung: Er legt seine Mumiengestalt ab und stellt sich auf die Beine – er aufersteht.[186] Desgleichen kannten die pharaonischen Ägypter eine Trennung von Leib und Seele.[187]

Auch in anderen Völkern keimte, tief eingepflanzt in die menschliche Seele, die Hoffnung, es möchte ein vom Tode befreites, endgültiges Leben geben. Schon Mitte des dritten Jahrtausends v. Chr. erzählte der sumerische Mythos von «Inins Gang in die Unterwelt» das Sterben und Auferstehen der Göttin *Inin.* Leblos hing sie an einem Pfahl. Dann geschah es:

> *«Nach drei Tagen und drei Nächten, sechzigmal mit Lebensspeise, sechzigmal mit Lebenswasser besprengten sie den Leichnam, und Inin stand auf.»*[188]

In Altsyrien-Kanaan war es (Ende des zweiten Jahrtausends v. Chr.) der bekannte *Baal*, welcher starb und von seiner Geliebten, der Göttin Anath, wieder aus den Todesbanden befreit wurde.[189] Er war der Gewitter- und Regengott, der «zu Beginn der Trockenzeit in die Unterwelt hinabsteigt und dann mit Beginn der Vegetationszeit wieder siegreich zurückkehrt».[190] Jahrhundertelang wurde ihm Verehrung zuteil, später unter dem Namen *Adonis*.[191] Das Geschehen des Todes dieses Vegetationsgottes wurde alljährlich kultisch nachvollzogen. Vor allem in Byblos wurde «der verschwundene Gott mit Klage und Beweinung gefeiert, seine Auferstehung in einem Fest in orgiastischer Ausgelassenheit begrüßt».[192] Noch viele andere[193] solcher Mythen, die von Tod und Auferstehung eines Gottes handeln, waren im Alten Orient in Umlauf.

Aber auch dem griechischen Götterglauben war der Gedanke, daß ein Verstorbener ins Leben zurückkehrt, nicht fremd. Das Beispiel des Heilgottes *Asklepios* haben wir schon kennengelernt.[194] Über seinen Lieblingssohn *Herakles* sprach Gottvater Zeus: «Der unsterbliche Teil des Herakles ist vor dem Tode sicher, und ich werde ihn bald an diesem gesegneten Ort begrüßen.»[195] Nachdem Blitze den sterblichen Teil des Herakles verzehrt hatten, erschien Herakles «in der vollen Majestät seines göttlichen Vaters. Eine Wolke verhüllte ihn vor den Augen seiner Kameraden, als ihn Zeus unter Donnerdröhnen in seinem vierspännigen Wagen zum Himmel holte.»[196] *Dionysos*, Sohn des Gottvaters Zeus und einer sterblichen Frau[197], wurde von Titanen in Stücke gerissen. «Ein Granatapfelbaum entsprang dem Boden an der Stelle, wohin sein Blut getropft war. Aber seine Großmutter Rhea sammelte alle Teile und fügte sie wieder zusammen. Dionysos lebte wieder.»[198] Ein grausames und unerhörtes Geschehen, daß «ein Gott gemordet wird und wieder aufersteht».[199] Nachdem Dionysos «seine Anbetung in der ganzen Welt erzwungen hatte, stieg er zum Himmel auf und sitzt nun zur rechten Hand des Zeus als einer der Zwölf Großen».[200] Sein Grab als die Stätte seiner jährlichen Auferstehung wurde in Delphi gezeigt.[201] Der Dionysos-Kult breitete sich weit über die Grenzen Griechenlands hinaus aus.[202] Mosaiken, die auf Zypern freigelegt worden sind, legen die Deutung nahe, daß in der Gestalt des Dionysos Gott «erschienen ist, um die Welt zu erlösen, eine neue Ordnung zu schaffen und über Elemente und Sinne zu herrschen. Seine Göttlichkeit durchdringt alle Lebensbereiche, und seine Botschaft betrifft alle und alles – er ist der Erlöser.»[203]

CHRISTOPH: Ich finde Mythen ganz interessant, sie sind und bleiben aber Mythen. Sie berichten kein historisches Geschehen und halten daher einem Vergleich mit dem Christentum nicht stand.

JESUS: Allen diesen Mythen ist die Hoffnung gemeinsam, es möge ein Leben geben, das über das von jedem gelebte Erdendasein hinausreicht. Im Iran haben sich solche Vorstellungen bereits im 7. Jahrhundert v. Chr. zu einem Glauben an die Auferstehung der Toten verdichtet. Viele Gelehrte nehmen an, daß die Idee von einer Auferstehung der Toten aus dem Iran in das nachexilische Judentum eingeflossen ist[204] – wie so vieles andere an religiösem Gedankengut, das von dort seinen Weg nach Westen gefunden hat. Ich erinnere euch an den Dualismus von Licht/Finsternis und Himmel/Hölle, an das Jüngste Gericht mit der Erwartung des Reiches Gottes, an den Menschensohn.[205]

JUDITH: Wie kann es angehen, daß so existentiell-bedeutsames Glaubensgut wie die Auferstehung dem Volk der Bibel lange Zeit verborgen bleibt, während Krethi und Plethi seit Jahrhunderten darin Hoffnung und Trost finden?

JESUS: Schon *vor* den alten orientalischen Hochkulturen galt bei vielen Naturvölkern die Sonne als «Urbild für den Kreislauf des Lichtes und des Lebens».[206] Vielfach wurde sie als Gott verehrt, die am Abend in die Unterwelt hinabtaucht, um am nächsten Morgen wieder siegreich zu erscheinen. Diese Sonnensymbolik begleitete das Denken der Menschen von der Frühzeit an bis heute. Eine der ältesten Überlieferungen stammt aus Mangaia/Polynesien.

> *Dort «war Veetini der erste Mensch, der stellvertretend den irdischen Tod erleidet und somit Urbild für alles Sterben der Einwohner wird. Veetini stirbt im Westen und geht zur Geisterwelt ein; aber noch einmal erscheint er in einer Vision als Sonnenheros am nächsten Morgen mit der Sonne im Osten, lehrt die Hinterbliebenen die Totenfür-*

sorge und tröstet sie, um dann auf dem Weg der Sonne mit ihr im Westen in die Unterwelt abzusteigen.»[207]

Stark beeinflußt, ja motiviert, hat die Sonnensymbolik den Auferstehungsglauben der alten Ägypter.[208] In Altsyrien steht die Sonne «in besonders enger Verbindung mit den vergöttlichten Ahnen und allgemein mit den Toten».[209] Diese Linie läßt sich bis in die heutige Zeit ausziehen. Bei den Zentraleskimos auf den kanadischen Eismeerinseln wird bis ins 20. Jahrhundert die Novizenweihe zur Zeit der Wintersonnenwende vollzogen: «Neugeboren wird nicht nur das Gestirn, sondern auch der Novize.»[210] Dieser Sachverhalt dürfe nicht verwundern, sagt die Wissenschaft, «denn nur im polaren Raum wiederholen sich die Leiden und Taten des Lichts Jahr für Jahr mit einer geradezu dramatischen Intensität. Nur dort versinkt die Sonne gänzlich unter den Horizont, nur dort ersteht sie neu aus der Winterfinsternis.»[211]

CHRISTOPH: Die alten Mythen in Ehren. Aber noch einmal: Einen Vergleich mit unserem Christentum halten sie nicht aus!

JESUS: Feiert ihr nicht die Geburt des Erlösers zur Zeit der Wintersonnenwende? Redet ihr nicht noch heute vom «Untergehen» und «Aufgehen» der Sonne? Heißt nicht der heilige Tag der Woche – der Tag der Auferstehung! – bei euch noch immer Sonntag?
Vom Lauf der Sonne führt nur ein kleiner Gedankensprung zur jahreszeitlichen Vegetation. Viele alte Mythen schufen sich Vegetationsgötter, welchen, wie das Absterben der Pflanzen im Herbst und das Wiedererwachen der Natur im Frühling zeigt, die Herrschaft über Leben, Tod und Auferstehung zukommt. Vegetationsgötter, die selber im Rhythmus der Jahreszeiten sterben und wieder auferstehen. Allen voran sind hier die syrischen Götter *Baal/Adonis* und der ägyptische *Osiris* zu nennen.

CHRISTOPH: Entschuldige, seit wann interessiert sich ein Christ für antike Vegetationsgottheiten?

JESUS: «Die Rhythmen der Schöpfung von der Nacht zum Tag, vom Winter zum Frühling, von der Unfruchtbarkeit zur Fruchtbarkeit» werden «zum Gleichnis des ewigen Lebens, auf der anderen Seite bildet sich das ewige Leben in diesen Naturvorgängen schon vorab.»[212] Feiert ihr nicht alljährlich Ostern, das Fest der Auferstehung, mit der erwachenden Natur?[213]

JUDITH: Ich sehe jetzt klarer. Der Glaube der Juden an den einzigen Jahwe ließ für Sonnen- und Vegetationsgötter keinen Raum, in welchem sich ihr Mythos hätte entfalten können, und so dauerte es im Judentum eben länger als anderswo, bis die Saat des Auferstehungsglaubens keimem konnte.

CHRISTOPH: Saat? Da müßte ja jemand gesät haben. Ich möchte es lieber so formulieren: Um die Voreiligkeit fremder Religionen zu kompensieren, gewissermaßen als «Entschädigung» für eure Standhaftigkeit im Jahwe-Glauben, wurde dem Volk der Juden der historische, der echte, der endgültige Erlöser gesandt.

JESUS: Relikte des altorientalischen Sonnenmythos kann man übrigens noch in der Bibel finden.[214] Auch scheint es so, als hätten sich die Essener seinem Banne nicht ganz entziehen können.[215] Während jedoch im Judentum solche Anschauungen, sofern sie überhaupt hier und da aufgekommen waren, bis zur Unkenntlichkeit verkümmert sind, erlebten die alten Sonnen- und Vegetationsgottheiten in hellenistischer Zeit (etwa vom vierten Jahrhundert v. Chr. an) in der nichtjüdischen Welt eine neue, nie dagewesene Blüte. Träger dieses alten-neuen Glaubens waren die Mysterienkulte. Schon während des Peloponnesischen Krieges (431–404 v. Chr.) wurde Athen von diesen fremden Kulten der sterbenden und auferstehenden Götter geradezu «überschwemmt».[216] «Der Mythos vom leidenden, sterbenden und wieder auferstehenden Gott gehörte zu den charakteristischen Zügen der meisten Mysterienreligionen.»[217] In ihnen «wird das Schicksal eines sterbenden und auferstehenden Gottes vom Mysten in Nachbildung erlebt».[218] Als Prototypen solcher Götter, die, Mensch geworden, gestorben und auferstanden sind, gelten *Osiris*, *Adonis* und *Attis* (= phrygisches Kosewort für Vater).[219] Aber auch *Dionysos*, dessen Wiedergeburt in einem Frühlingsfest gefeiert wird.[220] *Mithras*, Sol Invictus (= Unbesiegte Sonne), verheißt seinen Gläubigen die Wiedergeburt des Lebens aus dem Tode.[221]

> *«Und im Leiden opfert er sich im Grund selbst für das Heil seiner Gläubigen. Auch hier also wieder, trotz aller mythologistischen Exzesse, an denen es im Mithrazismus mit seinen Blutopfern und mystizistischen Spektakeln nie gefehlt hat, eine überraschende Nähe zum christlichen Heilsverständnis!»[222] Mithras bringt «Erlösung und Versöhnung» und «wird wieder herabkommen und die Menschen auferwecken.»[223]*

Der Mithraskult sollte sich im Laufe nur weniger Jahrhunderte über das ganze römische Reich, bis weit nach Westeuropa hinein, ausbreiten. Schon mit dem dritten Jahrhundert n. Chr. war «der Mithrasdienst zur Weltreligion geworden, der von Indien bis Brittanien, von Spanien bis ans Schwarze Meer große Verehrerscharen anhängen».[224] Berühmt geworden ist das Wort des französischen Forschers Ernest Renan: «Wenn das Christentum in seinem Wachstum von irgendeiner tödlichen Krankheit aufgehalten worden wäre, dann wäre die Welt mithräisch geworden.»[225]

CHRISTOPH: Können wir nicht endlich die alten Mythen und Mysterien beiseite lassen? Laßt uns doch über das einzige

Auferstehungsereignis reden, das nicht Mythos, sondern geschichtliche Wirklichkeit geworden ist!

JESUS: Wenn du meinst, nun gut. Geschichte und Glaube – sie werden oft vermengt. Ihr erinnert euch, wir haben vor längerer Zeit darüber gesprochen, daß das Neue Testament kein Geschichtsbuch ist. Die Schriftsteller des Neuen Testaments sind nicht daran interessiert, ihren Lesern Geschichtsdaten und Fakten zu unterbreiten. Nein, sie sind zu einem neuen Glauben gekommen; diesen *Glauben* wollen sie weitergeben, für ihn werben sie.

CHRISTOPH: Das Neue Testament ist eine Werbeschrift?

JUDITH: «Ohne den *Glauben* an die Auferstehung Jesu wäre keine einzige der neutestamentlichen Schriften verfaßt worden.»[226]

JESUS: Keiner der neutestamentlichen Schriftsteller hat mich je gekannt, keiner von ihnen war Augenzeuge der Ereignisse, über die er schreibt. Denn sie alle lebten *nach* mir, teils Generationen später. Worüber sie schreiben, das ist ihnen von Menschen, die ihrerseits zu dem neuen Glauben gekommen waren, mitgeteilt worden. Sie berichten aus zweiter und dritter Hand. Und so konnte es kaum ausbleiben, daß euch im Neuen Testament eine Mischung aus Geschichte und Legende begegnet.[227]

CHRISTOPH: Aber es müssen doch geschichtliche Ereignisse gewesen sein, Dinge, die sich wirklich zugetragen haben, welche dann zu dem neuen Glauben geführt haben! Von nichts entsteht doch kein neuer Glaube!

JUDITH: Was ist dran an der Auferstehung?

JESUS: Nirgendwo sonst enthalten die Texte der Evangelisten so viele Ungereimtheiten, sind sie so sehr durch spätere Übermalungen geschönt, wie in ihren «Berichten» über die Auferstehung und den Auferstandenen.[228]

CHRISTOPH: Nein, nicht schon wieder einen Mythos! Bitte nicht!

JESUS: Hab' etwas Geduld, Christoph!

> *Die Osterbotschaft ist nicht identisch mit den von den Evangelisten «beschriebenen Details der Ostergeschichten! Sowenig, wie die biblische Schöpfungsbotschaft identisch ist mit den Details der biblischen Erzählung vom Sechs-Tage-Werk des Schöpfergottes!»*[229]

Wir wollen deshalb mit dem «ältesten und zuverlässigsten, längst vor Paulus formulierten Ostertext»[230] beginnen. Niedergeschrieben hat ihn Paulus um 55 n. Chr.[231], der Text an sich ist jedoch zehn bis zwanzig Jahre älter[232], Paulus selbst schreibt, daß er ihn «erhalten» habe. In «protokollartiger Knappheit»[233] referiert Paulus:

> *«Ich habe an euch weitergegeben, was ich selbst erhalten habe, nämlich als erstes und grundlegendes: Christus ist für unsere Sünden gestorben, wie es in den heiligen Schriften vorausgesagt war, und wurde begraben. Er ist am dritten Tag vom Tod erweckt worden, wie es in den heiligen Schriften vorausgesagt war, und hat sich Petrus gezeigt, danach dem ganzen Kreis der zwölf Jünger. Später sahen ihn über fünfhundert Brüder auf einmal; einige sind inzwischen gestorben, aber die meisten leben noch. Dann erschien er Jakobus und schließlich allen Aposteln. Ganz zuletzt aber ist er auch mir erschienen, obwohl ich das am allerwenigsten verdient hatte.»*[234]

Keinerlei Ausschmückung, keine Legendenbildung! Allein die Erinnerung, daß der Auferstandene verschiedenen Menschen erschienen sei!

JUDITH: Auch von einem «leeren Grab» ist in diesem ältesten Text nicht die Rede, was mich um so mehr erstaunt, als Paulus ja ausdrücklich vom Begrabenwerden Jesu redet.[235] Ich schließe daraus: «Paulus kannte diese Geschichte vom leeren Grab noch nicht. Sie ist also jüngeren Datums.»[236] Eine Legende.[237]

JESUS: Ein leeres Grab zur Legitimation des Auferstehungsglaubens, das wäre auch unglaublich dürftig. Meint ihr nicht? «Die Wiederbelebung eines Leichnams ist keine Vorbedingung für eine Erweckung zum ewigen Leben.»[238] Paulus hebt das Wichtige, das Ursprüngliche hervor: Der Auferstandene *ist* ihnen erschienen, die Jünger *haben* ihre Christusvisionen gehabt; daran dürft ihr nicht zweifeln.[239]

JUDITH: Mir scheinen diese Visionen eher ein Produkt des Jüngerglaubens gewesen zu sein.

JESUS: Umgekehrt verhielt es sich, Judith.[240] Die Erfahrungen der Jünger «waren offenbar existenz-verändernde Erfahrungen. Sie machten aus Jüngern, die aus Enttäuschung und Angst aus Jerusalem nach Galiläa geflohen waren, um ihr Leben zu retten, Apostel, die nach Jerusalem zurückkehrten und dort ihr Leben riskierten, um Christus frei zu verkündigen.»[241]

CHRISTOPH: Trotzdem: Visionen, Erscheinungen, sind auch mir zu wenig; das sehe ich wie Judith. Die Evangelien enthalten doch eine Menge Belege, auf die sich der Glaube stützen kann. Sogar der Auferstehungsvorgang wird geschildert.

JESUS: Wann hast du nur zum letzten Mal in die Evangelien gesehen, Christoph! Über den Auferstehungsvorgang, wie du sagst, verlieren sie nicht ein einziges Wort. Das «leere Grab» wird erwähnt, und Engel treten auf. Laß' uns einen Blick in die Texte werfen! Die – nach Paulus – zweitälteste Schilderung finden wir bei Markus, der sein Evangelium Ende der sechziger Jahre des ersten Jahrhunderts niedergeschrieben hat.[242] Von ihm erfahren wir erstmals, daß das Grab leer gewesen sei – noch relativ kurz und schmucklos. Sonderbarerweise ruft seine Botschaft nicht Freude hervor, sondern Entsetzen: «Da verließen sie die Grabhöhle und flohen. Sie zitterten vor Entsetzen. Und weil sie solche Angst hatten, erzählten sie niemand etwas davon.» Offensichtlich hat die Entdeckung des leeren Grabes keinen Glauben geweckt.[243] Die späteren Evangelisten, die ihre Arbeiten gegen Ende des ersten Jahrhunderts abgeschlossen haben – Matthäus und Lukas um 90 n. Chr., Johannes um 100 n. Chr.[244] –, werden mit zunehmender Distanz zum Geschehen immer wortreicher und farbiger. Vergleicht einmal ihre Texte[245]! Aber, wie gesagt, keiner von ihnen beschreibt den Auferstehungsvorgang als solchen oder läßt einen Zeugen dafür auftreten. Die «älteste Beschreibung des Auferweckungsvorgangs»[246] stammt vom Verfasser des sogenannten Petrusevangeliums, entstanden um 150 n. Chr.[247] Hört sie euch an!

> *«In der Nacht aber, in welcher der Herrentag aufleuchtete, als die Soldaten, jede Ablösung zu zweit, Wache standen, erscholl eine laute Stimme im Himmel, und sie sahen die Himmel geöffnet und zwei Männer in einem großen Lichtglanz von dort herniedersteigen und sich dem Grabe nähern. Jener Stein, der vor den Eingang des Grabes gelegt war, geriet von selbst ins Rollen und wich zur Seite, und das Grab öffnete sich, und beide Jünglinge traten ein. Als nun jene Soldaten dies sahen, weckten sie den Hauptmann und die Ältesten – auch diese waren nämlich bei der Wache zugegen. Und während sie erzählten, was sie gesehen hatten, sehen sie wiederum drei Männer aus dem Grabe herauskommen und die zwei den einen stützen und ein Kreuz ihnen folgen und das Haupt der zwei bis zum Himmel reichen, dasjenige des von ihnen an der Hand Geführten aber die Himmel überragen. Und sie hörten eine Stimme aus den Himmeln rufen: ‹Hast du den Entschlafenen gepredigt?›, und es wurde vom Kreuze her die Antwort laut: ‹Ja.›»*[248]

Wollt ihr solchen Enthusiasmus als Beleg für ein historisches Geschehen nehmen? Ich denke: nein! Ich muß euch enttäuschen. Auferstehung geschieht nicht in weltlichen Kategorien, nicht in Raum und Zeit.[249] Sie ist *kein historisches* Geschehen.

JUDITH: Auch nicht die Auferstehung des Jesus von Nazareth?

JESUS: Auch nicht die Auferstehung des Jesus von Nazareth![250]

CHRISTOPH: Nicht historisch...? Was dann? Ein neuer Mythos etwa? Ich mag Mythen nicht!

JESUS: Nenne das Auferstehungsgeschehen ein «mythisches»[251] oder ein «eschatologisches»[252], wenn du magst, das ist nicht entscheidend. Den ersten Christen ist es nicht anders ergangen als euch: Sie waren schockiert und überwältigt zugleich und von den unterschiedlichsten Vorstellungen davon bewegt, was sich zugetragen hatte.[253] Manche schienen eine leibliche Auferstehung wahrgenommen zu haben, andere sprachen von einer «Erhöhung» Christi.

> *«Darum hat Gott ihn auch erhöht und ihm den Ehrennamen verliehen, der ihn hoch über alle stellt.»*[254]

Diesen Text hat Paulus um 55 n. Chr. zu Papier gebracht, aber auch hier übernimmt er ältere Formulierungen.[255] Die älteste Anschauung unterschied, wie ihr seht, nicht zwischen *Auferstehung* und *Erhöhung* in eine außerweltliche Region.[256] Vieles spricht dafür, daß die Christen schon sehr bald, um ihren Glauben artikulieren zu können, sich an die iranische Auferstehungshoffnung angelehnt oder ihre Erlebnisse als Auferstehung im Sinne der «sterbenden und auferstehenden Götter» der Mysterienreligionen gedeutet haben – oder beides.[257] Man suchte nach Ausdrucksformen, um das Unerklärliche zu erklären. Und welche Zeit hätte sich trefflicher angeboten, das Fest der Auferstehung zu feiern, als das Erwachen der Natur im Frühjahr?

CHRISTOPH: Auferstehung ereigne sich außerhalb von Raum und Zeit, so habe ich dich verstanden. Wie verträgt sich damit der christliche Glaubenssatz, wonach Jesus am «dritten Tag»[258] auferstanden sei?

JESUS: Seit alters her ist «drei» eine «heilige Zahl».[259] Bei der altindischen Knabenweihe Upanayana wurde der Knabe am *dritten* Tage als Brahmane neu geboren.[260] Die sumerische Göttin Inin hing *drei* Tage und *drei* Nächte an einem Pfahl, bevor sie auferstand.[261] In der Religion Zarathustras verweilte die Seele eines Verstorbenen, wenn er gerecht war, *drei* Nächte lang in der Nähe des Leichnams und trat dann, durch *drei* Sphären, die Himmelfahrt an.[262] Die Mysteriengottheiten Adonis, Osiris, Attis sollen am *dritten* Tag bzw. nach *drei* Tagen auferstanden sein.[263] Der Prophet Jona hat *drei* Tage und *drei* Nächte im Bauch des Fisches zugebracht[264], worauf der Evangelist Mätthäus übrigens ausdrücklich Bezug nimmt.[265] Ihr dürft also die Dreizahl nicht als einen Termin mißdeuten, sie ist ein Symbol.[266]

CHRISTOPH: Lauter Mythen und Symbole, mir wird ganz schlecht. Ich werde mich wohl damit zurechtfinden müssen, daß die Auferstehung Jesu nicht Realität gewesen ist!

JESUS: Sie kann nicht mit weltlichen Maßstäben gemessen werden, wie du es immer wieder versuchst, Christoph, noch kann sie wie ein Auftritt in Raum und Zeit besichtigt werden... Warum lachst du, Judith?

JUDITH: Komm' mit mir nach Jerusalem, Christoph! Ich lade dich ein. In Jerusalem zeigen dir freundliche Araberbuben gegen ein kleines Bakschisch gerne die Fußabdrücke Jesu, dort wo er in den Himmel «abgehoben» hat.

JESUS: Auferstehung ist deshalb, wie gesagt, nicht *historische Realität,* dennoch bleibt sie «ein im tiefsten Sinne reales Geschehen»[267]. Keine Wiederbelebung und auch keine Rückkehr in dieses Leben![268] Nein, mit ihr setzt ein «qualitativ neues Leben ein, das den Tod nicht mehr kennt und keine Fortsetzung dieses sterblichen Lebens hier darstellt»[269]; eine «radikale Verwandlung» hinein in «das ewige Leben».[270] Paulus hat versucht, das neue Sein mit einem «Geistkörper» zu vergleichen, den der Mensch erhalte. Erinnert ihr euch?

> *«Was in die Erde gelegt wird, ist vergänglich; aber was zum neuen Leben erweckt wird, ist unvergänglich. ... Wenn es einen natürlichen Körper gibt, muß es auch einen vom Geist beseelten Körper geben.»*[271]

Die Evangelisten Lukas und Johannes sind von ganz ähnlichen Gedanken erfüllt: Einerseits lassen sie den Auferstandenen körperlich auftreten, ja sogar Speise zu sich nehmen; andererseits aber erkennen die Jünger den Auferstandenen nicht wieder, er erscheint aus dem Nichts in ihrer Mitte und genauso unvermittelt entschwindet er wieder durch die geschlossene Tür.[272]

JUDITH: Macht es denn dann einen Unterschied... Ich meine, ob ich von «Unsterblichkeit der Seele» oder von «ewigem Leben» spreche, wie es die Essener tun, oder ob ich «Erhöhung» oder «Auferstehung» vorziehe, das ist dann eigentlich gleichgültig.

JESUS: Du sagst es: Diese Aussagen sind in gleicher Weise gültig. Wie immer du dich entscheidest, du umschreibst ein Phänomen, dem die menschliche Sprache nicht gewachsen ist. Kennt ihr dieses Gebet?

«Ich preise dich, Herr! Denn du hast meine Seele erlöst aus der Grube, und aus der Unterwelt des Abgrundes hast du mich hinaufgehoben zu ewiger Höhe. Ich will auf ebener Bahn wandeln, die nicht auszuforschen ist, und erkannte, daß es Hoffnung gibt für den, welchen du aus Staub gebildet hast zu ewigem Rat. ...daß er ... in die Gemeinschaft eintrete mit der Gemeinde der Himmelssöhne.»[273]

JUDITH: Ein schöner Text. Wer ist der Betende? Er dankt Gott für seine Erhöhung, und doch scheint es so, als *erflehe* er erst dieses erhöhte Sein, als danke er vorausschauend, im Vorgefühl des Kommenden. Oder nicht?

JESUS: Ich habe das Gebet der Hymnenrolle aus Qumran entnommen.

6. Auf dem Rückweg

JUDITH: Das Christentum wurzelt im Judentum. Genauer gesagt: Ohne Judentum gäbe es kein Christentum. Eine Binsenweisheit. Ist denn die Vorstellung so unerträglich...

CHRISTOPH: Keineswegs! Man kann das Christentum eine «jüdische Religion»[1] nennen.

JUDITH: Ist denn die Vorstellung so unerträglich, das *essenische* Judentum könnte der besondere Humus gewesen sein, in dem das Christentum zu keimen begonnen hat? Es sollte allerdings nicht lange dauern, bis der junge Schößling in rasantem Wuchs sich in den Himmel reckte und weit von seinem Mutterboden entfernte. Kann man das Christentum wirklich noch eine «jüdische Religion» nennen? Manches Mal erscheinen mir Judentum und Christentum wie zwei Seiten ein und derselben Medaille. Jesus und seine Religion, das ist die eine Seite, die andere ist das, was seine Verkünder daraus entwickelt haben. Wie bei jeder Medaille sind beide Seiten untrennbar miteinander verbunden. Aber wie bei jeder Münze ist, wenn die eine Seite nach oben zeigt, die andere nicht mehr zu erkennen.

JESUS: Deine Rede klingt sehr hart, Judith.

CHRISTOPH: Und ungerecht.

JUDITH: Ist doch wahr! Mit meiner Meinung befinde ich mich in guter Gesellschaft.[2] Jesus stand mit beiden Beinen fest auf dem Boden des Judentums.[3] Nichts an ihm ist mir fremd. «Man könnte aus dem antiken jüdischen Schrifttum leicht ein ganzes Evangelium zusammenstellen, ohne daß darin ein Wort von Jesus stammen würde.»[4] Doch dann…

CHRISTOPH: Aber offensichtlich hat niemand je einen Anlaß gesehen, dies zu tun!

JUDITH: Doch dann, *nach* ihm, sog sich das Christentum zur anderen Hälfte mit Heidnischem voll.[5] Mit Inhalten und Bräuchen, die dem Judentum und dem Juden Jesus völlig fremd gewesen waren. Der große historische Bruch tat sich auf. An ihm leidet die Wahrheit des Christentums.[6]

CHRISTOPH: Die historische Wahrheit ist nur ein *Teil* der Wahrheit.

JUDITH: Aber eben ein *Teil* von ihr. Wie kann etwas (ganz) wahr sein, wenn es schon um einen Teil der Wahrheit so schlecht bestellt ist? Oder anders gefragt: Wie bekömmlich mag eine Feige sein, wenn sie zur Hälfte verdorben ist?

JESUS: Liebe Judith, die Frucht des Feigenbaumes ist das Ergebnis vieler Faktoren, wie jeder weiß: Nicht allein der Stamm bringt die Frucht hervor. Die Wurzeln halten den Stamm und ernähren ihn; sie greifen in den Boden, der seinerseits nicht einfach daliegt, sondern einen langen Entwicklungsprozeß durchgemacht hat, und entnehmen ihm verschiedenartige Nährstoffe. Der Stamm bildet, mit diesen Nährstoffen, Äste und Zweige, diese wiederum Laub und Blüten. Auch die Umweltbedingungen fördern das Wachstum und nicht zuletzt der Gärtner, der den Baum vor Fehlwuchs bewahrt. Erst ganz am Ende steht die Frucht. Man kann sich von ihr ernähren oder sie betrachten oder ihre Entwicklung zu rekonstruieren versuchen; man kann sie aber auch umkommen lassen. Jedenfalls ist die Frucht das Ergebnis einer langen Entwicklung, ich könnte auch sagen: eines historischen Prozesses. Wie kannst du da von fehlender historischer Wahrheit reden?

JUDITH: Den natürlichen Wuchs des Baumes zu beschneiden und artfremde Zweige aufzupfropfen, gehört das auch zur Aufgabe des Gärtners? «Wahrheit» gedeiht, wenn sie wahr ist, von alleine, meine ich. Dazu bedarf es keiner Dogmen und Dekrete.

> *«Glaube kann nicht in Dogmen und Katechismen mumifiziert werden. Dogmen sind Vorurteile mit Heiligenschein. Sie sind die den Schwachen aufgepfropften Meinungen der Starken. ... Das Ergebnis ist nicht Glaube, sondern Fanatismus; es führt zur Forderung nach blindem Gehorsam.»*[7]

JESUS: Der Stamm des Baumes, obzwar nur ein Teilbeitrag unter anderen, er trägt das Ganze. Fortwährend, nicht nur beim Anwachsen, nimmt er aus seinem Mutterboden Nahrung auf. Beschneidet man eine einzige seiner Wurzeln, so schädigt man den ganzen Baum; Fehlschnitt hat dieselben Folgen. Alle Teilbeiträge zusammen ergeben aber weder Baum noch Frucht. Wie das geschieht, das versteht der Gärtner selber nicht.[8]

JUDITH: Sag uns, wer du wirklich bist! Die Informationen, die uns die Evangelisten von dir geben, setzen erst mit deinem dreißigsten[9] Lebensjahr ein. Wo und wie hast du vorher gelebt? Woher hast du deine umfassende Kenntnis der Heiligen Schrift? Kommst du aus Qumran? Woher rühren die vielen Übereinstimmungen deiner Lebenshaltung und Lehre mit Qumran? Hast du deine Ausbildung dort erhalten?[10] Mir scheint diese Möglichkeit nahe zu liegen, denn – so schreibt Josephus – die Qumraner nehmen «die Kinder anderer auf, solange sie noch in einem bildungsfähigen Alter stehen, und sehen in ihnen Zugehörige und formen sie nach ihren Idealen».[11]
Schon die Evangelisten müssen das Informationsdefizit als bedrückend oder peinlich empfunden haben: Wer soll ihnen einen «Messias abnehmen», der mit dreißig plötzlich

da ist und durchs Land zieht, und niemand hat ihn kommen sehen? Deshalb sind sie bemüht, diesen fatalen Eindruck etwas nachzubessern. Matthäus erzählt uns die Sterndeuter-Story.[12] Lukas bietet eine ans Herz rührende Geburtslegende[13] und dann den Zwölfjährigen, der durch sein Bibelverständnis die Schriftgelehrten im Tempel beeindruckt.[14] Diese schriftstellerischen Leistungen vertiefen nur noch meinen inneren Zwiespalt. Denn trotz aller mirakulösen Begleitumstände hat kaum jemand den «Messias» erkannt. Am merkwürdigsten aber berührt mich die Tatsache, daß die Essener im Neuen Testament nicht ein einziges Mal erwähnt sind. Das wäre an sich noch nichts zum Wundern, wenn nicht alle anderen religiösen Gruppierungen des damaligen Judentums das Ohr der neutestamentlichen Schriftsteller erreicht hätten: die Pharisäer[15], die Sadduzäer[16], die Zeloten[17], die Gruppe[18] um Johannes den Täufer, sie alle finden das Interesse der Evangelisten, und, allen voran natürlich, die Jesusbewegung mit ihrem Meister. Allein die Essener glänzen durch Abwesenheit – ausgerechnet jene Essener, die als «das außergewöhnlichste Volk in der Welt»[19] in die Geschichte eingegangen sind. Ausgerechnet jene Essener, die Josephus für so bedeutsam hält, daß er ihnen in seinem Hauptwerk «Der jüdische Krieg» achtmal so viel Platz einräumt wie den Pharisäern und Sadduzäern zusammen.[20] Um es auf den Punkt zu bringen: Dem Historiker Josephus sind die Essener weit wichtiger als alle anderen Gruppen zusammen – Jesus von Nazareth kommt bei ihm nicht vor.[21] Genau umgekehrt werten die Evangelisten: Ihnen ist die Jesusbewegung wichtiger als alle anderen zusammen – die Essener kommen bei ihnen überhaupt nicht vor. Nicht ein Jesuswort ist uns überliefert, das sich mit den Essenern befaßte. Wollten die Evangelisten die wirkliche Herkunft des Jesus verschleiern? Sollte das «eigene Nest nicht beschmutzt» werden?

Christoph: Unerhört!

Jesus: Du hast dich ja richtig in Rage geredet, Judith. Ganz so betrüblich, wie du sie siehst, liegen die Dinge nicht. Ich habe, wenn du dich bitte erinnern willst, gegen das essenische Gebot des Feindeshasses polemisiert.[22] Auch habe ich mich gegen die überaus strenge Sabbatauffassung der Essener gewandt.[23] Ein andermal habe ich die Essener mit ihrer typischen Selbstbezeichnung «die Söhne des Lichts»[24] genannt. Möchtest du weitere Beispiele[25] hören?

Judith: Ich bleibe dabei: Den Namen «Essener» hast du nicht in den Mund genommen. Im ganzen Neuen Testament erscheint er nicht ein einziges Mal. Der Historiker Josephus und die Evangelientexte verhalten sich insoweit antiproportional zueinander.

Jesus: Gib dem Kaiser, was des Kaisers ist …

Judith: Wie bitte?

Jesus: Überlasse die Historie dem Historiker, Judith, und den Evangelisten das Evangelium![26]

Christoph: Judiths Gleichung geht mir zu glatt auf. Sag doch etwas dazu! Ich glaube es einfach nicht: Du stammst so wenig aus Qumran wie eine Weintraube von einem Dornenstrauch. Könnten die Gegensätze denn größer sein? Habt ihr die separatistische Ideologie Qumrans vergessen? Der Qumraner streng asketische Lebensweise? Ihre Frauenfeindlichkeit? Ihren Sabbatrigorismus? Die Hochschätzung ritueller Reinheit?

Judith: Diese Differenzen zwischen Jesus und Qumran muten mir beinahe belanglos an – angesichts derjenigen, die zwischen *Jesus* und dem heutigen *Christentum* klaffen: Du erinnerst dich, daß Jesus mit Kirche, Kult und Klerus nichts im Sinn hatte[27], daß er das Gebet in Einsamkeit dem Gruppengebet vorzog.[28] Eine Kirche als öffentlichrechtliche Körperschaft, als einen Staat im Staate sozusagen, mit beamteten Predigern, beide finanziert durch Zwangsabgaben, das hätte Jesus sich wohl nicht einmal im Traum vorzustellen vermocht. Taufe und Heiliges Mahl, wie Rituelles schlechthin, mißfielen ihm.[29] Das Schwurverbot Jesu wird, auch von Christen, gänzlich mißachtet.[30] Vielleicht einer von zehntausend Christen, Prediger und Berufschristen mitgerechnet, läßt die Bergpredigt für sich gelten.[31] Jemand, der im Wohlstand lebt, kann nicht zugleich Anhänger Jesu sein.[32] Politische Parteien mögen sich «christlich» nennen, wenn sie damit eine Affinität zum heutigen Christentum aufzeigen wollen und nicht etwa zu Jesus, der – wir sprachen darüber – keine politischen, auch keine sozialpolitischen Ziele kannte. Menschen, die in einem Gotteshaus politische Wahlempfehlungen geben, hätte er wie seinerzeit die Geldwechsler davongejagt.[33] In den Skulpturen, Altarbildern und Krippen würde er sich nicht wiedererkennen, er, der als frommer Jude das Bilderverbot[34] heilig hielt. Und was hielte der Jude Jesus, der zum Vater, dem einzigen Gott Israels, gebetet hat, von jenen Kirchenbeschlüssen, die ihn zum Teil einer göttlichen Dreiheit erhoben?

JESUS: Nein, nicht noch einmal, Judith! Wir haben uns ausführlich darüber unterhalten.[35]

CHRISTOPH: Was soll dein erhobener Zeigefinger, Judith? Du beweist damit nur, daß Jesus dem Essenertum und dem Christentum gleichermaßen fernsteht. Den Graben, der Jesus von Qumran trennt, minderst du um nichts.

JESUS: Ich habe also keine Verbindung zu Qumran? Weil nicht sein kann, was nicht sein darf? *Entweder* wird das Gemeinsame heruntergespielt und das Trennende betont, um das gewohnte Christusbild zu bewahren, *oder*, so sähe es Judith wohl lieber, man wertet genau umgekehrt und teilt mich den Qumranern zu. Entweder – oder. Ist euch der Gedanke so undenkbar, ihr könntet beide recht haben?[36] Wie kleingläubig du redest, Christoph! Mit welchem Ernst habe ich die Menschen stets aufgefordert umzukehren! Und mir selber traust du einen Wandel der Gesinnung und des Handelns nicht zu?

CHRISTOPH: Doch, doch! Ich bin weit davon entfernt, so etwas zu denken. Was alle Welt dem Täufer Johannes zugesteht[37], müßtest du erst recht...

JESUS: Die Taufe durch Johannes war für mich das entscheidende Erlebnis, meinen Lebensweg zu begreifen, sie schloß einen langen inneren Reifeprozeß ab.[38]

JUDITH: Ist nicht das Leben eines jeden Menschen auf Veränderung angelegt? Wir alle sehen die Veränderung unserer Mitmenschen, soweit sie sich im Körperwachstum und in ihren Gesichtszügen manifestiert, als selbstverständlich an. Damit einhergehend wandelt der Mensch sich aber auch innerlich: Sein Wissen, seine Erkenntnisse und Fähigkeiten wachsen. Während wir uns die Feststellung eines Freundes: «Du hast dich überhaupt nicht verändert!», bezogen auf unser Äußeres, als Schmeichelei gerne gefallen lassen, wären wir zutiefst verletzt, wenn dieselbe Äußerung sich auf unsere Lernfortschritte bezöge. Wer will also einem erwachsenen Manne nachtragen, daß er nicht mehr alle Vorstellungen teilt, denen er als Fünfzehn- oder Fünfundzwanzigjähriger angehangen hatte? Als gereifter Mann behält er das als richtig Erkannte bei; was seinem Entwicklungsstande widerspricht, das formt er um oder streift es ab. Und wenn er von Gottes Geist erfüllt ist, dann wächst er weit «über sich hinaus». Sprachlich bleibt die Herkunft eines solchen Mannes, auch wenn er sich von vielem gelöst hat, noch immer erkennbar.

CHRISTOPH: Siehst du das nicht zu einseitig, Judith? Die vielen Essenismen im Neuen Testament, ich meine ... Wahrscheinlich haben die Autoren des Neuen Testaments sie beigebracht. Du anerkennst doch sonst ihre schriftstellerischen Leistungen.

JUDITH: Man hängt niemandem einen Mantel um, der ihm nicht paßt. Daß man denjenigen, den man als den Sieger verkündet (nämlich Jesus), mit den Insignien der Verlierer (nämlich der Essener) schmückt, wo hätte es das je gegeben? In jedem anderen Zusammenhang – der Religionsgeschichte, Philosophie oder Kunst – hätte ein Bruchteil der Übereinstimmungen längst ausgereicht, die geistige Herkunft eines Menschen aufzuzeigen. Und die Gegensätze, die du noch einmal genannt hast, sie erklären sich aus der nicht hoch genug einzuschätzenden Tatsache, daß ein Mann es vermocht hat, seinen bisherigen geschlossenen Wirkungskreis aufzubrechen und die bislang den Mitbrüdern zugemessene Nächstenliebe vorbehaltlos auf alle Mitbürger auszudehnen – darunter solche, um die jeder von uns beiden einen weiten Bogen machen würde.

CHRISTOPH: Ich glaub's nicht.

JUDITH: Ist denn etwas Falsches an dem, was ich sage? Gottvertrauen und Nächstenliebe, das war sein Leben von der Taufe bis zum Kreuz; dieses eine Jahr ist ohne Beispiel. Daß auch der Mensch Jesus nicht immer seinen eigenen, hohen Ansprüchen gerecht werden konnte[39], schmälert diesen Eindruck nicht. Welcher Mensch vermöchte seinem Beispiel zu folgen?

JESUS: «Wenn ihr Gott um etwas bittet und darauf vertraut, daß die Bitte erfüllt wird, dann wird sie auch erfüllt.»[40]

CHRISTOPH: «Wer sagen die Leute, daß ich sei? Seit Jahrhunderten verkündet man es ihnen: er ist der Heiland. Aber seit es kein Geheimnis mehr ist, ist das Geheimnis nur größer geworden» (Albert Schweitzer).[41]

Anmerkungen

1. Auf dem Hinweg

1 Die Römer in Nordrhein-Westfalen, hrsg. von H. G. Horn, Stuttgart 1987, 42; Lexikon der Antike, hrsg. von J. Irmscher / R. Johne, Augsburg 1990, Stichwort «Varus».

2 Mt 2,1; Lk 1,5 und 2,1 ff.

3 Die christliche Zeitrechnung wurde im 6. Jhd. durch den römischen Mönch Dionysius Exiguus aufgestellt; er setzte als Geburtsjahr Jesu das Jahr 754 ab urbe condita fest und zählte dieses Jahr als Jahr 1 n. Chr. Dionysius muß sich verrechnet haben. Herodes der Große starb im Jahre 750 ab urbe condita = 4 v. Chr. (H. Leroy, Jesus, 51). Legt man Mt 2 und Lk 1,5 zu Grunde, dann wurde Jesus einige Jahre vor Beginn der christlichen Zeitrechnung geboren; das genaue Geburtsjahr läßt sich nicht angeben (H. Leroy, Jesus, 52; J. Blank, Jesus, 211). Der von Lukas (2,1 ff.) erwähnte Zensus, der während der Statthalterzeit des Quirinius stattgefunden haben soll, hilft bei der Berechnung des Geburtsjahres Jesu nicht weiter. Dieser Zensus wurde erst im Jahre 6 n. Chr. durchgeführt; er beschränkte sich auf Judäa (das einen Prokurator erhielt), erfaßte also Galiläa und damit Nazareth nicht (H. Leroy, Jesus, 51; G. Prause, Jesus, 48; H. Braun, Jesus, 32; J. Blank, Jesus, 211). Auch eine Datierung nach dem Stern von Bethlehem (Mt 2,2.9 ff.) ist nicht möglich. Es ist zwar astronomisch erwiesen, daß es im Jahre 7/6 v. Chr. eine besondere Sternkonstellation gab, jedoch keinen «Wunderstern» (H. Leroy, Jesus, 52; G. Prause, Jesus, 49; H. Koepf, Mithras, 65). Der ist Legende. – Kurioserweise beginnt das christliche Jahr nicht mit dem Tage, welcher als *Geburtstag* Jesu gefeiert wird (24./25. Dezember), sondern eine Woche später am 1. Januar; das ist der Tag der *Beschneidung* Jesu (Lk 2,21). Das christliche Jahr beginnt also «am Tage seiner Judewerdung» (P. Lapide, Pharisäer, 91).

4 Flavius Josephus – sein hebräischer Name lautete Joseph ben Matatyahu – wurde 37 n. Chr. in Jerusalem geboren. Zu Beginn des Aufstandes der Juden gegen Rom 66 n. Chr. befehligte Josephus jüdische Truppen in Galiläa. Er geriet in römische Gefangenschaft, erwarb sich

aber die Gunst des Feldherrn (und späteren Kaisers) Vespasian. Im Gefolge von Titus, des Sohnes Vespasians, wurde Josephus Augenzeuge des jüdisch-römischen Krieges. Nach Kriegsende (70 n. Chr.) lebte er in Rom, erhielt das römische Bürgerrecht und verfaßte seine Geschichtswerke «Der jüdische Krieg» und «Jüdische Altertümer». Josephus gilt als bedeutendster Historiker seiner Zeit und namentlich sein «Jüdischer Krieg» als außerordentlich zuverlässig. Er starb 100 n. Chr. in Rom (zur Biographie im einzelnen: Josephus, Leben, 9 ff.; G. Cornfeld / G. J. Botterweck, Bibel-Enzyklopädie, Stichwort «Josephus»).

5 Josephus, Krieg, II, 5, 2.

6 Ähnlich grausam wie Varus ging 70 n. Chr. Titus im jüdisch-römischen Krieg gegen Einwohner Jerusalems vor. Aus Gründen der Abschreckung ließ er zahllose Bewohner kreuzigen; «schließlich war gar kein Platz mehr vorhanden für die Kreuze und auch die Kreuze reichten nicht mehr aus für die Menge von Körpern» (Josephus, Krieg, II, 12, 1). Auch ansonsten berichtet Josephus häufig über die Kreuzesstrafe gegen jüdische Rebellen (vgl. Krieg, II, 12, 6; II, 13, 2; II, 14, 9; III, 7, 33). Erst 320 n. Chr. wurde die Kreuzigung durch Kaiser Konstantin verboten (H. Steitz, Kirchengeschichte, 348).

7 Mt 5,43–48.

8 Das hebräische Wort Thora – genauer: die schriftliche Thora – bezeichnet die fünf Bücher Moses (griechisch: Pentateuch). Man nennt die Thora auch das jüdische «Gesetz». Im Laufe von Jahrhunderten trat eine Vielzahl ungeschriebener Vorschriften hinzu, die «mündliche Thora» (dazu: J. Maier, Zweiter Tempel, 15 ff.). Siehe dazu später Seite 52 ff.

9 Lev 19,18.

10 «Jesus war Jude... Er wirkte unter Juden und für Juden. Seine Mutter Maria, sein Vater Josef, seine Familie, seine Gefolgschaft waren Juden... Seine Bibel, sein Gottesdienst, seine Gebete waren jüdisch. Er konnte in jener gegebenen Situation an keine Verkündigung unter den Heiden denken. Seine Botschaft galt dem jüdischen Volk...» (H. Küng, Christ sein, 194; vgl. D. Flusser, Christentum, 103). – Jesus war kein Christ, sondern ein Jude (J. Wellhausen, zit. nach: O. Betz, Jesusforschung, 41; O. Betz, aaO.; R. Bultmann, Urchristentum, 76; G. Theißen in: W.-R. Schmidt, Galiläer, 131; L. Swidler, Jesus, 48; P. J. Weiland, Messias, 301; P. de Rosa, Jesus, 48). «Was er predigt, ist radikalisierter alttestamentlich-jüdischer Gottesglaube» (J. Jeremias, Jesus,9).

11 W. Foerster in: ThWNT III, 285.

12 «Jesus, der Christus» taucht zwar in zwei Textstellen der «Jüdischen

Altertümer» auf (XVIII,3,3 und XX,9,1). Davon gilt jedoch die erste, ausführlichere, als spätere Interpolation von christlicher Hand (A. Schweitzer, Leben-Jesu, 457 u. viele andere). Die zweite Textstelle kann echt sein (A. Schweitzer, aaO., 458 u. andere); hier führt Josephus aus, daß der «Bruder des Jesus, der Christus genannt wird, mit Namen Jakobus» zur Steinigung verurteilt wurde.

13 Zum Namen: D. Flusser, Jesus, 13; ders., Synagoge, 30; J. Blank, Jesus, 211; L. Swidler, Jesus, 11.

14 Mk 14,62; fast gleichlautend die Parallelstellen: Mt 26,64; Lk 22,70. – Man nimmt heute an, daß diese wie auch ähnliche «Worte Jesu» (z.B. Mk 3,11–12; 13,32; Mt 11,27) nach seinem Tode von der frühen christlichen Gemeinde geprägt worden sind; sie werden in der theologischen Fachsprache «Gemeindebildungen» genannt. Literaturbelege Seite 333 Anm. 90.

15 Mt 6,1–4.

16 Mt 8,4; 9,30; 12,16; Mk 5,43; 7,36; Lk 4,41.

17 Vgl. die genealogischen Tafeln bei R. v. Ranke-Graves, Mythologie, 697 ff. – «Die Vater- und Sohn-Relation ist in der Glaubenswelt der Antike eine sehr bekannte Erscheinung, von der sich auch die Christen nicht zu lösen vermochten, obwohl sie doch immer so sehr ihren Monotheismus betonten» (H. Koepf, Mithras, 31).

18 Siehe Seite 207 ff.

19 E. Renan, Jesus (1863), 213 und 241.

20 In der theologischen Wissenschaft besteht völlige Übereinstimmung darüber, daß die vier kanonischen Evangelien (Mt, Mk, Lk, Joh) ihrer Zielsetzung nach keine historischen Werke über Jesus sind; sie wollen keine Jesus-Biographie liefern. Vielmehr wollen sie «Evangelium» (griechisch: frohe Botschaft) sein: Ihre beherrschende Tendenz ist die Verkündigung des christlichen Glaubens, den sie wecken und vertiefen wollen. An Jesus interessiert die Evangelisten nicht primär das historische Detail, sondern was er für den Glauben bedeutet (A. v. Harnack, Christentum, 23; J. Blank, Jesus, 203; G. Bornkamm, Jesus, 12 ff.; J. Jeremias, Jesus, 8; H. Leroy, Jesus, 13, 44; H. Braun, Jesus, 25 ff.; M. Grant, Jesus, 241; G. Mensching, Weltreligionen, 181; P. de Rosa, Jesus, 30). Die Evangelien «bieten also den historischen und zugleich den mythischen Christus», sie sind eine «Mischung von Geschichte und Legende» (A. Besant, zit. nach: A. Schweitzer, Leben-Jesu, 376). Die «historische Sorglosigkeit der Überlieferung» (G. Bornkamm, Jesus, 16) erkennt man auf Schritt und Tritt. «Apostel und Urgemeinde, die täglich das Ende erwarteten, dachten nicht daran, von Jesus für die Nachwelt etwas aufzuzeichnen. Wer täglich mit dem Weltende rechnet, schreibt keine

Bücher mehr. Erst als die Jahre und Jahrzehnte vergingen, ohne daß der Herr erschien, kam es zu einer christlichen Literatur, entstanden die Evangelien» (K. Deschner, Hahn, 33). Die Methoden der Evangelisten «sind sehr von denen verschieden, die man heute für legitim hält»; dabei «borgte man gerne von anderen Texten..., ohne das Gefühl zu haben, etwas zu erfinden» (H. J. Schonfield, Essener, 75). Albert Schweitzer resümiert (1913): Derjenige Jesus, «der als Messias auftrat, die Sittlichkeit des Gottesreiches verkündete, das Himmelreich auf Erden gründete und starb, um seinem Leben die Weihe zu geben, hat nie existiert» (Leben Jesu, 620). «Die Hauptfrage für die jetzige und die kommende Zeit ist, in welcher Weise und mit welchem Ergebnis sich der christliche Glaube mit der historischen Wahrheit über Jesus auseinandersetzt» (A. Schweitzer, aaO., 40). Eugen Drewermann (1992): «Historisch gesehen hängt die ‹Christologie› des Matthäusevangeliums, ja der kirchlichen Verkündigung insgesamt in der Luft. ...die Wahrnehmung der historischen Wirklichkeit formt sich nach den Vorgaben des christlichen Glaubens.» Folglich sei «das Verhältnis von Mythos und Geschichte noch einmal neu zu durchdenken» (Matthäus I, 89). – Man kann die Literaturgattung Evangelium, namentlich die Leidensgeschichte, zur Großgattung ‹Drama› rechnen (F. Lentzen-Deis, Passionsbericht, 198), besonders das Johannes-Evangelium. Josef Blank urteilt: «Die Verhandlung vor Pilatus Joh 18,28–19,16 gehört zu den absoluten Spitzentexten des Neuen Testaments. Sie ist ein Meisterwerk an literarisch-dramatischer Gestaltung ebenso wie an Verdichtung und Verknüpfung der theologischen Motive» (Johannespassion, 163).

21 G. Theißen, Galiläer, 20.

22 A. Schweitzer, Gespräche, 140/141.

23 K. Deschner, Hahn, 18.

24 Mt 5,6; 6,10; Mk 14,36.

25 Der Theologe U. Busse schreibt: «Meines Erachtens bleibt Jesus zu Lebzeiten gänzlich unverstanden» (Nachfolge, 77). Und der Historiker M. Grant: «Es genügte nicht, ein glänzender Lehrer zu sein, wenn die Menschen nicht verstanden, was er sagte. ... Jesus hatte sich fast vollständig isoliert» (Jesus, 171/172).

26 Zu Josephus vgl. vorne Anm. 4.

27 Siehe vorne Anm. 12.

28 Josephus, Leben, 9 ff.

29 Zum Begriff des Gesetzes vgl. vorne Anm. 8.

30 Josephus, Leben, 10.

31 «Josephus war nämlich ein guter Traumdeuter und verstand auch, orakelhafte Sprüche Gottes zu interpretieren. Er war ja selbst ein

Priester, und durch die Zugehörigkeit zu einem Priestergeschlecht kannte er die Prophezeiungen der heiligen Schriften sehr genau» (Josephus, Krieg, III, 8, 3).

32 Josephus, Krieg, II, 8, 2 ff.

33 Josephus, Krieg, I, 3, 5.

34 Josephus, Krieg, II, 7, 3.

35 Josephus, Altertümer, XV, 10, 5.

36 Josephus, Altertümer, XIV, 2, 1.

37 Josephus, Krieg, I, 33, 2.

38 Josephus, Altertümer, XVIII, 5, 2.

39 Josephus nennt sie «‹Gaukler und Betrüger›, die taten, als wären sie von göttlichem Geist erfüllt… Am Ende lockten sie gar das Volk in die Wüste unter dem Vorwand, Gott werde ihnen dort durch Wunderzeichen ihre Freiheit verkünden» (Krieg, II, 13, 4; vgl. auch VI, 5, 2–3). Besondere Erwähnung findet der falsche Prophet aus Ägypten: Er spielte sich als Prophet auf und versammelte an die 30 000 Leute um sich, «die ihm Glauben schenkten. Mit ihnen begab er sich auf vielfältigen Wegen von der Wüste zum sogen. Ölberg.» Offenbar strebte er an, «sich zum Alleinherrscher über das Volk zu machen» (Krieg, II, 13, 5).

40 Josephus, Krieg, VI, 5, 3.

41 Josephus, Altertümer, XX, 9, 1; vgl. vorne Anm. 12.

42 Mt 27,63 ff.; Lk 23,2.5.14; Joh 7,12.47.

43 Vgl. G. Schneider, Prozeß, 124–125; BTalmud, Sanhedrin 43 a.

44 Mt 12,28; Lk 17,21.

45 Mk 13,1–2. – Diese Stelle braucht nicht nachträglich formuliert worden zu sein, denn die Zerstörung des Tempels war bei realistischer Einschätzung der römischen Machtinteressen und des zelotischen Eifers absehbar (L. Schenke, MkEv, 38). Auch D. Flusser hält das Jesuswort für authentisch (NT, 144).

46 Mk 13,15–20.

47 Nachweise bei: A. Schweitzer, Leben-Jesu, 451 ff.; E. bin Gorion in: Josephus, Leben, 105.

48 «Der Zweifel, ob Jesus wirklich existiert hat», ist «unbegründet und keines Wortes der Widerlegung wert» (R. Bultmann, Jesus, 14).

49 Vgl. vorne Anm. 20 und Seite 47.

50 «Marktplätze, Rhetoren- und Philosophenschulen, Raststätten an den Handelsstraßen waren beliebte Treffpunkte umherziehender Sophisten, Rhetoren, Philosophen, Gaukler und göttlicher Männer» (J. Becker, Paulus-Gemeinden, 109).

51 Jesus trat mit 30 in die Öffentlichkeit (Lk 3,23). Die Dauer seines Wirkens kann nach den Evangelien nicht präzise bestimmt werden.

Folgt man Joh, können es drei Jahre gewesen sein. Nach den Synoptikern – Mt, Mk, Lk –, deren Darstellung vielen als historisch zuverlässiger gilt, kommt man auf etwa ein Jahr öffentlichen Wirkens (vgl. dazu: J. Blank, Jesus, 213; H. Leroy, Jesus, 62; J. Gnilka, Jesus, 316). Die Synoptiker behandeln mit anderen Worten ungefähr ein Dreißigstel der Lebensspanne Jesu!

52 Als vermutlicher Tag der Kreuzigung Jesu wird von vielen der 7. April 30 rekonstruiert (vgl. H. Leroy, Jesus, 97; J. Blank, Johannespassion, 153 m.w.N.). Josephus wurde im Jahre 37 geboren (vgl. vorne Anm. 4).

53 «Synopsis» meint die Zusammenschau, die vergleichende Betrachtung. Die drei ersten Evangelien – Mt, Mk, Lk – nennt man «synoptisch», ihre Verfasser die «Synoptiker», weil sie wegen ihrer weitgehenden Übereinstimmung miteinander vergleichbar sind.

54 Vgl. oben Anm. 52.

55 Vgl. dazu vorne Anm. 20 und D. Dormeyer, Evangelium, 190.

56 Vgl. H. Leroy, Jesus, S. VII.

57 Mk 1,24; 10,47; 14,67; 16,6; vgl. H. Leroy, Jesus, 53. Auch sonst wird Nazareth in Galiläa als Heimat Jesu und seiner Eltern Maria und Josef bezeugt: Mk 1,9; Mt 2,23; 4,13; 21,11; Lk 1,26; 2,4.39.51; 4,10; vgl. J. Blank, Jesus, 211.

58 Mt 2,23; 26,71; Lk 18,37; Joh 18,5.7; 19,19; vgl. H. Leroy, Jesus, 53. – Der Ausdruck «Nazoräer» hat etymologisch nichts mit dem Ort Nazareth zu tun (J. M. Robertson, zit. nach: A. Schweitzer, Leben Jesu, 470; M. Lidzbarski, Liturgien, 156; R. Reitzenstein, Iran, 42; R. Bultmann, Jesus, 21; H. Braun, Jesus, 32; J. Lehmann, Rabbi J., 283; M. Baigent / R. Leigh, Qumranrollen, 220). Die Herkunft dieses Namens ist nicht eindeutig geklärt. – Als «Nazoräer» bezeichnen sich die *Mandäer,* eine noch heute im Irak lebende Taufsekte (M. Lidzbarski, Liturgien, 156; R. Reitzenstein, Mandäerfrage, 362; K. Rudolph, Gnostizismus, 522). Die Ursprünge dieser Mandäer = Nazoräer reichen ins Jordantal in die Zeit vor der Entstehung des Christentums zurück; in Johannes dem Täufer erblicken sie einen ihrer Heiligen (herrschende, aber nicht unbestrittene Auffassung, vgl.: M. Lidzbarski, Liturgien, 158; R. Reitzenstein, Iran, 42; ders., Mandäerfrage, 338 ff.; R. Bultmann, Quellen, 309; G. Widengren, Einleitung, 10–12; V. Schou-Pedersen, Johannes, 213). Die Mandäer = Nazoräer behaupten, Jesus habe ursprünglich zu ihnen gehört, sei aber von ihnen abgefallen (R. Reitzenstein, Iran, 42); auch in der wissenschaftlichen Literatur ist diese Mutmaßung angestellt worden (M. Friedländer, zit. nach: A. Schweitzer, Leben-Jesu, 533; M. Lidzbarski, Liturgien, 158). Eine breite Übereinstimmung besteht darin,

daß Jesus aus dem Täuferkreis des Johannes hervorgegangen ist (siehe Seite 286 Anm. 91). Zwischen den Nazoräern und der Qumransekte lassen sich Verbindungslinien erkennen (vgl.: W. Bousset, Mandäer, 27; K. Rudolph, Mandäische Religion, 75; ders., Gnostizismus, 527; G. Widengren, Einleitung, 8; ders., Gnostizismus, 699; E. Segelberg, Masbuta, 121; B. Gärtner, Nazareth, 168 ff.). Ist «Nazoräer vielleicht nur eine andere Bezeichnung für Essener» (J. Lehmann, Rabbi J., 284; bejahend: M. Baigent / R. Leigh, Qumranrollen, 220)? – Eine Gruppe unter den ersten Christen wurde ebenfalls «Nazoräer» genannt, auch von daher könnte der Name auf Jesus gekommen sein (A. Schweitzer, Leben Jesu, 470; B. Gärtner, Nazareth, 166; vgl. zu diesen Christen: C. Colpe, Judenchristen, 59–78). In dem gegen Ende des 2. Jhd. entstandenen Philippus-Evangelium heißt es: «Die Apostel, die vor uns waren, nannten ihn so: Jesus, der Nazoräer, Messias... Nazara ist die Wahrheit. Der Nazarener bedeutet folglich: der Mann der Wahrheit» (PhilEv 47).

59 Mk 6,1 = Mt 13,54 = Lk 4,16. Die Lutherbibel und die Zürcher Bibel übersetzen «Vaterstadt», die Einheitsübersetzung nennt Nazareth die «Heimatstadt» Jesu.

60 E. Renan, Jesus, 18.

61 Die «mythische Gestalt des Messias» ist durch die Urgemeinde «auf einen konkreten geschichtlichen Menschen übertragen worden» (R. Bultmann, Theologie, 36). Desgleichen ist der Gottessohn-Titel Jesu mythologischer Herkunft (vgl. Seite 332 Anm. 88). Viele Mythen der heidnischen Umwelt lieferten das Gewand, «mit dem Jesus von Nazareth bekleidet wurde» (J. Jeremias, Jesus, 10). Der Mythenbestand der bisherigen Religionsgeschichte hat sich sozusagen an die Gestalt Jesu gehängt (U. Mann, Christentum, 184). «Phänomenologisch gesehen, rezipiert das Christentum umweltliche, insbesondere altägyptische Mythen auf verschiedenen Ebenen» (E. Brunner-Traut, Mythen, 3). Das Christentum birgt «hochmythologische Inhalte» (E. Drewermann, Kleriker, 143), es ist eine «hochkomplexe Mythologie» (P. de Rosa, Jesus, 180).

62 Jesus «hätte es für Gotteslästerung gehalten, ihn anzubeten, er hätte es nicht gewollt»; man kann kaum deutlich genug zeigen, «wie weit Jesus davon entfernt war, eine neue Religion aufzumachen» (E. Drewermann, Matthäus I, 519). Die ersten Christen waren nichts anderes als eine von vielen Sekten innerhalb des Judentums (R. Bultmann, Theologie, 45; ders., Urchristentum, 191). Sie wollten «nichts anderes als gute Juden sein» (O. Betz, Spätjudentum, 301) und «dachten nicht daran, der Welt eine neue Religion zu verkünden» (K. Deschner, Hahn, 164). Erst nach und nach, namentlich durch das

Wirken des Apostels Paulus, wurde daraus das Christentum als eigenständige Religion, fand ein fundamentaler Wandel vom *Verkünder* zum *Verkündeten* statt (G. Mensching, Weltreligionen, 219 ff.; L. Schenke, Urgemeinde, 12).

63 Siehe: G. Widengren, Religionen, 207–214; U. Mann, Christentum, 149; ders., Paradies, 29. – Die Bethlehemlegende ist nach G. Widengren «nur eine matte Wiederholung» der originalen, iranischen Geburtslegende (aaO., 213).

64 Lk 2,1 ff.; Matthäus schreibt lapidar: «Jesus wurde in der Stadt Bethlehem in Judäa geboren, als König Herodes in Jerusalem regierte»; anschließend läßt er die Magier auftreten (Mt 2,1). – Keine anderen Stellen des Neuen Testaments erwähnen Bethlehem als Geburtsort Jesu. Johannes geht offenbar von Nazareth als Geburtsort Jesu aus (Joh 1,46; 7,41–42).

65 Dies wird als wahrscheinlich angenommen von: A. Schweitzer, Leben-Jesu, 604; ders., Gespräche, 41, 45; H. Braun, Jesus, 235; J. Blank, Jesus, 211; H. Leroy, Jesus, 53; S. Ben-Chorin, Jesus, 36; ders., Mirjam, 64; G. Prause, Jesus, 44; G. Bornkamm, Jesus, 48; H. Küng, Christ sein, 172; M. Grant, Jesus, 168; W. Fricke, Prozeß, 83, 90.

66 Vgl. Mi 5,1–3; Lk 2,4; A. Schweitzer, Gespräche, 40; J. Blank, Jesus, 211; D. Flusser, Jesus, 17.

67 W. Fricke, Prozeß, 82.

68 Mt 2,16–18.

69 Ausführlich dazu: G. Prause, Herodes, 13 ff.

70 M. Grant, Geschichte, 317.

71 E. Stauffer, zit. nach: G. Prause, Herodes, 17.

72 Vgl. dazu: G. Prause, Herodes, 13 ff.

73 Siehe dazu vorne Anm. 3.

74 K. Deschner, Hahn, 86; H. Koepf, Mithras, 27.

75 A. Schütze, Mithras, 145; vgl. auch: F. Cumont, Mithra, 154, 181, 186; U. Mann, Paradies, 36; M. Clauss, Mithras, 74.

76 A. Schütze, Mithras, 145; vgl. H. Koepf, Mithras, 27.

77 A. Schweitzer, Leben-Jesu, 46.

78 F. Cumont, Mithra, 145; G. Widengren, Religionen, 232; A. Schütze, Mithras, 52; E. Schwertheim, Mithras, 31, D. Planck, Mithras, 154. – Schon der altindische Gott Agni, der im Rigveda als «Jungfrauensohn» bezeichnet wird, wurde «bei seiner Geburt von Hirten auf dem Felde besungen und beschenkt» (K. Deschner, Hahn, 297). Der orientalische Gott Attis wurde von Hirten erzogen (M. J. Vermaseren, Kybele und Attis, 7). Wie Jesus wird auch der Heilgott Asklepios «als ausgesetztes Kind von Hirten unter den Tieren gefunden; eine göttli-

che Lichterscheinung, verbunden mit einer Himmelsstimme, offenbart, daß der Neugeborene alle Heilmittel für die Kranken finden und die Toten wieder erwecken werde» (G. Baudler, Stiergott, 182; vgl. E. Drewermann, Tiefenpsychologie II, 178).

79 Vgl. Mt 1,23 mit Jes 7,14; A. Schweitzer, Gespräche, 50; H. Braun, Jesus, 235.

80 R. Bultmann, Theologie, 53; J. Moltmann, Der Weg, 98. – «Die Geburt von der Jungfrau wurde von den jüdischen Christen immer geleugnet» (E. S. Drower, Die Täufer, 200; vgl.: A. Schweitzer, Gespräche, 88; K. Deschner, Hahn, 199).

81 Mt 13,55; Joh 1,45; 6,42.

82 Kritisch zur Lehre: J. Blank, Jesus, 211; E. Drewermann, Tiefenpsychologie I, 393. – «Mit Ausnahme der katholischen Exegeten besteht in der Fachwissenschaft heute eine weitgehende Übereinkunft über den legendären Charakter der Erzählungen von der Jungfrauengeburt» (A. Holl, Jesus, 95).

83 G. Mensching, Weltreligionen, 192; A. Holl, Religionen, 63; K. Deschner, Hahn, 400.

84 G. Seiterle, Artemis, 13; M. J. Vermaseren, Kybele und Attis, 12; W. Elliger, Ephesos, 120.

85 S. Ben-Chorin, Mirjam, 21; W. Elliger, Ephesos, 128.

86 G. Mensching, Weltreligionen, 192.

87 G. Mensching, Weltreligionen, 192; G. Langmann, Ephesos, 8; W. Elliger, Ephesos, 190.

88 G. Langmann, Ephesos, 14; S. Ben-Chorin, Mirjam, 22, 128. – Daneben besteht eine «Jerusalemer Tradition» (S. Ben-Chorin, aaO., 22, 127).

89 K. Deschner, Hahn, 399.

90 G. Mensching, Weltreligionen, 192; K. Deschner, Hahn, 400; W. Elliger, Ephesos, 190.

91 G. Prause, Jesus, 45/46; H. Braun, Jesus, 235; J. Moltmann, Der Weg, 100; K. Deschner, Hahn, 397; W. Fricke, Prozeß, 74.

92 G. Prause, Jesus, 46; K. Deschner, Hahn, 397; beide mit weiteren Beispielen. – Die kanaanäische Muttergöttin Anath war Jungfrau. Sie wurde von in Ägypten lebenden Juden jahrhundertelang verehrt (H. Ringgren, Israel, 85). – In der Zarathustra-Religion wurde der Erlöser Saoshyant von einer Jungfrau geboren (R. Reitzenstein, Mysterienreligionen, 418; G. Mensching, Weltreligionen, 193; H. Koepf, Mithras, 25). – Im vorchristlichen Armenien verbirgt sich die Tochter des Königs in einer Felskluft. «Da öffnet sich ein Tor, sie geht hindurch und betet darinnen. Dann trinkt sie von dem aus der Felsdecke herabfließenden Wasser dreimal und geht hinaus. Von dem

Wasser, das sie getrunken hat, wird sie schwanger und gebiert einen Knaben, der im Alter von einem Jahr so groß wie ein Zwölfjähriger ist» (V. Haas, Hethiter, 204). – Sogar im essenischen Schrifttum ist von einer übernatürlichen Geburt die Rede: Noah wurde von einem Engel gezeugt (1 QGenAp II,1; A. Dupont-Sommer, Schriften, 308 Anm. 1).

93 E. Brunner-Traut, Mythen, 55; vgl. R. Reitzenstein, Mysterienreligionen, 35/36, 101.

94 H. Koepf, Mithras, 25; U. Mann, Paradies, 20; vgl. A. Schweitzer, Leben-Jesu, 196.

95 H. Koepf, Mithras, 27; K. Deschner, Hahn, 86.

96 Mt 2,1–12.

97 F. Cumont, Orientalische Religionen, 153, 164; H. Koepf, Mithras, 65; A. Kehl, Antike Volksfrömmigkeit, 139.

98 Num 24,17; G. Vermes, Qumran, 199; H. Braun, Qumran I, 8. – Im zweiten jüdisch-römischen Krieg (132–135 n. Chr.) stieg Simon bar Kosiba zum unbestrittenen Rebellenführer und Oberhaupt des Volkes auf. Der berühmte Rabbi Akiba proklamierte ihn zum König und Messias. Genannt wurde er Simon «bar Kochba» = «Sohn des Sterns» (Y. Yadin, Bar Kochba, 18/19; S. Safrai in: H. H. Ben-Sasson, Geschichte I, 407). – Übernatürlichen Zeichen und Wundern schenkte man in der Antike große Aufmerksamkeit. Josephus berichtet, Jahre vor Ausbruch des jüdisch-römischen Krieges (66–70 n. Chr.) hätten Himmelszeichen den Fall Jerusalems angekündigt. «So war es beispielsweise, als ein *Gestirn* in der Gestalt eines Schwertes über der Stadt stand und ein *Komet* sich ein Jahr über am Himmel zeigte» (Krieg, VI, 5, 3); ferner damals, als gegen 3 Uhr morgens «ein so gewaltiges *Licht* den Altar und den Tempel erhellte, daß es schien, als sei heller Tag, und dieses Schauspiel dauerte nahezu eine halbe Stunde» (Krieg, aaO.).

99 CD VII,18–20; 1 QM XI,6; 4 Qtest 12–13; G. Vermes, Qumran, 199; K. Schubert, Messiaslehre, 346 ff.; H. Braun, Qumran I, 8; E. Lohse, Qumran, 289 Anm. 47. – Die Qumrangemeinde erwartete, gestützt auf Num 24,17, zwei Messiasse, einen davidischen und einen priesterlichen Messias (K. Schubert, Messiaslehre, 346 ff.). Unter den Gelehrten besteht Uneinigkeit nur darüber, welcher der beiden Messiasse mit dem Stern gemeint ist.

100 F. Cumont, Orientalische Religionen, 132; E. Schwertheim, Mithras, 13; ders., Kommagene, 63.

101 H. Koepf, Mithras, 65/66; A. Schütze, Mithras, 252; E. Schwertheim, Kommagene, 63.

102 Die phrygische Mütze, deren charakteristische Form durch einen

auf dem Haupte nach vorn geneigten rundlichen Zipfel geprägt ist, stammt, wie ihre Herkunftsbezeichnung angibt, aus Phrygien, einer antiken Landschaft im Innern Kleinasiens. Mithras, aber auch andere orientalische Gottheiten – Attis, Jupiter Dolichenus, Sabazios u.a. – trugen die phrygische Mütze. Bei den Mithrasgläubigen war sie das Insignium der höchsten Einweihungsstufe, des »paters«, der als irdischer Repräsentant des Gottes anzusehen ist (M. Clauss, Mithras, 144). Die Mütze – oft Mithra genannt – wurde ursprünglich aus dem Hodensack des Stieres und der angrenzenden Hautpartie gefertigt; sie wurde demzufolge nicht nur als Kopfschutz, sondern auch als Vermittlerin außerordentlicher Kräfte verstanden. In der Mithrasreligion galt sie als Symbol der Lebenserneuerung, als ein Jenseitszeichen, das dem Gläubigen ein Weiterleben nach dem Tod verhieß. – Das «Weiterleben» der phrygischen Mütze bis in unsere Zeit ist nicht minder interessant. In der französischen Revolution wurde sie zum Erkennungszeichen der Jakobiner (Jakobinermütze). Die französische Symbolfigur Marianne trägt ebenfalls eine phrygische Mütze. Haben nicht auch die «Schlümpfe», jene kleinen blauen Kobolde, eine Mithra an? Nicht zuletzt geht auch die Kopfbedeckung der Kardinäle und Bischöfe, die bis heute Mitra heißt, auf die phrygische Mütze zurück (vgl. im einzelnen: G. Seiterle, Phrygische Mütze, 3 ff.).

103 A. Schütze, Mithras, 252; H. Koepf, Mithras, 67; G. Seiterle, Phrygische Mütze, 3; M. Clauss, Mithras, 176.

104 Vgl. oben Anm. 102.

105 H. Koepf, Mithras, 66.

106 Zur Fundgeschichte: K. Schubert in: J. Maier / K. Schubert, Qumran-Essener, 22; J. Lehmann, Jesus, 53 ff.; ders., Rabbi J., 36 ff.; Y. Yadin, Tempelrolle, 11 ff.

107 Die wissenschaftliche Diskussion um die Autorenschaft der Schriftrollen ist inzwischen weitgehend abgeebbt; die Schriftrollen werden im allgemeinen den Essenern zugerechnet (vgl. statt vieler: K. E. Grözinger / N. Ilg u. a., Qumran, 3/4). – Im Buchhandel sind zwei deutschsprachige Textausgaben der Schriftrollen erhältlich, von E. Lohse und J. Maier / K. Schubert (siehe Abkürzungs- und Literaturverzeichnis).

108 Das Ruinenfeld von Qumran wurde von Archäologen freigelegt und konserviert; es steht jedem zur Besichtigung offen. – Etliche Qumranrollen werden im «Schrein der Schrift» des Israel-Museums in Jerusalem aufbewahrt und können dort betrachtet werden.

109 H. Braun, Qumran I, 6; Y. Yadin, Tempelrolle, 12.

110 Der späteste anzunehmende Zeitpunkt für die Anfertigung der

Qumranrollen ist das Jahr 68 (evtl. 70) n. Chr., denn in diesem Jahr haben römische Truppen die Siedlung Qumran zerstört (G. Cornfeld / G. J. Botterweck, Bibel-Enzyklopädie, Stichwort «Qumran», Erl. 5 a; K. Schubert in: J. Maier / K. Schubert, Qumran-Essener, 22; E. Lohse, Qumran, S. XIII; K. E. Grözinger / N. Ilg u. a., Qumran, 3; Y. Yadin, Tempelrolle, 238; H. Braun, Qumran II, 162; K. H. Schelkle, Paulus, 39; G. Fohrer, Literaturgeschichte, 239; J. Maier, Zweiter Tempel, 278/279; a. A.: M. Baigent / R. Leigh, Qumranrollen, 214 ff., die für eine spätere Abfassung der Qumrantexte plädieren). Die meisten Textfunde sind jedoch wesentlich älter und werden von den Schriftrollenforschern in das letzte vorchristliche Jhd. oder noch früher datiert (J. T. Milik, Essener, 75, 78, 82; Y. Yadin, Tempelrolle, 242; K. Schubert in: J. Maier / K. Schubert, Qumran-Essener, 22; E. Lohse, Qumran, 63; G. Fohrer, Literaturgeschichte, 238 ff.). Die «Gemeinderegel» z. B. wurde um 130 v. Chr. geschrieben (G. Fohrer, Literaturgeschichte, 238), die «Kriegsrolle» dürfte am Beginn des 1. Jhd. n. Chr. abgefaßt worden sein (E. Lohse, Qumran, 178; J. T. Milik, Essener, 116), desgleichen der Habakuk-Kommentar (J. T. Milik, Essener, 82; G. Fohrer, Literaturgeschichte, 239) und der Kommentar zu Psalm 37 (J. T. Milik, Essener, 90). – Als älteste Schrift des *Neuen Testaments* überhaupt gilt der erste Brief des Apostels Paulus an die Gemeinde in Thessalonich, dem heutigen Saloniki, geschrieben um 50 n. Chr. (K. H. Schelkle, Paulus, 79; G. Bornkamm, Paulus, 80; E. Lohse, Entstehung des NT, 35). Das älteste Evangelium hingegen, dasjenige des Markus, entstand frühestens 66 n. Chr. (L. Schenke, MkEv, 39; E. Lohse, Entstehung des NT, 86). Matthäus und Lukas brachten ihre Arbeiten um 90 n. Chr. zum Abschluß (E. Lohse, Entstehung des NT, 91, 96), das Johannesevangelium wird auf etwa 100 n. Chr. datiert (E. Lohse, Entstehung des NT, 115).

111 H. Braun, Qumran I, 6. In diesem noch immer grundlegenden Werk bespricht H. Braun die gesamte bis zum 1.7.1959 erschienene Literatur.

112 H. Leroy, Jesus, S. VII.

113 A. Schweitzer, Leben-Jesu, 531.

114 K. Stendahl, zit. nach: H. Braun, Qumran II, 360.

115 J. M. Allegro, zit. nach: O. Betz, Spätjudentum, 312.

116 Diese These hat erstmals 1770 Friedrich der Große aufgestellt (A. Dupont-Sommer, Schriften, 15), sodann K. F. Bahrdt, 1792 (zit. nach: A. Schweitzer, Leben-Jesu, 80 ff.) und K. H. Venturini, 1802 (zit. aaO., 85), lange Zeit bevor die Schriftrollen vom Toten Meer gefunden worden waren. Albert Schweitzer urteilt über K. F. Bahrdt

und K. H. Venturini: «Man schätze diese beiden Leben-Jesu als historische Leistungen nicht zu gering ein. Manches ist sehr fein beobachtet» (aaO., 87). Auch in späteren Jahren gab es immer wieder Stimmen, die Jesus den Essenern zugerechnet haben: A. F. Gfrörer, 1838 (zit. aaO., 195); Hennell, 1849 (zit. aaO., 191); C. D. Ginsburg, 1864 (zit. nach: K. Deschner, Hahn, 97); P. de Régla, 1894 (zit. nach: A. Schweitzer, Leben-Jesu, 373); N. Notowitsch, 1894 (zit. aaO., 374); A. Besant, 1903 (zit. aaO., 376); P. Nahor, 1905 (zit. aaO., 374); M. Friedländer, 1905 (Judentum, 132); J. Lippert, 1907 (zit. nach: A. Schweitzer, Leben-Jesu, 574); E. S. Drower, 1937 (zit. nach: W. Baumgartner, Mandäerfrage, 449 Anm. 3); J. L. Teicher, 1951 (zit. nach: H. Braun, Qumran II, 212); J. Lehmann, 1970 (Jesus, 35 ff.); E. B. Székely, 1978 (Essener, 302); H. J. Schonfield, 1985 (Essener, 152); J. Lehmann, 1990 (Rabbi J., 289).

117 E. Lohse, Qumran, S. VIII und XVII ff. – Ein paar weitere Resümees: Zwischen Essenertum und Christentum seien «die Verbindungen eher indirekt» (K. E. Grözinger / N. Ilg u. a., Qumran, 22), gebe es «Berührungen» (J. A. Fitzmyer, Qumran, 385; H. Leroy, Jesus, 67), gebe es «viele Übereinstimmungen» (H. Ringgren, Israel, 315), ja «ganze Gedankenkomplexe, in denen sich das Neue Testament mit Qumran berührt» (H. Braun, Jesus, 192). Die Lehre Jesu weise mit der essenischen «zahlreiche Affinitäten» auf (P. Lapide, Synagogen, 19). «Wir müssen uns fragen, ob ohne die frühere Existenz und Propaganda der Essener, ihre messianistische Heilslehre, ihre Organisation und Disziplin, das Christentum überhaupt entstanden wäre» (H. J. Schonfield, Essener, 87).

118 H. Braun, Qumran II, 113.

119 A. Dupont-Sommer, Schriften, 407.

120 E. Wilson, zit. nach: M. Baigent / R. Leigh, Qumranrollen, 68; vgl. bereits J. Lehmann, Jesus, 64.

121 «Die sensationellsten Dinge, die über die Rollen vom Toten Meer gesagt worden sind, entspringen der schöpferischen Vorstellungskraft derer, die sie gesagt haben, und sind ohne Grundlage in den Rollen selbst» (H. H. Rowley, Qumransekte, 23). Die akut-eschatologische Geschichts- und Gegenwartsdeutung «bilden offenkundig die Basis für viele Gemeinsamkeiten auch im Detail, ohne daß eine Abhängigkeit oder Ableitung postuliert werden muß» (J. Maier in: G. Strecker / J. Maier, NT-AJ, 174). «Einige oberflächliche Ähnlichkeiten sind irreführend» (C. K. Barrett, Johanneisches, 269).

122 K. Schubert in: J. Maier / K. Schubert, Qumran-Essener, Vorwort.

123 Bereits A. v. Harnack waren 1900 (Christentum, 30) und A. Schweitzer 1906 (Leben-Jesu, 370) solche Unvereinbarkeiten

aufgefallen. «Seine Lehre steht weitgehend den Auffassungen der Essener diametral entgegen» (Y. Yadin, Tempelrolle, 267).

124 H. Küng, Christ sein, 230. – Ähnlich, jedoch nicht ganz so einseitig: G. Bornkamm, Jesus, 40; H. Leroy, Jesus, 68; G. Theißen, Galiläer, 56 ff., 267.

125 Gegen «apologetische Verharmlosung» wendet sich entschieden H. Braun; man dürfe «vorhandene Analogien nicht aus ‹christlichen› Gründen vertuschen» (Qumran II, 360).

126 O. Betz, Spätjudentum, 315.

127 «Wissenschaft im Dienst des Glaubens», so überschreiben M. Baigent / R. Leigh dieses Phänomen (Qumranrollen, 192).

128 Lk 2,14; nach M. Luther.

129 Vor allem: 1 QS VIII,6; 1 QH IV,32–33; XI,9; XV,15; XVI,12–13.

130 1 QH XI,9.

131 1 QS VIII,6.

132 K. Schubert in: J. Maier / K. Schubert, Qumran-Essener, 119; vgl. H. Braun, Qumran I, 83/84; D. Flusser, NT, 226. In diese Richtung tendiert die Zürcher Bibel; völlig am Sinn vorbei geht die Einheitsübersetzung.

133 H. Braun, Qumran I, 84 m. w. N.

134 Mk 1,11; nach M. Luther. Zürcher Bibel: «...habe ich Wohlgefallen gefunden.» Einheitsübersetzung: «...dich habe ich erwählt.»

135 «Wie in Qumran die Bewertung der Eingeweihten eine Rolle spielt, wie das Rabbinat besondere Lehrer herausstellt, wurde Jesus... in einer alten Tradition als Sohn, der geliebt und erwählt war, herausgestellt» (O. Michel, Evangelien, 290).

136 4 Q 246 / Lk 1,32.35. Die Qumranstelle wird zitiert nach: M. Baigent / R. Leigh, Qumranrollen, 95.

137 4 Qpatr 3–4 / Lk 1,32–33.

138 1 QH IX,26–27 / Lk 1,78–79.

139 1 QM XVII,4 ff. / Lk 2,10 ff.; nach M. Luther.

140 1 QH II,8–10 / Lk 2,34.

141 J. Kremer, Kindheitsevangelien, 95, 97; J. Moltmann, Der Weg, 103; M. Grant, Jesus, 142; dazu im einzelnen später Seite 214 ff.

2. Die Lebenshaltung der Essener und des Jesus von Nazareth

1 Vgl. zum «Gesetz» vorne Anm. 8.

2 E. Lohse, Qumran, S. XIII und 227; O. Betz, Spätjudentum, 311; K. Schubert in: J. Maier / K. Schubert, Qumran-Essener, 33.

3 A. Dupont-Sommer, Schriften, 387 ff.; E. Lohse, Qumran, S. XIII.
4 J. Rehork, Archäologie, 105.
5 Zit. nach: J. T. Milik, Essener, 58.
6 E. Lohse, Qumran, 285 Anm. 65; G. Bornkamm, Jesus, 41; O. Betz, Jesus, 356.
7 Dtn 14,2; R. Bultmann, Urchristentum, 45, 85; J. Maier, Judentum, 164/165; G. Prause, Herodes, 223; A. Holl, Religionen, 34; vgl. später Seite 110 ff.
8 1 QS VIII,12–14; vgl. auch: 1 QS IX,19–20; 4 QpPs 37 III,1.
9 Vgl. Jes 40,3.
10 Vgl. Mt 3,3; Mk 1,2–3; Lk 3,4; Joh 1,23.
11 D. Flusser, Jesus, 24. – War Johannes der Täufer ein Essener? Bejahend: F. W. Ghillany, 1864 (zit. nach: A. Schweitzer, Leben-Jesu, 197); J. Lippert, 1907 (zit. aaO., 574); E. S. Drower, 1937 (zit. nach: W. Baumgartner, Mandäerfrage, 449 Anm. 3); S. Ben-Chorin, Jesus, 40, 161; Y. Yadin, Tempelrolle, 266; G. Mensching, Welreligionen, 182; L. Rinser, Mirjam, 41; O. Betz, Jesus, 319; W. Feneberg in: D. Flusser, Christentum, 167; E. Drewermann, Matthäus I, 307.
12 CD I,4; 1 QM XIII,8.
13 1 QS IV,22; VIII,6.10.
14 1 QS IV,20–23; 1 QSa I,1; II,11 ff.
15 Vgl. dazu vorne Seite 18.
16 J. Blank, Jesus, 227; H. Leroy, Jesus, 64; O. Betz, Spätjudentum, 314/315.
17 Mk 2,15–17; vgl. ferner: Lk 7,34.36–39; 15,1–2; 19,7.
18 G. Bornkamm, Jesus, 51.
19 H. Leroy, Jesus, 66. – «Irre Gesellschaft» (G. Theißen, Galiläer, 159); «unerhört anstößig» (H. Braun, Jesus, 145); «ein ausgesprochener Skandal» (A. Holl, Jesus, 146); «skandalös» (J. Gnilka, Jesus, 110); «das schlägt allem, was Juden von Gott glaubten, ins Gesicht und muß als Gotteslästerung empfunden werden» (H. Zahrnt, Jesus, 125).
20 S. Ben-Chorin, Jesus, 123.
21 A. Holl, Religionen, 61. Vom «Messias der Armen» spricht J. Moltmann (Der Weg, 122).
22 Mk 6,56; Mt 9,35; Lk 8,1.
23 Mt 24,26; H. Küng, Christ sein, 230. – An anderer Stelle bringen die Evangelien allerdings Jesus mit der Wüste in Verbindung (Mk 1,12–13 und Parallelen).
24 Mt 24,24.
25 Vgl. vorne Seite 18.
26 CD VI,5; J. T. Milik, Essener, 110. Die Damaskusschrift (= CD) ist

wahrscheinlich im 1. Jhd. v. Chr. abgefaßt worden (J. T. Milik, Essener, 75; E. Lohse, Qumran, 63). Es wird auch die Meinung vertreten, Damaskus sei nichts anderes als ein Deckname für Qumran oder eine symbolische Bezeichnung. – Vgl. auch Sach 9,1: «Der Herr richtet seinen Blick nicht nur auf Israel... Sein Wort... wohnt in Damaskus...»

27 Zum Beispiel die Entweihung des Tempelbezirks (Mk 11,15–17), das Zur-Schau-stellen der Frömmigkeit (Mt 6,1 ff.), die Höherachtung kultischer Reinheit gegenüber dem Gebot der Nächstenliebe (Lk 10,30–37).

28 D. Flusser, Jesus, 88. – G. Theißen nennt Jesu Verhalten eine «Werterevolution» (Galiläer, 179) und ihn selbst ein «Sicherheitsrisiko»: «Jeder, der eher seinem Gewissen folgt als Vorschriften und Gesetzen, jeder der die bestehende Verteilung von Macht und Besitz nicht für endgültig hält, jeder der kleinen Leuten das Selbstbewußtsein von Fürsten verleiht, ist ein Sicherheitsrisiko» (Galiläer, 181).

29 J. T. Milik, Essener, 110.

30 J. T. Milik, Essener, 113. «Es sind uns wenigstens vier verschiedene Richtungen bekannt: die Unverheirateten von Qumran (Eremiten und Zönobiten), die verheirateten Essener, die in abgeschiedenen jüdischen Dörfern im Süden Syriens lebten, die palästinensischen ‹Tertiarier› und die Therapeuten, eine Gruppe ägyptisch-jüdischer Einsiedler» (J. T. Milik, aaO.).

31 «Sie konzentrieren sich auch nicht auf eine einzelne Stadt, sondern sie sind in großer Anzahl auf alle Städte verteilt» (Josephus, Krieg, II, 8, 4). Die Zahl ihrer Mitglieder beziffert Josephus auf «viertausend Menschen» (Altertümer, XVIII, 1, 5).

32 B. Mazar, Der Berg, 72; Y. Yadin, Tempelrolle, 196; J. Maier, Zweiter Tempel, 275; L. Schenke, Urgemeinde, 40.

33 Josephus, Krieg, V, 4, 2; Y. Yadin, Tempelrolle, 197. – Einen antiken Stadtplan mit Einzeichnung des Essener-Tores findet man bei: G. Strecker / J. Maier, NT-AJ, 192.

34 Y. Yadin, Tempelrolle, 199.

35 G. Cornfeld / G. J. Botterweck, Bibel-Enzyklopädie, Stichwort «Gesetz Israels», Erl. 6 e; vgl. auch vorne Seite 16.

36 J. Maier, Judentum, 221/222. – «Die Essener spielten bis zur römischen Zerstörung des Tempels eine hervorragende Rolle in der Welt. Man sprach allenthalben von ihnen mit Bewunderung» (M. Friedländer, Judentum, 134).

37 Zeloten (= Eiferer) nennt man die jüdischen Widerstandskämpfer gegen die römische Fremdherrschaft. Es war jedoch mehr als nationalistischer Eifer, der sie antrieb. «Denn ihr Begründer, der Galiläer Judas, war in erster Linie ein Exeget der Schrift und dann auch ein

politisch-militärischer Führer; diese Verbindung von Theologie und aktiver Widerstandspolitik macht das Neue bei den Zeloten aus. Aus dem ersten Gebot des Dekalogs, nur Gott allein und nicht anderen Göttern zu dienen, zogen sie die Konsequenz, keinen menschlichen König als Herrscher über Israel anzuerkennen» (O. Betz, Spätjudentum, 306/307). Auslösendes Ereignis für die Aufstandsbewegung der Zeloten war die 6 n. Chr. durch den syrischen Legaten Quirinius eingeführte Steuerveranlagung (O. Betz, Spätjudentum, 307; G. Bornkamm, Jesus, 36). Lukas hat diesen Zensus in seine Geburtslegende eingearbeitet (Lk 2,1–2). Josephus nennt die Zeloten mehrfach «Räuberbanden» (Krieg, IV, 3, 4 ff.; Altertümer, XVII, 10, 8). Im jüdisch-römischen Krieg (66–70 n. Chr.) fanden auch die Zeloten ihr Ende (O. Betz, Spätjudentum, 307). – Simon, einer der zwölf Jünger Jesu, hatte den Zeloten angehört (Mk 3,18; P. Lapide, Pharisäer, 76; W. Fricke, Prozeß, 226), desgleichen Judas Ischarioth (Mk 14,10; S. Ben-Chorin, Jesus, 172; G. Theißen, Galiläer, 204; P. Lapide, Synagogen, 47). Wahrscheinlich waren sogar fünf der zwölf Jünger Zeloten (P. Lapide, Pharisäer, 115; J. Lehmann, Rabbi J., 95; W. Fricke, Prozeß,226). Barabbas (Mk 15,7) dürfte Zelot gewesen sein (G. Bornkamm, Jesus, 145; H. Leroy, Jesus, 110; D. Flusser, Jesus, 125; G. Theißen, Galiläer, 119), ebenso die beiden Verbrecher, mit denen zusammen Jesus gekreuzigt wurde (Lk 23,32–43; O. Betz, Spätjudentum, 307; D. Flusser, NT, 158; H. Leroy, Jesus, 111; G. Theißen, Galiläer, 224).

38 J. T. Milik, Essener, 117; H. H. Rowley, Qumransekte, 38, 51; Y. Yadin, Masada, 174; J. Gnilka, Jesus, 64.

39 B. Quint, Die Ehe, 169; siehe: Mk 10,29–30; Lk 14,26. – Jesus sucht nicht die Gelegenheiten, das Volk zu unterweisen, sondern geht ihm «je länger je mehr aus dem Wege» (A. Schweitzer, Leben-Jesu, 410).

40 Mk 10,29–30; Lk 12,15 ff.

41 Mt 6,6.

42 Mk 1,35; 14,32–36; Mt 14,23; Lk 5,16; 6,12.

43 Joh 17,16; vgl. auch Joh 15,19.

44 Mt 15,24; 10,5–6; Joh 4,22.

45 Einhellige Meinung, vgl.: A. Schweitzer, Leben-Jesu, 628; ders., Gespräche, 135; M. Friedländer, Judentum, 317; R. Bultmann, Jesus, 34; G. Bornkamm, Jesus, 69/70; H. Küng, Christ sein, 194; H. Braun, Qumran II, 93; A. Holl, Jesus, 17; S. Ben-Chorin, Jesus, 58; D. Flusser, Jesus, 63; M. Grant, Jesus, 163; G. Prause, Jesus, 29; J. Gnilka, Jesus, 194.

46 Hunde: Mk 7,27 und Mt 7,6 = ThEv 93; Schweine: Mt 7,6 = ThEv 93; vgl. auch später Seite 113.

47 CD I,4; 1 QM XIII,8.

48 1 QS IX,16; H. Braun, Qumran I, 66 und II, 93; E. Lohse, Qumran, 285 Anm. 73; L. Schenke, Urgemeinde, 41.

49 Es erhebt sich der Verdacht, «daß das Christentum nicht viel mehr als eine Art statistischer Abstraktion ist, oder ein theologischer Wunsch. Real gibt es die Christentümer, Kirchen, Sekten. ... Heute verteilt sich die Christenmilliarde auf mindestens 60 großkirchliche und tausende kleinerer Gebilde, von der römisch-katholischen Kirche (739 Millionen) bis zum Fünfzigpersonenverein in einem Negerquartier von Chicago» (A. Holl, Religionen, 51/52). Schon kurz nach dem Tode Jesu gab es die «ersten großen Krisen und Konflikte auf dem Boden der Jerusalemer Urkirche» (G. Bornkamm, Paulus, 36; vgl. Apg 6,1 ff.). Von der «Einen Kirche Christi in dieser geteilten Welt» zu reden (so: J. Moltmann, Der Weg, 84), entspringt daher reinem Wunschdenken.

50 Die Essener haben das Mönchsleben der Benediktiner vorweggenommen (O. Betz, Spätjudentum, 313; E. B. Székely, Essener, 309/310); man betrachtet sie als – im Judentum einzig dastehende – Mönchsgemeinschaft (H. H. Rowley, Qumransekte, 32; S. Ben-Chorin, Jesus, 70).

51 CD XX,2.5.7.

52 Vgl. später Seite 41 ff., 45 ff.

53 1 QS X,1 ff.; 1 QH XII,4 ff.; dazu: K. Schubert in: J. Maier / K. Schubert, Qumran-Essener, 49. – Die Sonne scheint den Essenern von religiöser Bedeutung gewesen zu sein. Nach Josephus äußert sich ihre Gottesverehrung «auf eigenartige Weise. Vor Aufgang der Sonne reden sie nämlich kein unheiliges Wort, sondern sie richten an dieses Gestirn einige von den Alten überkommene Gebete, als flehten sie darum, die Sonne möge aufgehen» (Krieg, II, 8, 5). Eine gewisse Affinität der Essener zur Sonne äußert sich auch darin, daß sie das Jahr nach einem Sonnenkalender in 364 Tage teilen, während das übrige Judentum sich bis auf den heutigen Tag nach einem Mondkalender mit 354 Tagen richtet (A. Dupont-Sommer, Fremdeinflüsse, 218; K. Schubert in: J. Maier / K. Schubert, Qumran-Essener, 71; Y. Yadin, Tempelrolle, 95). – Selbst in der frühen Christenheit wurden bisweilen Gebete an die Sonne gerichtet, die den Zorn des Papstes (Leo I., 440–461) auf sich zogen (A. Schütze, Mithras, 218; K. Deschner, Hahn, 84). Und in der christlichen Bildkunst nehmen die Motive bis ins Mittelalter Rücksicht auf den Sonnenlauf (E. Brunner-Traut, Mythen, 79/80). «Das hohe Lied von der Sonne, die allem Lebendigen Leben gibt, hat selbst einen Goethe zeitlebens mit religiöser Gewalt ergriffen und ihn zu einem Sonnenanbeter gemacht» (A. v. Harnack, Christentum, 118).

54 Josephus, Krieg, II, 8, 5; 1 QS VI,2.
55 Vgl. CD VI,19.
56 1 QS VI,6–8.
57 1 QS VI,10–13.
58 1 QS VII,9–11.
59 1 QS VII,16 ff.
60 Josephus, Krieg, II, 8, 5.
61 R. Bultmann, Jesus, 71; J. Blank, Jesus, 228.
62 Mk 1,35; 14,32–36; Mt 14,23; Lk 5,16; 6,12.
63 Lk 9,18.28.
64 Lk 18,1.
65 Lk 18,7.
66 Vgl. Mt 6,16–18.
67 Mt 9,14–15.
68 Mt 11,19.
69 Vgl. vorne Seite 35.
70 Josephus, Krieg, II, 8, 3.
71 Josephus, Krieg, II, 8, 3/4.
72 1 QH X,29–30; CD VIII,7; XIX,19.
73 4 QpPs 37 II,9; III,10; 1 QpHab XII,3; G. Cornfeld / G. J. Botterweck, Bibel-Enzyklopädie, Stichwort «Qumran», Erl. 6 d; K. Schubert in: J. Maier / K. Schubert, Qumran-Essener, 79, 127.
74 1 QS I,12–13; H. H. Rowley, Qumransekte, 33.
75 1 QS VI,20; IX,7; Josephus, Krieg, II, 8, 3; K. Schubert in: J. Maier / K. Schubert, Qumran Essener, 77.
76 K. Schubert in: J. Maier / K. Schubert, Qumran-Essener, 77/78.
77 D. Flusser, Jesus, 73.
78 Lk 12,15 ff.
79 Lk 12,22.
80 Lk 12,29–31.
81 Mk 6,8–9.
82 H. Braun, Qumran II, 98; J. Carmignac, zit. dort; vgl. J. Lehmann, Jesus, 43.
83 Mt 6,19–21.
84 Mt 19,24.
85 Das christliche Europa ist – nach Mahatma Ghandi – nur dem Namen nach christlich und betet in Wirklichkeit den Mammon an (H. Küng, Christ sein, 123). Symptomatisch ist z. B. ein Artikel in einer überregionalen deutschen Wochenzeitung mit der fetten Schlagzeile: «Zwischen Glaube und Hoffnung.» Der Untertitel gibt sodann das eigentliche Thema an: «Hat der deutsche Rentenmarkt seinen Zinsgipfel erreicht» (Die Zeit, Nr. 26 vom 23.6.1989, S. 31)? «Der praktische

Materialismus, der es auf gut Essen und Trinken, auf Kleiderschmuck und Häuserbauen abgesehen, ist nur die Außenseite des inneren Glaubensschiffbruchs» (M. Friedländer, Judentum, 64 – niedergeschrieben 1905). Vgl. zum Konsumdruck und zum Problem des Wirtschaftswachstums die kritischen Ausführungen von H. Küng, Christ sein,728 ff.

86 Lk 12,33; 18,22.

87 Mt 6,3–4.

88 M. Aurel, Selbstbetrachtungen, IX, 42; W. Capelle in: M. Aurel, aaO., S. XLII.

89 Mt 5,3.

90 S. Ben-Chorin, Jesus, 71; J. Lehmann, Jesus, 109. – Ähnlich: D. Flusser: Gemeint sind «die Armen, denen der Heilige Geist verliehen wurde» (Jesus, 74). K. Schubert: Es handelt sich um «freiwillig Arme»; das sind Menschen, die gewillt sind, ihren «Reichtum dem größeren und höheren Ziel des Reiches Gottes zu opfern» (in: J. Maier / K. Schubert, Qumran-Essener, 120). E. Drewermann: Zu übersetzen sei «arm aus Geist»; «glücklich sind die Menschen, die durch (Gottes) Geist zur Armut finden» (Matthäus I, 194).

91 1 QM XIV,7; K. Schubert in: J. Maier / K. Schubert, Qumran-Essener, 78; E. Drewermann, Matthäus I, 734.

92 «Arme der Gnade» (1 QH V,22); «Arme deiner (d. h. Gottes) Erlösung» (1 QM XI,9); «Arme der Herde» (CD XIX,9); «Arme seines Volkes» (CD VI,16).

93 H. Braun, Qumran II, 252.

94 H. Braun, Qumran II, 98 m. w. N. – Erst durch die Texte vom Toten Meer wurde die Wendung der «Armen im Geiste» (Mt 5,3) verständlich (D. Flusser, Jesus, 74; vgl. K. Schubert in: J. Maier / K. Schubert, Qumran-Essener, 119).

95 H. Braun, Qumran II, 97; vgl. J. Gnilka, Jesus, 238.

96 Vgl. K. Schubert in: J. Maier / K. Schubert, Qumran-Essener, 120.

97 O. Betz, Spätjudentum, 313.

98 Vgl. Apg 2,44 ff.; 4,32 ff.; 5,1 ff.; H. Braun, Qumran II, 155; E. Lohse, Qumran, S. XIX; K. Schubert in: J. Maier / K. Schubert, Qumran-Essener, 127.

99 J. Rehork, Archäologie, 112; C. Colpe, Judenchristen, 72; K. Schubert in: J. Maier / K. Schubert, Qumran-Essener, 79.

100 Übernahme von Qumran: A. Dupont-Sommer, Schriften, 427; H. Braun, Qumran II, 163; Y. Yadin, Tempelrolle, 266; J. Lehmann, Rabbi J., 171; L. Schenke, Urgemeinde, 93. – «Wenn die Armut den Ausdruck eines wohlgefälligen, christusförmigen Lebens darstellt,

wie verträgt sich dann mit dieser Forderung die Hofhaltung der Päpste, Kardinäle und Bischöfe» (E. Drewermann, Kleriker, 356)? «Der Vatikan ist heute der größte religiöse Wirtschaftskonzern der Welt und fest engagiert in zahllosen Unternehmen in den Bereichen Immobilien, Plastik, Elektronik, Stahl, Zement, Textilien, Chemie, Nahrungsmittel und Bauwirtschaft. Der Vatikan ist einer der größten Bankiers Italiens, besitzt mehrere große italienische Versicherungsgesellschaften und investiert in großem Maßstab an der New Yorker Aktienbörse – im Umfang von mehr als 2 Millionen Dollar. Er stellt eine gewaltige internationale Finanzmacht dar, die über Aktiva von mehr als 20 Milliarden Dollar verfügt» (N. Lo Bello, zit. nach: E. Drewermann, Kleriker, 375).

101 Josephus, Krieg, II, 8, 2.

102 Josephus, Krieg, II, 8, 10; A. Dupont-Sommer, Reinigungsriten, 268.

103 E. Lohse, Qumran, S. XVI; O. Betz, Spätjudentum, 313. – Die Essener denken in punkto Reinheit außerordentlich streng. Nach ihren Regeln darf kein Mann mit einer Frau in der Stadt des Heiligtums (des Tempels), d. h. in Jerusalem, zusammenliegen (CD XII,1; E. Lohse, Qumran, 290 Anm. 75). Wenn ein Mann in einer anderen Stadt bei einer Frau liegt, dann darf er nach der Tempelrolle (45,7–12) die Stadt des Tempels erst nach dreitägigen Reinigungsriten betreten. «In diesen strengen Vorschriften liegt vielleicht der Ursprung für die Zölibatsregeln der Essener und später auch des christlichen Mönchtums» (Y. Yadin, Tempelrolle, 190).

104 Josephus, Krieg, II, 8, 13; E. Lohse, Qumran, S. XVI, 64, 286 Anm. 3; vgl. 1 QSa I,4; CD VII,6.

105 H. H. Rowley, Qumransekte, 33; J. T. Milik, Essener, 117.

106 Siehe Seite 37.

107 Vgl. oben Anm. 104.

108 S. Ben-Chorin, Jesus, 127; H. Braun, Jesus, 78.

109 S. Ben-Chorin, Jesus, 127; ders., Mirjam, 165; W. Fricke, Prozeß, 104.

110 G. Bornkamm, Jesus, 85; D. Flusser, Jesus, 21; vgl. Mk 6,2 ff.; 11,27 ff.; Joh 7,15.

111 D. Flusser, Jesus, 21; S. Safrai in: H. H. Ben-Sasson, Geschichte I, 401, 403; J. Gnilka, Jesus, 170.

112 Mt 13,55–56; ganz ähnlich Mk 6,3.

113 In Mk 3,31–35 werden die Mutter, die Schwestern und Brüder Jesu in allgemeiner Form erwähnt. Lk 3,23 spricht von Jesu Vater und Großvater, Lk 4,22 nur vom Vater und Lk 8,19–21 wiederum ohne

Namensnennung von der Mutter und den Brüdern Jesu. Aus Lk 2,5–7 erfahren wir, daß Jesus der Erstgeborene Marias ist.

114 Mk 10,19; Mt 15,4.

115 Lk 14,26.

116 Mt 19,29. Ferner kündigt Jesus an, die Familien zu entzweien (Mt 10,35–37). Seine eigene Mutter und seine Brüder verleugnet er (Mk 3,33–35), und auch er wird von seiner Familie gering geachtet (Mk 6,4), ja sogar für verrückt gehalten (Mk 3,21; vgl. Joh 10,20). «Weib, was habe ich mit dir zu schaffen?» herrscht Jesus seine Mutter an (Joh 2,4; Luther-Bibel und Zürcher Bibel; vgl. dazu: S. Ben-Chorin, Jesus, 86/87; ders., Mirjam, 102); er bricht bewußt das fünfte Gebot (S. Ben-Chorin, Mirjam, 99; J. Moltmann, Der Weg, 165).

117 A. Holl, Jesus, 13.

118 Mt 19,11–12.

119 J. Blank, Jesus, 228; P. Lapide, Pharisäer, 85; J. Gnilka, Jesus, 179; vgl. G. Cornfeld / G. J. Botterweck, Bibel-Enzyklopädie, Stichwort «Familie», Erl. 2 c 3.

120 Daß die Nähe Gottes geschlechtliche Enthaltsamkeit gebietet, haben die Israeliten schon durch Mose erfahren (Ex 19,15). Jesus hat jedoch *nicht* Ehelosigkeit oder geschlechtliche Askese *verlangt,* um ein gottgefälliges Leben zu führen (R. Bultmann, Jesus, 71; H. Braun, Jesus, 78).

121 R. Bultmann, Jesus, 71; vgl. J. Blank, Jesus, 228.

122 H. Braun, Qumran II, 103; ders., Jesus, 78; vgl.: G. Cornfeld / G. J. Botterweck, Bibel Enzyklopädie, Stichwort «Familie», Erl. 2 c 3; E. Drewermann, Kleriker, 486.

123 H. Braun, Qumran II, 103; ders., Jesus, 78.

124 G. Cornfeld / G. J. Botterweck, Bibel-Enzyklopädie, Stichwort «Qumran», Erl. 8 d.

125 G. Cornfeld / G. J. Botterweck, Bibel-Enzyklopädie, Stichwort «Familie», Erl. 1 a; J. Maier, Judentum, 151.

126 G. Cornfeld / G. J. Botterweck, aaO., Erl. 3 a; H. Zahrnt, Jesus, 114.

127 G. Cornfeld / G. J. Botterweck, aaO., Erl. 3 c; H. Braun, Jesus, 76/77; H. Zahrnt, Jesus, 114.

128 G. Cornfeld / G. J. Botterweck, aaO., Erl. 3 a.

129 BTalmud, Mischna Ketubbat V,5.

130 Josephus, Krieg, V, 5, 6; G. Prause, Jesus, 108; Y. Yadin, Tempelrolle, 135.

131 G. Prause, Jesus, 104; S. Ben-Chorin, Jesus, 106; M. Grant, Jesus, 111.

132 Siehe Seite 45.

133 A. Dupont-Sommer, Reinigungsriten, 272.

134 Zit. nach: A. Dupont-Sommer, Reinigungsriten, 273.

135 CD IV,15–18.

136 Vgl. 1 QS I,6; IV,10; CD II,16; VIII,5; XIX,17; 1 QpHab V,7. – Andererseits scheint es sich mit dieser Einstellung zu vertragen, eine Lobeshymne auf Gott unter metaphorischer Einbeziehung des weiblichen Körpers («Mutterbrust», «Busen meiner Amme») anzustimmen (1 QH IX,30–31; vgl. auch 1 QH VII,21).

137 Joh 4,27.

138 Vgl.: R. Bultmann, Jesus, 45; S. Ben-Chorin, Jesus, 123; H. Braun, Jesus, 80; H. Ritt, Glaubensbotin, 295.

139 Gemeint ist nicht Herodes der Große, sondern dessen Sohn Herodes Antipas, den die Römer nach dem Tode seines Vaters (4 v. Chr.) zum Tetrarchen über Galiläa und Peräa eingesetzt haben (bis 39 n. Chr.).

140 Lk 8,2–3.

141 Lk 8,3; vgl. auch Mt 27,55.

142 S. Ben-Chorin, Jesus, 121; H. Leroy, Jesus, 117; J. Gnilka, Jesus, 185.

143 Bei festlichen Anlässen folgten die Juden zur Zeit Jesu der griechisch-römischen Sitte und lagen auf Polstern zu Tisch (Sacherklärung zur Einheitsübersetzung).

144 Lk 7,36–50; Parallelstellen: Mt 26,6–13; Mk 14,3–9; Joh 12,1–8; 11,2.

145 Gastgeber war Simon der Pharisäer (Lk) bzw. Simon der Aussätzige (Mt, Mk) oder Lazarus (Joh). Die salbende Frau war entweder eine Prostituierte (Lk), vielleicht Maria aus Magdala (S. Ben-Chorin, Jesus, 124; G. Prause, Jesus, 102), oder eine unbekannte Frau (Mt, Mk) oder Maria, die Schwester der Martha (Joh). Das kostbare Öl – Nardenöl (Mk, Joh) – wurde Jesus über die Füße (Lk, Joh) oder über den Kopf (Mt, Mk) gegossen; die Frau trocknete Jesu Füße mit ihrem Haar (Lk, Joh). – An der Geschichtlichkeit dieser Salbung, die uns – allen Unwägbarkeiten einer jahrzehntelangen mündlichen und schriftlichen Überlieferung zum Trotz (siehe zur Entstehung des NT die sehr einfühlsamen und lesenswerten Aufsätze von A. Schweitzer, Gespräche, 14 ff.) – vierfach hinterlassen worden ist, dürfte kein Zweifel erlaubt sein.

146 G. Cornfeld / G. J. Botterweck, Bibel-Enzyklopädie, Stichwort «Gesetz Israels», Erl. 2 b; vgl. das weitere Beispiel Mk 2,5–7. – Nach A. Dupont-Sommer liegt Jesus in der Frage der Sündenvergebung «auf der Linie der essenischen Lehre» (Schriften, 352).

147 Dieser Bericht (Joh 7,53 ff.) gilt als sehr alt, war aber ursprünglich nicht Bestandteil des Johannesevangeliums; in vielen Handschrif-

ten fehlt er ganz, andere bringen ihn an verschiedenen Standorten (Anm. zur Einheitsübersetzung).

148 Lev 20,10; Dtn 22,22. Zum rechtlichen Tatbestand des Ehebruchs vgl. später Seite 143.

149 Joh 8,7; vgl. auch Mt 7,1–2.

150 CD XX,2.5.7.

151 Nach der Gemeinderegel von Qumran sollen alle, die «Greueltaten im Geist der Hurerei» begehen, der «Vernichtung im finsteren Feuer» anheimfallen (1 QS IV,10.13).

152 Joh 19,25–27; Mt 27,55–56; Mk 15,40–41; Lk 23,49.

153 Joh 20,1; Mt 28,5–6; Mk 16,5–7; Lk 24,2–3.

154 Joh 20,14; Mt 28,9–10; Mk 16,9. Alle diese Stellen sind wahrscheinlich Legendenbildung (L. Schenke, Urgemeinde, 17); nach der ältesten Textstelle 1 Kor 15,5 war Simon Petrus der erste, dem der Auferstandene erschienen ist (siehe dazu später Seite 234).

155 G. Prause, Jesus, 105, 110; H. Zahrnt, Jesus, 104.

156 Vgl. Seite 250 Anm. 8.

157 Ex 20,1–17; Dtn 5,6–21.

158 Ex 20,4; 34,17; Lev 19,4; 26,1; Dtn 4,15–18; 5,8; 27,15.

159 Josephus, Krieg, II, 9, 2.

160 Josephus, Krieg, II, 9, 3.

161 G. Cornfeld / G. J. Botterweck, Bibel-Enzyklopädie, Stichwort «Gesetz Israels», Erl. 2 b; J. Maier, Judentum, 138.

162 G. Cornfeld / G. J. Botterweck, Bibel-Enzyklopädie, aaO., Erl. 3; R. Bultmann, Urchristentum, 63/64; H. Braun, Jesus, 68.

163 BTalmud, Makkot 23 b; G. Cornfeld / G. J. Botterweck, Bibel-Enzyklopädie, aaO., Erl. 6 g.

164 Lev 13,2 ff.; Dtn 17,9 ff.; 33,10; Jer 18,18; Ez 44,23; Mal 2,7; 2 Chr 19,8; G. Cornfeld / G. J. Botterweck, Bibel-Enzyklopädie, aaO., Erl. 6 a.

165 G. Cornfeld / G. J. Botterweck, aaO., Erl. 6 a.

166 R. Bultmann, Theologie, 11; G. Bornkamm, Jesus, 85; J. Gnilka, Jesus, 62.

167 R. Bultmann, Urchristentum, 66; zur Anrede «Rabbi» vgl. Seite 47.

168 Dtn 4,2; R. Bultmann, Urchristentum, 64; G. Cornfeld / G. J. Botterweck, aaO., Erl. 6 b.

169 R. Bultmann, Urchristentum, 65; G. Cornfeld / G. J. Botterweck, aao., Erl. 6 e.

170 G. Cornfeld / G. J. Botterweck, aaO., Erl. 6 e; J. Maier, Zweiter Tempel, 16.

171 J. Maier, Zweiter Tempel, 17.

172 R. Bultmann, Urchristentum, 68/69; O. Betz, Spätjudentum, 316.

173 G. Cornfeld / G. J. Botterweck, Bibel-Enzyklopädie, Stichwort «Gesetz Israels», Erl. 6 f.

174 Zum Vergleich: Eine weit und abstrakt gefaßte Schadensersatzvorschrift kann beispielsweise lauten: «Wer vorsätzlich oder fahrlässig das Leben, den Körper, die Gesundheit, die Freiheit, das Eigentum oder ein sonstiges Recht eines anderen widerrechtlich verletzt, ist dem anderen zum Ersatze des daraus entstehenden Schadens verpflichtet» (Paragraph 823 Absatz 1 des Bürgerlichen Gesetzbuchs). – In biblischer Zeit war man jedoch konkreter: «Wenn jemand eine Zisterne offen läßt oder eine Zisterne gräbt und nicht abdeckt, und ein Rind oder ein Esel fällt hinein und verendet, dann muß er das Tier seinem Eigentümer in Geld ersetzen; den Kadaver kann er behalten» (Ex 21,33–34).

175 G. Cornfeld / G. J. Botterweck, Bibel-Enzyklopädie, Stichwort «Gesetz Israels», Erl. 7; J. Maier in: G. Strecker / J. Maier, NT-AJ, 163. – Vgl. auch BTalmud, Sanhedrin 97 a/97 b, Nidda 61 b. Nach zahlreichen rabbinischen Lehrmeinungen ist das messianische Reich Gottes das Ende des Gesetzes (S. Ben-Chorin, Paulus, 189; M. Friedländer, Judentum, 57; L. Baeck, Wesen des Judentums, 295).

176 G. Cornfeld / G. J. Botterweck, Bibel-Enzyklopädie, Stichwort «Gesetz Israels», Erl. 7; J. Maier, Judentum, 142.

177 G. Vermes, Qumran, 188.

178 1 QS I,1–3; vgl. 1 QS V,8–9.

179 1 QS VIII,21–23. Bei «versehentlicher» Gesetzesübertretung droht ein nur zweijähriger Ausschluß (1 QS VIII,24–IX,2).

180 G. Vermes, Qumran, 189 ff.

181 G. Mensching, Weltreligionen, 179; K. Schubert in: J. Maier / K. Schubert, Qumran-Essener, 124; G. Vermes, Qumran, 192.

182 G. Bornkamm, Jesus, 88, 90; H. Küng, Christ sein, 232; H. Braun, Qumran II, 231; H. Zahrnt, Jesus, 174.

183 D. Flusser, Jesus, 44; P. Lapide, Synagogen, 74; ders., Pharisäer, 15; S. Ben-Chorin, Jesus, 75/76; ders., Paulus, 188; G. Prause, Jesus, 28; L. Schenke, Urgemeinde, 161; L. Swidler, Jesus, 48.

184 Wie Anm. 182.

185 Wie Anm. 183 (ohne G. Prause, L. Schenke, L. Swidler).

186 Die «Bergpredigt» (Mt, Kap. 5–7) ist eine literarische Komposition des Matthäus (G. Bornkamm, Jesus, 22, 193; J. Jeremias, Jesus, 50; H. Leroy, Jesus, 80; H. Braun, Jesus, 181; H. Küng, Christ sein, 289; K. Deschner, Hahn, 38; H. Zahrnt, Jesus, 164; G. Prause, Jesus, 94; E. Drewermann, Matthäus I, 64), womit noch nichts gegen die Authentizität der darin zusammengestellten Jesusworte gesagt ist (vgl. Seite 118).

187 Mt 5,17-20. Die meisten *christlichen* Neutestamentler nehmen an, daß es sich bei V. 17–19 nicht um authentische Jesusworte, sondern um Schöpfungen der urchristlichen Gemeinde handelt, z. B.: R. Bultmann, Theologie, 16, 58; ders., Urchristentum, 236 Anm. 32; G. Bornkamm, Jesus, 87; H. Braun, Qumran I, 15; ders., Jesus, 30, 69; L. Schenke, Urgemeinde, 255; a. A. offenbar: H. Küng, Christ sein, 242. *Jüdische* Neutestamentler dagegen halten diese Jesusworte für echt: P. Lapide, Synagogen, 95; D. Flusser, Jesus, 57, 70; ders., NT, 25; S. Ben-Chorin, Jesus, 76; ders., Paulus, 188; zustimmend: G. Prause, Jesus, 29.

188 R. Bultmann, Theologie, 13; G. Bornkamm, Jesus, 91; H. Braun, Qumran I, 15; S. Ben-Chorin, Jesus, 76; D. Flusser, Jesus, 71; P. Lapide, Pharisäer, 26.

189 Sie werden in der Theologie meist fälschlicherweise «Antithesen» genannt.

190 Mt 5,21 ff.

191 BTalmud, Bawa mezia 58 b.

192 Zit. nach: G. Bornkamm, Jesus, 86; vgl. dazu später Seite 144.

193 Vgl.: S. Ben-Chorin, Jesus, 17, 76; E. Drewermann, Matthäus I, 463.

194 Nach dem Strafgesetzbuch ist, wie man weiß, auch der «Versuch» bestimmter Delikte strafbar, wobei der Versuch jedoch wenigstens voraussetzt, daß der Täter zur Verwirklichung der Straftat «unmittelbar ansetzt» (Paragraph 22 des Strafgesetzbuchs).

195 Siehe: 1 QS VII,8.9; X,19–21; CD IX,4–6.

196 H. Braun, Jesus, 77.

197 Für die Essener: CD IV,21 (zur Polygamie); für Jesus: Mt 19,4 (zur Ehescheidung); vgl. dazu später Seite 145/146.

198 Vgl. später Seite 71.

199 R. Bultmann, Theologie, 11/12; G. Bornkamm, Jesus, 92; L. Schenke, Urgemeinde, 162.

200 Mt 6,1.5; 23,5; R. Bultmann, Theologie, 16; H. Leroy, Jesus, 83.

201 R. Bultmann, Theologie, 11; H. Braun, Jesus, 250; L. Schenke, Urgemeinde, 162.

202 H. Leroy, Jesus, 83.

203 So z. B. Paragraph 133 des Bürgerlichen Gesetzbuchs.

204 «Er hat die Thora nicht abgeschafft, sondern authentisch ausgelegt. Daß seine Halacha dabei den Wortlaut der Thora überstieg, aus ihr oft gar nicht entnommen werden, ja im Widerspruch zu ihr stehen konnte, hebt diese Feststellungen nicht auf» (L. Schenke, Urgemeinde, 161).

205 Mk 6,2.

206 Joh 7,15.

207 Mk 11,28.

208 Joh 7,53 ff.; vgl. vorne Seite 51/52.

209 Mk 7,15; Mt 23,16.

210 Mk 3,1 ff.; Lk 13,10 ff.; 14,1 ff.; Joh 5,1 ff.; 9,13 ff.

211 D. Flusser, Jesus, 49; Y. Yadin, Tempelrolle, 192; vgl. Ex 15,26; Röm 2,9; 1 QSa II,5–10.

212 Mk 2,27.

213 Im BTalmud heißt es: «Rabbi Jonatan, Josephs Sohn, sagt: Ja, heilig sei er (der Sabbat) für euch! Er ist also euren Händen übergeben, und nicht seid ihr seinen Händen übergeben» (Joma 85 b). Der Ursprung dieses Wortes läßt sich bis in die Makkabäerzeit (167 v. Chr.) zurückverfolgen (P. Lapide, Synagogen, 63/64).

214 K. Schubert in: J. Maier / K. Schubert, Qumran-Essener, 125.

215 Mt 7,12.

216 Die «Goldene Regel» war in der ganzen Antike fast sprichwortartig verbreitet (G. Theißen, Galiläer, 183; H.-W. Kuhn, Liebesgebot, 205).

217 Von Rabbi Hillel, der um die Zeitenwende lebte, ist der Spruch überliefert: «Was dir nicht lieb ist, das tu auch du deinem Nächsten nicht. Das ist die ganze Thora, das andere ist ihre Auslegung» (H. Leroy, Jesus, 82; D. Flusser, Jesus, 67). Vgl. bereits Tob 4,15.

218 Mt 22,37–40.

219 Siehe Dtn 6,5 und Lev 19,18. – Nach D. Flusser hat das von Jesus formulierte Doppelgebot der Liebe im antiken Judentum vor Jesus und neben Jesus bestanden (Jesus, 70 m. w. N.). «Weder Jesus noch seine Gemeinde haben gedacht, mit der Liebesforderung ein besonderes Programm der Ethik aufzustellen» (R. Bultmann, Jesus, 78). Rabbi Akiba (um 110–135 n. Chr.) faßte das Gesetz so zusammen: «Liebe deinen Nächsten wie dich selbst» (R. Bultmann, Urchristentum, 70). – Der Römer Marc Aurel (121–180 n. Chr.) formulierte: «Es gibt nur *eine* Frucht des Erdendaseins: eine fromme Gesinnung und Werke der Menschenliebe» (Selbstbetrachtungen, VI, 30).

220 H. Braun, Qumran II, 234.

221 Vgl. oben Anm. 182.

222 Siehe oben Anm. 183. – Jesus interpretiert den in der Thora geoffenbarten und niedergelegten Gotteswillen authentisch, schärft ihn ein und setzt ihn durch (L. Schenke, MkEv, 161). Er «steht mit seiner Auslegung in bester jüdischer Tradition» (aaO., 162). Der Weg der Nachfolge Jesu ist «höchste Erfüllung des ‹jüdischen› Weges» (aaO., 163). Jesus will «den Starrsinn der stockfrommen Minderheit bloßstellen, die Priorität der praktizierten Nächstenliebe über alle legalistische Wortklauberei beweisen, ohne jedoch das mosaische

Gesetz in seiner mehrheitlichen rabbinischen Auslegung je zu übertreten» (P. Lapide, Synagogen, 65).

223 R. Bultmann, Urchristentum, 70; J. Maier in: G. Strecker / J. Maier, NT-AJ, 161 ff. – Jesu «kritische Gesetzesinterpretation steht ebenfalls trotz ihres Radikalismus innerhalb der schriftgelehrten Diskussion» (R. Bultmann, Theologie, 37).

224 J. Maier, Zweiter Tempel, 24; L. Schenke, Urgemeinde, 160; vgl. vorne Seite 54.

225 P. Lapide, Pharisäer, 90.

226 1 QS VIII,21–23; H. Küng, Christ sein, 232.

227 Vgl.: E. Lohse in: ThWNT VII, 3, 17/18; W. Fricke, Prozeß, 76.

228 Ex 16,22–30; 20,8–11; 23,12; 31,12–17; 35,1–3; Num 15,32–36; Dtn 5,12–15.

229 Ex 31,14–15.

230 Ex 31,15; 35,2; Num 15,35–36.

231 L. Trepp, Gottesdienst, 12.

232 Vgl. dazu: R. Bultmann, Theologie, 126.

233 Bereits die aus dem Iran stammende Mithras-Religion feierte den Sonntag als heiligen Tag der Woche. Mithras galt als irdische Erscheinung des Sonnengottes – daher «Sonntag» (vgl. F. Cumont, Mithra, 154; H. Koepf, Mithras, 35). Die Christen versuchten dann, den Sonntag in einen «Tag des Herrn» (Domenica) umzutaufen, was ihnen in einem Teil Europas (Dimanche, Domingo u. a.) gelungen ist (H. Koepf, Mithras, 35).

234 R. Bultmann, Urchristentum, 69. G. Bornkamm spricht von den «krausesten Wunderlichkeiten jüdischer Kasuistik» (Jesus, 32), S. Ben-Chorin von «der skrupulösen Gesetzespedanterie der Pharisäer» (Mirjam, 51).

235 R. Bultmann, Urchristentum, 70.

236 Mt 11,28–30.

237 Vgl.: CD X,14–XI,10; Josephus, Krieg, II, 8, 9; H. Braun, Qumran I, 64.

238 CD X,19.

239 CD XII,4–6.

240 P. Lapide, Synagogen, 64 ff.; D. Flusser, Jesus, 47; L. Schenke, MkEv, 162.

241 Die «Möglichkeit einer Lebensgefahr» verdrängt den Sabbat (BTalmud, Joma 84 b). Nach D. Flusser ist es darüber hinaus am Sabbat erlaubt, durchs Wort zu heilen, auch in ungefährlichen Krankheitsfällen (Jesus, 47).

242 «Religiös ist nicht eigentlich dies die Frage, *was* Menschen tun; religiös ist allein die Frage von Belang, aus welchen Motiven her-

aus Menschen handeln» (E. Drewermann, Tiefenpsychologie II, 626).

243 CD X,22–23.

244 Mk 2,23 ff.

245 D. Flusser sieht keinen Sabbatbruch, der griechische Übersetzer habe das «Abreißen» der Ähren hinzugefügt (Synagoge, 32; ders., Jesus, 44; ebenso: P. Lapide, Synagogen, 60).

246 CD XI,13–14.

247 Mt 12,11.

248 CD XI,16–17.

249 Mt 12,12.

250 H. Braun, Qumran I, 64.

251 Mk 7,15. Dieses Jesuswort wird auch von Matthäus (15,11) und Thomas (Log. 14) überliefert; vgl. auch Mt 23,26.

252 H. Braun, Jesus, 59.

253 R. Bultmann, Jesus, 55; G. Bornkamm, Jesus, 89; H. Zahrnt, Jesus, 157; H. Küng, Christ sein, 243; H. Merkel, Gottesherrschaft, 156.

254 D. Flusser, Jesus, 45/46; S. Ben-Chorin macht dies am Beispiel vom Barmherzigen Samariter besonders deutlich (Jesus, 108/109).

255 G. Cornfeld / G. J. Botterweck, Bibel-Enzyklopädie, Stichwort «Reinheitsgesetze», Erl. 3.

256 F. Cumont, Orientalische Religionen, 110; J. Maier, Zweiter Tempel, 221; W. Speyer, Religionen, 139 ff.

257 G. Cornfeld / G. J. Botterweck, aaO., Erl. 3 c.

258 Lev 19,2; 20,8.

259 Lev 20,25–26.

260 Nach der Geburt eines Sohnes ist die Frau sieben Tage unrein, danach muß sie noch 33 Tage warten, bis sie wieder ganz rein ist. Hat sie eine Tochter zur Welt gebracht, verdoppeln sich diese Fristen. Anschließend sind Brand- und Sühneopfer zu leisten (Lev 12).

261 Hauptfundstellen: Lev 11–18; 21; vgl. dazu: J. Maier, Zweiter Tempel, 221 ff.

262 R. Bultmann, Urchristentum, 68.

263 G. Cornfeld / G. J. Botterweck, Bibel-Enzyklopädie, Stichwort «Reinheitsgesetze», Erl. 1; vgl. Lev 18,25–30; Joh 4,9.

264 Mt 5,8.

265 Ps 24,4–5; Ps 51,4–5.9.

266 L. Schenke, MkEv, 162.

267 E. L. Ehrlich, Jesus, 18; vgl.: O. Betz, Spätjudentum, 305; U. B. Müller, Apokalyptik, 217; W. Schneemelcher, Urchristentum, 16; J. Maier, Zweiter Tempel, 142, 249 ff.

268 G. Theißen, Galiläer, 184.

269 BTalmud, Sanhedrin 59 a.

270 BTalmud, Horajot 13 a.

271 1 QS VI,16–17. Wahrscheinlich bedeutet dies, daß er nicht an den Reinigungsriten der Mitglieder teilnehmen darf (H. H. Rowley, Qumransekte, 31 m. w. N.; C.-H. Hunzinger, Disziplinarordnung, 251). Dasselbe gilt für einen Mitbruder, der absichtlich gegen das Gesetz verstoßen hat (1 QS VIII,16–17).

272 1 QS VI,20–21. Dies könnte bedeuten, daß der Novize nicht am gemeinsamen Mahl teilnehmen darf (H. H. Rowley, Qumransekte, 32; C.-H. Hunzinger, Disziplinarordnung, 252).

273 CD X,13.

274 Josephus, Krieg, II, 8, 10; A. Dupont-Sommer, Reinigungsriten, 268.

275 Vgl. z. B. 1 QH I,21–23: «Aber ich bin ein Gebilde von Lehm und mit Wasser Geknetetes, ein Ausbund von Schande und Quelle der Unreinheit, ein Schmelzofen der Schuld und Gebäude der Sünde, ein Geist des Irrtums und verdreht ohne Einsicht und erschreckt durch gerechte Gerichte.»

276 A. Dupont-Sommer, Reinigungsriten, 263 ff.; vgl. 1 QS III,4-9; CD X,10–13.

277 CD XII,1; 11 QTS 45,11–12; vgl. dazu Seite 269 Anm. 103.

278 Die Differenz zwischen den Essenern und Jesus hinsichtlich kultisch-ritueller Reinheit wird allgemein festgestellt (vgl. H. Braun, Qumran II, 100 m. w. N.).

279 1 QS III,4–9; A. Dupont-Sommer, Reinigungsriten, 264; K. Schubert in: J. Maier / K. Schubert, Qumran-Essener, 51; H. Braun, Jesus, 58.

280 1 QS V,13–14.

281 D. Flusser, Jesus, 73; ders., Synagoge, 26/27; H. Braun, Jesus, 186; O. Betz, Jesus, 321; J. Maier, Zweiter Tempel, 222; G. Cornfeld / G. J. Botterweck, Bibel-Enzyklopädie, Stichwort «Reinheitsgesetze», Erl. 7.

282 Mt 23,2–3.

283 D. Flusser, Synagoge, 24; K. Schubert in: J. Maier / K. Schubert, Qumran-Essener, 140.

284 Sadduzäer: Sie sind «zueinander recht unfreundlich. Im Verkehr mit ihren eigenen Leuten geben sie sich ablehnend wie Fremden gegenüber» (Josephus, Krieg, II, 8, 14). – Essener: Die Mitbrüder sind in «barmherziger Liebe untereinander» (1 QS V,25) verbunden, es hat «jeder seinen Bruder zu lieben wie sich selbst» (CD VI,20–21); der Essener hat jedoch alle Außenstehenden, «alle Söhne der Finsternis zu hassen» (1 QS I,10; IX,21).

285 Apg 23,6–8; G. Bornkamm, Paulus, 16; S. Ben-Chorin, Paulus, 190; J. J. Petuchowski / C. Thoma, Lexikon, Sp. 32.

286 Sadduzäer: Sie lehnen einen Auferstehungsglauben ab (Mk 12,18; Apg 23,8; Josephus, Krieg, II, 8, 14; ders., Altertümer, XVIII, 1, 4). – Essener: Ihre Schriften geben für einen Auferstehungsglauben kaum Anhaltspunkte (siehe dazu später Seite 222 ff.).

287 Vorne Seite 17.

288 Literatur: J. Maier, Zweiter Tempel, 268 ff. m. w. N.; O. Betz, Spätjudentum, 307 ff.; D. Flusser, Synagoge, 24–26; G. Cornfeld / G. J. Botterweck, Bibel-Enzyklopädie, Stichwort «Pharisäer».

289 Apg 23,6; 26,5; Phil 3,5.

290 Josephus, Leben, 11.

291 D. Flusser, Jesus, 72; ders., Synagoge, 25; P. Lapide, Synagogen, 29.

292 D. Flusser, Jesus, 54; ders., Synagoge, 24; O. Betz, Spätjudentum, 310; M. Grant, Jesus, 155; J. Maier, Zweiter Tempel, 285; J. Gnilka, Jesus, 270; a. A.: H. Leroy, Jesus, 67/68; S. Ben-Chorin, Jesus, 22; ders., Paulus, 185; W. Feneberg in: D. Flusser, Christentum, 167; P. Lapide, Pharisäer, 20; W. Fricke, Prozeß, 170; E. Drewermann, Matthäus I, 108.

293 Vgl. Mt 23,23–24.

294 Vorne Seite 54 ff., 63.

295 Mk 7,7–8.

296 Mt 11,28; vgl. auch Mt 23,4.

297 Mk 12,38–40.

298 Mt 23,13–33.

299 «Merkwürdig ist, daß sich dieselbe antipharisäische Polemik auch in der rabbinischen Literatur befindet, die ja eigentlich pharisäisch ist» (D. Flusser, Jesus, 53).

300 S. Ben-Chorin, Jesus, 20; O. Betz, Spätjudentum, 308; R. Schnakkenburg, MtEv, 147; J. Maier, Zweiter Tempel, 268.

301 Y. Yadin, Tempelrolle, 234; D. Flusser, Pharisäer, 132; J. Gnilka, Jesus, 63.

302 Die Essener nennen die Pharisäer diejenigen, «die durch trügerische Lehre und ihre lügnerische Zunge und falsche Lippe viele verführen» (4 QpNah II,8; D. Flusser, Pharisäer, 126). Oftmals: Diejenigen, «die glatte Dinge suchen» (1 QH II,15; 4 QpNah I,2.7; II,2.4; III,3.7); dies meint «heuchlerisch und unehrlich» (D. Flusser, Pharisäer, 126) und ist auf die Pharisäer bezogen (D. Flusser, Pharisäer, 128; Y. Yadin, Pescher Nahum, 169; J. Maier, Zweiter Tempel, 269).

303 CD VIII,12; XIX,25 (nach Ez 13,10); D. Flusser, Jesus, 53.

304 Mt 23,27; nach M. Luther.

305 1 QH IV,11; D. Flusser, Jesus, 53.

306 Lk 11,52; Parallelstelle: ThEv 39.

307 Vgl. H. Braun, Qumran II, 89.

308 Zum Beispiel in verschiedenen Kirchenliedern: «Du Friedefürst, Herr Jesu Christ...» (J. Ebert, 1549–1615). «Tochter Zion freue dich ... ja er kommt, der Friedefürst...» (1820).

309 Epheserbrief (Eph 2,14–17) und Kolosserbrief (Kol 1,20). Beide Briefe gelten nach Sprache und Stil als nachpaulinisch, wohl um 90 n. Chr. entstanden; ihr Verfasser ist unbekannt (K. H. Schelkle, Paulus, 130 ff., 138/139; W. Schmithals, Gnosis, 76, 80).

310 H. Langkammer, Christuslieder, 481. J. Moltmann spricht vom «Evangelium des Friedens» (Der Weg, 362).

311 Mt 5,9.

312 Mt 26,52.

313 Mt 5,39.

314 Mt 5,44.

315 Josephus, Krieg, II, 8, 6; eine «pazifistische Bruderschaft» (H. H. Rowley, Qumransekte, 37).

316 1 QH II,14–15.

317 1 QS X,17–18.

318 1 QS X,21.

319 «Jesus übernahm von der essenischen Peripherie... die Überzeugung, daß man dem Bösen nicht widerstehen soll» (D. Flusser, Jesus, 79). Er geht aber über rabbinische wie qumranische Forderungen hinaus (H. Braun, Qumran I, 17). – G. Mensching zeigt auf, daß die Idee, Böses mit Gutem zu vergelten, vorchristlich ist. In der Bibliothek Asurbanipals (um 650 v. Chr.) finde man die Sätze: «An deinem Widersacher handle nicht böse. Wenn dir jemand Böses antut, so vergilt ihm mit Gutem.» – Auch der Muslim hat nach dem Koran «Böses mit Gutem zu vergelten» (Sure 41,35).

320 1 QS IX,21; I,10.

321 1 QS X,19–20.

322 Mt 11,20 ff.

323 Lk 22,36.

324 G.M. Martin, Vorübergehende, 89.

325 ThEv 16; Parallelstellen: Mt 10,34–36; Lk 12,51–53.

326 G. M. Martin, Vorübergehende, 90.

327 M. P. Speidel, Jupiter Dolichenus, 20.

328 A. Schütze, Mithras, 247; E. Schwertheim, Mithras, 72; H. Koepf, Mithras, 79; M. Clauss, Mithras, 177.

329 H. Braun, Qumran I, 22 m. w. N.

330 Lk 14,26; Parallelstellen: Mt 10,37; ThEv 55; 101. Luther und die Zürcher Bibel übersetzen «hassen», die Einheitsübersetzung hat dafür etwas milder «brechen». Das Jesuswort gilt als echt (H. Braun, Jesus, 51; M. Grant, Jesus, 169).

331 H. Braun, Qumran I, 22.
332 E. Lohse, Qumran, 178; J. T. Milik, Essener, 116.
333 Zur Kriegsrolle: E. Lohse, Qumran, 177; J. Maier in: J. Maier / K. Schubert, Qumran-Essener, 245; K. Schubert, ebenda, 79.
334 Kriegsrolle = 1 QM VI, 1 ff.
335 Vgl. später Seite 121.
336 Mk 13,7–8.
337 Mk 13,8 ff.
338 K. Schubert in: J. Maier / K. Schubert, Qumran-Essener, 116; H. Braun, Qumran I, 75.
339 H. Braun, Qumran I, 75.
340 H. Braun, Qumran II, 90; vgl. Mt 26,52–53.
341 Vgl. Anm. 53 zu Seite 8.
342 Josephus, Krieg, II, 20, 4 und III, 2, 1.
343 Y. Yadin, Masada, 174.
344 Siehe Seite 254 Anm. 52.
345 Literaturnachweise bei: G. Bornkamm, Jesus, 175 Anm. 21.
346 Vgl. Mk 4,26 ff.; dazu später Seite 127.
347 Mk 2,15.
348 S. Ben-Chorin, Jesus, 123; J. Maier, Judentum, 236.
349 Mk 12,17.
350 G. Bornkamm, Jesus, 38; D. Flusser, Jesus, 81.
351 Dies ist allgemeine Ansicht, vgl.: A. v. Harnack, Christentum, 68; G. Bornkamm, Jesus, 38; J. Blank, Jesus, 236; D. Flusser, Jesus, 81; ders., NT, 142; S. Ben-Chorin, Jesus, 10; P. Lapide, Synagogen, 47; O. Betz, Spätjudentum, 307; G. Theißen, Galiläer, 205; G. Mensching, Weltreligionen, 198; M. Grant, Jesus, 179.
352 Josephus, Krieg, II,5,2; II,12,6; II,13,2; II,14,9; III,7,33.
353 Mk 15,27.
354 O. Betz, Spätjudentum, 307; D. Flusser, NT, 158; H. Leroy, Jesus, 111; G. Theißen, Galiläer, 224.
355 S. Ben-Chorin, Jesus, 213; vgl. Seite 12 und 250 Anm. 6.
356 Vgl. oben Anm. 351.
357 Mk 15,26. Die Historizität der Kreuzesinschrift ist unter den Fachgelehrten umstritten. Historisch: J. Gnilka, Prozeß, 33; K. Müller, Prozeß, 81; unhistorisch: H. Braun, Jesus, 41.
358 Josephus, Altertümer, XVII, 10, 5.
359 Josephus, Altertümer, XVII, 10, 6.
360 Josephus, Altertümer, XVII, 10, 7.
361 Josephus, Altertümer, XVII, 10, 8.
362 Zum heutigen Stand der Forschung vgl.: K. Kertelge, Prozeß; D. Flusser, Jesu Prozeß und Tod, in: NT, 130–163; W. Fricke, Prozeß.

363 G. Bornkamm, Jesus, 59; H. Leroy, Jesus, 109; H. Küng, Christ sein, 215; G. Theißen, Galiläer, 236; J. Gnilka, Prozeß, 33; K. Müller, Prozeß, 82; J. Blank, Johannespassion, 164.

364 S. Ben-Chorin, Jesus, 198.

365 So aber ein Buchtitel von W. Fricke (vgl. Abkürzungs- und Literaturverzeichnis).

366 W. Fricke, Prozeß, 213.

367 Vgl. später Seite 197.

368 D. Flusser, Jesus, 117; O. Betz, Spätjudentum, 306; G. Bornkamm, Jesus, 35; K. Müller, Prozeß, 80 Anm. 63; L. Schenke, Urgemeinde, 45; J. Gnilka, Jesus, 272.

369 Vgl. Mk 11,27 ff.; 12,1 ff.: Hier wird eine Auseinandersetzung Jesu mit dem Jerusalemer Establishment geschildert.

370 Die Jerusalemer «Priesterfamilien hüteten ängstlich ihren kollektiven Supremat. Ihre Mitglieder fungierten nicht nur als Hohepriester, sondern übernahmen auch alle anderen mit dem Tempel verbundenen wichtigen Ämter, und hatten auf diese Weise großen Einfluß auf die Struktur der jüdischen Gesellschaft» (M. Stern in: H. H. Ben-Sasson, Geschichte I, 327; vgl. J. Maier, Judentum, 217, 274). Die Priesteroligarchie war im wesentlichen sadduzäisch (M. Stern, aaO., 334; J. Maier, aaO., 215).

3. Die Gemeindeordnung der Qumrangemeinde und der Jesusgemeinde/Urkirche

1 H. Steitz, Kirchengeschichte, 335. – Grundlegende Stelle ist Mt 16,18–19, darin wird die Gemeinschaft der Jünger Jesu «ecclesia» genannt (H. Steitz, aaO., 336). Dieser Begriff kommt in allen vier Evangelien an keiner anderen Stelle vor. Ob Matthäus hier ein echtes Jesuswort wiedergibt oder eine spätere Schöpfung der urchristlichen Gemeinde, ist umstritten. – Eine Parallele zu Mt findet sich in den Qumranschriften (vgl. Seite 161).

2 O. Betz, Spätjudentum, 314.

3 Vgl. später Seite 121.

4 A. v. Harnack, Christentum, 95; G. Mensching, Weltreligionen, 223; R. Bultmann, Theologie, 9; G. Bornkamm, Jesus, 165; H. Braun, Qumran II, 93; G. Theißen, Galiläer, 136; D. Flusser, Jesus, 88; H. Küng, Christ sein, 339, 583; J. Moltmann, Der Weg, 169; U. Mann, Christentum, 172; E. Lohse, Theologie, 43; W. Schneemelcher, Urchristentum, 62; K. Deschner, Hahn, 231; J. Lehmann,

Rabbi J., 195; E. Drewermann, Kleriker, 733; ders., Matthäus I, 25 ff; P. de Rosa, Jesus, 48, 405.

5 K. H. Schelkle, Paulus, 39

6 Für Qumran: E. Lohse, Qumran, S. XVIII; G. Cornfeld / G. J. Botterweck, Bibel-Enzyklopädie, Stichwort «Matthäusevangelium», Erl. 8; vgl. 1 QpHab VII,1 ff. – Für die Urgemeinde: E. Lohse, Theologie, 62; R. Bultmann, Urchristentum, 191; G. Bornkamm, Jesus, 133; vgl. 1 Kor 10,11.

7 Für Qumran: H. Braun, Qumran II, 147; A. Dupont-Sommer, Fremdeinflüsse, 208; K. H. Schelkle, Paulus, 40; vgl. 1 QS VIII,6; XI,16; 1 QSb I,2; III, 23.25; 1 QM XII,1; 4 Qflor I,19; 4 QpPs 37 II,5; III,5; IV,12.14. – Für die Urgemeinde: R. Bultmann, Theologie, 40; H. Braun, Qumran II, 147; K. H. Schelkle, Paulus, 40; J. Becker, Paulusgemeinden, 132; L. Schenke, Urgemeinde, 87; vgl. Mk 13,20.22.27. – Das Selbstverständnis beider Gemeinden ist deckungsgleich (H. Braun, Qumran I, 284; D. Flusser, Christentum, 14).

8 Für Qumran: H. Braun, Qumran II, 147; K. Schubert in: J. Maier / K. Schubert, Qumran-Essener, 129; E. Lohse, Qumran, S. XVIII; K. H. Schelkle, Paulus, 40; vgl. 1 QS V,13.18; VIII,5; CD XX,2. – Für die Urgemeinde: A. v. Harnack, Christentum, 103; R. Bultmann, Theologie, 40; E. Lohse, Qumran, S. XVIII; H. Braun, Qumran II, 147; J. Becker, Paulusgemeinden, 132; L. Schenke, Urgemeinde, 86; vgl. Apg 9,13; 26, 10 (Luther- und Zürcher Bibel).

9 Lk 22,20 = Mt 26,28 = Mk 14,24 = 1 Kor 11,25.

10 H. Braun, Qumran II, 145.

11 CD VI,19; VIII,21; XIX,33; XX,12; 1 QpHab II,3.

12 H. Braun, Qumran II, 145/146.

13 Für Qumran: 1 QpHab 7,7 ff.; 4 Qpatr 4; 1 QM VI,6; XII,1.7; K. H. Schelkle, Paulus, 40, 249. – Für die Urgemeinde: Mk 1,15; Mt 10,7; K. H. Schelkle, Paulus, 40, 249. Vgl. später Seite 125 ff.

14 E. Lohse, Qumran, S. XIX.

15 1 QS VI,14–23; Josephus, Krieg, II, 8, 7; K. Schubert in: J. Maier / K. Schubert, Qumran-Essener, 42 ff.

16 1 QS V,8; CD XV,6; 1 QH XIV,17; Josephus, Krieg, II, 8, 7.

17 Vgl. S. 265 Anm. 48.

18 H. Braun, Qumran II, 336.

19 Vgl. CD VII,6; 1 QSa I,4; H. Braun, Qumran II, 336.

20 G. Bornkamm, Jesus, 128; vgl. Mk 1,16 ff.; 2,14; Lk 5,10–11. – In den Evangelien herrscht die *Berufung* der Jünger vor. Dies muß jedoch nicht unbedingt auch historisch zutreffen. Historisch vorrangig könnte gewesen sein, daß «jemand aus freien Stücken, angezogen

von der charismatischen Ausstrahlung Jesu», ihm nachfolgen will (U. Busse, Nachfolge, 78/79).
21 Mt 10,6; siehe später Seite 112.
22 H. Braun, Qumran II, 150 m.w.N.
23 1 QS I,24 ff.; Apg 2,38; H. Braun, Qumran II, 149.
24 R. Bultmann, Theologie, 41; H. Braun, Qumran II, 150.
25 H. Steitz, Kirchengeschichte, 336; K. Löning, Stephanuskreis, 85; vgl. Apg 11,19.
26 G. Bornkamm, Paulus, 68 ff.; K. Löning, Stephanuskreis, 92; P. Lampe / U. Lutz, Nachpaulinisches, 211 ff.; vgl. Apg 11,20.
27 H. Braun, Qumran II, 153.
28 Vgl. Apg 5,14.
29 Apg 2,17–18.
30 Zur «Sonnenverehrung» der Essener vgl. S. 266 Anm. 53.
31 11 Uhr vormittags.
32 Josephus, Krieg, II, 8, 5.
33 1 QS X,1 ff.
34 1 QS VI,8 ff.
35 Josephus, Krieg, II, 8, 3.
36 In der «Kriegsrolle» ist die Kleidung beschrieben, welche die Priester im «heiligen Krieg» zu tragen haben: Sie sind «bekleidet mit Gewändern aus weißem Linnen, linnenem Leibrock, linnenen Beinhüllen und gegürtet mit einer linnenen Schärpe aus gezwirntem Leinen, violettem und scharlachfarbenem Purpur und Karmesinrot und buntgewirktem Aussehen, kunstvolle Arbeit, und hohe Mützen auf ihren Häuptern» (1 QM VII,10–11).
37 Mt 6,34.
38 Vgl. vorne Seite 38.
39 1 Kor 14,26–33.40.
40 Mk 16,5; Apg 1,10.
41 Apg 2,42; 12,12.
42 H. Braun, Qumran II, 154.
43 G. Mensching, Weltreligionen, 222.
44 H. Braun, Qumran II, 93.
45 1 QS VIII,1; vgl. 11 QTS 57,11–12; H. Braun, Qumran I, 207 und II, 327. – Unklar bleibt, ob die drei Priester in der Zwölfzahl enthalten sind oder hinzugezählt werden müssen, so daß ein Gremium von 15 Personen zustande kommt (E. Lohse, Qumran, 285 Anm. 60; vgl. dazu: H. Braun, Qumran II, 327/328 m. w. N.).
46 Mk 3,14; dazu ausführlich: G. Bornkamm, Jesus, 202 ff. – Streitig ist, ob die Zwölf bereits von Jesus selbst eingesetzt worden sind (so: G. Bornkamm, Jesus, 132, 204 m. w. N.) oder erst durch die Urge-

meinde (so: R. Bultmann, Theologie, 40; L. Schenke, Urgemeinde, 76).

47 G. Bornkamm, Jesus, 132, 203; H. Braun, Qumran I, 208; J. Gnilka, Jesus, 188; vgl. Lk 22,30 und Mt 19,28.

48 R. Bultmann, Theologie, 62; W. Schneemelcher, Urchristentum, 99; L. Schenke, Urgemeinde, 75; vgl. Apg 6,2.

49 H. Braun, Qumran II, 332.

50 K. Schubert in: J. Maier / K. Schubert, Qumran-Essener, 128.

51 Apg 11,30; 15,2–22; Luther- und Zürcher Bibel; in der Einheitsübersetzung heißen sie «Gemeindevorsteher».

52 K. Schubert in: J. Maier / K. Schubert, Qumran-Essener, 129; vgl. 1 QS VI,8; CD IX,4; 1 QM XIII,1.

53 R. Bultmann, Theologie, 62; H. Braun, Qumran II, 333.

54 CD XIII,7–11.

55 1 QS VI,19–20.

56 CD IX,18–22; C.-H. Hunzinger, Disziplinarordnung, 258.

57 K. Schubert in: J. Maier / K. Schubert, Qumran-Essener, 127; vgl. J. Gnilka, Jesus, 56; weitere Nachweise bei H. Braun (Qumran II, 329 ff.), der selber der Vorbildfunktion des qumranischen «Aufsehers» skeptisch gegenübersteht.

58 C. Colpe, Judenchristen, 67; vgl. 1 QS IX,12.

59 1 QS V,23–25; vgl. auch 1 QS VI,8 ff.

60 Mk 10,43–44; vgl. auch Mk 9,35.

61 H. Braun, Qumran II, 335.

62 H. Braun, Jesus, 73.

63 Mt 18,15–17. Diese Stelle gilt nicht als echtes Jesuswort, sondern als Schöpfung der frühen Gemeinde (R. Bultmann, Theologie, 51; H. Braun, Qumran I, 38).

64 Lk 17,3.

65 1 QS V,25–VI,1.

66 H. Braun, Qumran I, 39.

67 H. Braun, Qumran II, 152. Der Autor weist darauf hin, daß die Begriffe der Qumrantexte und der Apostelgeschichte einander entsprechen (aaO.).

68 Siehe vorne Seite 45.

69 1 QS VI,24–VII,25; VIII,22–IX,2; dazu: C.-H. Hunzinger, Disziplinarordnung, 249 ff.

70 1 QS VII,12–15.

71 1 QS VI,24–25.

72 Desgleichen wird bestraft, wer die Weisung eines ranghöheren Mitbruders mißachtet (1 QS VI,26–27). Auf wissentliches Lügen stehen sechs Monate Ausschluß (1 QS VII,3–4), ebenso auf Betrug (1 QS VII,5).

73 Vgl. Josephus, Krieg, II, 8, 8.
74 1 QS VIII,22–23.
75 1 QS VII,17.
76 1 QS VII,1.
77 1 QS VII,16–17.
78 1 QS VII,23.
79 Mt 22,39.
80 Mt 5,44.
81 C.-H. Hunzinger, Disziplinarordnung, 255, 257.
82 C.-H. Hunzinger, Disziplinarordnung, 255. – So meint z. B. Mt 18,17 den dauernden Ausschluß (H. Braun, Qumran I, 40; C.-H. Hunzinger, Disziplinarordnung, 256). Weitere Fundstellen: 1 Kor 5,2.13; 2 Thess 3,14; 1 Tim 1,20; Tit 3,10.
83 Vgl. U. Luz, Taumellolch, 167 ff.
84 H. Braun, Qumran I, 145.
85 H. Braun, Qumran I, 145; K. Schubert in: J. Maier / K. Schubert, Qumran-Essener, 127; vgl. 1 QS VI,24–25 (einjähriger Ausschluß in Qumran), Apg 5,1–11 (endgültiger Ausschluß aus der Urgemeinde durch Gottesurteil).
86 H. Braun: Ein «starker» Einfluß Qumrans auf die christliche Gemeindegestaltung sei «nicht erkennbar» (Qumran II, 339/340).
87 J. L. Teicher (1951), zit. nach: H. Braun, Qumran II, 162, 212. Diese Extremposition ist praktisch ohne Gefolgschaft geblieben; sie ist «irrig» (A. Dupont-Sommer, Schriften, 426), wird jedoch neuerdings wieder vertreten von M. Baigent / R. Leigh, Qumranrollen (1991), 221, 247 ff.
88 J. Maier in: G. Strecker / J. Maier, NT-AJ, 174.
89 Nachweise bei: H. Braun, Qumran II, 23, 164.
90 Siehe vorne Seite 34.
91 J. Ernst, Johannes, 32; vgl. J. Blank, Jesus, 213. – Die meisten Gelehrten sind der Auffassung, daß Jesus aus dem Jüngerkreis Johannes' des Täufers hervorging: R. Bultmann, Jesus, 195; G. Mensching, Weltreligionen, 195; G. Bornkamm, Jesus, 128; O. Michel, Evangelium, 287; H. Leroy, Jesus, 65; U. B. Müller, Apokalyptik, 221; S. Ben-Chorin, Jesus, 49; G. Theißen, Galiläer, 79; C. Burchard, Jesus, 19; M. Grant, Jesus, 173; J. Moltmann, Der Weg, 107; L. Schenke, Urgemeinde, 54; skeptisch: H. Braun, Qumran II, 23; J. Gnilka, Jesus, 84; umfangreiche Nachweise bei J. Ernst (Johannes, 13), der selber Jesu Herkunft aus dem Täuferkreis verneint (aaO., 32), jedoch seine «unbestreitbare geistige Abhängigkeit» von Johannes feststellt (aaO., 33).
92 Vgl. J. Ernst, Johannes, 31.

93 Apg 15,5.

94 Apg 6,7.

95 K. Schubert hält es für «durchaus denkbar, daß viele Glieder der Urgemeinde einmal Essener waren, bevor sie an Jesus als den Christus glaubten» (in: J. Maier / K. Schubert, Qumran-Essener, 130). Skeptisch bleibt H. Braun (Qumran II, 180, 340).

96 Ob die Priester in Apg 6,7 solche aus Qumran sein könnten, wird in der Fachliteratur erörtert (dazu: H. Braun, Qumran I, 153 und II, 180, 340). L. Schenke zieht diese Möglichkeit in Erwägung (Urgemeinde, 45), K. Schubert bejaht sie, muß aber sogleich andersgeartete Vorstellungen der Urgemeinde einräumen, die zum Teil «im Qumranbereich undenkbar» sind (in: J. Maier / K. Schubert, Qumran Essener, 130). H. Braun meint, «ein Teil der Priester von Apg 6,7 als Essener sei möglich, aber nicht wahrscheinlich» (Qumran I, 154).

97 Apg 23,6; 26,5; Phil 3,5.

98 G. Bornkamm, Paulus, 35; vgl. J. Becker, Paulus, 47 ff.

99 Apg 26,8.

100 1 Kor 1,23.

101 G. Bornkamm, Paulus, 38

102 Siehe Apg 5,33–39.

103 R. Reitzenstein, Mysterienreligionen, 91. – «Es war eine theologische Leistung der Urgemeinde von großer Tragweite, den irdischen Jesus trotz seines Scheiterns am Kreuz als ‹Messias› zu verkünden» (L. Schenke, Urgemeinde, 146).

104 «Die moderne Vorstellung eines Aus- und Übertrittes ist darum im Grunde auf das Verhältnis von Judentum und Christentum nicht anwendbar» (G. Bornkamm, Paulus, 56).

105 Vgl. vorne Seite 81.

106 Dazu im einzelnen später Seite 222.

107 Vgl. vorne Seite 33. Das qumranische Dasein steht «einzig da im Judentum» (O. Betz, Spätjudentum, 313), es offenbart sich in seiner «ganzen Einmaligkeit» (A. Dupont-Sommer, Fremdeinflüsse, 209).

108 1 QSa II,11–14.

109 11 QTS 64,7–11; J. Maier, Tempelrolle, 124.

110 L. Schenke, Urgemeinde, 69.

111 Vgl. 1 QSa II,13 ff.

112 A. Holl, Jesus, 99 ff.; H. Zahrnt, Jesus, 108; L. Schottroff / W. Stegemann, Jesus, 15 ff.

113 H. Braun, Qumran II, 332.

114 Apg 6,7.

115 Mk 12,18; Apg 23,8; Josephus, Krieg, II, 8, 14; ders., Altertümer, XVIII, 1, 4.

116 Vgl. vorne Seite 78.

117 Apg 5,17.28.33.

118 Obgleich die pharisäische Bewegung im Grunde eine Laienbewegung war, gehörten doch auch Priester zu ihr (M. Stern in: H. H. Ben-Sasson, Geschichte I, 335; J. Jeremias, Jesusworte, 53; J. Maier, Zweiter Tempel, 270). So wissen wir z. B. von Josephus, daß er Priester und Anhänger der Pharisäer war (Krieg, III, 8, 3 und Leben, 11).

119 In den im Vorderen Orient verbreiteten Mysterienreligionen waren verschiedenartigste Auferstehungsmythen im Schwange (vgl. später Seite 231). Manchen Mysten mag es verlockend, ja erlösend, erschienen sein, den Mythos im Christentum in Erfüllung gehen zu sehen. Auch das Christentum ist genau genommen «selber im Ursprung und Wesen eine Mysterienreligion» (G. Quispel, Gnosis, 327; ebenso: R. Reitzenstein, Mysterienreligionen, 195; G. Mensching, Weltreligionen, 220; K. Burdach, Der Gral, 4; A. Schütze, Mithras, 239; W. Nestle, Antikes Denken, 45).

120 Die Mandäer sind eine Taufsekte, die in vorchristlicher Zeit im Jordantal ihre Heimat hatte und deren Nachfahren heute im Irak leben (dazu: Seite 254 Anm. 58). Sie kannten und kennen noch heute einen Priesterstand als alleinigen Heilsvermittler (K. Rudolph, Mandäer II, 127). Erlösungssehnsucht (W. Brandt, Mandäer, 24; R. Reitzenstein, Iran, 41; G. Widengren, Mandäer, 61), Auferstehungshoffnung (R. Reitzenstein, Mysterienreligionen, 349; G. Widengren, Mandäer, 61), Taufe (G. Widengren, Mandäer, 60; E. Segelberg, Masbuta, 121; R. Reitzenstein, Mandäerfrage, 360; K. Rudolph, Gnostizismus, 532), den Sonntag als heiligen Tag (H. Lietzmann, Mandäerfrage, 104) und vieles mehr haben die Mandäer mit den Christen gemeinsam. Wer im Detail von wem rezipiert hat und die Chronologie, ist Gegenstand der wissenschaftlichen Diskussion. Ob es mandäische Priester waren, die zum Christentum konvertiert sind, muß offen bleiben.

121 H. Braun, Qumran II, 164.

122 Siehe vorne Seite 37.

123 Es ist eine interessante Spekulation, aber eben nicht mehr, ob Essener und Christen sich im syrischen Damaskus begegnet sein könnten (vgl. H. Braun, Qumran II, 179). Nahe Damaskus lebte eine essenische Kolonie (vgl. die «Damaskusschrift» = CD VI,5), über deren Historizität und Siedlungszeit allerdings keine Einigkeit herrscht. – Schon sehr früh – vor Paulus! – lebten auch Christen in Damaskus (Apg 9,2.14). «Wie ist das Evangelium bereits vor Paulus hierher in das heidnisch-syrische Gebiet weit jenseits der Grenzen

Jerusalems und Judäas gedrungen» (G. Bornkamm, Paulus, 36)? Die Damaskus-Essener erwarteten, daß der priesterliche und der königliche Messias nach Damaskus kommen werden (CD VII,18–20; G. Vermes, Qumran, 195). Knüpft dieser Glaube an eine bestehende Tradition an (G. Vermes, aaO.)? Was mag Paulus gedacht haben, als er sich Damaskus näherte (G. Vermes, aaO.)? Hat nicht auch die geschichtlich wirksame Auferweckung Jesu erst vor Damaskus stattgefunden, im Christus-Erlebnis des Paulus (bejahend: S. Ben-Chorin, Jesus, 229; ders., Paulus, 21; vgl. Apg 9,3 ff.)? Alle diese Fragen müssen als offene Fragen hier stehen bleiben.

124 Vgl. vorne Seite 24.

125 Vgl. vorne Seite 22.

126 Vgl. vorne Seite 23.

127 Vgl. vorne Seite 23.

128 Vgl. vorne Seite 20.

129 Apg 5,17 ff.; 7,54 ff.; 8,1 ff.; 9,1 ff.

130 P. Lampe / U. Luz, Nachpaulinisches, 207.

131 E. Lohse, Entstehung des NT, 88; G. Bornkamm, Jesus, 137/138. Bei G. Bornkamm findet der Leser eine Zusammenstellung von 16 Stellen der Passionsgeschichte, die sich ausdrücklich oder sinngemäß auf alttestamentliche Schriftstellen stützen. Ständig findet man «das gleiche Motiv, daß in Jesu Tun und Leiden die ‹Schrift› erfüllt werden sollte» (G. Bornkamm, aaO.; vgl. auch: L. Schenke, Urgemeinde, 135).

132 H. Braun, Qumran II, 163. – Nach E. Ruckstuhl soll es «der Jünger, den Jesus liebte» (Joh 13,23; 19,26; 21,7.30), gewesen sein, der – selber Mitglied der essenischen Gemeinde von Jerusalem – «weitgehend für die essenische Prägung der werdenden Urgemeinde verantwortlich» war (Jesus, 281).

133 «Im Sinne Jesu dürfte es keine Theologie oder Christologie geben, die einen eigenen Stand von ‹Schriftgelehrten› benötigt, um mit viel Macht und Geld zu erläutern, wie Jesus arm war und gelitten hat» (E. Drewermann, Klerriker, 151). «Was würde Jesus, dem es um das ‹eine Notwendige› ging, zu diesem pompösen Kirchenapparat sagen, zu dieser Hierarchie und Etikette, diesen Ämtern, Titeln, Audienzen, diesen Handküssen und Fußfällen, Liturgien und Sakramenten, Feiertagen und Fastenvorschriften? Was dächte Jesus von der katholischen Moraltheologie, die genau die gleichen Haarspaltereien treibt wie die pharisäisch-rabbinische Moral seiner Zeit» (K. Deschner, Hahn, 282)? «Die Priesterschaften der heutigen Großkirchen, ihr Klerus also, können sich von Jesus her nicht legitimieren» (A. Holl, Jesus, 73). «Vor Jesus-Nachfolgern haben die christlichen

Kirchen am meisten Angst. Jesus selbst hätte heute keine Chance, die kirchliche Lehrerlaubnis zu erhalten» (F. Alt in: Die Zeit vom 2.11.1990, S. 45).

4. Die Lehre der Essener und des Jesus von Nazareth

4.1 Verkündigung

1 Josephus, Altertümer, XIII, 5, 9.
2 1 QS III, 15–16.
3 1 QS XI,10–11.
4 D. Flusser, Jesus, 72.
5 1 QS III,18–19.
6 1 QS IV,15–16.
7 1 QH XV,15–17.
8 1 QH II,25.
9 1 QH XV,15–17.
10 1 QH XV,19.
11 H. Braun, Qumran II, 243.
12 1 QH I,9–15.
13 1 QpHab VII,13–14.
14 1 QH I,24.
15 1 QH X,5–9.
16 Jesus denkt prädestinatorisch (A. Schweitzer, Leben Jesu, 412, 628), er ist darin von Qumran «nur graduell unterschieden» (H. Braun, Qumran II, 246); vgl. z. B. Mk 13,20.27; 14,18; Mt 10,29–30. – Auch bei Johannes kommt die prädestinatorische Festgelegtheit des Menschen sehr deutlich zum Ausdruck (H. Braun, aaO.; vgl. Joh 6,44.64–65; 8,47; 9,31–34).
17 ThEv 18.
18 Mk 4,26–29.
19 J. Jeremias, Gleichnisse, 104. Vgl. U. Mann: «Wer aber den Ursprung erkennt, der erkennt auch das Ziel; denn im göttlichen Ursprung ist schon das göttliche Ziel enthalten» (Christentum, 96).
20 T. Dethlefsen, Schicksal, 106.
21 F. Cumont, Orientalische Religionen, 163/164; E. R. Dodds, Mentalitätswandel, 109 ff.
22 F. Cumont, Orientalische Religionen, 163, 122.
23 F. Cumont, Orientalische Religionen, 163; W. Schultz, Gnosis, 270; M. Grant, Alexander, 235.

24 F. Cumont, Orientalische Religionen, 158.

25 Vgl. Mose ben Maimon (Maimonides), Die starke Hand V, abgedruckt in: K. Wilhelm, Jüdischer Glaube, 161 ff. – Eindeutig prädestinatorisch sind allerdings die Stellen: Ijob 14,5; Ps 139,16; Koh 6,10; Jer 1,5.

26 Zu den *Pharisäern* schreibt Josephus: «Alles geschieht durch das Schicksal, davon sind sie überzeugt, und gleichwohl nehmen sie dem menschlichen Willen nichts von der Kraft seines inneren Antriebes; denn es habe Gott gefallen, daß die Entscheidung des Schicksals ebenso wie der freie Entschluß des Menschen zum Guten oder Bösen hin zusammenwirken sollen» (Leben, 11). – Im BTalmud findet sich Gedankengut, das an essenisches erinnert: Zwei Leidenschaften schuf der Heilige (Brachot 61 a), die böse herrscht von Geburt an im Menschen (Sanhedrin 91 b). Andererseits wird auch Josephus bestätigt: Alles ist in Gottes Hand, ausgenommen die Gottesfurcht (Nidda 16 b). Rabbi Akiba sagte: «Alles ist vorhergesehen, aber es ist Willensfreiheit gegeben» (Mischna Awoth III,1–IV,22). – *Martin Buber* (1878–1965): «Es ist dem Menschen in Wahrheit freigestellt, Gott zu wählen oder zu verwerfen ... in der ganzen Fülle des Alltags .... Dem logischen Wahrheitsbegriff nach kann nur eines von beiden wahr sein (Determinismus oder Indeterminismus, Prädestination oder Freiheit), aber in der Wirklichkeit des gelebten Lebens sind sie voneinander unablösbar. Der Mensch, der sich entscheidet, weiß, daß das keine Selbsttäuschung ist; der Mensch, der gehandelt hat, weiß, daß er in der Hand Gottes stand und steht. Die Einheit beider ist das Geheimnis im Herzen des Zwiegesprächs» (Der Glaube des Judentums, 3. Das menschliche Handeln, abgedruckt in: K. Wilhelm, Jüdischer Glaube, 506/507).

27 Für die Sadduzäer «existiert das Schicksal überhaupt nicht» (Josephus, Krieg, II, 8, 14). «Alles geschehe nur nach unserem Willen, so daß wir ebenso die Urheber unseres Glückes seien, als wir auch unser Unglück uns durch unseren eigenen Unverstand zuzögen» (Josephus, Altertümer, XIII, 5, 9).

28 F. Cumont, Orientalische Religionen, 149.

29 F. Cumont, Orientalische Religionen, 148.

30 F. Cumont, Orientalische Religionen, 150; W. Capelle in: M. Aurel, Selbstbetrachtungen, S. XVIII.

31 M. Aurel, Selbstbetrachtungen, VII, 9.

32 M. Aurel, Selbstbetrachtungen, IV, 26.

33 M. Aurel, Selbstbetrachtungen, IV, 6.

34 M. Aurel, Selbstbetrachtungen, XI, 33.

35 Mk 11,13–14.20–21. – Bei Jeremia spielt die Frucht des Feigenbaumes eine ganz ähnliche Rolle, vgl. das Gleichnis von den guten und

den ungenießbaren Feigen (Jer 24,1–10). Der BTalmud knüpft an dieses Gleichnis an, mildert es aber zugunsten der schlechten Feigen ab (Eruwin 21 a/21 b). – Zur religiösen Rolle der Feige im griechisch-römischen Altertum vgl. K. Burdach: Die Feige «galt seit uralter Zeit bei Semiten, Griechen und Römern als ein heiliges Symbol geheimnisvoller Verbindung zwischen der Menschheit und Gott», der Feigenbaum als «ein Symbol der Erlösungsbedürftigkeit des Menschen, der Unentbehrlichkeit göttlichen Beistandes» (Der Gral, 41). Das «Sitzen unter dem Feigenbaum dient nach rabbinischer Überlieferung dem intensiven Studium der Thora» (O. Betz, Jesus, 393 mit Belegstellen; vgl. Joh 1,48–50). – Auch Buddha fand «unter einem Feigenbaum die so lange ersehnte göttliche Erleuchtung» (K. Burdach, Der Gral, 43).

36 Mt 2,1–12; vgl. dazu vorne Seite 24.

37 Mk 15,33; Mt 27,51.

38 F. Cumont, Orientalische Religionen, 164; A. Kehl, Antike Volksfrömmigkeit, 139.

39 K. G. Kuhn, zit. nach: H. Braun, Qumran II, 160; H. Conzelmann / A. Lindemann, NT, 181.

40 H. Braun, Qumran II, 248; D. Flusser, Christentum, 121; vgl. Röm 7,15; 8,5–8.29–30; 9,16–24.

41 Vgl. oben Anm. 16.

42 Augustinus (354–430 n. Chr.) nahm die Prädestnationslehre an, und die nach ihm kommenden großen Geister der Theologie haben sich mit dieser Lehre abgemüht, von Thomas von Aquin, Martin Luther und Johann Calvin bis Karl Barth (H. Küng, Ewiges Leben?, 268). In der katholischen Gnadenlehre bis ins 20. Jhd. ist die Prädestination das wesentliche Fundament (vgl. Brockhaus-Enzyklopädie, 1972, Stichwort «Prädestination»).

43 F. Cumont, Orientalische Religionen, 152.

44 Siehe Seite 276 Anm. 233.

45 W. Schultz, Gnosis, 269.

46 T. Dethlefsen, Schicksal, 126.

47 T. Dethlefsen, Schicksal, 118–125. – «Der Mensch lernt durch Leiden; und wen der Herr liebt, den züchtigt er» (K. Löwith, Heilsgeschehen, 22; siehe: Spr 3,12; BTalmud, Brachot 5 a). Zum Lernen durch Leiden vgl. A. Schopenhauer: «Das Leiden ist in der Tat der Läuterungsprozeß, durch welchen allein in den meisten Fällen der Mensch geheiligt, d. h. von dem Irrweg des Willens zum Leben zurückgeführt wird» (Welt als Wille II, Kap. 49). «Alles Leiden ist durchaus nichts anderes als unerfülltes und durchkreuztes Wollen» (Welt als Wille I, § 65).

48 Für den Verfasser des Hebräerbriefes hat auch Jesus durch sein Leiden Gehorsam gelernt (Hebr 5,8; J. Moltmann, Der Weg, 195). Celsus (2. Jhd. n. Chr.) schreibt: «Nachdem er niemand überzeugt hat, solang er lebte, nicht einmal seine eigenen Schüler, ist er gestraft worden und hat solches gelitten» (Christen, 86). «Es ist tröstlich, daß Jesus, der große Lehrer, seine größte Lektion im letzten Augenblick lernte.» Er hatte – und auch wir haben – zu lernen, daß Gott anders ist als der, den er bisher angebetet hat (P. de Rosa, Jesus, 78).

49 Vgl. vorne Seite 100.

50 Mt 7,16–19.

51 Mt 12,35–36.

52 Mt 25,32.

53 Mt 25,34.

54 Mt 25,41.

55 Mt 25,46.

56 H. Küng, Ewiges Leben?, 269. – Diese Einteilung der Menschen in zwei Klassen tritt an vielen Stellen des NT zutage: Zum Beispiel in den Seligpreisungen der Bergpredigt Mt 5,3 ff. (A. Schweitzer, Leben-Jesu, 412) und noch deutlicher in der entsprechenden Lukas-Stelle (Lk 6,20.24); Mt 12,33–35; im Gleichnis vom Unkraut und Weizen Mt 13,24 ff. = ThEv 57 (dazu: U. Luz, Taumellolch, 154 ff.); Mt 24,40–41; Lk 17,34; ThEv 40. – In seinen Gleichniserzählungen bildet Jesus zwei Gruppen, seine Jünger (als Auserwählte? Eingeweihte?) und das verstockte Volk, welches zwar sieht, aber nichts erkennt: Mk 4,10–12.24–25.33–34; Mt 13,10–16.34–36. – Die Zweiteilung der Menschen findet man sehr deutlich auch bei Paulus (vgl. oben Anm. 40) und Johannes (vgl. oben Anm. 16).

57 Lk 12,48.

58 Lk 13,3.5.

59 Lk 13,6–9.

60 Vgl. Martin Buber oben Anm. 26.

61 M. Aurel, Selbstbetrachtungen, XI, 36.

62 1 QS IX,9; X,20; CD II,5; 1 QH VI,6. – «Die qumranische Prädestination schließt die Entscheidung des Menschen nicht aus, sondern ein» (H. Braun, Qumran II, 245; ders., Jesus, 185; K. Schubert in: J. Maier / K. Schubert, Qumran-Essener, 57).

63 1 QS V,1.8–9.14; VI,15.22; X,20; CD II,5; XV,7–12; XVI,4–5; XX,17; 1 QH II,9; VI,6; XIV,24; XVI,17; 4 QpPs 37 II,3–4; III,1.

64 Mk 1,15; 6,12; Mt 4,17; 11,20–21; 12,41; Lk 5,32; 13,3.5.

65 Mk 11,22–24.

66 Vgl. Mt 6,10.33; 13,49; 25,46; Lk 13,27; Joh 9,31. – Marc Aurel: «Es frevelt aber derjenige, der ihrem Willen zuwider handelt, gegen die

ehrwürdigste Gottheit» (Selbstbetrachtungen, IX, 1). Wenn jemand betet: «Laß mich bloß das Kind nicht verlieren!», dann bete du: «Laß mich keine Angst davor haben, es zu verlieren» (Selbstbetrachtungen, IX, 40)! – R. Bultmann: «Der Wille Gottes verlangt ganzen Gehorsam, Verzicht auf den eigenen Anspruch» (Jesus, 90).

67 T. Dethlefsen, Schicksal, 138/139. – R. Bultmann beschreibt diesen Tatbestand so: «Freiheit ist Gehorsam gegen das Gesetz, dessen Gültigkeit anerkannt und angenommen wird, das der Mensch als das Gesetz seines eigenen Seins erkannt hat. Das kann nur ein Gesetz sein, das seinen Ursprung und seine Begründung im Jenseitigen hat. Wir können es das Gesetz des Geistes nennen oder, in christlicher Ausdrucksweise, das Gesetz Gottes» (Mythologie, 45). – Im Judentum folgt der «freiwilligen Akzeptanz der Thora» der «Einzug in die Freiheit» (P. Lapide, Pharisäer, 15). Jesus lehrte «nicht Freiheit von dem Gesetz, sondern Freiheit durch das Gesetz» (L. Swidler, Jesus, 57).

68 A. Dupont-Sommer, Fremdeinflüsse, 210.

69 Wichtigste Fundstellen sind: 1 QS III,19 ff.; IV,2 ff.15 ff.; 1 QH XIV,8 ff.; XV,15 ff.; XVII,17 ff.; 1 QM I,1 ff.; XIII,10 ff.; XVII,5 ff.

70 H. Braun, Qumran II, 138; W. Schmithals, Gnosis, 51.

71 E. Lohse, Qumran, S. XVIII.

72 Siehe: Mt 5,14; 6,22–23; Lk 1,78–79; 2,32; 16,8; 22,53; ThEv 24; 50.

73 Y. Yadin, Tempelrolle, 270; H. Braun, Qumran II, 173; vgl.: Röm 13,12; 2 Kor 6,14; (nachpaulinisch) Eph 5,8.

74 Y. Yadin,, Tempelrolle, 270/271; H. Braun, Qumran II, 138; E. Lohse, Qumran, S. XX; K. Schubert in: J. Maier / K. Schubert, Qumran-Essener, 131; vgl. Joh 1,4–5; 3,19–20; 8,12; 12,35–36.

75 Mt 13,24 ff.; vgl. auch: Lk 3,17 (Spreu / Weizen); Mt 4,1 (Gott / Teufel); Mt 7,17 ff. und 12,35 (gut / böse).

76 Vgl. vorne Seite 105/106.

77 Mt 6,24.

78 K. Schubert in: J. Maier / K. Schubert, Qumran-Essener, 77. «Die dualistische Terminologie des Spruches ist essenisch» (D. Flusser, Jesus, 73); vgl. 1 QH XIV,20.

79 1 QM I,8 ff.; III,9; XI,7–8; 1 QS IV,19–20.

80 Mk 1,25.34; 3,11.22; 5,8; 9,20,

81 R. Bultmann, Urchristentum, 96; O. Betz, Spätjudentum, 315. – «Besessenheit und Abhängigkeiten, die Menschen unfrei, fremdbestimmt und krank machen, gibt es auch heute. Die Dämonen haben nur andere Namen bekommen» (J. Moltmann, Der Weg, 129).

82 Mt 12,28.

83 H. Braun, Qumran I, 27; O. Betz, Spätjudentum, 315.

84 C. Bartholomae, Zarathustra, 13; H. Lommel, Zoroaster, 256; K. Rudolph, Zarathustra, 305.
85 A. v. Harnack, Gnosis, 235; F. Cumont, Orientalische Religionen, 139 ff.; R. Bultmann, Urchristentum, 66, 88, 169; H. Ringgren, Israel, 287; G. Widengren, Gnostizismus, 699; S. Arai, Gnosis, 647; K. Rudolph, Gnostizismus, 536; G. Mensching, Weltreligionen, 177; G. Bornkamm, Jesus, 39; A. Dupont-Sommer, Fremdeinflüsse, 211/212; Abbé Vincent in: A. Dupont-Sommer, Fremdeinflüsse, 223; E. Lohse, Qumran, S. XV; H. H. Schaeder, Zarathustra, 113; M. A. Beek, Geschichte, 107; A. H. J. Gunneweg, Geschichte, 132, 174; H. Küng, Christ sein, 231; H. Zahrnt, Jesus, 31; J. Moltmann, Der Weg, 361; G. Cornfeld / G. J. Botterweck, Bibel-Enzyklopädie, Stichwort «Qumran», Erl. 8 e; S. S. Hartmann, Iran, 120 m. w. N.
86 H. Tadmor in: H. H. Ben-Sasson, Geschichte I, 208 ff.; A. H. J. Gunneweg, Geschichte, 135 ff.
87 Vgl.: R. Reitzenstein, Mysterienreligionen, 6; G. Quell in: ThWNT II, 120/121; H. Ringgren, Israel, 105; O. Kaiser, Altes Testament, 263; G. Mensching, Weltreligionen, 160.
88 Dtn 14,2; vgl.: Dtn 7,6; Lev 20,8.
89 O. Betz, Spätjudentum, 314.
90 CD I,3–5; vgl. 1 QM XIII,8.
91 1 QS VIII,6–7.
92 1 QS VIII,12–13.
93 Vgl. vorne Seite 81.
94 «Jede der beiden Gemeinden hält sich, nicht die andere Gruppe, für die Erwählten; beide Gruppen stehen also in einem sich ausschließenden Gegensatz zueinander» (H. Braun, Qumran II, 147).
95 Mt 12,18; vgl. Jes 42,1.
96 D. Flusser, Jesus, 91. – «Der Berufene ist immer ein Auserwählter, einer, der das Wort Gottes vernommen hat, welches ihm den besonderen Weg weist» (L. Baeck, Wesen des Judentums, 59).
97 Jesus hat «in messianischer Vollmacht die Erwählung Gottes durch Berufung und Auswahl fortgeführt» (O. Betz, Jesus, 325).
98 Mk 4,11–12; vgl. auch: Mk 4,24–25.33–34; Mt 13,10–16.34–36; dazu später Seite 150.
99 Vgl. Seite 85.
100 Mt 10,5–6.
101 Mk 7,27; Mt 7,6; «ein sehr krasses Gleichnis» (S. Ben-Chorin, Jesus, 58).
102 Mt 7,6 = ThEv 93. Mit den «Hunden und Schweinen» sind Nichtjuden gemeint (M. Grant, Jesus, 164; H. Zahrnt, Jesus, 119; L. Schenke, Urgemeinde, 259; P. de Rosa, Jesus, 248; K. Deschner,

Hahn, 180 m. w. N.), vielleicht auch allgemein «unreine Menschen» (J. Jeremias, Jesusworte, 57), zu denen freilich auch Nichtjuden gerechnet werden.

103 Mt 13,45–46 = ThEv 76; dazu: J. Jeremias, Gleichnisse, 132.

104 Lev 11,7–8.

105 Mk 5,11–13.

106 Mk 7,24 ff.

107 Mt 8,5 ff.

108 Joh 4,7 ff.

109 Lk 17,16.

110 Mt 8,10.

111 Lk 10,29 ff.

112 «Die unerhörte Provokation, die darin liegt, wird einem nur klar, wenn man sich vergegenwärtigt, daß einem Schriftgelehrten zugemutet wird, sich einen Samariter als Vorbild zu nehmen und so zu handeln wie dieser, also von ihm die rechte Deutung der Thora zu lernen» (S. Ben-Chorin, Jesus, 109). «Einen Samaritaner gegen einen jüdischen Priester auszuspielen, das war ein starkes Stück» (L. Rinser, Mirjam, 110).

113 Mt 11,6.

114 Ex 24,8.

115 R. Bultmann, Urchristentum, 34; vgl. Dtn 26,16–19.

116 J. J. Petuchowski / C. Thoma, Lexikon, Sp. 56.

117 G. Cornfeld / G. J. Botterweck, Bibel-Enzyklopädie, Stichwort «Bund», Erl. 3; J. J. Petuchowski / C. Thoma, Lexikon, Sp. 57.

118 Jer 31,31–33; vgl. Ez 11,19 ff.

119 Vgl. vorne Seite 81.

120 CD XX,12; siehe auch: CD VI,19; VIII,21; XIX,33; 1 QpHab II,3.

121 A. Dupont-Sommer, Fremdeinflüsse, 208.

122 R. Bultmann, Jesus, 35.

123 Lk 22,20 = Mt 26,28 = Mk 14,24 = 1 Kor 11,25.

124 A. Dupont-Sommer, Reinigungsriten, 270.

125 1 QS V,6.

126 1 QS VIII,3–4.

127 H. Braun, Jesus, 188.

128 CD XIV,19.

129 H. Braun, Qumran II, 91.

130 «Söhne deiner Wahrheit»: 1 QS XI,16; 1 QH X,27; XI,11; XVI,18; 1 QM XVII,8. «Söhne deines Wohlgefallens»: 1 QH IV,32-33; XI,9.

131 1 QH IX,35.

132 Vgl. Seite 13.

133 Mk 10,45; vgl. auch Mk 9,12.

134 H. Leroy, Jesus, 121; vgl. 1 Kor 1,23.
135 Dtn 21,23; Gal 3,13.
136 R. Bultmann, Jesus, 145; G. Bornkamm, Jesus, 199; H. Braun, Jesus, 108; E. Lohse, Entstehung des NT, 70; D. Flusser, NT, 46; H. Leroy, Jesus, 121/122; J. Moltmann, Der Weg, 209.
137 D. Flusser, Jesus, 95; G. Bornkamm, Jesus, 136; H. Küng, Christ sein, 408; U. Mann, Christentum, 178.
138 Mk 14,33.36.
139 D. Flusser, Jesus, 95; ebenso: G. Bornkamm, Jesus, 136; A. Holl, Jesus, 135; H. Küng, Christ sein, 383; J. Moltmann, Der Weg, 186; G. Baudler, Stiergott, 81; a. A.: J. Jeremias, Jesus, 90; M. Grant, Jesus, 185; O. Betz, Jesus, 97.
140 Mk 14,36. – «Indem Jesus seinen Willen unter den des Vaters demütigt, wird er eins mit ihm» (S. Ben-Chorin, Jesus, 185).
141 Mt 5–7.
142 Mt 5,3 ff.; Zürcher Bibel.
143 A. Schweitzer, Gespräche, 127.
144 J. Moltmann, Der Weg, 121.
145 J. Moltmann, Der Weg, 121; vgl. L. Schottroff / W. Stegemann, Jesus, 31.
146 O. Betz, Spätjudentum, 315; H. Braun, Qumran I, 13.
147 G. Bornkamm, Jesus, 67.
148 G. Bornkamm, Jesus, 67; D. Flusser, NT, 33; S. Ben-Chorin, Jesus, 71 ff.; O. Betz, Spätjudentum, 310; H. Frankemölle, Freudenbote, 50.
149 Vgl. Seite 273 Anm. 186.
150 Vgl.: H. Leroy, Jesus, 80; S. Ben-Chorin, Paulus, 187; D. Flusser, NT, 30; H. Braun, Jesus, 82.
151 D. Flusser, Jesus, 76; ders., Synagoge, 26; vgl.: Y. Yadin, Tempelrolle, 266; S. Ben-Chorin,Paulus, 188; K. Schubert in: J. Maier / K. Schubert, Qumran-Essener, 119; J. Lehmann, Jesus, 110/111; ders., Rabbi J., 75.
152 D. Flusser, Synagoge, 26; E. Drewermann, Matthäus I, 734. Durch die Qumranschriften wurde die Wendung «die geistlich Armen» (Mt 5,3) erst verständlich (D. Flusser, Jesus, 74); vgl. dazu vorne Seite 44.
153 1 QH XVIII,14–15; vgl. auch 1 QH V,20–22; XI,32.
154 D. Flusser, Jesus, 74. Der Autor weist darauf hin, daß «eine vielleicht noch wichtigere Parallele zu den Seligpreisungen» in den «Testamenten der Patriarchen» anzutreffen ist, einem Werk, das «in der Peripherie des Essenismus entstanden ist» (Jesus, 74). In der «halbessenischen Schrift ‹Zwei Wege›», so sagt D. Flusser, finde sich «sogar eine literarische Parallele zur Bergpredigt» (NT, 30).
155 G. Cornfeld / G. J. Botterweck, Bibel-Enzyklopädie, Stichwort

«Qumran», Erl. 8 a; ebenso: R. Bultmann, Urchristentum, 86; M. Stern in: H. H. Ben-Sasson, Geschichte I, 351/352.

156 Der Begriff «Apokalyptik» wurde in der ersten Hälfte des vergangenen Jahrhunderts geprägt (Lücke, Hilgenfeld; K. Koch u. a., Daniel, 160). Er wird nicht von allen in demselben Sinne verstanden. Teils wird er als «Literaturgattung» verwendet, teils auf die der Literaturgattung zugrundeliegende Weltanschauuung bezogen, teils auf den Inhalt der Texte. – Die Wurzeln der jüdischen Apokalyptik reichen hinab bis in die nachexilische Zeit. Der Kontrast zwischen der Israel verheißenen herrlichen Zukunft und der quälenden Gegenwartserfahrung führte dazu, daß die prophetische Vision allmählich durch die apokalyptische Vision abgelöst wurde (M. Stern in: H. H. Ben-Sasson, Geschichte I, 356; R. Bultmann, Urchristentum, 88; U. B. Müller, Apokalyptik, 221; G. Cornfeld / G. J. Botterweck, Bibel-Enzyklopädie, Stichwort «Apokalyptik», Erl. 1). Der Apokalyptiker schreibt meist unter dem Pseudonym einer berühmten Persönlichkeit aus der biblischen Vergangenheit (z. B. von Henoch, Esra, Baruch); er sieht, basierend auf einem deterministischen Geschichtsbild, eine Umwälzung kosmischer Dimension voraus, welche die gesamte Weltordnung verwandelt und der göttlichen Gerechtigkeit zum endgültigen Durchbruch verhilft (M. Stern in: H. H. Ben-Sasson, Geschichte I, 356; K. Koch u. a., Daniel, 161; P. Vielhauer / G. Strecker in: W. Schneemelcher, Apokryphen II, 493 ff.; G. Cornfeld / G. J. Botterweck, Bibel-Enzyklopädie, Stichwort «Apokalyptik», Erl. 2 und 4). Zur Apokalyptik zählen u. a. das Danielbuch, Jesaja 24–27; 34–35 und 65, das äthiopische Henochbuch, das Testament der zwölf Patriarchen, das Jubiläenbuch, die Baruchapokalypse, das vierte Esrabuch.

157 R. Bultmann, Urchristentum, 89–93; G. Bornkamm, Jesus, 33; A. H. J. Gunneweg, Geschichte, 173; H. Schmid, Altes Testament, 283.

158 K. Koch u. a., Daniel, 8; E. Lohse, Entstehung des NT, 138; H. Schmid, Altes Testament, 283; M. Stern in: H. H. Ben-Sasson, Geschichte I, 356.

159 Jes 24–27; 34-35; 65.

160 A. H. J. Gunneweg, Geschichte, 173; E. Lohse, Entstehung des NT, 139 («weil die Christen jüdische Texte mit Hinweisen auf die Erfüllung der endzeitlichen Hoffnung in Christus versahen und nun als christliche Erbauungsbücher lasen»).

161 R. Bultmann, Theologie, 496.

162 G. Cornfeld / G. J. Botterweck, Bibel-Enzyklopädie, Stichwort «Apokalyptik», Erl. 5 b.

163 Zit. nach: J. J. Petuchowski / C. Thoma, Lexikon, Sp. 25. – Schon vor E. Käsemann vertrat M. Friedländer, 1905, diesen Standpunkt. Nach ihm ist «die Apokalyptik der eigentliche Nährboden des Urchristentums» (Judentum, 325). Ähnlich auch J. Blank: «Die eschatologische Heilsbotschaft ist historisch auf keinem anderen Hintergrund vorstellbar als auf dem jüdischen im Zeitalter der Apokalyptik» (Jesus, 239; ähnlich: L. Schenke, Urgemeinde, 67).

164 P. Vielhauer / G. Strecker in: W. Schneemelcher, Apokryphen II, 492; diese Apokalypsen sind abgedruckt in: W. Schneemelcher, aaO., 491–679.

165 K. Rudolph, Zarathustra, 307; ders., Gnostizismus, 536; H. Ringgren, Israel, 306; G. Widengren, Religionen, 355; C. Bartholomae, Zarathustra, 17/18; H. H. Schaeder, Zarathustra, 113/114; F. Altheim, Zarathustra, 195; J. Duchesne-Guillemin, Zoroaster, 249; M. Molé, Antwort, 330; B. Schlerath, Die Gathas, 351; A. Schweitzer, Leben-Jesu, 304; R. Bultmann, Urchristentum, 88; K. Koch u. a., Daniel, 96, 177; E. Lohse, Entstehung des NT, 137; A. H. J. Gunneweg, Geschichte, 174; P. Vielhauer / G. Strecker in: W. Schneemelcher, Apokryphen II, 503; R. Schaeffler, Hoffen, 271; G. Cornfeld / G. Botterweck, Bibel-Enzyklopädie, Stichwort «Apokalyptik», Erl. 3; U. Mann, Christentum, 149; H. Zahrnt, Jesus, 31; S. S. Hartmann, Iran, 107 ff. m. w. N.

166 Avesta, Yascht 19, übersetzt von H. Beckh, abgedruckt in: A. Schütze, Mithras, 142.

167 K. Rudolph, Zarathustra, 307.

168 K. Rudolph, Zarathustra, 307; vgl.: G. Widengren, Religionen, 90; H. Lommel, Zoroaster, 264.

169 U. Mann, Christentum, 146.

170 K. Rudolph, Zarathustra, 307 m. w. N.

171 K. Rudolph, Zarathustra, 307.

172 Mk 1,15.

173 Mk 13,29–30; 9,1.

174 Mt 12,28; Lk 17,21.

175 Vgl. dazu Seite 77.

176 R. Bultmann, Urchristentum, 93.

177 Mk 13,24–27.

178 A. Schweitzer, Leben-Jesu, 261; R. Bultmann, Theologie, 3; G. Bornkamm, Jesus, 34, 83; H. Braun, Qumran II, 275; ders., Jesus, 43; O. Betz, Jesusforschung, 40; H. Küng, Ewiges Leben?, 122; K. Koch u. a., Daniel, 13; U. Mann, Christentum, 71; J. Jeremias, Jesusworte, 78; ders., Jesus, 15; K. Deschner, Hahn, 24; H. Zahrnt, Jesus, 82; E. Drewermann, Tiefenpsychologie II, 487; L. Schenke,

Urgemeinde, 35. – Jesus ist «der radikale Eschatologe, der in die Flammenwand des bevorstehenden Weltendes schaut» (U. Mann, Christentum, 170), «der größte aller Apokalyptiker» (M. Friedländer, Judentum, 23).

179 R. Bultmann, Urchristentum, 93; G. Bornkamm, Jesus, 59; H. Küng, Ewiges Leben?, 122.

180 H. Braun, Qumran II, 266; O. Betz, Spätjudentum, 314; E. Lohse, Entstehung des NT, 139; A. D. Nock, Gnostizismus, 566.

181 Siehe Seite 76.

182 H. Braun, Qumran II, 266 m. w. N.

183 H. Leroy, Jesus, 78; L. Schenke, Urgemeinde, 83; vgl. J. Gnilka, Jesus, 136.

184 H. Braun, Qumran II, 91.

185 H. Braun, Qumran I, 75 und II, 274.

186 Vgl. 1 QM XII,7–16.

187 H. Braun, Qumran II, 270 m. w. N.; vgl. 1 QS IV,20; VIII,6–7; X,17; CD XIX,6 ff.; 1 QH III,36; IV,20.26–27; VI,9; 1 QpHab V,3–5; X,4; XIII,2–4.

188 J. Carmignac, Hymnen, 319; vgl. 1 QH III,36; IV,20.26–27; VI,18–19.30.32; XI, 22; XIV,15–16; XV,17.

189 J. Carmignac, Hymnen, 320; K. Schubert in: J. Maier / K. Schubert, Qumran-Essener, 95; vgl. 1 QS II,8; 1 QH VI,18–19; III,29–30; 1 QpHab X,5.13.

190 1 QS VIII,7.10; 1 QH VI,29–30; 1 QpHab V,4; H. Braun, Qumran II, 270; zu den qumranischen Zwölf vgl. Seite 85.

191 Mt 12,36; 25,31–46; ferner: Mt 10,15.28; 11,22; 12,41–42; 18,34–35.

192 Mt 7,21 ff.; J. Jeremias, Gleichnisse, 129.

193 G. Bornkamm, Jesus, 123.

194 Mk 9,43.47; ferner: Mt 5,22; 10,28; 13,30.50; 23,33; Lk 17,29. – Keine andere Wendung kommt bei Matthäus so häufig vor, wie diejenige vom Heulen und Zähneklappern, das im «Feuerofen» herrschen wird (E. Drewermann, Matthäus I, 175).

195 Mt 25,41.

196 Mt 19,28; vgl. auch: Lk 22,28–30.

197 J. Jeremias, Gleichnisse, 114. – In der Bergpredigt herrscht «ein fast unerträgliches Klima von Gerichtsdrohung, Strafangst und heftigster Aggressivität» (E. Drewermann, Matthäus I, 463).

198 Das Neue Testament will «die gleiche heilsame Furcht einflößen» (J. Carmignac, Hymnen, 321).

199 Mk 10,27.

200 Siehe dazu Seite 107. – «Gib deinen Gebeten eine solche Wendung

und gib acht, was dann geschieht» (M. Aurel, Selbstbetrachtungen, IX, 40)!

201 G. Bornkamm, Jesus, 121; R. Bultmann, Theologie, 14; vgl. Mt 6,4; Mk 10,17 ff.

202 Vgl. vorne Seite 44.

203 G. Bornkamm, Jesus, 124; A. Schweitzer, Leben-Jesu, 412; Mk 10,17 ff.; Mt 25,34.

204 J. Jeremias, Gleichnisse, 138, 95. – E. Drewermann meint: «die Belohnung ... liegt in dem Tun selbst, sie kommt nicht als Prämie hintendran» (Matthäus I, 513). So gesehen, sind Jesus und Marc Aurel in diesem Punkte deckungsgleich.

205 G. Bornkamm, Jesus, 122, 124; H. Braun, Jesus, 165.

206 J. Carmignac, Hymnen, 334; O. Betz, Jesus, 58.

207 1 QS IV,20–21.

208 1 QS IV,7.

209 Offb 19,8; vgl. auch Offb 3,4.5.18; J. Jeremias, Gleichnisse, 127. – Das Prachtkleid ist ein altes iranisches Symbol für das höhere, erlöste Ich (G. Widengren, Iran, 422).

210 1 QH II,25; H. Braun, Qumran II, 244; D. Flusser, NT, 12; O. Betz, Jesus, 56, 58.

211 1 QH XIII,16–17.

212 H. Braun, Qumran II, 274 m. w. N.

213 1 QM VI,6; XII,7–16; 4 Qpatr 4; 1 QSb III,5; 1 QS IV,25 («neue Schöpfung»); H. Braun, Qumran II, 278, 271 und I, 113; K. H. Schelkle, Paulus, 40, 249.

214 H. Braun, Qumran I, 113.

215 1 QM XII,7 ff.

216 M. Hengel / A. M. Schwemer, Königsherrschaft, 2.

217 A. M. Schwemer, Sabbatlieder, 48.

218 A. M. Schwemer, Sabbatlieder, 65, 47.

219 R. Bultmann, Urchristentum, 42.

220 Ps 145,10–13; vgl. außerdem: Ps 97,1–2; 103,19; Jes 56–66; Dan 3,33; 7,14.

221 Vgl. dazu Seite 119 und Seite 297 Anm. 156.

222 Seite 120.

223 A.M. Schwemer, Sabbatlieder, 115.

224 M. Grant, Jesus, 16; vgl.: Bultmann, Urchristentum, 93; G. Bornkamm, Jesus, 57; J. Blank, Jesus, 217; C. Burchard, Jesus, 21; H. Leroy, Jesus, 70; J. Gnilka, Jesus, 87; H. Merkel, Gottesherrschaft, 119.

225 O. Betz, Jesusforschung, 40, nach P. Stuhlmacher.

226 M. Friedländer, Judentum, 316; M. Grant, Jesus, 65; E. Drewermann, Matthäus I, 45; vgl. Mt 3,1–2 mit Mt 4,17.

227 R. Bultmann, Urchristentum, 93; G. Bornkamm, Jesus, 59; J. Blank, Jesus, 217; E. Lohse, Theologie, 26; A. Holl, Jesus, 128; H. Zahrnt, Jesus, 82.

228 C. Burchard, Jesus, 34.

229 D. Flusser, Jesus, 82; G. Mensching, Weltreligionen, 207.

230 Apg 1,6; Lk 24,21; Zürcher Bibel.

221 C. Burchard, Jesus, 24.

232 H. Merkel, Gottesherrschaft, 119.

233 S. Ben-Chorin, Jesus, 117; H. Braun, Qumran I, 113; K. Deschner, Hahn, 25.

234 H. Braun, Qumran I, 113.

235 A. Schweitzer, Leben-Jesu, 417. – Diese Verlegenheit neutestamentlicher Theologie ist trotz ständigen Bemühens bis heute im Grunde ungelöst geblieben; vgl. dazu: J. Moltmann, Der Weg, 337 ff.

236 Einen Irrtum Jesu nehmen an: E. Renan, Jesus, 134; A. Schweitzer, Leben-Jesu, 422, 627; ders., Gespräche, 166; R. Bultmann, Urchristentum, 99; H. Braun, Jesus, 47, 205; ders., Qumran II, 274, 361; H. Küng, Christ sein, 256; ders., Ewiges Leben?, 122; M. Grant, Jesus, 29; A. Holl, Jesus, 17; H. Zahrnt, Jesus, 94; J. Lehmann, Jesus, 134; K. Deschner, Hahn, 26; E. Drewermann, Tiefenpsychologie II, 488; W. Fricke, Prozeß, 71; P. de Rosa, Jesus, 256.

237 «Wir könnten sagen, die ganze Sendung Jesu habe sich auf einen Fehlschluß gegründet. ... Verliert damit seine ganze Botschaft ihren Wert und wird sie deshalb für uns heute sinnlos? Das ist nicht der Fall; denn Jesus hat tiefste Überzeugungen von ewiger Gültigkeit so zum Ausdruck gebracht, wie es dem Denken und der Sprache seiner Zeit entsprach. Wenn wir das mit heutigen Begriffen ausdrükken wollen, dann ist es sein Bestreben gewesen, den Menschen klarzumachen, in welcher äußersten Notsituation sie sich alle befanden. Deshalb erklärte er materielle Maßstäbe für unzureichend und irrelevant. Nach seiner Auffassung haben nur absolute Maßstäbe, die vollkommen von vergänglichen Kategorien getrennt werden, einen wirklichen Wert. Deshalb besitzen die Aussagen Jesu über das Reich Gottes, wenn auch ihre Formulierung unendlich weit von der Ausdrucksweise und den Vorstellungen heutiger Menschen entfernt sind, eine gewaltige Bedeutung...» (M. Grant, Jesus, 257/258).

238 J. Lehmann, Jesus, 192.

239 Zit. nach: W. Kaufmann, Nietzsche, 113. – Vgl. E. Drewermann: «Irgendwann wird auch die katholische Kirche dahinterkommen müssen, daß sie Gott mehr verdunkelt als verkündet» (Kleriker, 132).

240 C. Burchard, Jesus, 33; A. v. Harnack, Christentum, 65; R. Bultmann, Jesus, 74; H. Zahrnt, Jesus, 70.
241 Mk 8,11–12; Lk 17,20–21.
242 J. Blank, Jesus, 218; vgl. Mk 4,26–29.30–32.
243 Lk 17,21; 11,20.
244 A. M. Schwemer, Sabbatlieder, 76, 117; H. Merkel, Gottesherrschaft, 143; C. K. Barrett / C.-J. Thornton, Texte, 271.
245 Lk 17,21; 11,20.
246 M. Luther übersetzte Lk 17,21 mit *«inwendig in euch»*. Luthers Text halten viele für falsch und übersetzen stattdessen *«mitten unter euch»* (Einheitsübersetzung; R. Bultmann, Urchristentum, 95; H. Zahrnt, Jesus, 87; S. Ben-Chorin, Jesus, 119) oder *«in eurer Mitte»* (Zürcher Bibel; G. Bornkamm, Jesus, 61; D. Flusser, Jesus, 87; J. Blank, Jesus, 219; M. Grant, Jesus, 31; H. Merkel, Gottesherrschaft, 147) oder *«in eurem Wirkungsbereich»* (H. Braun, Jesus, 48, der die Problematik ausführlich erörtert: aaO., 193–205). Im Thomasevangelium heißt es: «inwendig in euch und außerhalb von euch» (ThEv 3). – Offen bleibt dabei, wie man sich das «Reich Gottes» zu denken habe. Als «geistig-ethische Größe» (A. Schweitzer, Leben-Jesu, 40)? Als «Heilsgewißheit» (J. Blank, Jesus, 219)? Als «in und durch Jesus realisiert», die «Endvollendung» des Reiches liege jedoch «in undatierbarer Zukunft» (J. J. Petuchowski / C. Thoma, Lexikon, Sp. 329)? Usw., usw.
247 «Ironischerweise ist die bedrohlichste Wissenschaft für die Religion heute nicht die Physik, die evolutionäre Biologie oder Psychiatrie, sondern … die Bibelexegese» (P. de Rosa, Jesus, 169).
248 ThEv 51 und 113.
249 Vgl. Joh 3,3.
250 ThEv 17; vgl. 1 Kor 2,9.
251 L. Baeck, Wesen des Judentums, 137.

4.2 Konsequenzen für die Lebensführung der Menschen hier und jetzt

1 Qumranschriften: 1 QS V,1.8–9.14; VI,15; X,20; CD II,5; XV,7–12; XVI,4–5; XX,17; 1 QH II,9; VI,6; XIV,24; XVI;17; 4 QpPs 37 II,3–4; III,1. – Neues Testament: Mt 4,17; 11,20–21; 12,41; Mk 1,15; 6,12; Lk 5,32; 13,3.5. Luther übersetzt stets: «Buße tun», desgleichen die Zürcher Bibel; in der Einheitsübersetzung heißt es: «sein Leben ändern».
2 «Es ist gut, sich darauf zu besinnen, daß Jesu eigene Botschaft und

die der nachösterlichen Jesusjünger zuerst einmal Umkehrruf und Bußpredigt waren» (L. Schenke, Urgemeinde, 29).

3 H. Braun, Qumran I, 89.
4 Vierteljahresschrift «Radius», Heft 2/1983, Stuttgart.
5 M. Benckert, Umkehren, 4.
6 M. Benckert, Umkehren, 4.
7 Jes 55,7.
8 Ez 18,30–32; vgl.: Hos 14,2–4; Joël 2,12 ff.
9 Vgl. vorne Seite 122.
10 J. Blank, Jesus, 212; G. Bornkamm, Jesus, 40; M. Grant, Jesus, 67.
11 J. Blank, Jesus, 213; vgl. S. 286 Anm. 91.
12 J. Ernst, Johannes, 32.
13 J. Blank, Jesus, 212; G. Bornkamm, Jesus, 41; vgl.: Mk 1,4; Mt 3,8.11.
14 G. Bornkamm, Jesus, 42; vgl. Mt 3,8.
15 1 QS V,8–10; vgl.: CD XV,9.12; XVI,1–2.4–5.
16 1 QS V,1; X,20; CD II,5; XV,7; 1 QH II,9; VI,6; XIV,24; 4 QpPs 37 II,4.
17 J. Maier, Jachad, 230; H. Braun, Qumran II, 89; vgl.: 1 QS V,1.8; VI,15; CD XV,5–8.
18 Mk 1,4–5; Mt 3,5.
19 Mk 1,15.
20 J. Moltmann, Der Weg, 123.
21 M. Grant, Jesus, 63.
22 J. Blank, Jesus, 217; J. Jeremias, Gleichnisse, 129.
23 G. Bornkamm, Jesus, 74; H. Braun, Jesus, 52; J. Jeremias, Gleichnisse, 129/130.
24 G. Bornkamm, Jesus, 74.
25 H. Leroy, Jesus, 79; J. Moltmann, Der Weg, 123.
26 H. Leroy, Jesus, 79; vgl. Mt 5–7.
27 H. Zahrnt, Jesus, 89; vgl. Joh 3,3.
28 Mk 8,34.
29 «Er stellt den Menschen vor eine unerbittliche Entscheidung» und «läßt ihm keinen Ausweg» (A. v. Harnack, Christentum, 32). «Es muß zugestanden werden, daß 99,99 % der Christen diese radikalen Weisungen Jesu (Mt 5,39–42) in ihrem Leben nicht wörtlich befolgt haben» (J. Gnilka, Jesus, 234). Zur «Unerfüllbarkeit» der Forderungen Jesu vgl. J. Jeremias, Jesus, 44 f.
30 Zit. nach: W. Kaufmann, Nietzsche, 394.
31 W. Capelle in: M. Aurel, Selbstbetrachtungen, S. XLII.
32 M. Aurel, Selbstbetrachtungen, XII, 1. – Marc Aurel «war ein besserer Christ, in nicht dogmatischem Sinn, als fast alle sich zum Christentum bekennenden Fürsten, die seither regiert haben» (W. Ca-

pelle in: M. Aurel, Selbstbetrachtungen, S. XLVIII). Er scheint sich «in seinen Gedankengängen oft so nahe mit dem Christentum zu berühren» (W. Nestle, Antikes Denken, 19).

33 Vorne Seite 103.

34 Mk 11,22–24.

35 C. Burchard, Jesus, 33; A. v. Harnack, Christentum, 65; R. Bultmann, Jesus, 74; H. Zahrnt, Jesus, 70.

36 Vgl.: Mt 11,20 ff.; U. Mann, Christentum, 188.

37 Lev 19,18.

38 Man beachte, «daß das Wort Liebe und das Gebot der Liebe in den Worten Jesu merkwürdig selten vorkommt» (R. Bultmann, Jesus, 78).

39 CD VI,20–21; 1 QS I,9–10; V,25.

40 1 QH XIV,19; 1 QS I,9–10; E. Lohse, Qumran, 293 Anm. 57.

41 Mt 22,39; 19,19.

42 Mt 5,48.

43 Mt 5,46–47.

44 Lk 10,29–37.

45 1 QS X,17–18.

46 Mt 5,39.

47 Mit der Steigerung zur Feindesliebe steht Jesus im Judentum einzig da (D. Flusser, Jesus, 69; ders., Synagoge, 25; H.-W. Kuhn, Liebesgebot, 226), dazu gibt es «keine Parallele in zeitgenössischen Texten» (H.-W. Kuhn, Liebesgebot, 224/226). – Allerdings wird im BTalmud dazu aufgefordert, für die Sünder zu beten, damit sie in Reue umkehren (Brachot 10 a).

48 Mt 5,43–44.

49 H. Braun, Qumran I, 17; K. Schubert in: J. Maier / K. Schubert, Qumran-Essener, 123; Y. Yadin, Tempelrolle, 267. – Demgegenüber findet sich der Feindeshaß als solcher, wenngleich nicht als Aufforderung formuliert, sehr wohl im jüdischen Schrifttum (siehe: Ps 139,21–22; 55,16; BTalmud, Schabbat 116 a; dazu: M. Friedländer, Judentum, 173).

50 H. Braun, Qumran I, 17; K. Schubert in: J. Maier / K. Schubert, Qumran-Essener, 123; Y. Yadin, Tempelrolle, 267.

51 1 QS I,10; IX,21–22; 1 QH XIV,21.

52 Mit dieser Bemerkung hat Jesus gegen die Essener Stellung bezogen (H. Braun, Qumran II, 96 m. w. N.; S. Ben-Chorin, Jesus, 80; Y. Yadin, Tempelrolle, 267; G. Mensching, Weltreligionen, 217; E. Lohse, Theologie, 32). Offenbar entstammten «die Qumrangemeinde und die Anhänger und Zuhörer Jesu demselben Milieu» (K. Schubert in: J. Maier / K. Schubert, Qumran-Essener, 124; ebenso: S. Ben-Chorin, Jesus, 80; Y. Yadin, Tempelrolle, 267).

53 Siehe dazu vorne Seite 250 Anm. 10.
54 Lk 18,9 ff.
55 Die Feindesliebe war «eine keineswegs Jesus vorbehaltene» Extremforderung (R. Schnackenburg, MtEv, 145). «Die Geneigtheit dem Feind gegenüber, die liebende Zuwendung zu ihm ist ein Thema, das in fast allen Hochreligionen anzutreffen ist» (J. Gnilka, Jesus, 229).
56 Buddha: «Jetzt habe ich dir das Leben geschenkt. So ist unsere Feindschaft durch Vergebung zur Ruhe gekommen» (zit. nach: G. Mensching, Weltreligionen, 217; vgl.: J. Gnilka, Jesus, 230).
57 Sophokles: «Nicht mitzuhassen, mitzulieben bin ich da» (zit. nach: G. Mensching, Weltreligionen, 217).
58 Laotse: «Feindschaft vergilt mit Liebe» (zit. nach: G. Mensching, Weltreligionen, 216; vgl. J. Gnilka, Jesus, 230).
59 Seneca: «Laßt uns nicht müde werden, uns für das allgemeine Wohl zu mühen, den einzelnen zu helfen, Hilfe zu bringen auch den Feinden» (zit. nach: R. Bultmann, Jesus, 78).
60 Vgl. oben Anm. 47.
61 M. Aurel, Selbstbetrachtungen, XI, 18.
62 M. Aurel, Selbstbetrachtungen, VI, 7; VI, 39; VII, 31; VII, 67; VIII, 12; XI, 1.
63 W. Capelle in: M. Aurel, Selbstbetrachtungen, S. XLII; J. Gnilka, Jesus, 229.
64 M. Aurel, Selbstbetrachtungen, XI, 13.
65 M. Aurel, Selbstbetrachtungen, XI, 18.
66 Vgl. Mt 5,46–47.
67 G. Bornkamm, Jesus, 101; vgl. Mt 5,45.
68 L. Rinser, Mirjam, 214.
69 «Nicht ihre Handlungen sind es, die uns quälen..., sondern unsere Meinung darüber! Sie mußt du aufgeben...» (M. Aurel, Selbstbetrachtungen, XI, 18).
70 Siehe dazu vorne Seite 37.
71 «Jene Kreise, die an der Peripherie des Essenismus lebten, haben die essenische Theologie des Hasses überwunden» (D. Flusser, Jesus, 77) und schließlich bis zur «Feindesliebe» gefunden (ders., NT, 184).
72 Lev 19,18.
73 CD IX,2.
74 CD VI,21.
75 1 QS VI,13.
76 CD XVI,4–5.
77 D. Flusser, NT, 184.
78 A. Schweitzer, Gespräche, 188.

79 S. Ben-Chorin, Mirjam, 105.
80 M. Grant, Jesus, 102. – «Die Leidenschaft, die in der Tiefe seines Charakters lag, riß ihn zu den heftigsten Schmähungen fort» (E. Renan, Jesus, 156).
81 J. Jeremias, Jesusworte, 62.
82 M. Grant, Jesus, 102.
83 Jesus sah im zeitgenössischen «Pharisäismus eine Lästerung wider den Geist und haßte ihn mit der ganzen Glut seiner tiefen Seele» (M. Friedländer, Judentum, 110). Er war «ausgesprochen aggressiv in seinem verbalen Angriff auf seine Feinde unter den Schriftgelehrten und den Pharisäern» (L. Swidler, Jesus, 97).
84 Selbstbetrachtungen, XI, 18.
85 Mt 5,22.
86 Mt 11,20 ff.
87 Joh 11,33.38.
88 Mt 23,33.
89 Mk 8,33.
90 Siehe vorne Seite 113.
91 Mk 9,19.
92 Mk 9,42.
93 Vgl. vorne Seite 73/74.
94 Mt 12,34; nach M. Luther.
95 Lk 14,26; Parallelstellen: Mt 10,37; ThEv 55; 101. M. Luther und die Zürcher Bibel übersetzen «hassen», die Einheitsübersetzung hat dafür etwas milder «brechen». Das Jesuswort gilt als echt (H. Braun, Jesus, 51; M. Grant, Jesus, 169).
96 L. Schenke, Urgemeinde, 230; Worte «von äußerster Schärfe» (G. Bornkamm, Jesus, 129); ein «unerhörter Ausspruch» (M. Grant, Jesus, 169).
97 H. Braun, Qumran I, 22.
98 H. Braun, Jesus, 75; vgl. das siebte Gebot Ex 20,14.
99 Mk 10,19.
100 H. Braun, Jesus, 76.
101 Lev 20,10; Dtn 22,22.
102 H. Braun, Jesus, 76.
103 Mk 10,8.11–12; vgl. auch: Joh 8,7.11.
104 Mt 5,27–28.
105 K. Schubert, zit. nach: H. Braun, Qumran I, 16.
106 CD II,16; vgl. 1 QS I,6.
107 H. Braun, Qumran II, 103.
108 Zit. nach: G. Bornkamm, Jesus, 86.
109 H. Braun, Jesus, 76.

110 Dtn 24,1; vgl. Mt 19,7.

111 H. Braun, Jesus, 77; G. Cornfeld / G. J. Botterweck, Bibel-Enzyklopädie, Stichwort «Familie», Erl. 3 c.

112 Mk 10,9.11; vgl.: Lk 16,18; 1 Kor 7,10–11. Matthäus mildert das rigorose Scheidungsverbot Jesu etwas ab und läßt im Falle des Ehebruchs die Scheidung zu (Mt 19,8–9; 5,32), eine Auffassung, die sich in etwa mit der pharisäischen Schule des Schammai deckt (G. Bornkamm, Jesus, 90; D. Flusser, Synagoge, 32).

113 H. Braun, Jesus, 76.

114 Y. Yadin, Tempelrolle, 222/223; D. Flusser, Synagoge, 32; vgl. CD IV,21 (zur Polygamie).

115 G. Cornfeld / G. J. Botterweck, Bibel-Enzyklopädie, Stichwort «Familie», Erl. 2 a 2.

116 Dazu vorne Seite 45 ff.

117 CD IV,21; vgl. Gen 1,27.

118 H. Braun, Jesus, 77.

119 Mk 10,6.

120 H. Braun, Jesus, 78.

121 H. Braun, Qumran II, 103. – «Die synoptische Tradition dürfte hier abhängig sein» (J. Gnilka, Jesus, 224 Anm. 27). Die Lehre Qumrans «erinnert auffallend an die Evangelien» (C. K. Barrett / C. J. Thornthon, Texte, 260).

4.3 Form: Sprache, Zeichenhandhabung, Kult

1 Josephus, Krieg, II, 8, 7; vgl.: CD XV,10–11; XVI,8.

2 Josephus, Leben, 10/11.

3 Siehe vorne Seite 37.

4 Vgl.: 1 QS VII,1–2.16–17.24-25; VIII,22–23.

5 Vgl. 1 QS VII,18–19.23.

6 Der Volksmenge, die sich um den Täufer Johannes geschart hatte, dürften die wichtigsten Lehren der Qumran-Essener bekannt gewesen sein (K. Schubert, Messiaslehre, 356). Aus sprachlichen Gemeinsamkeiten zwischen Qumranschriften und talmudischen Quellen muß man schließen, daß die Sektenschriften den Talmudisten bekannt waren (Y. Yadin, Tempelrolle, 264).

7 1 QS IV,6.

8 K. Schubert in: J. Maier / K. Schubert, Qumran-Essener, 64.

9 1 QS IX,17.

10 Vgl.: F. Cumont, Mithra, 143; R. Reitzenstein, Mysterienreligionen, 195/196; R. Bultmann, Urchristentum, 171.

11 F. Cumont, Orientalische Religionen, 123.
12 G. Mensching, Weltreligionen, 308.
13 P. Lampe / U. Luz, Nachpaulinisches, 208.
14 R. Bultmann, Urchristentum, 193. – «Im letzten Grunde ist unser Verhältnis zu Jesus mystischer Art» (A. Schweitzer, Leben-Jesu, 629).
15 Brockhaus Enzyklopädie, 1966, Stichwort «Arkanum»; J. Jeremias, Jesus, 21 (zum Vaterunser). – Der Christen «Kennzeichen ist die Verabredung einer unsichtbaren und geheimen Gemeinschaft» (Celsus, Christen, 184).
16 G. Quispel, Gnosis, 327.
17 4 QpPs 37 III,15–16; CD I,11; XX,32; 1 QpHab I,13; II,2; VII,4; VIII,3; A. Dupont-Sommer, Schriften, 387 ff.
18 1 QpHab I,13; VIII,8; IX,9; 4 QpPs 37 IV,8; dazu: K. E. Grözinger / N. Ilg u. a., Qumran, 5; D. Flusser, Pharisäer, 143.
19 CD XX,15; 1 QpHab V,11; II,1; 4 QpPs 37 I,18; IV,14.
20 1 QM I,2.4.6.9.12; XI,11; 1 QpHab II,12.14; 4 QpNah 3; I,3. Gemeint sind wahrscheinlich die Römer (Y. Yadin, Pescher Nahum, 167; E. Lohse, Qumran, Anm. 3 zu 1 QpHab und Anm. 4 zu 4 QpNah).
21 CD VII,12–13; 4 QpNah III,4; 1 QpHab VIII,1; III,4; D. Flusser, Pharisäer, 140.
22 4 QpNah III,9; IV,3.6; Y. Yadin, Pescher Nahum, 169; D. Flusser, Pharisäer, 134.
23 4 QpNah I,12; II,2.8; III,5; IV,5; Y. Yadin, Pescher Nahum, 169; D. Flusser, Pharisäer, 134.
24 4 QpNah I,2.7; II,2.4; III,3.7; 1 QH II,15.32; Y. Yadin, Pescher Nahum, 169; D. Flusser, Pharisäer, 134, 155.
25 Man war der Meinung, die Geheimnisse Gottes der Öffentlichkeit zu übergeben, «führe zur Erniedrigung Gottes. Nur der wahrhaft Fromme, der schon aus eigenen Fähigkeiten in die Weltgeheimnisse eingedrungen, der dürfe in ihnen forschen, denn er verherrliche dadurch den Namen Gottes, während der Unberufene auf diesem Wege zur Entweihung des Namens Gottes gelange» (M. Friedländer, Judentum, 183).
26 Dan 12,9–10.
27 4 Qflor II,3.
28 K. Schubert in: J. Maier / K. Schubert, Qumran-Essener, 15/16.
29 H. Braun, Qumran II, 235 m. w. N.; K. Schubert in: J. Maier / K. Schubert, Qumran-Essener, 64.
30 H. Braun, Qumran II, 238.
31 H. Braun, Qumran II, 238.
32 Mt 13,4–9.

33 Noch in der heutigen theologischen Forschung wird das Sämann-Gleichnis heftig diskutiert: «Bezüglich seines Sinnes aber herrscht eitel Verwirrung» (J. Gnilka, Jesus, 146; vgl. E. Drewermann, Tiefenpsychologie II, 739). – Ganz allgemein kann gesagt werden: Die Gleichnisse wurden «nicht verstanden» (A. Schweitzer, Leben-Jesu, 261). Es ist so, daß Johannes der Täufer und Jesus «nur eine verhältnismäßig geringe Anhängerschaft gewannen, die sich nach Jesu Tod überdies noch größtenteils wieder verlief» (ders., aaO., 301). – Die Gleichnisse «bleiben den Außenstehenden verborgen» (L. Schenke, MkEv, 126). – «Es genügte nicht, ein glänzender Lehrer zu sein, wenn die Menschen nicht verstanden, was er sagte. ... Jesus hatte sich fast vollständig isoliert» (M. Grant, Jesus, 171/172). – Seine Drohungen mit Gottes Gericht «geben die Einsicht frei, daß Jesu Wirken ... erfolglos war. Die Masse des Volkes lehnte ihn ab, verstand ihn nicht» (J. Gnilka, Jesus, 201). – «Meines Erachtens bleibt Jesus zu Lebzeiten gänzlich unverstanden» (U. Busse, Nachfolge, 77).

34 Mt 13,10–11. Ob hier ein echtes Jesuswort vorliegt, ist umstritten.

35 Mt 13,12–13.

36 Mk 4,25; Mt 13,12; 25,29; Lk 8,18; 19,26; ThEv 41.

37 S. Ben-Chorin, Jesus, 92; vgl. Mk 4,24.

38 Mt 13,18–23

39 Vgl. vorne Seite 112.

40 Mk 4,33–34; vgl. Joh 10,6.

41 «In den synoptischen Evangelien ist kein Thema klarer herausgearbeitet als jenes, daß Jesus seiner auserwählten Schar von Jüngern die Geheimnisse des himmlischen Königreichs gedeutet hat» (A. D. Nock, Gnostizismus, 573). – Die Bildworte Jesu sind nur den Glaubenden verständlich, für den Außenstehenden lassen sie das Geheimnis des Menschensohnes «in der Verhüllung» (J. Jeremias, Gleichnisse, 82).

42 ThEv 62.

43 Mt 8,4; 9,30; 12,16; Mk 5,43; 7,36; Lk 4,41; Gegenbeispiel: Mk 5,19. – Aus dem Verhalten Jesu ergibt sich, daß er mit Ernst darauf bedacht war, sein Geheimnis zu wahren, als der Messias geoffenbart zu werden (A. Schweitzer, Leben-Jesu, 407). Manche halten diese Geheimhaltungsauflagen Jesu für Schöpfungen der Evangelisten: G. Bornkamm, Jesus, 151; E. Lohse, Theologie, 117; M. Grant, Jesus, 50.

44 Mt 17,9.

45 Mt 16,20.

46 M. Grant, Jesus, 124.

47 Mk 8,17–18; vgl.auch: Mk 6,52; Lk 22,38.

48 Vgl. oben Anm. 33.
49 Mk 3,21; Joh 10,20.
50 Das Gebiet von Gadara (Mt 8,34); die Städte Chorazin, Betsaida und Kafarnaum (Mt 11,20–24).
51 Mt 13,57; vgl. Joh 4,44.
52 Vgl. Joh 3,9–11. Einige Gesetzeslehrer behaupten, Jesus stehe «mit dem Teufel im Bund» (Mk 3,22). «Darum», so sagt Jesus seinen Jüngern, «wird es von jetzt an neue Gesetzeslehrer geben, solche, die gelernt haben, was es mit der Herrschaft Gottes auf sich hat» (Mt 13,52).
53 Mt 11,6.
54 D. Flusser, Jesus, 88.
55 1 QH XI,28.
56 1 QH VIII,13.
57 1 QS XI,5–6.
58 Mk 4,22–23 = Lk 8,17–18; vgl. ferner: Lk 12,2; Joh 16,25.
59 K. F. Bahrdt (1792), zit. nach: A. Schweitzer, Leben-Jesu, 82; J. Lehmann, Jesus, 35, 47 (1970). – «Geht unter die Menschensöhne und berichtet ihnen vom heiligen Gesetz, auf daß sie sich selbst erretten und die himmlischen Reiche betreten können. Aber redet zu ihnen mit Worten, die sie verstehen können, in Gleichnissen aus der Natur, die zum Herzen sprechen» (Das geheime Evangelium der Essener, abgedruckt in: E. B. Székely, Essener, 279).
60 Vgl. vorne Seite 125 ff.
61 H. Braun, Qumran I, 27.
62 H. Braun meint, die «Parabelverhüllung» der Synoptiker könnte «aus der Esoterik von Qumran» übernommen worden sein. Er geht dabei allerdings davon aus, daß die Verhüllung «sekundär», d. h. nicht jesuanisch ist (Qumran I, 27). – M. Grant: «Auch in Qumran bediente man sich deshalb gern einer geheimnisvollen Redeweise, und es ist denkbar, daß Jesus direkt oder indirekt von dort Anregungen empfangen hat» (Jesus, 125 m. w. N.).
63 Mk 13,29–30; 9,1; dazu: Seite 121.
64 Mt 25,34.41; dazu: Seite 99 ff.
65 D. Flusser, Jesus, 98.
66 Lk 3,23.
67 Mk 11,22–23.
68 Später Seite 199 ff.
69 In der neutestamentlichen Wissenschaft ist das «messianische Selbstverständnis» Jesu, d. h. die Frage, ob Jesus sich für den Messias gehalten habe, heftig umstritten; überwiegend wird sie verneint (vgl. die Nachweise Seite 329 Anm. 22). – Manches «deutet darauf

hin, daß Jesus sich zeitweilig wohl einer messianischen Sendung bewußt wurde, aber er ... wartet wohl auf seine Stunde, in der ihm selbst, seinen Jüngern und der Welt sein wahres Wesen offenbart wird» (S. Ben-Chorin, Jesus, 15). – Jesus hat «vorerst auf einen anderen gewartet, aber schließlich mußte er sich mehr und mehr überzeugt haben, daß er selbst der kommende Menschensohn sei» (D. Flusser, Jesus, 98). – Jesus konnte sich aufgrund alttestamentlich-jüdischer Tradition nicht als Messias verkündigen. «Denn nur Gott setzt den Messias ein, inthronisiert und proklamiert ihn als seinen Sohn in Jerusalem; dort sollte seine Messiaswürde offenbar werden. Bis dahin war sie verhüllt» (O. Betz, Jesusforschung, 41). – «Jesu Messianitätsbewußtsein besteht also darin, daß er erwartet, beim Anbrechen des Reiches Gottes in den Messias-Menschensohn verwandelt und als solcher offenbar zu werden. In der Zeit der natürlichen Welt ist er es noch nicht. Er kann in ihr also nicht als Messias auftreten. Daß er es einmal sein wird, ist sein Geheimnis» (A. Schweitzer, Leben-Jesu, 33).

70 Vgl. vorne Seite 125.

71 R. Bultmann, Jesus, 42; G. Bornkamm, Jesus, 69.

72 Mk 4,30–32.

73 Das heißt, «daß das Göttliche sich der schlichten und einfachen Symbole der irdischen Materie bedient, um mitteilbar zu werden» (S. Ben-Chorin, Jesus, 66). – Wesentlich ist, «daß jedes Sprechen von Gott nur in ‹Meschalim›, in Bildund Rätselreden, möglich ist. Ehe man ein Gleichnis auslegt, stellt sich daher vordringlich die Frage an den Ausleger, inwieweit er selber fähig und willens ist, seine eigene Existenz und die Welt ringsum als Gleichnis Gottes wahrzunehmen; denn nur wer selbst in Gleichnissen zu sehen gelernt hat, wird zum Auslegen von Gleichnissen tauglich sein» (E. Drewermann, Tiefenpsychologie II, 722).

74 PhilEv 67 a. – Sprache ist «immer sinnlich gebunden und gerade als religiöse Sprache notwendig eine symbolische Sprache» (G. Baudler, Stiergott, 198).

75 R. W. Funk, zit. nach: G. Strecker / J. Maier, NT-AJ, 53.

76 L. Schenke spricht vom «Verkündigungsgeheimnis Jesu» (MkEv, 123), H. Braun von «einer geheimen Offenbarung» (Jesus, 34), E. Lohse von «verborgener Offenbarung» (Theologie, 118), R. Bultmann von «Jesu mythologischer Predigt» (Mythologie, 32). – Das Wort «Gleichnis», dem in der Muttersprache Jesu das aramäische Wort «mathla» entspricht, kann «sowohl Gleichnis wie Rätsel bedeuten» (J. Jeremias, Gleichnisse, 11). – Das Volk «in seiner Beschränktheit» kann die Wahrheit nicht rein, sondern «allein in der Form des

Mythos ein Surrogat derselben» empfangen. Die Wahrheit wird «durch bildliche Darstellung faßlich» gemacht; «welches der Zweck aller Glaubenslehren ist, indem sie sämtlich mythische Einkleidungen der dem rohen Menschensinn unzugänglichen Wahrheit sind» (A. Schopenhauer, Welt als Wille I, 485). – «Man kann Gott erzählen, über ihn sprechen, mit ihm hadern, ihn negieren, aber man kann ihn nicht begreifen» (C. Thoma, Beziehungen, 135).

77 A. Schweitzer, Gespräche, 122.

78 G. Strecker in: G. Strecker / J. Maier, NT-AJ, 52.

79 ThEv 1. – Im ThEv folgen sodann weitere 113 «verborgene Worte» Jesu. Vgl. auch Joh 8,51; 6,68. Im Sinne des zitierten ThEv 1 ist wohl auch Mk 4,24–25 zu verstehen. – G. M. Martin schreibt zu ThEv 1: «Das wirkliche Verstehen religiöser Texte aber reißt aus dem Tod heraus, läßt teilhaben am Leben des Lebendigen. ... Unterhalb dieses existentiellen Anspruchs lohnt sich die Lektüre nicht. Sie bliebe jedenfalls unter dem Niveau, das gleich am Anfang deutlich genannt ist» (Vorübergehende, 18).

80 Vgl. vorne Seite 44 und 118.

81 Vgl. vorne Seite 118.

82 Vgl. vorne Seite 73.

83 Vgl. vorne Seite 115.

84 Vgl. dazu Seite 259 Anm. 110.

85 1 QH XVIII,14–15 / Mt 5,7.4; Zürcher Bibel.

86 1 QSb IV,27 / Mt 5,14.

87 1 QS VIII,21 / Mt 5,48; Zürcher Bibel. Vgl. M. Baigent / R. Leigh, Qumranrollen, 172.

88 1 QH VII,13 / Mt 6,4.6.18.

89 1 QH I,23 / Mt 6,8.

90 1 QH IV,16 / Mt 7,15.

91 1 QH VII,8–9 / Mt 7,24–25.

92 CD XIII,9 / Mt 9,36. Vgl. auch: Lk 15,4–6; Joh 10,11 ff. – Das Bild vom «guten Hirten» ist bedeutend älter als das Christentum. Man findet es z. B. bei den alten Sumerern (H. Koepf, Mithras, 69), bei den Hethitern um 1300 v. Chr. (U. Mann, Hattusa, 14), in den Psalmen (Ps 23,1; 80,2; 100,3) und bei den Propheten Israels (Jes 40,11; Jer 31,10; Ez 34,12; Sach 9,16; 10,2–3) oder im Mithraskult (A. Schütze, Mithras, 61; H. Koepf, Mithras, 69). Auch den Mandäern ist der «gute Hirte» eine Symbolfigur; er trägt die Schafe um den Hals (Johannesbuch c. 11, abgedruckt bei: R. Bultmann, Quellen, 280) und ist damit dem lukanischen Hirten (Lk 15,5) zum Verwechseln ähnlich.

93 1 QS IV,12–14; CD I,3–4 / Mt 10,6; 15,24.

94 1 QH X,7–8 / Mt 10,19–20.

95 1 QS IV,19 / Mt 10,26.

96 CD XIX,7–10 / Mt 10,34–36.39; Zürcher Bibel. Vgl. auch Sach 13,7–9.

97 11 QMelch 18 / Mt 11,5. – Die Qumranstelle wird zitiert nach: H. Frankemölle, Freudenbote, 45. Sowohl Qumran als auch das NT haben Jes 61,1 übernommen (H. Braun, Qumran I, 22; H. Frankemölle, Freudenbote, 44).

98 1 QH XIV,14 / Mt 11,20.

99 1 QH II,20; II,8–9 / Mt 11,25. – «Als Vorbild für das Jubellied Jesu dienten ihm die essenischen Lobhymnen aus Qumran: Dieselbe Anfangsformel, derselbe rhythmische Aufbau, dieselbe Terminologie und dasselbe Hoheitsgefühl eines unmittelbaren Zugangs zu Gott und seinen Mysterien» (D. Flusser, Christentum, 54).

100 1 QH VIII,13 / Mt 13,13. – Auf diese Übereinstimmung hat schon D. Flusser hingewiesen (Jesus, 88).

101 CD XIX,20–21 / Mt 13,15. – Vgl. Jes 6,9–10.

102 1 QH V,7–8 / Mt 13,47.

103 1 QH VI,26–28 / Mt 16,18. – Der Bau in 1 QH ist die essenische Gemeinde (E. Lohse, Qumran, 293 Anm. 28; J. Maier in: J. Maier / K. Schubert, Qumran-Essener, 211 Fußn. b). Ein Vergleich beider Textstellen «ist naheliegend. Denn in beiden handelt es sich um dieselbe Situation: Es wird der Bau einer eschatologischen Gemeinde angekündigt, die den Ansturm einer mythischen, feindlichen Macht zu bestehen hat» (O. Betz, Jesus, 106). «Die Verwandtschaft» des Jesuswortes mit Qumran «ist unverkennbar» (aaO., 133).

104 1 QS VIII,7–8 / Mt 21,42; nach M. Luther. – Das alttestamentliche Bild vom Eckstein (Jes 28,16) spielt sowohl in Qumran als auch im NT eine zentrale Rolle (O. Betz, Jesus, 111; H. Braun, Qumran I, 47/48).

105 CD I,9 / Mt 23,16. Vgl. auch Mt 15,14.

106 1 QH IV,26–27; VII,12 / Mt 25,32.

107 1 QH XV,15–16 / Mt 25,34.

108 1 QS II,7–8 / Mt 25,41.

109 1 QH VI,12 / Mt 28,19.

110 4 Qtest 15–17 / Mk 3,32–35. – Hier haben wir im Frühjudentum «die deutlichste Parallele zum Bruch mit der Familie» vor uns (D. Dormeyer, Familie Jesu, 126).

111 1 QH I,21 / Mk 4,9.23; nach M. Luther. – Dieser Ausdruck kehrt sowohl im NT als auch in den Qumrantexten häufig wieder. Vgl. für das NT: Mt 11,15; 13,9.43; Lk 8,8; 14,35; ferner ThEv 21; 24; 63; 65; 96. Für Qumran: 1 QH VI,4; XVIII,4.27; 1 QM X,11; 1 QH Frag-

mente 4,7; 5,10 (abgedruckt in: J. Maier / K. Schubert, Qumran-Essener, 242).

112 1 QH XII,22–23; 1 QS V,24 / Mk 4,24-25.

113 1 QH VI,22–24 / Mk 4,37–38.

114 1 QH V,18 / Mk 4,39. Vgl. Ps 65,8.

115 1 QH IV,9; V,24 / Mk 6,4; 3,21. Vgl. auch: Lk 4,28–29; Joh 6,60 ff.

116 1 QH V,11–12 / Mk 8,27–30.

117 CD XIV,19 / Mk 10,45.

118 1 QM XV,1; I,10–12 / Mk 13,7–8.19–20. – Die Vorstellung von einer vormessianischen Drangsal gab es auch sonst in der jüdischen Apokalyptik (A. Schweitzer, Gespräche, 76). Die «Göttlichen» in 1 QM sind die Engel, die an dem Kampf teilnehmen (E. Lohse, Qumran, 294 Anm. 6).

119 1 QH II,24–25 / Lk 4,22. – Von der umfassenden, jedoch unverdienten, Gnade Gottes ist in den Qumrantexten ständig die Rede (z. B. 1 QS IV,4; 1 QH II,23; VI,9; VII,18; X,14.16; XI,17.18.28.30.31; CD XIX,1), im Gegensatz zu den Evangelien, in denen die Gnade Gottes kaum vorkommt (H. Braun, Jesus, 102). Die paulinische Gnadenlehre ist von Qumran übernommen (D. Flusser, Christentum, 98).

120 1 QH II,10–12 / Lk 6,22.

121 1 QH IV,11 / Lk 11,52.

122 CD XIII,9 / Lk 15,20; Zürcher Bibel (Gleichnis vom verlorenen Sohn).

123 1 QS V,25 / Lk 17,3.

124 1 QM XIV,11 / Lk 18,14.

125 4 Qtest 28–30; 1 QpHab IX,4.6 / Lk 21,20.24.

126 4 QpNah 5 a / Lk 21,24.

127 1 QpHab VI,10–12; 4 QpNah IV,4 / Lk 21,23–24.

128 1 QS XI,11 / Joh 1,3. – Zwischen Qumran und dem Johannesevangelium zeigt sich ein «enges Verhältnis» (K. Schubert in: J. Maier / K. Schubert, Qumran-Essener, 131).

129 1 QH VIII,16 / Joh 4,14.

130 1 QH XV,22 / Joh 6,63.

131 1 QH V,23–24 / Joh 13,18. – Vgl. Ps 41,10.

132 1 QH IV,21 / Joh 14,16.

133 1 QH V,20 / Joh 14,18.

134 1 QH III,9–10 / Joh 16,21. – «Der Sohn, den das Weib (in 1 QH) gebiert, ist der Messias» (D. Flusser, Christentum, 28; ebenso: A. Dupont-Sommer, Schriften, 226 Anm. 2; S. Ben-Chorin, Mirjam, 135; K. Schubert in: J. Maier / K. Schubert, Qumran-Essener, 106; a. A.: O. Betz, Jesus, 8; E. Lohse, Qumran, 292 Anm. 10 und 11). Bei Joh haben wir ein «Bild für Tod und Leben Christi» vor uns. «Die To-

desschmerzen Christi sind nach dieser Analogie dann selbst schon die Geburtsschmerzen seines neuen Lebens» (J. Moltmann, Der Weg, 271).

135 J. Rehork, Archäologie, 120.

136 «Obwohl einige Abschnitte eine bizarre Großartigkeit aufweisen, ist das Hymnenbuch im ganzen recht eintönig und scheint keinen größeren literarischen Wert zu besitzen. Auch wiederholt es sich sehr bis zur Monotonie» (J. Licht, Hymnenbuch, 276).

137 O. Betz, Jesusforschung, 40.

138 K. Deschner, Hahn, 153.

139 P. de Rosa, Jesus, 199.

140 O. Betz, Spätjudentum, 315.

141 J. Jeremias, Gleichnisse, 9.

142 S. Ben-Chorin, Jesus, 92; D. Flusser, Synagoge, 36; M. Grant, Jesus, 120; H. Braun, Qumran II, 105.

143 Vgl. sein Gleichnis von der Stadtgründung als Urbild der Schöpfung (abgedruckt in: K. Wilhelm, Jüdischer Glaube, 82).

144 D. Flusser, Synagoge, 36.

145 H. Braun, Qumran II, 105.

146 E. Lohse, Qumran, 293 Anm. 39; vgl. 1 QH VIII,4 ff.

147 1 QH III,7 ff., teilweise abgedruckt vorne Seite 168.

148 1 QH V,9 ff.

149 1 QH VI,22–24, abgedruckt vorne Seite 163.

150 M. Grant, Jesus, 120.

151 U. Mann, Christentum, 179. – A. Schweitzer resümiert nach einem Vergleich der rabbinischen Gleichnisse mit denen Jesu: «Man sieht verwachsenes und verkrüppeltes Unterholz neben hochragenden Bäumen» (Leben-Jesu, 296). «Man kann kein Wort hinzusetzen und keines hinwegnehmen, sondern so wie sie sind, sind sie vollkommen, und der größte Dichter der Welt hätte es nicht so, geschweige denn besser machen können» (A. Schweitzer, Gespräche, 120). – «Die Schönheit und Tiefe der Gleichnisse Jesu ist bekannt» (D. Flusser, Synagoge, 36).

152 C. Burchard, Jesus, 15.

153 J. J. Petuchowski / C. Thoma, Lexikon, Sp. 420.

154 C. Burchard, Jesus, 15.

155 D. Flusser, Synagoge, 35. – Eine Synopse von Vaterunser-Qaddisch-Achtzehngebet findet man bei: J. J. Petuchowski / C. Thoma, Lexikon, Sp. 417/418.

156 J. J. Petuchowski / C. Thoma, Lexikon, Sp. 418.

157 D. Flusser, Synagoge, 35.

158 Vgl.: 4 QpPs 37 II,5; 1 QH X,2.

159 Mt 15,24; 10,6.
160 Zitiert wird die ökumenische Fassung des Vaterunsers.
161 1 QH IX,35 / Mt 6,9.
162 1 QSb IV,28 / Mt 6,9.
163 1 QH XV,15–16 / Mt 6,10.
164 1 QH I,9–10.13–15 / Mt 6,10.
165 1 QS X,17 / Mt 6,11.
166 1 QH XIV,24; 1 QS X,17 / Mt 6,12.
167 1 QH VII,6–8; III,19 / Mt 6,13.
168 Vgl. Seite 254 Anm. 53.
169 Vgl. z. B.: Mt 21,11.46; Mk 6,4; 8,28; 14,65; Lk 24,19.
170 Mk 8,31; 9,31; 10,33–34.
171 Mk 13,2.
172 Lk 21,20 ff.
173 Mk 14,13–15.
174 Mk 14,18.
175 Mk 14,72.
176 P. Vielhauer / G. Strecker in: W. Schneemelcher, Apokryphen I, 513; vgl. G. Mensching, Weltreligionen, 200.
177 Vgl. dazu: P. Vielhauer / G. Strecker, aaO., 509 ff.
178 Josephus, Altertümer, XVII, 2, 4.
179 Josephus, Krieg, VI, 5, 3; vgl. dazu vorne Seite 16/17.
180 Siehe Seite 166.
181 Josephus, Krieg, II, 8, 12.
182 Vgl. dazu Seite 16.
183 H. Braun, Qumran II, 106.
184 Mk 11,14.20.
185 Mk 6,39 ff.
186 Mk 4,39.
187 Mk 6,48.
188 Mk 1,10–11.
189 Mk 9,2 ff.
190 Mk 16,6 ff.
191 F. Kluge, Etymologisches Wörterbuch der deutschen Sprache, 21. Auflage, Berlin, New York 1975, S. 73.
192 F. Kluge, aaO.
193 In diesem Sinne verwendet z. B. die Gerichtssprache das Wort «Beweis». Bewiesen ist eine Tatsache, wenn das Gericht von ihrem Vorhandensein überzeugt ist (vgl. Paragraph 286 der Zivilprozeßordnung).
194 «Das Wesen der Dinge vor oder jenseits der Welt und folglich jenseits des Willens steht keinem Forschen offen, weil die Erkenntnis

überhaupt selbst nur Phänomen ist, daher nur in der Welt stattfindet, wie die Welt nur in ihr» (A. Schopenhauer, Welt als Wille II, Kap. 50). – «Man ist noch nicht einmal in der Lage zu bemerken, daß es sich bei der Naturwissenschaft um das imponierendste Reduktions- – sagen wir Abblendungsunternehmen – handelt, das die Neuzeit kennt. Solange die Voraussetzungen dieses Denkens (die die Naturwissenschaftler im obersten Rang längst kennen) nicht durchschaut sind, bekommt Gott allenfalls die Chance, sich in den immer noch großzügig angebotenen Lücken anzusiedeln» (H. Bannach, Der göttliche Mensch, 7). – «Der Wissenschaftler setzt sich seine Bedingungen selbst und operiert innerhalb eines geschlossenen Begriffssystems, das bislang lediglich in der menschlichen Erfahrungswelt Gültigkeit hatte» (E. Brunner-Traut, Mythen, 4). – «Es ist wie mit dem berühmten Eisberg: Nur ein Siebtel ist sichtbar, sechs Siebtel sind verborgen. Vielleicht haben wir zu lange das eine Siebtel für den ganzen Eisberg gehalten – weil wir es sehen, beschreiben, vermessen, analysieren können» (H. Mogge-Grotjahn, Spaltung und Ganzheit, Radius 4/1988, S. 3). – «Das Ganze, Unteilbare entzieht sich dem Verstand; es ist immer mehr, als ich erkenne. Nur mit Hilfe von Logik und Verstand werde ich die unteilbare Realität niemals begreifen können. Dazu bedarf es einer anderen Erkenntnisquelle: der Intuition. ... Das den Alltag durchdringende naturwissenschaftliche Glaubenssystem hat Risse bekommen» (G.-R. Fischer, Tief gespalten und doch untrennbar verbunden, Radius 4/1988, S. 33)

195 Nach: «Sonntag Aktuell» vom 16.4.1989.

196 H. Küng, Christ sein, 269.

197 F. Anschütz, Ärztliches Handeln, 96.

198 F. Anschütz, Ärztliches Handeln, 90.

199 F. Anschütz, Ärztliches Handeln, 93.

200 J. Thorwald, zit. nach: E. Drewermann, Tiefenpsychologie II, 117.

201 «Vielen Afrikanern erscheint die europäische, naturwissenschaftlich orientierte Medizin wie eine neue, schlimmere Magie als diejenige ihrer Vorväter, als eine Magie, die meint, mit den Mitteln moderner Naturwissenschaft die Tragik der Krankheit und den Leib-Seele-Zusammenhang überspielen zu können. Da sich auch in Europa Kritik in dieser Richtung ankündigt, sind bereits Versuche zu einem ‹Gespräch› oder gar einer Integration europäischer und afrikanischer Medizin im Gang» (W. J. Hollenweger, Dritte Welt, 42). Als Beispiel einer solchen Integration sei eine «Gebets- und Heilungsgruppe innerhalb der reformierten Kirche in Ghana» zu nennen, die «besondere Gesangsübungen» veranstaltete. «Zu einer

dieser Übungen wurde ein todkranker Knabe gebracht, der auf das Gebet des versammelten Chores hin geheilt wurde. Gleichzeitig bekam Do (der Leiter der Gruppe) Visionen und die Gabe des Zungenredens» (W. J. Hollenweger, aaO., 42/43). – Dem Psychotherapeuten Anatoli Kaschpirowski in der Ukraine sollen Fernheilungen via Fernsehen gelungen sein. «Raucher hätten aufgehört zu rauchen. Viele Zuschauer seien chronische Beschwerden wie Kopfschmerzen, Magenleiden, Probleme mit dem Blutdruck, Kreislaufbeschwerden, Verdauungsschwierigkeiten, Zahnschmerzen und ähnliches mehr losgeworden» (Stuttgarter Zeitung vom 3.4.1989).

202 W. J. Hollenweger, Dritte Welt, 45.

203 Mk 5,34; 9,22–23; 10,52; Mt 9,22; 8,13; Lk 7,50; 8,48; 17,19; 18,42. – «Bezeichnend ist, daß er nur da heilen konnte, wo sich die Leute ihm gläubig ergaben» (A. Schweitzer, Gespräche, 106). – «Wo Glaube ist, wirkt die Kraft, die von Jesus ausgeht, Wunder. Wo der Glaube fehlt, wie in seiner Heimatstadt Nazareth, kann er nichts tun» (J. Moltmann, Der Weg, 131).

204 A. Schweitzer, Gespräche, 173.

205 Ex 15,26.

206 D. Flusser, Jesus, 49; Y. Yadin, Tempelrolle, 192; vgl.: Ex 15,26; Röm 2,9; 1 QSa II,5–10.

207 Lev 14,1 ff.

208 Mk 1,44; Lk 17,14.

209 Vgl.: G. Bornkamm, Jesus, 115; J. Blank, Jesus, 231; H. Braun, Jesus, 36; D. Flusser, NT, 140; M. . Grant, Jesus, 49.

210 So ergibt sich, «daß alle diese Wundererzählungen nur Entstellungen ursprünglich ganz einfacher Vorgänge sind, wie man das immer bemerken kann, wenn ein Ereignis von Mund zu Mund weitererzählt wird, und noch dazu in einer so wundergläubigen Zeit, wie es die damalige war» (A. Schweitzer, Gespräche, 172).

211 Mt 12,39; Mk 8,12.

212 Vgl. vorne Seite 152.

213 A. v. Harnack, Christentum, 26; A. Kehl, Antike Volksfrömmigkeit, 119; J. Blank, Jesus, 230; H. Braun, Jesus, 35; E. Lohse, Entstehung des NT, 71; M. Grant, Jesus, 55; K. Deschner, Hahn, 63. – «Derartige Krankenheilungen, Dämonenaustreibungen, Speisewunder, Totenerweckungen vollbringen viele Zauberer, die es von den Ägyptern gelernt haben» (W. Nestle, Antikes Denken, 35).

214 Durch *Buddha* geschehen Wunder, «Kranke werden gesund, Blinde sehend, Taube hörend, Krüppel gerade. Er schreitet über den hochangeschwollenen Ganges wie Jesus über den See» (K. Deschner, Hahn, 74). Bei seiner Geburt fließen Flüsse bergauf (G. Mensching,

Religionsstifter, 254). – «Wie *Herakles* auf dem Wasser wandelt, zum Himmel auffährt, wie er Heiland genannt wird und als Wohltäter der Menschheit gilt, so auch Jesus.» Gestorben ist er mit den Worten: ‹Es ist vollbracht›» (K. Deschner, Hahn, 77/78). – Der spätere römische Kaiser *Vespasian* soll vor vielen Zeugen einen Gelähmten geheilt und einen Blinden, indem er ihm ein Gemisch von Staub und Speichel auf die Lider strich, sehend gemacht haben (M. Giebel, Mysterien, 162; J. Gnilka, Jesus, 129). – Über *Muhammad,* den Propheten des Islam, heißt es: «Seher erkannten früh die künftige Bedeutung des Kindes. Engel kamen, öffneten seine Brust und nahmen aus seinem Herzen alles Böse in der Gestalt eines schwarzen Tropfens. Sein ganzer Lebenslauf ist von Wundern durchzogen. Speisungswunder, Heilungswunder werden von ihm berichtet. Tiere beginnen zu sprechen, die Steine grüßen ihn. Wohl die beliebteste Wundergeschichte ist die von der Himmelfahrt Muhammads...» (R. Hartmann, Islam, 114).

215 K. Deschner, Hahn, 68; vgl. E. Drewermann, Tiefenpsychologie II, 141 ff.

216 Hinzuweisen ist besonders auf: *Choni den Kreiszieher,* gestorben im Jahr 65 v. Chr. Er besaß die Gabe, Regen zu erbitten; Choni zog einen Kreis um sich, betete und schwor, den Kreis erst wieder zu verlassen, wenn es regne (BTalmud, Taanit 23 a; Josephus, Altertümer, XIV, 2, 1; D. Flusser, Jesus, 89; S. Ben-Chorin, Jesus, 126). – Die gleiche Gabe besaß *Chanan der Verborgene,* ein Enkel Chonis. Wenn die Welt Regen nötig hatte, schickte man Schulkinder zu ihm. «Die packten ihn am Saum seines Gewandes und sagten zu ihm: ‹Vater, Vater, gib uns Regen›» (BTalmud, Taanit 23 b; D. Flusser, Jesus, 91). – Der Galiläer *Chanina ben Dosa,* geboren 20 n. Chr., «soll Wunderheilungen bewirkt haben, manchmal sogar an Kranken, die sich weit von ihm entfernt aufhielten, und er selbst behauptete, auf wunderbare Weise vom Tode errettet worden zu sein. Man glaubte, eine himmlische Stimme habe ihn berufen und von ihm in Gegenwart von Dämonen behauptet, er sei der Sohn Gottes» (M. Grant, Jesus, 100; vgl.: BTalmud, Taanit 24 b/25 a; D. Flusser, Jesus, 89).

217 Josephus, Krieg,, VI, 5, 3.

218 BTalmud, Bawa mezia 59 a/59 b.

219 BTalmud, Taanit 25 a.

220 R. v. Ranke-Graves, Mythologie, 155.

221 «In riesigen Buchstaben prangte das Wort Soter (= Heiland) an seinen Weihaltären» (K. Deschner, Hahn, 76). – «Tatsächlich wurde noch im 2. Jhd. n. Chr. heftig diskutiert, ob Asklepios oder Christus

der rechte Heiland sei» (E. Drewermann, Tiefenpsychologie II, 178).

222 J. Schmidt, Sophokles, 54. – In Rom wurde Asklepios seit einer Epidemie im Jahre 293 v. Chr. verehrt (K. Christ, Krise, 110).

223 R. v. Ranke-Graves, Mythologie, 155/156.

224 J. Blank, Jesus, 230.

225 Abgedruckt bei: J. Blank, Jesus, 230. – «Die Heilungen durch Jesus werden ebenso geschehen sein wie die in dem Asklepios-Heiligtum in Epidauros, wo Votivtafeln bestimmt keine Fälschung darstellen» (H. Braun, Jesus, 36). «In den Asklepios-Heiligtümern wurde mit Wundern Reklame gemacht, wie die Inschriften von Epidauros beweisen» (W. Nestle, Antikes Denken, 55).

226 K. Deschner, Hahn, 64.

227 J. Blank, Jesus, 230; K. Deschner, Hahn, 76 ff. – Die Wundererzählungen der Bibel sind «Propagandaliteratur» mit Blick auf die «Massenpsyche» (E. Drewermann, Tiefenpsychologie II, 239). Das Christentum mußte, «um auf sich aufmerksam zu machen, auf ähnlich spektakuläre Berichte zurückgreifen, sie teils erfinden, teils übernehmen und mit christianisierter Herkunftsangabe versehen»; die Frage aber bleibt: «Warum alles in der Welt wurden und werden dann allerorten derartige Berichte überhaupt ‹erfunden› und tradiert? Was steckt hinter diesen Berichten und welche psychische Realität spricht sich in ihnen aus» (E. Drewermann, aaO., 78).

228 Josephus, Krieg, II, 8, 6. – «Sie sandten Heiler aus. Und einer von diesen war Jesus, der Essener» (E. B. Székely, Essener, 302).

229 1 QH IV,27–29.

230 1 QH V,18.

231 O. Betz, Spätjudentum, 315; vgl. vorne Seite 109.

232 1 QSa II,5–9; 1 QM VII,4–5.

233 K. Schubert in: J. Maier / K. Schubert, Qumran-Essener, 121, im Anschluß an D. Flusser; H. Braun, Qumran I, 89. Vgl. für Qumran: 1 QGenAp XX,22.29; für das NT: Mt 8,3; Mk 6,5; Lk 13,13. – Außerhalb der jüdischen Welt soll Asklepios durch Handauflegen geheilt haben (K. Deschner, Hahn, 76).

234 R. Bultmann, Theologie, 42; G. Bornkamm, Jesus, 43; O. Betz, Jesus, 320/321.

235 A. Dupont-Sommer, Reinigungsriten, 263; K. Rudolph, Gnostizismus, 533; H.-C. Puech, Gnostizismus, 311.

236 K. Rudolph, Gnostizismus, 532; H.-C. Puech, Gnostizismus, 311.

237 «Die Mandäer sind bekanntlich eine Taufsekte. Die Taufe ist der zentrale Ritus, der Gottesdienst der Sekte» (K. Rudolph, Gnostizismus, 532). Die Urmandäer lebten in vorchristlicher Zeit im Jordan-

tal, heute haben die Mandäer im Irak ihre Heimat. Ihre Linie könnte bis auf Johannes den Täufer zurückgehen. Der Sinn der Johannestaufe hat «sich im wesentlichen richtig in der mandäischen Taufe erhalten» (R. Reitzenstein, Mandäerfrage, 360).

238 Die Gruppe um Johannes den Täufer ist möglicherweise die Vorläuferin der Mandäersekte (vgl. die vorhergehende Anm. und Seite 254 Anm. 58).

239 Josephus, Krieg, II, 8, 5 und 7.

240 A. Dupont-Sommer, Reinigungsriten, 269.

241 A. Dupont-Sommer, Reinigungsriten, 266; vgl.: 1 QS VI,25; VII,3.16.19; VIII,17.24.

242 1 QS III,4–9.

243 Vgl.: A. Schweitzer, Gespräche, 85; R. Reitzenstein, Mandäerfrage, 360; H. Schlier, Mandäerfrage, 405; R. Bultmann, Theologie, 42; E. Lohse, Theologie, 65; L. Schenke, Urgemeinde, 115.

244 Vgl. vorne Seite 34.

245 Gemeint ist Herodes Antipas, ein Sohn Herodes des Großen (vgl. Seite 271 Anm. 139).

246 Josephus, Altertümer, XVIII, 5, 2.

247 Einhellige Meinung, vgl. die Nachweise bei H. Braun, Qumran II, 3. – Die Johannestaufe «entspricht genau der essenischen Auffassung» (D. Flusser, Jesus, 25). H. Braun spricht von der «Analogie» beider Taufen (Qumran II, 8).

248 J. Blank, Jesus, 212; vgl.: Mt 3,2; Mk 1,4; Lk 3,3.

249 A. Schweitzer, Gespräche, 81; G. Bornkamm, Jesus, 43; D. Flusser, Jesus, 25.

250 Mt 3,2.7.

251 Lk 3,16.

252 H. Lommel, Zoroaster, 269; K. Rudolph, Zarathustra, 294.

253 Lk 3,17.

254 H. Lommel, Zoroaster, 266 ff.; K. Rudolph, Zarathustra, 294. – Von Zarathustra stammt der Ausspruch: «Wir wünschen, daß dein Feuer, o Herr, durch Wahrheit machtvoll sei» (zit. nach: H. Lommel, Zoroaster, 268).

255 Vgl. F. Cumont, Orientalische Religionen, 190. – Man findet das Feuersymbol z. B. beim Propheten Elija (1 Kön 18,24.38–39), in Qumran (1 QH VI,18–19), im Mithraskult (F. Cumont, Mithra, 132), in den Dionysosmysterien (F. Cumont, Orientalische Religionen, 201).

256 Lk 12,49; ThEv 10; D. Flusser, NT, 61.

257 Vgl.: Mt 3,16–17; Mk 1,9–11; Lk 3,21–22; Joh 1,32–34. – «Durch sie erfuhr nun Jesus, daß er erwählt, berufen und auserkoren war» (D. Flusser, Jesus, 28). «Offenbar ist ihm im Akt dieser Zeremonie

sein eigenes Sendungsbewußtsein erwacht» (S. Ben-Chorin, Jesus, 33). Die Begegnung Jesu mit Johannes war und blieb «für das Verständnis seiner eigenen Sendung von höchster Bedeutung» (G. Bornkamm, Jesus, 45).

258 Das Faktum der Taufe Jesu ist «der Evangelientradition in zunehmendem Maße anstößig» (H. Leroy, Jesus, 60; vgl.: K. Deschner, Hahn, 46; S. Ben-Chorin, Jesus, 48; J. Gnilka, Jesus, 83). – «Daß aber Jesus bei seiner Taufe durch Johannes *seine eigenen* Sünden vergeben wurden, hat die Theologen im Lauf der Jahrhunderte in große Verlegenheit gebracht; denn wie hätte Jesus für die Vergebung seiner Sünden getauft werden können, wenn er gemäß der nach seinem Tode entwickelten Christologie göttlich und daher sündlos war? Das Entsetzen, das dieses Dilemma verursacht hat, genügt uns, um die heute aufgestellte Behauptung zu entkräften, Johannes der Täufer habe Jesus gar nicht getauft. Denn auch hier hätten die Evangelisten dieses verwirrende Ereignis wahrscheinlich sehr gerne aus ihrem Bericht gestrichen. Das konnten sie aber nicht tun. Matthäus zeigt auf der einen Seite sehr deutlich, wie peinlich ihm dieser Umstand gewesen ist, und versucht zugleich, die Peinlichkeit der Lage zu verschleiern. Er behauptet, als Jesus kam, um sich taufen zu lassen, habe Johannes versucht, ihn davon abzuhalten» (M. Grant, Jesus, 68/69).

259 Siehe Seite 269 Anm. 116.

260 Siehe vorne Seite 142.

261 Vgl. M. Grant, Jesus, 69. – «Er war nicht unfähig zu sündigen; er hat dieselben Leidenschaften besiegt, die wir bekämpfen… Aber nie hat jemand in seinem Leben das Interesse der Menschheit so sehr über die Kleinlichkeiten der Eigenliebe überwiegen lassen» (E. Renan, Jesus, 217). Die Johannestaufe zeigt, daß Jesus «wie andere Menschen Buße nötig hatte» (P. de Rosa, Jesus, 215).

262 Mk 10,18.

263 Vgl. oben Anm. 258.

264 J. Blank, Jesus, 212.

265 Vgl.: Mt 11,4–15; Mk 11,29–33. – «Jesus hat seine positive Einstellung zum Täufer anscheinend wiederholt geäußert und in seiner Wirksamkeit ein gottgewirktes Zeichen gesehen» (J. Blank, Jesus, 212).

266 Vgl.: Mk 2,18; Lk 11,1; Joh 3,25; Apg 19,2; H. H. Schaeder, Mandäerfrage, 392; G. Bornkamm, Jesus, 43; H. Leroy, Jesus, 61; C. Burchard, Jesus, 19; K. Deschner, Hahn, 47.

267 G. Bornkamm, Jesus, 43.

268 Apg 8,16.

269 G. Cornfeld / G. J. Botterweck, Bibel-Enzyklopädie, Stichwort «Qumran», Erl. 8 c.

270 R. Bultmann, Theologie, 137; F. Hahn, Kindertaufe, 502.

271 Die Kindertaufe geht nicht auf das NT zurück (F. Hahn, Kindertaufe, 503; K. Deschner, Hahn, 289; S. Ben-Chorin, Paulus, 191). Ihre Anfänge liegen im Dunkeln und sind im einzelnen streitig (dazu: F. Hahn, Kindertaufe, 502; K. Deschner, Hahn, 289).

272 Vgl. Seite 20 ff.

273 A. Kehl, Antike Volksfrömmigkeit, 128; ebenso: R. Bultmann, Theologie, 142; E. Lohse, Theologie, 67; W. Schneemelcher, Urchristentum, 199; P. Meinhold, Leben und Tod, 153; C. Colpe, Judenchristen, 66; vgl.: Mk 10,38; Lk 12,50; Joh 3,5; Röm 6,3–5; Kol 2,12

274 R. Reitzenstein, Mandäerfrage, 358; R. Bultmann, Theologie, 142; C. Colpe, Judenchristen, 66; W. Schneemelcher, Urchristentum, 199; K. Deschner, Hahn, 285; A. Schütze, Mithras, 239; K. H. Schelkle, Paulus, 224.

275 E. Lohse, Theologie, 67.

276 Sacramentum ist die – von Tertullian initiierte – Übersetzung des griechischen Wortes «mysterion», Geheimnis (J. J. Petuchowski / C. Thoma, Lexikon, Sp. 346).

277 M. Giebel, Mysterien, 13.

278 Joh 4,2; A. Schweitzer, Gespräche, 85; S. Ben-Chorin, Jesus, 32; E. Schweizer, Jesus, 116; H. Zahrnt, Jesus, 238; G. Theißen, Soziologie, 98; K. Deschner, Hahn, 283; J. Moltmann, Der Weg, 109. – Dagegen: Joh 3,22; H. Leroy, Jesus, 61; E. Ruckstuhl, Jesus, 269; L. Schenke, Urgemeinde, 115.

279 A. Schweitzer, Leben-Jesu, 434; S. Ben-Chorin, Jesus, 32; H. Braun, Jesus, 60; K. Deschner, Hahn, 283; G. Theißen, Galiläer, 263.

280 Allgemeine Auffassung, vgl. K. H. Schelkle, Paulus, 225.

281 Mk 14,22–25; Mt 26,26–29; Lk 22,15–20; zur Entstehungszeit vgl. Seite 259 Anm. 110.

282 1 Kor 11,23–25.

283 G. Mensching, Weltreligionen, 198. – Das Abendmahl ist «das Sakrament der Spaltung» (P. de Rosa, Jesus, 50).

284 E. Renan, Jesus, 184; G. Bornkamm, Jesus, 141; K. Deschner, Hahn, 294; G. Mensching, Weltreligionen, 198; H. Zahrnt, Jesus, 250; L. Schenke, Urgemeinde, 108. – Von manchen wird das letzte Mahl als Passahmahl (Sederfeier) angesehen (z. B. S. Ben-Chorin, Jesus, 155; J. Gnilka, Jesus, 282; ablehnend: G. Bornkamm, Jesus, 142; E. Lohse, Theologie, 69; H. Braun, Qumran II, 39; H. Zahrnt, Jesus, 294).

285 R. Bultmann, Jesus, 145; G. Bornkamm, Jesus, 142; H. Braun, Je-

sus, 108; H. Leroy, Jesus, 121; D. Flusser, NT, 46; K. Deschner, Hahn, 295; L. Schenke, Urgemeinde, 114; P. J. Weiland, Messias, 392. J. Moltmann spricht von der «christlichen Abendmahlsüberlieferung» (Der Weg, 231). J. Gnilka schränkt ein: «Diese Deutung kann auch Jesus zugemutet werden.» Jedoch «der Sühnegedanke dürfte sekundär» sein (Jesus, 288).

286 G. Prause, Jesus, 101.

287 H. Braun, Qumran II, 37.

288 Josephus, Krieg, II, 8, 5.

289 J. Maier, Jachad, 238; ähnlich: J. T. Milik, Essener, 64; A. Dupont-Sommer, Schriften, 55; O. Betz, Jesus, 322.

290 D. Flusser, NT, 44.

291 1 QS VI,4–5; 1 QSa II,18–20; vgl. Josephus, Krieg, II, 8, 5.

292 K. Schubert in: J. Maier / K. Schubert, Qumran-Essener, 122; ebenso: Y. Yadin, Tempelrolle, 104; J. Lehmann, Jesus, 166; P. J. Weiland, Messias, 96

293 H. Braun, Qumran II, 39; vgl.: 1 QSa II,20; Mk 14,25.

294 K. G. Kuhn, zit. nach: H. Braun, Qumran II, 36; vgl. L. Trepp, Gottesdienst, 157, 209.

295 K. H. Schelkle, Paulus, 225; H. Braun, Jesus, 61; K. Deschner, Hahn, 296; L. Schenke, Urgemeinde, 107.

296 H. Braun, Qumran II, 41; K. H. Schelkle, Paulus, 225; G. Bornkamm, Paulus, 198. Einschränkend L. Schenke: «Die Tradition könnte... schon in Jerusalem in ihren Kreisen (d. h. der Jerusalemer ‹Hellenisten›) entstanden sein» (Urgemeinde, 114).

297 K. Deschner, Hahn, 292; ebenso: R. Bultmann, Theologie, 150; G. Cornfeld / G. J. Botterweck, Bibel-Enzyklopädie, Stichwort «Qumran», Erl. 8 b; E. Drewerman, Matthäus I, 125. – Bereits die Babylonier kannten ein solches Mahl (H. Zimmern, Vorbild, 89), die alten Ägypter (K. Deschner, Hahn, 292), evtl. auch die Hethiter (H. M. Kümmel, Hethiter, 76).

298 R. Bultmann, Theologie, 150.

299 K. Deschner, Hahn, 88, 298; F. Cumont, Mithra, 146; M. Clauss, Mithras, 118; H. Koepf, Mithras, 46; A. Schütze, Mithras, 138.

300 R. Reitzenstein, Mysterienreligionen, 155; F. Cumont, Orientalische Religionen, 60; K. H. Schelkle, Paulus, 226; M. Clauss, Mithras, 118.

301 R. Bultmann, Theologie, 150; W. Nestle, Antikes Denken, 80; H. Braun, Jesus, 61; K. Deschner, Hahn, 298; E. Lohse, Theologie, 70; H. Zahrnt, Jesus, 250.

302 Auch die Fisch-Symbolik, die in das Urchristentum Eingang gefunden hat, entstammt der heidnischen Umwelt. Der Fisch galt den Syrern als heilig und wurde in Tempelteichen gehalten. Bei gewissen

mystischen Mahlzeiten verzehrten die Priester und die Eingeweihten Fisch in dem Glauben, daß sie so das Fleisch der Gottheit Atargatis selbst genössen. Die Christen übernahmen das Fischsymbol für Christus. Das griechische Wort für Fisch «ichthis» bildete ein Kürzel für «Jesus Christus, Gottes Sohn, Heiland» (F. Cumont, Orientalische Religionen, 107; K. Deschner, Hahn, 297). Bis in unsere Zeit spüren wir diesen Hintergrund, wenn wir freitags Fisch auf den Tisch bringen.

303 E. Schwertheim, Mithras, 71, nach M. J. Vermaseren.

304 Vgl. Joh 6,54–56.

305 Vgl.: Lev 19,12; Num 30,3; Sir 23,9; Mt 5,33.

306 E. Drewermann (Kleriker, 203), der darin «ein tragisches Versagen» der Kirche sieht; die Kirche habe «durch diese Praxis sich als Kirche Christi desavouiert» (aaO., 205).

307 Mt 5,34. – Die Stelle Mt 23,16–22, die sich mit Einzelheiten des Schwures befaßt, geht nicht auf Jesus selbst zurück, sie entspringt vielmehr frühchristlicher Tradition; Jesus verbietet das Schwören bedingungslos (H. Braun, Jesus, 73).

308 Mt 5,37.

309 «Alles Reden steht unter dem maßlosen Anspruch, die Wahrheit und nichts als die Wahrheit zu sagen» (H. Weder, Bergpredigt, 187).

310 Zum Initiationseid: 1 QS V,8; CD XV,6; 1 QH XIV,17. – Der Initiationseid «stellte offenbar eine einmalige Ausnahme von dieser Regel dar» (E. Lohse, Qumran, 284 Anm. 35). A. Dupont-Sommer spricht von einem «allgemeinen Schwurverbot» (Fremdeinflüsse, 215). Die gefundenen Qumranrollen sind nicht ganz so eindeutig, enthalten aber immerhin ein Verbot des Gottesnamens beim Schwören (vgl. CD XV,1).

311 Josephus, Krieg, II, 8, 6.

312 J. Maier, Zweiter Tempel, 197/198.

313 Vgl.: 1 Kön 6; 2 Chr 3–4; Ez 40–43.

314 Esra 3–6,18; M. A. Beek, Geschichte, 108.

315 G. Cornfeld / G. J. Botterweck, Bibel-Enzyklopädie, Stichwort «Tempel», Erl. 2 a; B. Mazar, Der Berg, 60; vgl. Esra 3,12.

316 G. Cornfeld / G. J. Botterweck, Bibel-Enzyklopädie, Stichwort «Tempel», Erl. 2 d.

317 Josephus, Krieg, V, 5, 2 und 6.

318 Ex 23,14–17; Dtn 16,1–17.

319 S. Ben-Chorin, Jesus, 54; vgl. B. Mazar, Der Berg, 99.

320 G. Cornfeld / G. J. Botterweck, Bibel-Enzyklopädie, Stichwort «Wallfahrten», Erl. 4. – In Palästina selber lebte mit 2,5 Millionen Juden nur ein Drittel aller Juden des damaligen Römischen Reiches (F. Battenberg, Zeitalter, 25; J. J. Petuchowski / C. Thoma, Lexikon, Sp. 78).

321 K. Deschner, Hahn, 150.

322 Vgl.: Mk 11,15.27; 12,41; 13,1; 14,49; Lk 21,37–38. – Offenbar das gleiche trifft für die Urgemeinde zu: Apg 2,46; 5,25.42.

323 Vgl.: 1 QpHab VIII,8 ff.; XII,7–9; Josephus, Altertümer, XVIII, 1, 5; H. Braun, Qumran II, 100; E. Lohse, Qumran, 227; Y. Yadin, Tempelrolle, 260.

324 Y. Yadin, Tempelrolle, 197/198.

325 Y. Yadin, Tempelrolle, 123 ff.; H. Braun, Qumran II, 100.

326 Vgl. 1 QpHab IX,4 ff. – Die qumranische Tempelrolle enthält die detaillierte Architektur des ersehnten künftigen Tempels (dazu: Y. Yadin, Tempelrolle, 129 ff. mit sehr aufschlußreichen Rekonstruktionszeichnungen).

327 Mk 13,2.

328 H. Braun, Qumran II, 101; H. Leroy, Jesus, 107; S. Ben-Chorin, Jesus, 149. – Jesus macht «ein Angebot zur Sündenvergebung unabhängig vom Opferkult des Tempels»; dadurch wird «der Tempel als zentrale Institution ... in seiner Funktion ausgehöhlt» (G. Theißen in: W.-R. Schmidt, Galiläer, 139)

329 Vgl. Mk 11,15–17.

330 Vgl.: Mt 9,13; 12,7; Mk 12,33–34; H. Braun, Jesus, 62.

331 H. Braun, Qumran I, 74.

332 G. Cornfeld / G. J. Botterweck, Bibel-Enzyklopädie, Stichwort «Qumran», Erl. 7 c; H. Braun, Qumran I, 73; J. Maier in: G. Strecker / J. Maier, NT-AJ, 173; H. Leroy, Jesus, 78; Y. Yadin, Tempel rolle, 272; J. Gnilka, Jesus, 57; A. M. Schwemer, Sabbatlieder, 75; vgl.: 1 QS VIII,5–9; IX,5–6; CD XI,21.

333 Vgl.: Mt 12,6; Mk 14,58; L. Schenke, MkEv, 136. – H. Braun hält Mk 14,58 für eine Schöpfung der frühen Christengemeinde (Qumran I, 74), nach L. Schenke handelt es sich dagegen um ein «Wort Jesu» (MkEv, 129).

334 Vgl.: 2 Kor 6,16; Eph 2,19–20; 1 Petr 2,5; H. Braun, Qumran I, 284; D. Flusser, Christentum, 14; L. Schenke, Urgemeinde, 137, 177.

335 H. Braun, Qumran I, 74; vgl. D. Flusser, Christentum, 14.

5. Der Messias

1 C. Thoma, Beziehungen, 142.

2 C. Thoma, Beziehungen, 141; vgl.: A.v. Harnack, Christentum, 84 ff.; M. Stern in: H.H. Ben-Sasson, Geschichte I, 352; L. Schenke, Urgemeinde, 124.

3 C. Thoma, Beziehungen, 143. – «Der Messianismus ist die am tiefsten originale Idee des Judentums» (J. Moltmann, Der Weg, 18, im Anschluß an M. Buber). Aber auch hier hat es nicht an Stimmen gefehlt, die auf iranischen Einfluß hinweisen (vgl.: R. Reitzenstein, Iran, 51; S. S. Hartmann, Iran, 123).

4 C. Thoma, Beziehungen, 145; vgl.: Jes 9,1–6; 11,1–10; Ez 34,23.

5 R. Bultmann, Urchristentum, 87.

6 R. Bultmann, Theologie, 28. – «Lehre und Praxis Jesu entsprachen diesen Erwartungen nicht» (J. Blank, Jesus, 236). «Gemessen an den vulgären Messias-Begriffen fehlte ihm zum König-Messias nicht weniger als alles» (J. Weiß, zit. nach: L. Schenke, Urgemeinde, 297). Die Erwartung eines Davidmessias «wird von Jesus Lügen gestraft» (E. Drewermann, Matthäus I, 281).

7 G. Bornkamm, Jesus, 176 Anm. 2.

8 Vgl. Mt 1,1 ff. mit Lk 3,23 ff. – Desungeachtet meint O. Betz, die Abkunft Jesu von Davids Geschlecht sei «gut bezeugt» (Jesus, 162).

9 Vgl. vorne Seite 20.

10 Siehe: Mt 9,27; 12,23; 15,22; 20,30.

11 Zum Beispiel: «Hosianna! Davids Sohn kommt in Zion eingezogen...» (B. Schmolck, 1672–1737). «Tochter Zion freue dich... Hosianna, Davidssohn, sei gesegnet deinem Volk...» (1820).

12 Siehe Seite 13 und Seite 250 Anm. 12.

13 Siehe Seite 78.

14 M. Friedländer, Judentum, 37 ff.; R. Bultmann, Urchristentum, 88; M. Grant, Jesus, 130.

15 Mk 13,24–27.

16 Die Vorstellung von einem «Menschensohn» ist, wie man heute überwiegend annimmt, iranischen Ursprungs (vgl.: R. Reitzenstein, Iran, 51; H. Ringgren, Israel, 311; G. Mensching, Weltreligionen, 211; U. Mann, Christentum, 149; K. Koch u. a., Daniel, 231; S. S. Hartmann, Iran, 111 m. w. N.). Mit dem Danielbuch (Dan 7,13) gelangte der Begriff in die jüdische Apokalyptik und wird schließlich im NT zu einem oft verwendeten Würdetitel Jesu (dazu: R. Bultmann, Theologie, 30 ff.; G. Bornkamm, Jesus, 154 ff., 200 ff.; K. Koch u. a., Daniel, 216 ff.).

17 «An allen diesen Stellen (Mk 8,38; 13,26; 14,62; Mt 24,27.37.39.44) ist vom Menschensohn in der dritten Person die Rede. Von einer Identität Jesu und des Menschensohnes verlautet hier nichts, so gewiß sie für die glaubende Gemeinde außer Zweifel stand. ... Einzelne dieser Worte können Gemeindebildung sein. Doch wird man daran festhalten dürfen, daß Jesus in der apokalyptischen Sprache seiner Zeit vom kommenden Menschensohn-Weltrichter geredet hat»

(G. Bornkamm, Jesus, 200; ebenso: R. Bultmann, Theologie, 30; E. Schweizer, Jesus, 23; L. Schenke, Urgemeinde, 117).

18 Mk 13,29–30.

19 Siehe Seite 302 Anm. 236.

20 M. Grant, Jesus, 135. – J. Jeremias spricht vom «Sendungsbewußtsein» (Jesus, 15), J. Gnilka von der «Sendungsautorität» Jesu (Jesus, 251). Nach L. Schenke war Jesus «sich bewußt, der letzte entscheidende Bote Gottes zu sein» (Urgemeinde, 116)

21 A. Schweitzer, Leben-Jesu, 33.

22 Die Frage nach dem messianischen Selbstverständnis Jesu wird seit langem heftig diskutiert und heute überwiegend verneint, z. B. von: R. Bultmann, Theologie, 26 ff.; G. Bornkamm, Jesus, 149 ff.; J. Blank, Jesus, 236; S. Ben-Chorin, Jesus, 15, im Anschluß an E. Käsemann; W. Schneemelcher, Urchristentum, 119; C. Thoma, Beziehungen, 145; U. Mann, Christentum, 169; M. Grant, Jesus, 135; G. Theißen, Galiläer, 221; W. Fricke, Prozeß, 191.

23 C. Thoma, Beziehungen, 145.

24 J. Blank, Jesus, 236. – Schon der griechische Philosoph Celsus hatte sich (Ende des 2. Jhd. n. Chr.) darüber mokiert, wie wenig die alttestamentlichen Prophezeiungen auf Jesus passen (W. Nestle, Antikes Denken, 29). – «Daran, daß das Leben und Wirken Jesu, gemessen am traditionellen Messiasgedanken, kein messianisches war, läßt im übrigen die synoptische Tradition keinen Zweifel» (R. Bultmann, Theologie, 28). – «Kein Wunder also, daß die Juden Jesus bis heute als den Erfüller ihrer messianischen Erwartung ablehnen, da er ja diesen Erwartungen in keiner Weise entsprach» (G. Mensching, Weltreligionen, 207). – «Das Verhalten Jesu entsprach nicht den überlieferten Vorstellungen von dem als Befreier auftretenden Messias, und Jesus unternahm auch gar nicht den Versuch, diesen Eindruck zu erwecken» (M. Grant, Jesus, 132). – «Jesus ist nicht die Israel aufhebende ‹Erfüllung› der Messiashoffnung» (J. Moltmann, Der Weg, 18). «Im Blick auf die jüdische Messiaserwartung ist Jesus ein paradoxer Messias» (aaO., 187).

25 M. Stern in: H. H. Ben-Sasson, Geschichte I, 340.

26 R. Mayer in: BTalmud, 16. – So wie Jesus am Kreuze litt, ist es «vielen Messiasprätendenten vor ihm und nach ihm» ergangen (J. Moltmann, Der Weg, 193; ähnlich: G. Theißen, Soziologie, 101).

27 1 Kor 1,23.

28 Dtn 21,23; Gal 3,13.

29 K. H. Schelkle, Paulus, 168.

30 1 Kor 1,23.

31 K. Müller, Prozeß, 81.

32 K. H. Schelkle, Paulus, 166
33 1 Kor 15,3.
34 Röm 3,24; 1 Kor 1,30.
35 1 Kor 5,7; Eph 1,7.
36 So die überwiegende Meinung; im späteren rabbinischen Judentum wird auch die Möglichkeit eines leidenden Messias in Betracht gezogen (vgl.: S. Ben-Chorin, Jesus, 157).
37 L. Baeck, Wesen des Judentums, 192; R. Bultmann, Theologie, 49.
38 M. Stern in: H. H. Ben-Sasson, Geschichte I, 351; vgl. 2 Makk 6,18–20 und vorne Seite 53.
39 Jes 53,1 ff.
40 Vgl.: Mk 1,2; 9,11 ff.; Lk 1,76–77.
41 Zu den drei qumranischen Heilsgestalten vgl.: 1 QS IX,11; 1 QSa II,12 ff.; CD XII,23–XIII,1; XIV,19; XIX,10–11; XX,1; K. Schubert, Messiaslehre, 341 ff; H. Braun, Qumran II, 75 ff. – Zwei Messiasse kommen bereits beim Propheten Sacharja vor (Sach 4,14) und später im rabbinischen Judentum (vgl. S. Ben-Chorin, Paulus, 155).
42 Der Brief wurde früher fälschlicherweise Paulus zugeordnet, der Autor ist jedoch nicht bekannt (K. H. Schelkle, Paulus, 149; S. Ben-Chorin, Paulus, 153). – Desgleichen wissen wir nicht, an wen der Hebräerbrief gerichtet war. Empfänger könnte die Qumrangemeinde gewesen sein (S. Ben-Chorin, Paulus, 155) oder eine judenchristliche Gemeinde, deren Mitglieder aus den Kreisen der Qumran-Essener kommen (K. Schubert in: J. Maier / K. Schubert, Qumran-Essener, 136).
43 Hebr 7,14.26; K. H. Schelkle, Paulus, 151 m. w. N.; S. Ben-Chorin, Paulus, 156; K. Schubert in: J. Maier / K. Schubert, Qumran-Essener, 137; E. Lohse, Qumran, S. XVIII; H. J. Schonfield, Essener, 169. O. Betz nimmt an: «Mit Einzug (in Jerusalem) und Tempelreinigung übernimmt Jesus deren Rollen», nämlich diejenigen «des davidischen und des priesterlichen Messias» (Jesus, 95).
44 M. Grant, Jesus, 136.
45 Die deutschsprachigen Textausgaben der Qumranrollen von E. Lohse und J. Maier / K. Schubert (siehe Abkürzungs- und Literaturverzeichnis) enthalten den Begriff «Menschensohn» nicht ein einziges Mal. Erst in einem 1988 veröffentlichten Fragment (4 Q 385) taucht der Begriff auf (abgedruckt in: C. K. Barrett / C.-J. Thornton, Texte, 281).
46 H. Leroy, Jesus, 121.
47 K. E. Grözinger, N. Ilg u. a., Qumran, 19; H. Braun, Qumran II, 79; J. Carmignac, Hymnen, 335.
48 Mk 8,34–35.

49 Mk 11,22–24; Mt 17,20.

50 «Das Evangelium, jenes alte Evangelium, das noch nicht zum Kirchlichen und zum Gegensatz gegen das Judentum überarbeitet war, gehört noch ganz in das Judentum hinein...» (L. Baeck, Geheimnis und Gebot, abgedruckt in: K. Wilhelm, Jüdischer Glaube, 493).

51 C. Thoma, Beziehungen, 108.

52 Dtn 6,4.

53 Mk 12,29.

54 C. Thoma, Beziehungen, 112.

55 Sure 19,30.

56 Sure 4,171.

57 Sure 3,55.

58 Sure 5,82.

59 Sure 2,116; 5,17.72; 19,34–35; 19,88–94.

60 H. Busse, Beziehungen, 55.

61 Sure 5,73.

62 «Im jüdischen Schrifttum wird das Gottvertrauen auch als der Glaube bezeichnet. Dieses Wort hat hier nichts von der dogmatischen und konfessionellen Bedeutung, die ihm anderwärts eigen ist. ... Glaube ist im Judentum nichts anderes als das lebendige Bewußtsein des Allgegenwärtigen, der Sinn für die Nähe Gottes, für das Schöpferische, das in allem lebt» (L. Baeck, Wesen des Judentums, 129).

63 1 QH IX,35–36.

64 11 QTS 48,7–8.

65 «Söhne seiner Wahrheit» (1 QS XI,16; 1 QH X,27; XI,11; XVI,18; 1 QM XVII,8); «Söhne seines Wohlgefallens» (1 QH IV,33; XI,9); «Söhne seines Bundes» (1 QM XVII,8). Weiter findet man: «Söhne der Gnade» (1 QH VII,20); «Söhne der Gerechtigkeit» (1 QS III,20.22); «Söhne des Lichts» (1 QM I,1.3.11.13.14 u. a. m.). – Umgekehrt nennen die Qumraner alle, die nicht zu ihnen gehören: «Söhne des Frevels» (1 QS III,21); «Söhne des Unheils» (1 QH V,25); «Söhne der Finsternis» (1 QM I,1.7.10.16 u. a. m.).

66 J. Jeremias, Jesus, 30.

67 O. Loretz, Ugarit, 66.

68 G. Widengren, Einleitung, 3.

69 G. Bornkamm, Jesus, 109. – Homer nennt Zeus in der Ilias und in der Odyssee insgesamt 118mal «Vater» (K. W. Müller, König, 31).

70 R. Bultmann, Jesus, 132. – «Und Gott zum Schöpfer und Vater und Schützer haben, sollte uns das nicht von Leid und Angst befreien» (Epiktet, zit. nach: A. Kehl, Antike Volksfrömmigkeit, 110)?

71 BTalmud, Megilla 17 b; R. Mayer in: BTalmud, 543 Anm. 276; L. Trepp, Gottesdienst, 29.

72 Weish 2,16; 14,3; 2 Kön 2,12; Sir 23,1.4; Ps 103,13; Jes 63,16; 64,7; Jer 3,4.19; BTalmud, Schabbat 116 a.

73 Weish 2,18.

74 J.J. Petuchowski / C. Thoma, Lexikon, Sp. 135; J. Maier, Zweiter Tempel, 205. – Die vier hebräischen Buchstaben – Jod, Heh, Waw, Heh – «wurden, wie alle Texte der Bibel, in den alten Handschriften ohne Vokale geschrieben. So wissen wir nicht, wie sie ausgesprochen wurden. Es ist jedoch sehr wahrscheinlich, daß sie das hebräische Wort ‹Jahweh›, der Schöpfer, bedeuten. Da sie den geheiligten Namen Gottes bildeten, wurden sie von den Juden niemals ausgesprochen, von der Zeit des Zweiten Tempels an bis zum heutigen Tage. Wenn Juden diese vier Buchstaben in der Bibel oder in einem Gebetbuch lesen, ersetzen sie sie durch das Wort ‹Adonai›, eine althebräische Form von ‹mein Herr›. Als im Mittelalter der hebräische Bibeltext mit Vokalen versehen wurde, vokalisierte man die Buchstabenfolge YHWH (oder JHWH) wie ‹Adonai› – was im übrigen zur falschen Mischform Jehowah (Jehova) geführt hat» (Y. Yadin, Tempelrolle, 80).

75 Umschreibung: 1 QS VIII,13; CD IX,5; E. Lohse, Qumran, 285 Anm. 66. – Pünktchen: 1 QS VIII,14; 4 Qtest 1.19; E. Lohse, Qumran, 285 Anm. 67 und 297 Anm. 1 (zu 4 Qtest).

76 Vgl.: Mk 14,36; Röm 8,15.

77 J. Jeremias, Gleichnisse, 128; J. Blank, Jesus, 226; E. Schweizer, Jesus, 20.

78 «Das Evangelium wendet sich an den einzelnen, und der Glaube ist die Antwort des einzelnen» (J. Becker, Paulus, 447). «Was immer heute Religion heißt, vermittelt sich persönlich oder gar nicht» (E. Drewermann, Kleriker, 213).

79 Mt 5,9; Zürcher Bibel.

80 Mt 5,44–45; Zürcher Bibel; vgl. Mt 6,9.

81 Mt 6,6.

82 Vgl.: Mt 14,23; Mk 1,35; 14,32–36; Lk 5,16; 6,12.

83 L. Baeck, Wesen des Judentums, 116; S. Ben-Chorin, Jesus, 113.

84 Auszugsweise abgedruckt in: K. Wilhelm, Jüdischer Glaube, 58–74.

85 J. J. Petuchowski / C. Thoma, Lexikon, Sp. 420; D. Flusser, Jesus, 91; M. Grant, Jesus, 144; vgl. BTalmud, Taanit 24 b/25 a.

86 Für Griechenland vgl. die ausführlichen genealogischen Tafeln bei: R.v. Ranke-Graves, Mythologie, 697 ff. – Der sumerische Gott Asalluhi-Marduk beispielweise ist ein Sohn des Gottes Enki (J. Nougayrol, Babylon, 41). Enki seinerseits sagt: «Mein Vater, der König von Himmel und Erde, ließ mich in Himmel und Erde manifest werden» und bezeichnet sich als «der erstgeborene Sohn des Himmels» (K. Ober-

huber, Sumer, 12). – In Kanaan ist der «Göttervater El» Vorsitzender einer Götterversammlung, der «Versammlung der Söhne Els» (O. Loretz, Ugarit, 60). Einer seiner Söhne ist der bekannte Baal (W. Röllig, Altsyrien, 104).

87 S. Ben-Chorin, Mirjam, 49.

88 Der Theologe R. Bultmann war einer der ersten, die mit Nachdruck auf die mythologische Herkunft des Gottessohn-Titels Jesu hingewiesen haben (vgl. R. Bultmann, Theologie, 134; ders., Urchristentum, 214; ders., Mythologie, 14). Er hat damit eine breite Zustimmung gefunden (vgl.: G. Mensching, Weltreligionen, 219; K. Rudolph, Gnostizismus, 544; K. Deschner, Hahn, 104; W. Schmithals, Gnosis, 61 m. w. N.; H.-M. Schenke, Gnosis, 595).

89 Vgl. Mk 14,62; ferner: Mk 3,11–12; 13,32; Mt 11,27.

90 E. Renan, Jesus, 119; R. Bultmann, Theologie, 53; G. Bornkamm, Jesus, 199; J. Blank, Jesus, 238; E. Schweizer, Jesus, 21; K. Müller, Prozeß, 80; L. Schenke, MkEv, 112; E. Lohse, Theologie, 45; H. Zahrnt, Jesus, 76; H. Braun, Jesus, 114; P. Lapide, Pharisäer, 34; E. Drewermann, Matthäus I, 103.

91 Vgl.: Gen 6,1–2.4; Ijob 1,6; 2,1; 38,7; Ps 29,1–2.

92 In diesen «Gottessöhnen» lebt alte kanaanäische Überlieferung fort: Der kanaanäische Göttervater El stand einer Götterversammlung vor, der «Versammlung der Söhne Els». Ps 29,1–2 war einst der Anfang eines Liedes, das die Thronbesteigung des Gottes Baal verherrlichte. An die Stelle Baals ist in der Bibel Jahwe getreten (O. Loretz, Ugarit, 60). An vielen Beispielen ließe sich zeigen, daß «die biblische Religion mit tausend Fäden in die altorientalische Religionsgeschichte verwoben» ist (U. Mann, Theologie, S. IX).

93 Vgl.: 1 QH Frg. 2; 1 QH III,22.

94 O. Loretz, Ugarit, 204.

95 K. Oberhuber, Sumer, 9.

96 O. Loretz, Ugarit, 204.

97 S. Morenz, Ägypten, 52.

98 E. Brunner-Traut, Mythen, 54.

99 S. Morenz, Ägypten, 52.

100 R. Reitzenstein, Mysterienreligionen, 20.

101 R. Reitzenstein, Mysterienreligionen, 32.

102 M. El-Saghir, Das Statuenversteck im Luxortempel, Antike Welt, Sondernummer 1991, 66. – Folgerichtig trägt die Gemahlin des Königs den Titel «Gottesgemahlin» (S. Hodel-Hoenes, Leben und Tod, 170).

103 K. Deschner, Hahn, 92; vgl.: M. Grant, Alexander, 108.

104 K. Deschner, Hahn, 93.

105 J. Moltmann, Der Weg, 23; O. Loretz, Ugarit, 208; J. Maier, Zweiter Tempel, 208.
106 Ps 89,28 und Ps 2,7; nach M. Luther.
107 Ps 89,27.
108 2 Sam 7,14.
109 O. Loretz, Ugarit, 208.
110 J. Moltmann, Der Weg, 163; vgl.: Ex 4,22; Dtn 14,1; Ps 82,6; Jes 63,8; Jer 3,4; Hos 2,1; Röm 9,4.8.
111 R. Bultmann, Theologie, 53; H. Braun, Qumran I, 65 und II, 189; K. Schubert, Messiaslehre, 351; M. Grant, Paulus, 86; J. Maier, Zweiter Tempel, 208; G. Mensching, Weltreligionen, 193; J. Blank, Jesus, 237; O. Betz, Jesus, 147.
112 A. Dupont-Sommer, Schriften, 119 Anm. 3; H. Braun, Qumran I, 65 und II, 189; K. Schubert, Messiaslehre, 351; O. Betz, Spätjudentum, 304; M. Grant, Jesus, 142; vgl. 4 Qflor I,11–13. – Ganz wie bei Lukas (Lk 1,32–35) heißt es in Qumran (4 Q 246): Es wird einer kommen, der als «Gottes Sohn gepriesen und den man Sohn des Höchsten nennen wird» (zit. nach: M. Baigent / R. Leigh, Qumranrollen, 95).
113 M. Friedländer, Judentum, S. XVII (1905).
114 M. Friedländer, aaO.
115 E. Brunner-Traut, Mythen, 32.
116 R. Reitzenstein, Mysterienreligionen, 54.
117 G. Widengren, Zeugnisse, 187, 189.
118 BTalmud, Taanit 24 b/25 a.
119 Petronius, zit. nach: K. Deschner, Hahn, 96.
120 M. Aurel, Selbstbetrachtungen, VII, 67.
121 «Die griechisch-orientalischen Mysterienreligionen gaben Kunde, daß um die Wende der Zeitrechnung eine Menschheit, die nach Religion suchte, uralte Vorstellungen und Riten aufgriff und ihnen neue Bedeutung und tieferen Sinn gab, indem sie zugleich die Besonderheiten der verschiedenen Überlieferungskreise aufhob und zuletzt in allen eine und dieselbe Idee der Erlösung dargestellt finden wollte» (A. Schweitzer, Leben-Jesu, 455).
122 F. Cumont, Mithra, 131.
123 U. Mann, Paradies, 34.
124 U. Mann, Paradies, 34.
125 G. Scholem, Mystik, 23, 47.
126 G. Scholem, Mystik, 24.
127 Mit «Söhne» sind auch hier «Engel» gemeint (C. Thoma, Beziehungen, 117).
128 Hebräisches Henochbuch, zit. nach: C. Thoma, Beziehungen, 117. Der «kleine JHWH» wird ins Ende des 2. Jhd. n. Chr. datiert. Der

Vorwurf der Blasphemie ist dieser Mystik nicht erspart geblieben (G. Scholem, Mystik, 74).

129 C. Thoma, Beziehungen, 117.

130 Man hat den «Eindruck, im esoterischen Judentum gebe es eine strukturale Christologie ohne Christus» (C. Thoma, Beziehungen, 117; ähnlich bereits: M. Friedländer, Judentum, 44).

131 Der vorchristliche Ursprung der Gnosis wird heute fast allgemein bejaht. Die Gnosis entfaltete sich zu einer breiten religiös-philosophischen Bewegung, die sogar als «Weltreligion» bezeichnet worden ist. Dazu: W. Schmithals, Gnosis, 9 ff.; K. Rudolph, Gnosis (Sammelband).

132 R. Bultmann, Theologie, 170.

133 R. Bultmann, Theologie, 53; S. Ben-Chorin, Jesus, 197; J. Moltmann, Der Weg, 163; L. Schenke, Urgemeinde, 19; vgl. Mk 14,62 und 15,26.

134 Röm 1,4; Apg 13,23.

135 Röm 1,4; Apg 13,32–33.

136 Röm 9,8; 8,14.

137 R. Bultmann, Theologie, 131; K. Deschner, Hahn, 192.

138 R. Bultmann, Theologie, 132; G. Prause, Jesus, 46.

139 Vgl.: Röm 8,3; Gal 4,4–5; 2 Kor 8,9; Phil 2,6–11; 1 Tim 1,15; W. Schmithals, Gnosis, 57.

140 Vgl.: Joh 1,1.14; 3,16–18; 1 Joh 4,9; W. Schmithals, Gnosis, 57.

141 R. Bultmann, Urchristentum, 214.

142 R. Bultmann, Urchristentum, 214. – Die Entstehungszeit des gnostischen «Erlöser-Mythos» ist wissenschaftlich nicht völlig geklärt. Wahrscheinlich geht er der «Präexistenz-Christologie» zeitlich voraus und hat letztere geformt.

143 R. Bultmann, Theologie, 133; vgl. Mk 1,11; Mt 3,17; Lk 3,22.

144 C. Thoma, Beziehungen, 107. – «Gott einer und Gott drei, das ist der Widerspruch, der letztlich durch keine metaphysische Konstruktion logisch ausgeglichen werden kann» (U. Mann, Christentum, 194).

145 U. Mann, Christentum, 194.

146 Mk 11,22–24; Mt 17,20.

147 Descartes (1596–1650): «Cogito, ergo sum.» – «Ich denke, also bin ich.»

148 Nach Apg 10,41 zeigte Jesus sich «jedoch nicht dem ganzen Volk, sondern nur uns Aposteln, die Gott zuvor als Zeugen ausgewählt hatte». Das heißt: «Nur der Glaube konnte also den Auferstandenen sehen und ihn erfahren, nicht alle Welt» (K. H. Schelkle, Paulus, 175). Der griechische Philosoph Porphyrios (233–304 n. Chr.) bemängelte eben dies am Glauben der Christen, daß der Auferstan-

dene nicht jenen genannten Personen von Rang – Pilatus, Hoherpriester, Herodes – erschienen sei (W. Nestle, Antikes Denken, 34). Ganz ähnlich äußerte sich Celsus (2. Jhd. n. Chr.; Christen, 90).

149 Dazu: Seite 259 Anm. 110.

150 Mk 14,60–61; 15,3–5; Joh 19,9–11.

151 Vgl. Mk 15,17–20. In dem um 150 entstandenen Petrusevangelium heißt es: «Er aber schwieg, wie wenn er keinen Schmerz empfände» (PetrEv 4,10).

152 Mk 15,23.

153 Lk 23,28.

154 Lk 23,34.

155 «Die Essener wie Jesus schätzen Tapferkeit in der Verfolgung» (H. Braun, Qumran I, 14).

156 Josephus, Krieg, II, 8, 10. – Aus den Qumranschriften vgl.: 1 QS X,13; XI,1; 1 QH IV,33–37; V,32–33.

157 Josephus, Krieg, II, 8, 11.

158 CD III,20; vgl.: 1 QS IV,7; XI,4.

159 Vgl.: Lk 14,14; Joh 5,28–29.

160 So die herrschende, jedoch nicht unbestrittene, wissenschaftliche Meinung.

161 Mk 12,24–25.

163 1 Kor 15,42–44.50 ff. – Paulus selbst hat «an keine leibliche Auferstehung aus dem Grabe gedacht» (G. Mensching, Religionsstifter, 75).

164 Vgl.: Mt 25,46; Mk 9,45; 10,17.30; Lk 10,25.28; Joh 3,15.16.36; 4,14; 5,24; 6,27.51.58.68; 8,51; 10,28; 12,50; 17,2–3.

165 So fragte schon D. Flusser, Jesus, 76.

166 K. Koch u. a., Daniel, 240.

167 K. Koch u. a., Daniel, 8; E. Lohse, Entstehung des NT, 138.

168 Dan 12,2.13; vgl.: K. Koch u. a., Daniel, 94, 240; G. Bornkamm, Jesus, 33.

169 Jes 26,19 (diese Stelle könnte wohl auch «etwas älter» sein als das Danielbuch: K. Koch u. a., Daniel, 240); 2 Makk 7,9.14; 1 Hen 7.

170 Vgl. Mk 9,10.32. – Es «herrschten unausgegorene, verworrene Vorstellungen vor» (J. Maier, Zweiter Tempel, 251).

171 Jes 26,19; vgl. 2 Makk 7,14.

172 2 Makk 7,9.

173 H. Küng, Ewiges Leben?, 143; J. Moltmann, Der Weg, 273.

174 Mk 12,18; Apg 23,8; Josephus, Krieg, II, 8, 14; ders., Altertümer, XVIII, 1, 4.

175 S. Ben-Chorin, Jesus, 30 ff.; J. Lehmann, Jesus, 166.

176 Mt 11,14; Mk 9,13.

177 Mk 6,14–16; 8,28.

178 O. Betz, Spätjudentum, 307.

179 Apg 23,6–8; S. Ben-Chorin, Paulus, 190; G. Cornfeld / G. J. Botterweck, Bibel-Enzyklopädie, Stichwort «Pharisäer, Erl. 3 g.

180 Josephus, Krieg, II, 8, 14.

181 H. Ringgren, Israel, 294; vgl. H. Küng, Ewiges Leben?, 119.

182 S. Ben-Chorin, Paulus, 190.

183 «In Wahrheit ist die Überzeugung von dem Weiterleben nach dem Tode wohl so alt wie die Entdeckung des Ichbwußtseins... Spätestens seit dem Auftreten des Neandertalers mehren sich paläontologisch die Hinweise für den Glauben an ein Weiterleben nach dem Tode... Stattdessen wird theologisch so getan, als wenn wirklich durch Christus der Glaube an die Auferstehung von den Toten begründet worden wäre, statt umgekehrt zu zeigen, wie dieser Glaube sich in Jesus so verdichtet, daß er die ganze Existenz vom Tod erlöst» (E. Drewermann, Tiefenpsychologie II, 505).

184 H. Brunner, Unterweltsbücher, 215; vgl. E. Drewermann, Tiefenpsyhologie II, 512.

185 H. Brunner, Unterweltsbücher, 217. – «Die Existenz nach dem Tode ist die wahre, dauernde. Der Tod stellt nur den Beginn einer neuen Lebensform dar. Er bildet die notwendige Umwandlung, der sich jeder zu unterziehen hat» (S. Hodel-Hoenes, Leben und Tod, 9).

186 E. Brunner-Traut, Mythen, 66.

187 E. Brunner-Traut, Mythen, 78; H. Altenmüller, Jenseitsvorstellungen, 17.

188 Zit. nach: K. Oberhuber, Sumer, 15.

189 U. Mann, Christentum, 136; vgl. O. Loretz, Ugarit, 75.

190 O. Loretz, Ugarit, 93.

191 Vgl.: O. Loretz, Ugarit, 94; V. Haas, Hethiter, 118.

192 W. Röllig, Altsyrien, 98.

193 Einige Beispiele aus der altorientalischen Mythologie: Der babylonische Gott Tammuz stirbt und tritt wieder ins Leben (C.-A. Keller, Leben und Tod, 33; K. Deschner, Hahn, 106). – Bel-Marduk, der meistverehrte Gott Babylons, gilt «als vom Vater gesandter Erlöser, Erwecker der Toten, Herr aller Herren und König der Könige, als guter Hirte. Wie der Christus der Bibel wurde Bel-Marduk gefangengenommen, verhört, zum Tod verurteilt, gegeißelt und und mit einem Verbrecher hingerichtet, während man einen anderen Verbrecher freiließ. Eine Frau wischte das Herzblut des Gottes ab, das aus einer Speerwunde quoll» (K. Deschner, Hahn, 107). – Bei den alten Hethitern ist Telipinu, Sohn der Erdgöttin, «ein verschwindender und wiederauferstehender Vegetationsgott von überregio-

naler Bedeutung» (V. Haas, Hethiter, 25). Auch gibt es bei den Hethitern (um 1500 v. Chr.) den Glauben, «daß der König im Tode ein Gott wird» (F. Cornelius, Hethiter, 106; U. Mann, Christentum, 135).

194 Vgl. vorne Seite 181.

195 R. v. Ranke-Graves, Mythologie, 524.

196 R. v. Ranke-Graves, Mythologie, 524.

197 R. v. Ranke-Graves, Mythologie, 46.

198 R. v. Ranke-Graves, Mythologie, 91; vgl. M. Giebel, Mysterien, 63.

199 M. Giebel, Mysterien, 63.

200 R. v. Ranke-Graves, Mythologie, 93.

201 R. v. Ranke-Graves, Mythologie, 96.

202 F. Cumont, Orientalische Religionen, 192 ff.

203 W. A. Daszewski, Dionysos, 41; ähnlich: M. Giebel, Mysterien, 87.

204 Statt vieler: R. Bultmann, Urchristentum, 46, 90; K. Koch u. a., Daniel, 244; G. Cornfeld / G. J. Botterweck, Bibel-Enzyklopädie, Stichwort «Apokalyptik», Erl. 3.

205 Siehe vorne Seite 110 (Dualismus), Seite 120 (Gericht, Reich Gottes), Seite 328 Anm. 16 (Menschensohn).

206 D.-I. Lauf, Übergang, 91. – «Jeder Tag ist ein kleines Leben, jedes Erwachen und Aufstehn eine kleine Geburt, jeder frische Morgen eine kleine Jugend und jedes zu Bette gehn und Einschlafen ein kleiner Tod» (A. Schopenhauer, Aphorismen zur Lebensweisheit, Leipzig 1920, S. 151).

207 D.-I. Lauf, Übergang, 91.

208 H. Brunner, Unterweltsbücher, 219; E. Brunner-Traut, Mythen, 80; E. Hornung, Der Eine, 148.

209 O. Loretz, Ugarit, 173.

210 W. Müller, Neue Sonne, 339.

211 W. Müller, Neue Sonne, 339.

212 J. Moltmann, Der Weg, 274.

213 Auf diese Analogie hat schon J. Moltmann aufmerksam gemacht (Der Weg, 273).

214 Siehe: 2 Kön 23,11; Ijob 31,26–28; Ps 19,5–7.

215 Siehe Seite 266 Anm. 53.

216 J. Schmidt, Dionysos, 62.

217 K. Deschner, Hahn, 106; ebenso: R. Bultmann, Urchristentum, 172; M. Giebel, Mysterien, 13.

218 W. Foerster, Gnosis, 456; ebenso: R. Bultmann, Urchristentum, 172; M. Giebel, Mysterien, 13.

219 R. Reitzenstein, Mysterienreligionen, 11; F. Cumont, Orientalische Religionen, 27, 40; K. Deschner, Hahn, 106, 193. – Speziell zu Osi-

ris: F. Cumont, Orientalische Religionen, 90 f.; R. Reitzenstein, Mysterienreligionen, 221; zu Attis: F. Cumont, aaO.; 53 ff., 65; R. Bultmann, Theologie, 171; zu Adonis: F. Cumont, aaO., 100; W. Röllig, Altsyrien, 98.

220 W. Elliger, Ephesos, 92. – Der Gottessohn Dionysos leidet, stirbt, aufersteht und fährt in den Himmel auf (K. Deschner, Hahn, 309).

221 F. Cumont, Mithra, 131/132, 196; M. Clauss, Mithras, 91; E. Schwertheim, Mithras, 31; H. Lommel, Sonne, 364.

222 U. Mann, Paradies, 33; vgl. M. Giebel, Mysterien, 204.

223 F. Cumont, Mithra, 128, 132.

224 A. Schütze, Mithras, 15.

225 «Si le christianisme eût été arrêté dans sa croissance par quelque maladie mortelle, le monde eût été mithriaste» (zit. nach: F. Cumont, Orientalische Religionen, 146).

226 W. Döbertin in: A. Schweitzer, Gespräche, 210.

227 Vgl. Seite 251 Anm. 20.

228 Vgl.: G. Bornkamm, Jesus, 160; H. Küng, Ewiges Leben?, 136; H. Braun, Jesus, 241.

229 H. Küng, Ewiges Leben?, 135.

230 G. Bornkamm, Jesus, 160; ebenso: H. Küng, Ewiges Leben?, 135; H. Braun, Jesus, 241; K. H. Schelkle, Paulus, 172.

231 H. Küng, Ewiges Leben?, 135; K. H. Schelkle, Paulus, 97.

232 H. Küng, Ewiges Leben?, 136; H. Zahrnt, Jesus, 302.

233 H. Küng, Ewiges Leben?, 136.

234 1 Kor 15,3–8.

235 E. Schweizer, Jesus, 50.

236 H. Braun, Jesus, 240; ähnlich: R. Bultmann, Theologie, 48; H. Küng, Ewiges Leben?, 137.

237 Seit langem schwelt unter Theologen ein Streit um das «leere Grab». Viele halten es für eine Legende. J. Moltmann schreibt: «Die Auferstehungsbotschaft der nach Jerusalem zurückkehrenden Jünger hätte sich in der Stadt kaum eine Stunde halten können, wenn man den Leichnam Jesu im Grab hätte nachweisen können. Doch ist damit nicht bewiesen, wer das Grab geleert hat: die Jünger, wie die Juden sagten, oder Gott, wie die Apostel sagten. Die Verkündigung der Auferweckung Jesu von den Toten ist keine Deutung des leeren Grabes» (Der Weg, 244). – Schon die Königsgräber von Ur waren «leer», und «auf sumerischen Siegelzylindern sind offene Grabtüren zu sehen, neben denen zwei Flügeldämonen (Engel!) stehen» (H. Koepf, Mithras, 72).

238 H. Küng, Ewiges Leben?, 137; H. Zahrnt, Jesus, 304.

239 Vgl.: H. Braun, Jesus, 242; D. Flusser, Jesus, 124; G. Bornkamm, Je-

sus, 162; E. Schweizer, Jesus, 49; H. Zahrnt, Jesus, 231; L. Schenke, Urgemeinde, 17; P. J. Weiland, Messias, 325.

240 Vgl.: G. Bornkamm, Jesus, 162; J. Blank, Jesus, 241; H. Zahrnt, Jesus, 305.

241 J. Moltmann, Der Weg, 239.

242 Mk 16,1–8; die Verse 9–20 fehlen in den ältesten und wichtigsten Handschriften (Anm. vor Vers 9 der Einheitsübersetzung; J. Jeremias, Jesusworte, 22). Zur Entstehungszeit vgl. Seite 259 Anm. 110.

243 E. Schweizer, Jesus, 52.

244 Zur Entstehungszeit vgl. Seite 259 Anm. 110.

245 Fundstellen: Mt 28,1–10.16–20; Lk 24,1–53; Joh 20 und 21.

246 H. Küng, Ewiges Leben?, 130.

247 W. Schneemelcher, Apokryphen I, 185; H. Küng, Ewiges Leben?, 130.

248 PetrEv 8,35–10,42.

249 G. Bornkamm, Jesus, 162; H. Küng, Ewiges Leben?, 138.

250 Die Auferstehung des Jesus von Nazareth ist *kein historisches* Geschehen: G. Bornkamm, Jesus, 159; H. Braun, Jesus, 243; J. Blank, Jesus, 241; E. Lohse, Theologie, 52; U. Mann, Christentum, 187; K. H. Schelkle, Paulus, 175; H. Zahrnt, Jesus, 300; H. Küng, Ewiges Leben?, 138; J. Moltmann, Der Weg, 236; L. Schenke, Urgemeinde, 17; P. de Rosa, Jesus, 47. – «Grundsätzliche Skepsis ist angebracht bei jedem Versuch, theologische Aussagen historisch absichern zu wollen» (L. Schenke, Urgemeinde, 13; vgl. W. Schneemelcher, Urchristentum, 56). Die Frage nach der historischen Wirklichkeit ist «die äußerlichste aller Fragen, die man an einen religiösen Text stellen kann» (E. Drewermann, Tiefenpsychologie I, 23).

251 U. Mann, Christentum, 187.

252 J. Moltmann, Der Weg, 236; F. Mußner, Auferstehung, 125.

253 G. Bornkamm, Jesus, 162; H. Braun, Jesus, 241; J. Moltmann, Der Weg, 242.

254 Phil 2,9; vgl. auch: Joh 3,14; 12,32.34; Apg 2,33; 5,30 f.; Hebr 1,3–13; 8,1.

255 K. H. Schelkle, Paulus, 106, 109.

256 R. Bultmann, Theologie, 48, 84; G. Bornkamm, Jesus, 162; E. Schweizer, Jesus, 51; H. Braun, Jesus, 241; J. Moltmann, Der Weg, 242; L. Schenke, Urgemeinde, 119. – Paulus selbst hat «an keine leibliche Auferstehung aus dem Grabe gedacht» (G. Mensching, Religionsstifter, 75).

257 Vgl.: R. Reitzenstein, Mysterienreligionen, 278; R. Bultmann, Theologie, 171; ders., Urchristentum, 193; G. Mensching, Weltreligio-

nen, 218, 220; U. Mann, Christentum, 136; H. Braun, Jesus, 243; J. Moltmann, Der Weg, 274/275. – Schon der griechische Philosoph Celsus bemerkte (2. Jhd. n. Chr.): «Auch das Gerede von Auferstehung der Toten und Gericht Gottes ... ist ja keine neue, sondern eine in der Tat abgestandene Lehre» (Christen, 79).

258 Mt 27,63–64; Apg 10,40; 1 Kor 15,4.

259 H. Küng, Ewiges Leben?, 138.

260 H. Oldenberg, Veda, 466.

261 Vgl. vorne Seite 227.

262 G. Widengren, Religionen 103.

263 Vgl.: F. Cumont, Orientalische Religionen, 100; R. Reitzenstein, Mysterienreligionen, 221; K. Deschner, Hahn, 106, 127.

264 Jona 2,1.

265 Mt 12,40.

266 H. Küng, Ewiges Leben?, 138; J. Moltmann, Der Weg, 240.

267 H. Küng, Ewiges Leben?, 138.

268 H. Küng, Ewiges Leben?, 137; J. Moltmann, Der Weg, 244; F. Mußner, Auferstehung, 123; K. H. Schelkle, Paulus, 173.

269 J. Moltmann, Der Weg, 244; ebenso: F. Mußner, Auferstehung, 102 ff., 118 ff.; K. H. Schelkle, Paulus, 173.

270 H. Küng, Ewiges Leben?, 143; ebenso: J. Moltmann, Der Weg, 273.

271 1 Kor 15,42 ff.

272 Einerseits: Lk 24,39–43; Joh 20,27. – Andererseits: Lk 24,16.31.36; Joh 20,14.19.26; 21,4.12.

273 1 QH III,19–22.

6. Auf dem Rückweg

1 So: Ein Buchtitel von D. Flusser: Das Christentum – eine jüdische Religion, München 1990.

2 A. Schweitzer: «Das geltende (ungeschriebene jüdische) Gesetz verhielt sich zum Gesetz Moses ungefähr so, wie christliche Dogmen zur Lehre Jesu» (Gespräche, 132). – G. Mensching: «Obwohl im Christentum die schlichte Nachfolge Jesu auf das Leben gerichtet sein soll, ohne daß Bedingungen der Zustimmung zu Lehren und Glaubensbekenntnissen gestellt wurden zu Jesu Zeit, hat das spätere Christentum eine komplizierte Dogmatik entwickelt und um die ‹reine Lehre› sogar Religionskriege geführt» (G. Mensching, Asien, 167).

3 Siehe dazu Seite 250 Anm. 10.

4 D. Flusser, Jesus, 70; ähnlich: P. J. Weiland, Messias, 310.

5 Das Christentum hat «die zentralen Mytheme des Heidentums: die Dreifaltigkeit Gottes, die jungfräuliche Geburt des Erlösers, die Überlieferung von Tod und Auferstehung des Gottessohnes, die Erhöhung seiner Mutter zur Himmelskönigin u. a. m. wieder aufgegriffen und zu einer Synthese zu führen versucht...» (E. Drewermann, Tiefenpsychologie I, 257).

6 «Es kann nichts von seiner (Jesu) Gegenwart erfahren werden, was seiner Geschichte widerspricht» (J. Moltmann, Der Weg, 95). – «Das christliche Bekenntnis kann solange nicht als wahr gelten, wie es sich gerade dem Volk, aus dem Jesus selber kam, nicht vermitteln läßt...» (E. Drewermann, Matthäus I, 103).

7 P. de Rosa, Jesus, 14, 423. – «Der blinde Glaube an das Dogma ist nicht der Glaube, der rettet. Es ist eine unglückliche Entwicklung, die die christliche Theologie in Europa genommen hat, daß der Glaube zur Unterwerfung unter eine Autorität wurde» (E. Drewermann, Tiefenpsychologie II, 164 im Anschluß an S. Radhakrishnan). – «Die Wahrheit des Christlichen ist überhaupt nicht als eine Doktrin zu formulieren, sie ist eine Haltung...» (E. Drewermann, Matthäus I, 641).

8 Vgl. Mk 4,27–28.

9 Lk 3,23.

10 So fragte schon A. Holl, Jesus, 13.

11 Josephus, Krieg, II, 8, 2.

12 Mt 2,1 ff.; vgl. dazu vorne Seite 24.

13 Lk 2,1 ff.; vgl. dazu vorne Seite 20.

14 Lk 2,41 ff. Auch diese Stelle gilt als legendarisch (J. Blank, Jesus, 212; H. Leroy, Jesus, 55; S. Ben-Chorin, Jesus, 37; dagegen meint D. Flusser, Jesus, 20: «Die Geschichte bei Lukas kann wahr sein.»).

15 Mt 3,7; 16,1.6.11–12; 23,1.13 ff. u. a. m.

16 Mt 3,7; 16,1.6.11–12; Mk 12,18; Apg 4,1; 5,17.21; 23,6–8.

17 Mk 3,18; Apg 1,13; vgl. Seite 264 Anm. 37.

18 Mt 11,2.7; Mk 2,18; 6,29; Lk 11,1; Joh 1,35; 3,25.

19 Plinius d. Ä. (vgl. vorne Seite 33). – Das qumranische Dasein steht «einzig da im Judentum» (O. Betz, Spätjudentum, 313), es offenbart sich in seiner «ganzen Einmaligkeit» (A. Dupont-Sommer, Fremdeinflüsse, 209).

20 Vgl. Josephus, Krieg, II, Kap. 8.

21 Vgl. dazu vorne Seite 15 ff.

22 Vgl. vorne Seite 139.

23 Vgl. vorne Seite 65.

24 Lk 16,8 (Zürcher Bibel); D. Flusser, Jesus, 73. Ebenso H. Braun, der Lk 16,8 allerdings nicht für ein echtes Jesuswort, sondern für eine spätere redaktionelle Textpassage hält (Qumran I, 91).

25 Mk 8,15: Mit dem «Sauerteig des Herodes» könnten die Essener gemeint sein (Y. Yadin, Tempelrolle, 91; vgl.: O. Betz, Jesus, 332; Josephus, Altertümer, XV, 10, 5). – Mk 14,3: «Simon, der Aussätzige» ist falsch übersetzt und muß richtig «Simon, der Essener» heißen (P. Lapide, Synagogen, 19). – Lk 18,7: Ist die Stelle eine Anspielung auf qumranische Gebetsübungen (vgl. 1 QS VI,6–8)?

26 «Die christliche Geschichts- und Zeitauffassung ist...eine Angelegenheit des Glaubens. ...Kein Historiker kann als solcher in dem historischen Jesus den Gottessohn...erkennen...» (K. Löwith, Heilsgeschehen, 170). – Die historisch-kritische Auslegung der Bibel kommt «zu dem Ergebnis, daß die Erzählungen, welche den Glauben begründen und seine Macht aufzeigen wollten, einer eigentlichen historischen Grundlage entbehren... Der Glaube hat keine Sicherung und keine Legitimation» (E. Drewermann, Tiefenpsychologie II, 69). Mit allem «Göttlichen» an der Person Jesu verhält es sich so: «es ist ein Gegenstand der Verkündigung und des Glaubens, aber nicht der Historie» (E. Drewermann, aaO., 208).

27 Vgl. Seite 98 und Seite 289 Anm. 133.

28 Mk 1,35; 14,32–36; Mt 6,6; 14,23; Lk 5,16; 6,12.

29 Vgl. vorne Seite 183–193.

30 Vgl. vorne Seite 194.

31 «Es muß zugestanden werden, daß 99,99% der Christen diese radikalen Weisungen Jesu (Mt 5,39–42) in ihrem Leben nicht wörtlich befolgt haben» (J. Gnilka, Jesus, 234). – Es ist eine «augenscheinliche Tatsache, daß wir in den vergangenen 2000 Jahren in allen Punkten der Bergpredigt den Worten Jesu nicht nähergekommen sind, sondern mit aller Kraft, wie absichtlich, uns von ihnen entfernt haben» (E. Drewermann, Matthäus I, 646).

32 Mk 10,21.25. – «Wer es in einer Welt von Hunger und Elend trotz allem dahin bringt, ein reicher Mann zu werden, mit dem muß, christlich gesehen, etwas nicht in Ordnung sein» (E. Drewermann, Matthäus I, 403).

33 Vgl. Mk 11,15.

34 Ex 20,4; 34,17; Lev 19,4; 26,1; Dtn 4,15–18; 5,8; 27,15.

35 Vgl. vorne Seite 207–220.

36 Diese Einsicht klingt an bei H. Braun: «Ist einem die Bedeutsamkeit Jesu klargeworden, so würde sie durch die Qumrantexte auch dann nicht berührt werden, wenn die Analogien und die Verbindungen zwischen beiden Seiten viel enger wären, als sie es de facto sind» (Qumran II, 362). Nach J. Maier / K. Schubert ist eine direkte vorübergehende Zugehörigkeit Jesu zur Qumrangemeinde «wohl gut denkbar, aber keineswegs absolut sicher» (Qumran-Essener, 114).

Hier darf gefragt werden, ob denn irgend eine neutestamentliche Aussage zur Person Jesu «absolut sicher» sei!

37 Vgl. vorne Seite 34.

38 Vgl. Seite 187.

39 Vgl. vorne Seite 142. – «Es bleibt das Merkwürdige, daß selbst Jesus manche Dinge sehr richtig gesagt und sogar sehr weise weiterempfohlen hat, und er hat ganz offensichtlich nicht danach gelebt» (E. Drewermann, Matthäus I, 597).

40 Mk 11,24.

41 A. Schweitzer, Gespräche, 178.

Abkürzungs- und Literaturverzeichnis

a. A. = anderer Ansicht
aaO. = am angegebenen Ort

Altenmüller, H.: Jenseitsvorstellungen = Hartwig Altenmüller, Zu den Jenseitsvorstellungen des Alten Ägypten, in: Suche nach Unsterblichkeit, hrsg. von Arne Eggebrecht, Hildesheim, Mainz 1990.

Altheim, F.: Zarathustra = Franz Altheim, Zarathustra, in: B. Schlerath, Zarathustra (s. dort).

Altner, G.: Überlebenskrise = Günter Altner, Die Überlebenskrise der Gegenwart, Darmstadt 1987.

Anschütz, F.: Ärztliches Handeln = Felix Anschütz, Ärztliches Handeln, Darmstadt 1987.

Apg = Apostelgeschichte. – Folgende Bibelübersetzungen wurden verwendet: Luther-Bibel (1964), Zürcher Bibel (1971), Einheitsübersetzung (1982). Zitiert wird, soweit nicht anders angegeben, die letztere.

Arai, S.: Gnosis = Sasagu Arai, Zur Definition der Gnosis in Rücksicht auf die Frage nach ihrem Ursprung, in: K. Rudolph, Gnosis (s. dort).

Aurel, M.: Selbstbetrachtungen = Marc Aurel, Selbstbetrachtungen, Übertragen und mit Einleitung von Wilhelm Capelle, 10. Aufl., Stuttgart 1959.

Baeck, L.: Wesen des Judentums = Leo Baeck, Das Wesen des Judentums, 8. Aufl., Wiesbaden 1988.

Baigent, M. / Leigh, R.: Qumranrollen = Michael Baigent / Richard Leigh, Verschlußsache Jesus, Die Qumranrollen und die Wahrheit über das frühe Christentum, München 1991.

Bannach, H.: Der göttliche Mensch = Horst Bannach, Der göttliche Mensch oder der menschliche Gott, in: Radius 4/1973 S. 7.

Barrett, C. K.: Johanneisches = C. Kingsley Barrett, Johanneisches Christentum, in: J. Becker u. a., Die Anfänge (s. dort).

Barrett, C. K. / Thornton, C.-J.: Texte = Texte zur Umwelt des Neuen Testaments, hrsg. von Charles Kingsley Barrett und Claus-Jürgen Thornton, 2. Aufl., Tübingen 1991.

Bartholomae, C.: Zarathustra = Christian Bartholomae, Zarathustras Leben und Lehre (1918), in: B. Schlerath, Zarathustra (s. dort).

Battenberg, F.: Zeitalter = Friedrich Battenberg, Das Europäsche Zeitalter der Juden, In zwei Teilbänden, Darmstadt 1990.

Baudler, G.: Stiergott = Georg Baudler, Erlösung vom Stiergott, Christliche Gotteserfahrung im Dialog mit Mythen und Religionen, München und Stuttgart 1989.

Baumgartner, W.: Mandäerfrage = Walter Baumgartner, Zur Mandäerfrage, in: G. Widengren, Mandäismus (s. dort).

Becker, J.: Paulus = Jürgen Becker, Paulus, Der Apostel der Völker, Tübingen 1989.

– Paulusgemeinden = ders., Paulus und seine Gemeinden, in: J. Becker u. a., Die Anfänge (s. dort).

Becker, J. u. a.: Die Anfänge = Jürgen Becker u. a., Die Anfänge des Christentums, Stuttgart 1987.

Beek, M. A.: Geschichte = Martinus Adrianus Beek, Geschichte Israels, 3. Aufl., Stuttgart 1973.

Beltz, W.: Mythen = Walter Beltz, Die Mythen der Ägypter, Herrsching 1990.

Ben-Chorin, S.: Jesus = Schalom Ben-Chorin, Bruder Jesus, Der Nazarener in jüdischer Sicht, München 1972.

– Mirjam = ders., Mutter Mirjam, Maria in jüdischer Sicht, München 1982.

– Paulus = ders., Paulus, Der Völkerapostel in jüdischer Sicht, 6. Aufl., München 1988.

Benckert, M.: Umkehren = Michael Benckert, Umkehren – die göttliche Möglichkeit, in: Radius 2/1983 S. 4.

Ben-Sasson, H. H.: Geschichte = Geschichte des jüdischen Volkes, hrsg. von Haim Hillel Ben-Sasson, 3 Bände, München 1978.

Betz, O.: Jesus = Otto Betz, Jesus, Der Messias Israels, Aufsätze zur biblischen Theologie, Tübingen 1987.

– Jesusforschung = ders., Ertrag und Grenze der historisch-kritischen Jesusforschung, in: Radius 4/1973 S. 39.

– Spätjudentum = ders., Neues Testament, Spätjudentum und Qumran, Die Theologie des Neuen Testaments und die Religion des nachbiblischen Judentums, in: U. Mann, Theologie (s. dort).

Blank, J.: Jesus = Josef Blank, Der Christus des Glaubens und der historische Jesus, in: Der Mann aus Galiläa, In Bildern dargestellt von Erich Lessing, Einführung von Karl Kerényi, Freiburg, Basel, Wien 1971.

– Johannespassion = ders., Die Johannespassion, Intention und Hintergründe, in: K. Kertelge, Prozeß (s. dort).

Bornkamm, G.: Jesus = Günter Bornkamm, Jesus von Nazareth, 14. Aufl., Stuttgart 1988.

– Paulus = ders., Paulus, 6. Aufl., Stuttgart 1987.

Bousset, W.: Mandäer = Wilhelm Bousset, Die Religion der Mandäer (1917), in: G. Widengren, Mandäismus (s. dort).

Brandt, W.: Mandäer = Wilhelm Brandt, Die Religion der Mandäer (1915/67), in: G. Widengren, Mandäismus (s. dort).
Braun, H.: Jesus = Herbert Braun, Jesus – der Mann aus Nazareth und seine Zeit, Gütersloh 1988.
– Qumran = ders., Qumran und das Neue Testament, Band I und II, Tübingen 1966.
Brunner, H.: Unterweltsbücher = Hellmut Brunner, Die Unterweltsbücher in den ägyptischen Königsgräbern, in: G. Stephenson, Leben und Tod (s. dort).
Brunner-Traut, E.: Mythen = Emma Brunner-Traut, Gelebte Mythen, Beiträge zum altägyptischen Mythos, 3. Aufl., Darmstadt 1988.
Brunner-Traut, E. / Brunner, H.: Pharaonenzeit = Emma Brunner -Traut / Hellmut Brunner, Pharaonenzeit, in: Osiris, Kreuz, Halbmond, Die drei Religionen Ägyptens, Mainz 1984.
BTalmud = Der Babylonische Talmud, Ausgewählt, übersetzt und erklärt von Reinhold Mayer, 4. Aufl., München 1978.
Bultmann, R.: Jesus = Rudolf Bultmann, Jesus (1926), Tübingen 1983.
– Mandäerfrage = ders., Rezension: Hans Lietzmann, Ein Beitrag zur Mandäerfrage (1930/31), in: G. Widengren, Mandäismus (s. dort).
– Mythologie = ders., Jesus Christus und die Mythologie, Das Neue Testament im Licht der Bibelkritik, 6. Aufl., Gütersloh 1984.
– Quellen = ders., Die Bedeutung der neuerschlossenen mandäischen Quellen für das Verständnis des Johannesevangeliums (1925), in: G. Widengren, Mandäismus (s. dort).
– Theologie = ders., Theologie des neuen Testaments, 9. Aufl., Tübingen 1984.
– Urchristentum = ders., Das Urchristentum im Rahmen der antiken Religionen, 5. Aufl., Zürich 1986.
Burchard, C.: Jesus = Christoph Burchard, Jesus von Nazareth, in: J. Becker u. a., Die Anfänge (s. dort).
Burdach, K.: Der Gral = Konrad Burdach, Der Gral, Forschungen über seinen Ursprung und seinen Zusammenhang mit der Longinuslegende (1938), Darmstadt 1974.
Busse, H.: Beziehungen = Heribert Busse, Die theologischen Beziehungen des Islams zu Judentum und Christentum, Darmstadt 1988.
Busse, U.: Nachfolge = Ulrich Busse, Nachfolge auf dem Weg Jesu, Ursprung und Verhältnis von Nachfolge und Berufung im Neuen Testament, in: H. Frankemölle / K. Kertelge, Urchristentum (s. dort).

Carmignac, J.: Hymnen = Jean Carmignac, Die Theologie des Leidens in den Hymnen von Qumran, in: K. E. Grözinger / N. Ilg u. a., Qumran (s. dort).

CD = Die Damaskusschrift. – Verwendet wurden zwei Übersetzungen der Qumrantexte, diejenige von E. Lohse, Qumran (s. dort), und die von J. Maier in: Maier, J. / Schubert, K., Qumran-Essener (s. dort). Zitiert wird die erstere.

Celsus, Christen = Celsus, Gegen die Christen, München 1991.

1/2 Chr = 1/2 Chronik (s. Apg).

Christ, K.: Krise = Karl Christ, Krise und Untergang der römischen Republik, Darmstadt 1979.

Clauss, M.: Mithras = Manfred Clauss, Mithras, Kult und Mysterien, München 1990.

Colpe, C.: Judenchristen = Carsten Colpe, Die älteste judenchristliche Gemeinde, in: J. Becker u. a., Die Anfänge (s. dort).

Conzelmann, H. / Lindemann, A.: NT = Hans Conzelmann / Andreas Lindemann, Arbeitsbuch zum Neuen Testament, 9. Aufl., Tübingen 1988.

Cornelius, F.: Hethiter = Friedrich Cornelius, Geschichte der Hethiter, Darmstadt 1973.

Cornfeld, G. / Botterweck, G. J.: Bibel-Enzyklopädie = Die Bibel und ihre Welt, Eine Enzyklopädie zur Heiligen Schrift, hrsg. von Gaalyahu Cornfeld und G. Johannes Botterweck, 2 Bände, Bergisch Gladbach 1969.

Cumont, F.: Mithra = Franz Cumont, Die Mysterien des Mithra, Ein Beitrag zur Religionsgeschichte der römischen Kaiserzeit, 5. Aufl., 1923, Nachdruck Darmstadt 1981.

– Orientalische Religionen = ders., Die Orientalischen Religionen im römischen Heidentum (1928), 9. Aufl., Darmstadt 1989.

Dan = Daniel (s. Apg).

Daszewski, W.A.: Dionysos = Wiktor A. Daszewski, Dionysos der Erlöser, Griechische Mythen im spätantiken Cypern, Mainz 1985.

Deschner, K.: Hahn = Karlheinz Deschner, Abermals krähte der Hahn, 5. Aufl., Düsseldorf und Wien 1989.

Dethlefsen, T.: Schicksal = Thorwald Dethlefsen, Schicksal als Chance, Das Urwissen zur Vollkommenheit des Menschen, 4. Aufl., München 1982.

Dodds, E. R.: Mentalitätswandel = Eric Robertson Dodds, Mentalitätswandel von der griechischen Aufklärung zur Spätantike und zum Christentum, in: J. Schmidt, Aufklärung (s. dort).

Dormeyer, D.: Evangelium = Detlev Dormeyer, Evangelium als literarische und theologische Gattung, Darmstadt 1989.

– Familie Jesu = ders., Die Familie Jesu und der Sohn der Maria im Markusevangelium, in: H. Frankemölle / K. Kertelge, Urchristentum (s. dort).

Drewermann, E.: Kleriker = Eugen Drewermann, Kleriker, Psychogramm eines Ideals, München 1991.

– Matthäus I = ders., Das Matthäusevangelium, Erster Teil, Olten und Freiburg 1992.
– Tiefenpsychologie = ders., Tiefenpsychologie und Exegese, Band I und II, Sonderausgabe, Olten und Freiburg 1991.
Drijvers, H. J. W.: Gnostizismus = H. J. W. Drijvers, Die Ursprünge des Gnostizismus als religionsgeschichtliches Problem, in: K. Rudolph, Gnosis (s. dort).
Drower, E. S.: Die Täufer = Etel Stefana Drower, Die Täufer und der verborgene Adam, in: G. Widengren, Mandäismus (s. dort).
Dtn = Deuteronomium / 5. Buch Mose (s. Apg).
Duchesne-Guillemin, J.: Zoroaster = J. Duchesne-Guillemin, Zoroaster und das Abendland, in: B. Schlerath, Zarathustra (s. dort).
Dupont-Sommer, A.: Fremdeinflüsse = André Dupont-Sommer, Das Problem der Fremdeinflüsse auf die jüdische Qumransekte, in: K. E. Grözinger / N. Ilg u. a., Qumran (s. dort).
– Reinigungsriten = ders., Schuld und Reinigungsriten in der jüdischen Sekte von Qumran, in: K. E. Grözinger / N. Ilg u. a., Qumran (s. dort).
– Schriften = ders., Die essenischen Schriften vom Toten Meer, Tübingen 1960.

Ehrlich, E. L.: Jesus = Ernst Ludwig Ehrlich, Ist Jesus einzigartig?, in: Radius 4/1973 S. 17.
Elliger, W.: Ephesos = Winfried Elliger, Ephesos – Geschichte einer antiken Weltstadt, Stuttgart 1985.
Eph = Epheser (s. Apg).
Ernst, J.: Johannes = Josef Ernst, War Jesus ein Schüler Johannes' des Täufers? in: H. Frankemölle / K. Kertelge, Urchristentum (s. dort).
Esra = Esra (s. Apg).
Ex = Exodus / 2. Buch Mose (s. Apg).
Ez = Ezechiël (s. Apg).

Fitzmyer, J. A.: Qumran = Joseph A. Fitzmyer, Qumran und der eingefügte Abschnitt 2 Kor 6,14–7,1; in: K. E. Grözinger / N. Ilg u. a., Qumran (s. dort).
Flusser, D.: Christentum = David Flusser, Das Christentum – eine jüdische Religion, München 1990.
– Jesus = ders., Jesus – mit Selbstzeugnissen und Bilddokumenten dargestellt, Hamburg 1987.
– NT = ders., Entdeckungen im Neuen Testament, Band 1: Jesusworte und ihre Überlieferung, hrsg. von Martin Majer, Neukirchen-Vluyn 1987.
– Pharisäer = ders., Pharisäer, Sadduzäer und Essener im Pescher Nahum, in: K. E. Grözinger / N. Ilg u. a., Qumran (s. dort).

– Synagoge = ders., Jesus und die Synagoge, in: Der Mann aus Galiläa, In Bildern dargestellt von Erich Lessing, Einführung von Karl Kerényi, Freiburg 1971.

Foerster, W.: Gnosis = Werner Foerster, Das Wesen der Gnosis, in: K. Rudolph, Gnosis (s. dort).

Fohrer, G.: Literaturgeschichte = Georg Fohrer, Erzähler und Propheten im Alten Testament, Geschichte der israelitischen und frühjüdischen Literatur, Heidelberg, Wiesbaden 1989.

Frankemölle, H.: Freudenbote = Hubert Frankemölle, Jesus als deuterojesajanischer Freudenbote? Zur Rezeption von Jes 52,7 und 61,1 im Neuen Testament, durch Jesus und in den Targumim, in: H. Frankemölle / K. Kertelge, Urchristentum (s. dort).

Frankemölle, H. / Kertelge, K.: Urchristentum = Vom Urchristentum zu Jesus, Für Joachim Gnilka, hrsg. von Hubert Frankemölle und Karl Kertelge, Freiburg, Basel, Wien 1989.

Fricke, W.: Prozeß = Weddig Fricke, Standrechtlich gekreuzigt, Person und Prozeß des Jesus aus Galiläa, 2. Aufl., Buchschlag bei Frankfurt 1987.

Friedländer, M.: Judentum = Moriz Friedländer, Die religiösen Bewegungen innerhalb des Judentums im Zeitalter Jesu (1905), Nachdruck Essen o. J.

Gal = Galater (s. Apg).

Gärtner, B.: Nazareth = Bertil Gärtner, Nazareth, Nazoräer, und das Mandäertum, in: G. Widengren, Mandäismus (s. dort).

Gen = Genesis / 1. Buch Mose (s. Apg).

Giebel, M.: Mysterien = Marion Giebel, Das Geheimnis der Mysterien, Antike Kulte in Griechenland, Rom und Ägypten, Zürich und München 1990.

Gnilka, J.: Jesus = Joachim Gnilka, Jesus von Nazaret, Botschaft und Geschichte, Freiburg, Basel, Wien 1990.

– Prozeß = ders., Der Prozeß Jesu nach den Berichten des Markus und Matthäus mit einer Rekonstruktion des historischen Verlaufs, in: K. Kertelge, Prozeß (s. dort).

Grant, M.: Alexander = Michael Grant, Von Alexander bis Kleopatra, Die hellenistische Welt, Bergisch Gladbach 1984.

– Geschichte = ders., Das Heilige Land, Geschichte des alten Israel, Bergisch Gladbach 1985.

– Jesus = ders., Jesus, Bergisch Gladbach 1979.

– Paulus = ders., Paulus, Apostel der Völker, Bergisch Gladbach 1978.

Grözinger, K. E. / N. Ilg u. a., Qumran = Karl Erich Grözinger / Norbert Ilg u. a. (Hrsg.), Qumran, Darmstadt 1981.

Gunneweg, A. H. J.: Geschichte = Antonius H. J. Gunneweg, Geschichte Israels bis Bar Kochba, 5. Aufl., Stuttgart 1984.

Haas, V.: Hethiter = Volkert Haas, Hethitische Berggötter und hurritische Steindämonen, Riten, Kulte und Mythen, Mainz 1982.

Hahn, F.: Kindertaufe = Ferdinand Hahn, Kindersegnung und Kindertaufe im älteren Christentum, in: H. Frankemölle / K. Kertelge, Urchristentum (s. dort).

Harnack, A. v.: Christentum = Adolf von Harnack, Das Wesen des Christentums (1900), 2. Aufl., Gütersloh 1985.

– Gnosis = ders., Rezension über: Wilhelm Bousset, Hauptprobleme der Gnosis (1908), in: K. Rudolph, Gnosis (s. dort)

– Gnostiker = ders., Die Versuche der Gnostiker, eine apostolische Glaubenslehre und eine christliche Theologie zu schaffen, oder: die akute Verweltlichung des Christentums (1886), in: K. Rudolph, Gnosis (s. dort).

Hartmann, R.: Islam = Richard Hartmann, Die Religion des Islam, Nachdruck der Ausgabe Berlin 1944, Darmstadt 1987.

Hartmann, S. S.: Iran = Sven S. Hartmann, Iran, in: U. Mann, Theologie (s. dort).

Hebr = Hebräer (s. Apg).

Hengel, M. / Schwemer, A. M.: Königsherrschaft = Martin Hengel / Anna Maria Schwemer (Hrsg.), Königsherrschaft Gottes und himmlischer Kult im Judentum, Urchristentum und in der hellenistischen Welt, Tübingen 1991.

Henning, W. B.: Zoroaster = W. B. Henning, Zoroaster, in: B. Schlerath, Zarathustra (s. dort).

Hodel-Hoenes, S.: Leben und Tod = Sigrid Hodel-Hoenes, Leben und Tod im Alten Ägypten, Darmstadt 1991.

Holl, A.: Jesus = Adolf Holl, Jesus in schlechter Gesellschaft, 3. Aufl., Stuttgart 1971.

– Religionen = ders., Religionen, 2. Aufl., Stuttgart 1981.

Hollenweger, W. J.: Dritte Welt = Walter J. Hollenweger, Wir brauchen die Christen in der Dritten Welt, in: Radius 4/1973 S. 42.

Hornung, E.: Der Eine = Erik Hornung, Der Eine und die Vielen, Ägyptische Gottesvorstellungen, Darmstadt 1971.

Hos = Hosea (s. Apg).

Hunzinger, C.-H.: Disziplinarordnung = Claus-Hunno Hunzinger, Beobachtungen zur Entwicklung der Disziplinarordnung der Gemeinde von Qumran, in: K. E. Grözinger / N. Ilg u. a., Qumran (s. dort).

Ijob = Ijob (s. Apg).

Jer = Jeremia (s. Apg).

Jeremias, J.: Gleichnisse = Joachim Jeremias, Die Gleichnisse Jesu, Kurzausgabe, 9. Aufl., Göttingen 1984.

– Jesus = ders., Jesus und seine Botschaft, 2. Aufl., Stuttgart 1982.

– Jesusworte = ders., Unbekannte Jesusworte, 2. Aufl., Gütersloh 1983.

Jes = Jesaja (s. Apg).

Joël = Joël (s. Apg).

Joh = Johannes (s. Apg).

1 Joh = 1 Johannes (s. Apg).

Jona = Jona (s. Apg).

Jonas, H.: Gnosis = Hans Jonas, Typologische und historische Abgrenzung des Phänomens der Gnosis, in: K. Rudolph, Gnosis (s. dort).

Josephus: Altertümer = Flavius Josephus, Jüdische Altertümer, Übersetzt und mit Einleitung und Anmerkungen versehen von Heinrich Clementz, 7. Aufl., Wiesbaden 1987.

– Krieg = ders., Der jüdische Krieg. Verwendet wurden die Übersetzungen von Heinrich Clementz (1900), 8. Aufl., Wiesbaden 1988, und von H. Endrös, München 1965. Wörtlich zitiert wird die letztere.

– Leben = Das Leben des Flavius Josephus, Aus seinen eigenen Aufzeichnungen zusammengestellt und übersetzt von Emanuel bin Gorion, Frankfurt/M. 1987.

Kaiser, O.: Altes Testament = Otto Kaiser, Altes Testament, Vorexilische Literatur, in: U. Mann, Theologie (s. dort).

Kaufmann, W.: Nietzsche = Walter Kaufmann, Nietzsche, Philosoph – Psychologe – Antichrist, Darmstadt 1982.

Kehl, A.: Antike Volksfrömmigkeit = Alois Kehl, Antike Volksfrömmigkeit und das Christentum, in: J. Martin / B. Quint, Christentum und antike Gesellschaft (s. dort).

Keller, C.-A.: Leben und Tod = Carl-A. Keller, Die Komplementarität von Leben und Tod im hinduistischen und im mesopotamischen Mythus, in: G. Stephenson, Leben und Tod (s. dort).

Kertelge, K.: Prozeß = Karl Kertelge (Hrsg.), Der Prozeß gegen Jesus, Historische Rückfrage und theologische Deutung, Freiburg, Basel, Wien 1988.

Koch, K. u. a.: Daniel = Klaus Koch / Till Niewitsch / Jürgen Tubach, Das Buch Daniel, Darmstadt 1980.

Koepf, H.: Mithras = Hans Koepf, Mithras oder Christus, Sigmaringen 1987.

Koffmane, G.: Gnosis = Georg Koffmane, Die Gnosis nach ihrer Tendenz und Organisation (1881), in: K. Rudolph, Gnosis (s. dort).

Kol = Kolosser (s. Apg).

1/2 Kön = 1/2 Könige (s. Apg).
1/2 Kor = 1/2 Korinther (s. Apg).
Koran = Der Koran, Übersetzung von Rudi Paret, 5. Aufl., Stuttgart 1989.
Kremer, J.: Kindheitsevangelien = Jakob Kremer, Das Erfassen der bildsprachlichen Dimension als Hilfe für das rechte Verstehen der biblischen «Kindheitsevangelien» und ihre Vermittlung als lebendiges Wort Gottes, in: Metaphorik und Mythos im Neuen Testament, hrsg. von Karl Kertelge, Freiburg, Basel, Wien 1990.
Kretschmar, G.: Gnosis = Georg Kretschmar, Zur religionsgeschichtlichen Einordnung der Gnosis, in: K. Rudolph, Gnosis (s. dort).
Kuhn, H.-W.: Liebesgebot = Heinz-Wolfgang Kuhn, Das Liebesgebot Jesu als Tora und als Evangelium, Zur Feindesliebe und zur christlichen und jüdischen Auslegung der Bergpredigt, in: H. Frankemölle / K. Kertelge, Urchristentum (s. dort).
Kümmel, H. M.: Hethiter = Hans Martin Kümmel, Die Religion der Hethiter, Grundzüge und Probleme, in: U. Mann, Theologie (s. dort).
Küng, H.: Christ sein = Hans Küng, Christ sein, 2. Aufl., München 1977
– Ewiges Leben? = ders., Ewiges Leben?, 2. Aufl., München 1982.

Lampe, P. / Luz, U.: Nachpaulinisches = Peter Lampe / Ulrich Luz, Nachpaulinisches Christentum und pagane Gesellschaft, in: J. Becker u. a., Die Anfänge (s. dort).
Langkammer, H.: Christuslieder = Hugolinus Langkammer, Jesus in der Sprache der neutestamentlichen Christuslieder, in: H. Frankemölle / K. Kertelge, Urchristentum (s. dort).
Langmann, G.: Ephesos = Gerhard Langmann, Ephesos – du Leuchte Asiens, in: Antike Welt 4/1979 S. 3.
Lapide, P.: Pharisäer = Pinchas Lapide, Jesus – ein gekreuzigter Pharisäer?, Gütersloh 1990.
– Synagogen = ders., Er predigte in ihren Synagogen, Jüdische Evangelienauslegung, 5. Aufl., Gütersloh 1987.
Lauf, D.-I.: Übergang = Detlef-I. Lauf, Im Zeichen des großen Übergangs, Archetypische Symbolik des Todes in Mythos und Religion, in: G. Stephenson, Leben und Tod (s. dort).
Lehmann, J.: Jesus = Johannes Lehmann, Jesus-Report, Protokoll einer Verfälschung, Düsseldorf und Wien 1970.
– Rabbi J. = ders., Das Geheimnis des Rabbi J., Was die Urchristen versteckten, verfälschten und vertuschten, München 1990.
Lentzen-Deis, F.: Passionsbericht = Fritzleo Lentzen-Deis, Passionsbericht als Handlungsmodell? Überlegungen zu Anstößen aus der «pragmatischen» Sprachwissenschaft für die exegetischen Methoden, in: K. Kertelge, Prozeß (s. dort).

Leroy, H.: Jesus = Herbert Leroy, Jesus, Überlieferung und Deutung, Darmstadt 1978.

Lev = Levitikus / 3. Buch Mose (s. Apg).

Licht, J.: Hymnenbuch = Jakob Licht, Die Lehre des Hymnenbuches, in: K. E. Grözinger / N. Ilg u. a., Qumran (s. dort).

Lidzbarski, M.: Liturgien = Max Lidzbarski, Mandäische Liturgien (1918/20), in: G. Widengren, Mandäismus (s. dort).

Lietzmann, H.: Mandäerfrage = Hans Lietzmann, Ein Beitrag zur Mandäerfrage (1930/58), in: G. Widengren, Mandäismus (s. dort).

Lk = Lukas (s. Apg).

Lohse, E.: Entstehung des NT = Eduard Lohse, Die Entstehung des Neuen Testaments, 4. Aufl., Stuttgart 1983.

– Qumran = Die Texte aus Qumran, Hebräisch und Deutsch, Mit masoretischer Punktation, Übersetzung, Einführung und Anmerkungen, hrsg. von Eduard Lohse, 2. Aufl., Darmstadt 1971.

– Theologie = ders., Grundriß der neutestamentlichen Theologie, 4. Aufl., Stuttgart 1989.

Loisy, A.: Mandäertum = Alfred Loisy, Das Mandäertum und die Ursprünge des Christentums (1934), in: G. Widengren, Mandäismus (s. dort).

Lommel, H.: Sonne = Hermann Lommel, Die Sonne das Schlechteste? Strophe 10 der fünften Gatha des Zarathustra, in: B. Schlerath, Zarathustra (s. dort).

– Zoroaster = ders., Symbolik der Elemente in der zoroastrischen Religion, in: B. Schlerath, Zarathustra (s. dort).

Löning, K.: Stephanuskreis = Karl Löning, Der Stephanuskreis und seine Mission, in: J. Becker u. a., Die Anfänge (s. dort).

Loretz, O.: Ugarit = Oswald Loretz, Ugarit und die Bibel, Kanaanäische Götter und Religion im Alten Testament, Darmstadt 1990.

Löwith, K.: Heilsgeschehen = Karl Löwith, Weltgeschichte und Heilsgeschehen, Die theologischen Voraussetzungen der Geschichtsphilosophie, 8. Aufl., Stuttgart 1990.

Luz, U.: Taumellolch = Ulrich Luz, Vom Taumellolch im Weizenfeld, Ein Beispiel wirkungsgeschichtlicher Hermeneutik, in: H. Frankemölle / K. Kertelge, Urchristentum (s. dort).

Macuch, R.: Mandäismus = Rudolf Macuch, Alter und Heimat des Mandäismus nach neuerschlossenen Quellen, in: G. Widengren, Mandäismus (s. dort).

Maier, J.: Jachad = Johann Maier, Zum Begriff «Jachad» in den Texten von Qumran, in: K. E. Grözinger / N. Ilg u. a., Qumran (s. dort).

– Judentum = ders., Das Judentum, Von der biblischen Zeit bis zur Moderne, 3. Aufl., Bindlach 1988.

– Tempelrolle = Die Tempelrolle vom Toten Meer, Übersetzt und erläutert von Johann Maier, München 1978.
– Zweiter Tempel = ders., Zwischen den Testamenten, Geschichte und Religion in der Zeit des zweiten Tempels, Würzburg 1990.
Maier, J. / Schubert, K., Qumran-Essener = Johann Maier / Kurt Schubert, Die Qumran-Essener, Texte der Schriftrollen und Lebensbild der Gemeinde, München 1982.
1/2 Makk = 1/2 Makkabäer (s. Apg).
Mal = Maleachi (s. Apg).
Mann, U.: Christentum = Ulrich Mann, Das Christentum als absolute Religion, 6. Aufl., Darmstadt 1989.
– Hattusa = ders., Das Erbe von Hattusa, in: Die Karawane 1/1972, Ludwigsburg.
– Paradies = ders., Paradies und Feuertempel, Auf neuen Wegen im Alten Iran, in: Die Karawane 1/1977, Ludwigsburg.
– Theologie = ders. (Hrsg.), Theologie und Religionswissenschaft, Der gegenwärtige Stand ihrer Forschungsergebnisse und Aufgaben im Hinblick auf ihr gegenseitiges Verhältnis, Darmstadt 1973.
Martin, G. M.: Vorübergehende = Gerhard Marcel Martin, Werdet Vorübergehende, Das Thomas-Evangelium zwischen Alter Kirche und New Age, Stuttgart 1988.
Martin, J.: Heilige = Jochen Martin, Die Macht der Heiligen, in: J. Martin / B. Quint, Christentum (s. dort).
Martin, J. / Quint, B.: Christentum = Jochen Martin / Barbara Quint (Hrsg.), Christentum und antike Gesellschaft, Darmstadt 1990.
Mazar, B.: Der Berg = Der Berg des Herrn, Neue Ausgrabungen in Jerusalem, von Benjamin Mazar unter Mitarbeit von Galyaah Cornfeld, Bergisch Gladbach 1979.
Meinhold, P.: Leben und Tod = Peter Meinhold, Leben und Tod im Urteil des Christentums, in: G. Stephenson, Leben und Tod (s. dort).
– Religionswissenschaft = ders., Entwicklung der Religionswissenschaft im Mittelalter und zur Reformationszeit, in: U. Mann, Theologie (s. dort).
Mensching, G.: Asien = Gustav Mensching, Die Hochreligionen Asiens, in: U. Mann, Theologie (s. dort).
– Religionsstifter = ders., Leben und Legende der Religionsstifter, Augsburg 1990.
– Weltreligionen = ders., Die Weltreligionen, Wiesbaden 1989.
Merkel, H.: Gottesherrschaft = Helmut Merkel, Die Gottesherrschaft in der Verkündigung Jesu, in: M. Hengel / A. M. Schwemer, Königsherrschaft (s. dort).
Mi = Micha (s. Apg).

Michel, O.: Evangelien = Otto Michel, Synoptische Evangelien und johanneische Schriften, in: U. Mann, Theologie (s. dort).
Milik, J. T.: Essener = J. T. Milik, Die Geschichte der Essener, in: K. E. Grözinger / N. Ilg u. a., Qumran (s. dort).
Mk = Markus (s. Apg).
Molé, M.: Antwort = M. Molé, Antwort an J. Duchesne-Guillemin, in: B. Schlerath, Zarathustra (s. dort).
Moltmann, J.: Der Weg = Jürgen Moltmann, Der Weg Jesu Christi, Christologie in messianischen Dimensionen, München 1989.
Morenz, S.: Ägypten = Siegfried Morenz, Ägypten, in: U. Mann, Theologie (s. dort).
Mt = Matthäus (s. Apg).
Müller, K.: Prozeß = Karlheinz Müller, Möglichkeit und Vollzug jüdischer Kapitalgerichtsbarkeit im Prozeß gegen Jesus von Nazaret, in: K. Kertelge, Prozeß (s. dort).
Müller, K. W.: König = Klaus W. Müller, König und Vater, Streiflichter zur metaphorischen Rede über Gott in der Umwelt des Neuen Testaments, in: M. Hengel / A. M. Schwemer, Königsherrschaft (s. dort).
Müller, U. B.: Apokalyptik = Ulrich B. Müller, Apokalyptische Strömungen, in: J. Becker u. a., Die Anfänge (s. dort).
Müller, W.: Neue Sonne = Werner Müller, «Neue Sonne, neues Licht», Stirb- und Werdeformeln in Nordamerika, in: G. Stephenson, Leben und Tod (s. dort).
Mußner, F.: Auferstehung = Franz Mußner, Die Auferstehung Jesu, München 1969.
m. w. N. = mit weiteren Nachweisen

NazEv = Nazaräerevangelium, abgedruckt in: W. Schneemelcher, Apokryphen I, S. 133 (s. dort).
Nestle, W.: Antikes Denken = Wilhelm Nestle, Die Haupteinwände des antiken Denkens gegen das Christentum (1948), in: J. Martin / B. Quint, Christentum (s. dort).
Nock, A. D.: Gnostizismus = Arthur Darby Nock, Gnostizismus, in: K. Rudolph, Gnosis (s. dort).
Nougayrol, J.: Babylon = Jean Nougayrol, Einführende Bemerkungen zur babylonischen Religion, in: U. Mann, Theologie (s. dort).
Num = Numeri / 4. Buch Mose (s. Apg).

Oberhuber, K.: Sumer = Karl Oberhuber, Sumer, in: U. Mann, Theologie (s. dort).
Offb = Offenbarung (s. Apg).

Oldenberg, H.: Veda = Hermann Oldenberg, Die Religion des Veda (1894), Stuttgart 1990.

Peterson, E.: Mandäer = Erik Peterson, Bemerkungen zur mandäschen Literatur (1926), in: G. Widengren, Mandäismus (s. dort).
– Mandäismus = ders., Urchristentum und Mandäismus (1928), in: G. Widengren, Mandäismus (s. dort).
1/2 Petr = 1/2 Petrus (s. Apg).
PetrEv = Petrusevangelium, abgedruckt in: W. Schneemelcher, Apokryphen I, S. 185 (s. dort).
Petuchowski, J. J. / Thoma, C.: Lexikon = Jakob J. Petuchowski / Clemens Thoma, Lexikon der jüdisch-christlichen Begegnung, Freiburg, Basel, Wien 1989.
Phil = Philipper (s. Apg).
PhilEv = Das Evangelium nach Philippus, abgedruckt in: W. Schneemelcher, Apokryphen I, S. 155 (s. dort).
Planck, D.: Mithras = Dieter Planck, Mithras in Welzheim, Rems-Murr-Kreis, in: Archäologische Ausgrabungen in Baden-Württemberg 1985, Stuttgart 1986.
Prause, G.: Herodes = Gerhard Prause, Herodes der Große, König der Juden, Hamburg 1977.
– Jesus = ders., Die kleine Welt des Jesus Christus, Was Theologen, Philologen, Historiker und Archäologen erforschten, Hamburg 1981.
Ps = Psalm (s. Apg).
Puech, H.-C.: Gnostizismus = Henri-Charles Puech, Das Problem des Gnostizismus (1933/34), in: K. Rudolph, Gnosis (s. dort).
– Mandäer = ders., Der Stand des Mandäerproblems, in: G. Widengren, Mandäismus (s. dort).

4 Qflor = Florilegium (Qumran; s. CD).
1 QGenAp = Das Genesisapokryphon (Qumran), abgedruckt in: J. Maier / K. Schubert, Qumran-Essener (s. dort).
1 QH = Loblieder (Qumran; s. CD).
1 QM = Die Kriegsrolle (Qumran; s. CD).
4 Qpatr = Patriarchensegen (Qumran; s. CD).
1 QpHab = Der Habakuk-Kommentar (Qumran; s. CD).
4 QpNah = Nahum-Kommentar (Qumran; s. CD).
4 QpPs 37 = Kommentar zu Psalm 37 (Qumran; s. CD).
1 QS = Die Gemeinderegel (Qumran; s. CD).
1 QSa = Die Gemeinschaftsregel (Qumran; s. CD).
1 QSb = Segenssprüche (Qumran; s. CD).
4 Qtest = Testimonia (Qumran; s. CD).

11 QTS = Die Tempelrolle, abgedruckt in: J. Maier, Tempelrolle (s. dort).
Quint, B.: Die Ehe = Barbara Quint, Die Ehe im frühen Christentum (vorkonstantinische Zeit), in: J. Martin / B. Quint, Christentum (s. dort).
Quispel, G: Gnosis = Gilles Quispel, Gnosis und hellenistische Mysterienreligionen, in: U. Mann, Theologie (s. dort).

Ranke-Graves, R. v.: Mythologie = Robert von Ranke-Graves, Griechische Mythologie, Quellen und Deutung, Reinbek bei Hamburg 1987.
Rehork, J.: Archäologie = Joachim Rehork, Archäologie und biblisches Leben, Bergisch Gladbach 1972.
Reitzenstein, R.: Mandäerfrage = Richard Reitzenstein, Zur Mandäerfrage (1927), in: G. Widengren, Mandäismus (s. dort).
– Mysterienreligionen = ders., Die hellenistischen Mysterienreligionen nach ihren Grundgedanken und Wirkungen, Nachdruck der 3. Aufl., Leipzig 1927, Darmstadt o. J.
– Iran = ders., Iranischer Erlösungsglaube (1921), in: G. Widengren, Mandäismus (s. dort).
Renan, E.: Jesus = Ernest Renan, Das Leben Jesu (1863), Zürich 1981.
Ringgren, H.: Israel = Helmer Ringgren, Israelitische Religion, Die Religionen der Menschheit, Band 26, 2. Aufl., Stuttgart 1982.
Rinser, L.: Mirjam = Luise Rinser, Mirjam, Frankfurt/M. 1987.
Ritt, H.: Glaubensbotin = Hubert Ritt, Die Frau als Glaubensbotin, Zum Verständnis der Samaritanerin von Joh 4,1–42, in: H. Frankemölle / K. Kertelge, Urchristentum (s. dort).
Rohrhirsch, F.: Markus in Qumran? = Ferdinand Rohrhirsch, Markus in Qumran?, Wuppertal und Zürich 1990.
Röllig, W.: Altsyrien = Wolfgang Röllig, Die Religion Altsyriens, in: U. Mann, Theologie (s. dort).
Röm = Römer (s. Apg).
Rosa, P. de: Jesus = Peter de Rosa, Der Jesus-Mythos, Über die Krise des christlichen Glaubens, München 1991.
Rowley, H. H.: Qumransekte = H. H. Rowley, Die Geschichte der Qumransekte, in: K. E. Grözinger / N. Ilg u. a., Qumran (s. dort).
Ruckstuhl, E.: Jesus = Eugen Ruckstuhl, Jesus und der geschichtliche Mutterboden im vierten Evangelium, in: H. Frankemölle / K. Kertelge, Urchristentum (s. dort).
Rudolph, K.: Entstehung = Kurt Rudolph, Randerscheinungen des Judentums und das Problem der Entstehung des Gnostizismus, in: K. Rudolph, Gnosis (s. dort).
– Gnosis = ders. (Hrsg), Gnosis und Gnostizismus, Darmstadt 1975.
– Gnostizismus = ders., Stand und Aufgaben in der Erforschung des Gnostizismus, in: K. Rudolph, Gnosis (s. dort).

– Mandäer = ders., Die Mandäer (1960), in: G. Widengren, Mandäismus (s. dort).
– Mandäer II = ders., Die Mandäer (1961), in: G. Widengren, Madäismus (s. dort).
– Mandäische Religion = ders., Probleme einer Entwicklungsgeschichte der mandäischen Religion, in: G. Widengren, Mandäismus (s. dort).
– Zarathustra = ders., Zarathustra – Priester und Prophet, Neue Aspekte der Zarathustra- bzw. Gatha-Forschung, in: B. Schlerath, Zarathustra (s. dort).

Sach = Sacharja (s. Apg).
1/2 Sam = 1/2 Samuel (s. Apg).
Säve-Söderbergh, T.: Mandäer = Torgny Säve-Söderbergh, Schlußbemerkungen zu den Thomaspsalmen und dem Mandäerproblem, in: G. Widengren, Mandäismus (s. dort).
Schaeder, H. H.: Mandäerfrage = Hans Heinrich Schaeder, Zur Mandäerfrage (1928), in: G. Widengren, Mandäismus (s. dort).
– Zarathustra = ders., Zarathustras Botschaft von der rechten Ordnung (1940), in: B. Schlerath, Zarathustra (s. dort).
Schaeffler, R.: Hoffen = Richard Schaeffler, Was dürfen wir hoffen?, Darmstadt 1979.
Schelkle, K. H.: Paulus = Karl Hermann Schelkle, Paulus, Leben – Briefe – Theologie, Darmstadt 1988.
Schenke, H.-M.: Gnosis = Hans-Martin Schenke, Hauptprobleme der Gnosis, in: K. Rudolph, Gnosis (s. dort).
Schenke, L.: MkEv = Ludger Schenke, Das Markusevangelium, Stuttgart 1988.
– Urgemeinde = ders., Die Urgemeinde, Geschichtliche und theologische Entwicklung, Stuttgart 1990.
Schlerath, B.: Die Gathas = Bernfried Schlerath, Die Gathas des Zarathustra, in: ders., Zarathustra (s. dort).
– Zarathustra = ders.(Hrsg.), Zarathustra, Darmstadt 1970.
Schlier, H.: Mandäerfrage = Heinrich Schlier, Zur Mandäerfrage (1933), in: G. Widengren, Mandäismus (s. dort).
Schmid, H.: Altes Testament = Herbert Schmid, Altes Testament, Exilische und nachexilische Literatur, in: U. Mann, Theologie (s. dort).
Schmidt, J.: Aufklärung = Jochen Schmidt (Hrsg.), Aufklärung und Gegenaufklärung in der europäischen Literatur, Philosophie und Politik von der Antike bis zur Gegenwart, Darmstadt 1989.
– Dionysos = ders., Der Triumpf des Dionysos, Aufklärung und neureligiöser Irrationalismus in den «Bakchen» des Euripides, in: J. Schmidt, Aufklärung (s. dort).

– Sophokles = ders., Sophokles, König Ödipus, Das Scheitern des Aufklärers an der alten Religion, in: J. Schmidt, Aufklärung (s. dort).

Schmidt, W.-R.: Galiläer = Wolf-Rüdiger Schmidt, Der Mann aus Galiläa, Suche nach einem Unbekannten, Gütersloh 1990.

Schmithals, W.: Gnosis = Walter Schmithals, Neues Testament und Gnosis, Darmstadt 1984.

Schnackenburg, R.: MtEv = Rudolf Schnackenburg, Das Matthäusevangelium als Testfall für hermeneutische Überlegungen, in: H. Frankemölle / K. Kertelge, Urchristentum (s. dort).

Schneemelcher, W.: Apokryphen = Wilhelm Schneemelcher (Hrsg.), Neutestamentliche Apokryphen, Band I , 5. Aufl., Tübingen 1987 ; Band II, 5. Aufl., Tübingen 1989.

– Urchristentum = ders., Das Urchristentum, Stuttgart 1981.

Schneider, G.: Prozeß = Gerhard Schneider, Das Verfahren gegen Jesus in der Sicht des dritten Evangeliums, Redaktionskritik und historische Rückfrage, in: K. Kertelge, Prozeß (s. dort).

Scholem, G.: Mystik = Gershom Scholem, Die jüdische Mystik in ihren Hauptströmungen, 3. Aufl., Frankfurt/M. 1988.

Schonfield, H. J.: Essener = Hugh J. Schonfield, Die Essener, Südergellersen, 1985.

Schopenhauer, A.: Welt als Wille = Arthur Schopenhauer, Die Welt als Wille und Vorstellung, Band I und II, Darmstadt 1989.

Schottroff, L. / Stegemann, W.: Jesus = Luise Schottroff / Wolfgang Stegemann, Jesus von Nazareth – Hoffnung der Armen, 3. Aufl., Stuttgart 1990.

Schou-Pedersen, V.: Johannes = V. Schou-Pedersen, Überlieferungen über Johannes den Täufer (1940), in: G. Widengren, Mandäismus (s. dort).

Schubert, K.: Messiaslehre = Kurt Schubert, Die Messiaslehre in den Texten von Chirbet Qumran, in: K. E. Grözinger / N. Ilg u. a., Qumran (s. dort).

Schultz, W.: Gnosis = Wolfgang Schultz, Dokumente der Gnosis (1910), in: K. Rudolph, Gnosis (s. dort).

Schütze, A.: Mithras = Alfred Schütze, Mithras-Mysterien und Urchristentum, Stuttgart 1972.

Schweitzer, A.: Gespräche = Albert Schweitzer, Gespräche über das Neue Testament (1904), hrsg. von Winfried Döbertin, München 1988.

– Leben-Jesu = ders., Geschichte der Leben-Jesu-Forschung (1906), 9. Aufl., Tübingen 1984.

Schweizer, E.: Jesus = Eduard Schweizer, Jesus Christus im vielfältigen Zeugnis des Neuen Testaments, 5. Aufl., Gütersloh 1979.

Schwemer, A. M.: Sabbatlieder = Anna Maria Schwemer, Gott als König und seine Königsherrschaft in den Sabbatliedern aus Qumran, in: M. Hengel / A. M. Schwemer, Königsherrschaft (s. dort).

Schwertheim, E.: Kommagene = Elmar Schwertheim, Monumente des Mithraskultes in Kommagene, in: Kommagene, Antike Welt, Sonderheft 1975, S. 63.

– Mithras = ders., Mithras – seine Denkmäler und sein Kult, Antike Welt, Sonderheft 1979.

Segelberg, E.: Masbuta = Eric Segelberg, Masbuta, Studien zum Ritual der mandäischen Taufe, in: G. Widengren, Mandäismus (s. dort).

Seiterle, G.: Artemis = Gérard Seiterle, Artemis – Die große Göttin von Ephesos, in: Antike Welt 3/1979 S. 3.

– Phrygische Mütze = ders., Die Urform der phrygischen Mütze, in: Antike Welt 3/1985 S. 3.

Sir = Sirach (s. Apg).

Speidel, M. P.: Jupiter Dolichenus = Michael P. Speidel, Jupiter Dolichenus, Der Himmelsgott auf dem Stier, Stuttgart (Württ. Landesmuseum) 1980.

Speyer, W.: Religionen = Wolfgang Speyer, Religionen des griechisch-römischen Bereichs, Zorn der Gottheit, Vergeltung und Sühne, in: U. Mann, Theologie (s. dort).

Spr = Sprichwörter (s. Apg).

Steitz, H.: Kirchengeschichte = Heinrich Steitz, Kirchengeschichte der Frühzeit, in: U. Mann, Theologie (s. dort).

Stephenson, G.: Leben und Tod = Günther Stephenson (Hrsg), Leben und Tod in den Religionen, Symbol und Wirklichkeit, Darmstadt 1980.

Strecker, G. / Maier, J.: NT-AJ = Georg Strecker / Johann Maier, Neues Testament – Antikes Judentum, Stuttgart 1989.

Swidler, L.: Jesus = Leonard Swidler, Der umstrittene Jesus, Stuttgart 1991.

Székely, E.B.: Essener = Das Evangelium der Essener, Gesamtausgabe Buch 1 bis 4, Die Originaltexte aus dem Aramäischen und Hebräischen übersetzt von Edmond Bordeaux Székely, Südergellersen 1988.

Theißen, G.: Galiläer = Gerd Theißen, Der Schatten des Galiläers, Historische Jesusforschung in erzählender Form, 7. Aufl., München 1989.

– Soziologie = ders, Soziologie der Jesusbewegung, Ein Beitrag zur Entstehungsgeschichte des Urchristentums, 5. Aufl., München 1988.

1/2 Thess = 1/2 Thessalonicher (s. Apg).

ThEv = Thomasevangelium, abgedruckt in: G. M. Martin, Vorübergehende (s. dort); W. Schneemelcher, Apokryphen I, S. 98 (s. dort).

Thoma, C.: Beziehungen = Clemens Thoma, Theologische Beziehungen zwischen Christentum und Judentum, 2. Aufl., Darmstadt 1989.
ThWNT = Theologisches Wörterbuch zum Neuen Testament, Bände I–X,2 (1933–1979), hrsg. von Gerhard Kittel / Gerhard Friedrich, Stuttgart 1990.
1/2 Tim = Timotheus (s. Apg).
Tit = Titus (s. Apg).
Tob = Tobit (s. Apg).
Trepp, L.: Gottesdienst = Leo Trepp, Der jüdische Gottesdienst, Gestalt und Entwicklung, Stuttgart 1992.

Vermaseren, M. J.: Kybele und Attis = Maarten J. Vermaseren, Der Kult der Kybele und des Attis im römischen Germanien, Stuttgart (Württ. Landesmuseum) 1979.
Vermes, G.: Qumran = Geza Vermes, Die Schriftauslegung in Qumran in ihrem historischen Rahmen, in: K. E. Grözinger / N. Ilg u. a., Qumran (s. dort).

Weder, H.: Bergpredigt = Hans Weder, Einblicke ins Menschliche, Anthropologische Entdeckungen in der Bergpredigt, in: H. Frankemölle / K. Kertelge, Urchristentum (s. dort).
Weiland, P. J.: Messias = Paul Joseph Weiland, Ein Messias aus Galiläa, 3. Aufl., Thalwil 1991.
Weish = Weisheit (s. Apg).
Widengren, G.: Einleitung = Geo Widengren, Einleitung, in: ders., Mandäismus (s. dort).
– Gnostizismus = ders., Die Ursprünge des Gnostizismus und die Religionsgeschichte, in: K. Rudolph, Gnosis (s. dort).
– Iran = ders., Der iranische Hintergrund der Gnosis, in: K. Rudolph, Gnosis (s. dort).
– Mandäer = ders., Die Mandäer, in: G. Widengren, Mandäismus (s. dort).
– Mandäismus = ders. (Hrsg.), Der Mandäismus, Darmstadt 1982.
– Religionen = ders., Die Religionen Irans, Die Religionen der Menschheit, Band 14, Stuttgart 1965.
– Taufe = ders., Himmlische Inthronisation und Taufe, Studien zur mandäischen Taufe, in: G. Widengren, Mandäismus (s. dort).
– Zeugnisse = ders., Samaritanische, jüdisch- und samaritanisch-gnostische sowie jüdisch-rabbinische Zeugnisse, in: G. Widengren, Mandäismus (s. dort).
Wilhelm, K.: Jüdischer Glaube = Jüdischer Glaube, Eine Auswahl aus zwei Jahrtausenden, hrsg. von Kurt Wilhelm, Bremen 1961.

Yadin, Y.: Bar Kochba = Yigael Yadin, Bar Kochba, Archäologen auf den Spuren des letzten Fürsten von Israel, Hamburg 1971.

– Masada = ders., Masada, Der letzte Kampf um die Festung des Herodes, 3. Aufl., Hamburg 1969.

– Pescher Nahum = ders., Pescher Nahum erneut untersucht, in: K. E. Grözinger / N. Ilg u. a., Qumran (s. dort).

– Tempelrolle = ders., Die Tempelrolle, Die verborgene Thora vom Toten Meer, Hamburg 1985.

Zahrnt, H.: Jesus = Heinz Zahrnt, Jesus aus Nazareth, Ein Leben, 3. Aufl., München, Zürich 1989.

Zimmern, H.: Vorbild = Heinrich Zimmern, Das vermutliche babylonische Vorbild des Pehta und Mambuha der Mandäer (1906), in: G. Widengren, Mandäismus (s. dort).

Stefan Schmitz

Der Revolutionär Gottes

Befreiende Begegnungen mit Jesus
226 Seiten, Broschur

«Ein Buch für jeden, der wesentlich mehr von den tieferen Aussagen der Evangelien erfassen will, als die Oberfläche des Textes verrät. Eine psychologische Durchleuchtung von Begegnungen verschiedener Gestalten der Bibel mit Jesus, die zu neuen, persönlich hilfreichen Erkenntnissen führt. Eine Anleitung, auf einfache Weise in die Tiefenschichten der Bibel vorzustoßen.»

Fränkisches Volksblatt, Würzburg

WALTER-VERLAG

Helmut Hark

Jesus der Heiler

Vom Sinn der Krankheit
275 Seiten mit 4 Abbildungen
Broschur

«... Das Buch von Helmut Hark gehört in den breiter werdenden Strom der Ansätze, die die therapeutische Dimension der Religion wieder entdecken. Helmut Hark ist Theologe mit voller Ausbildung in Tiefenpsychologie. Sein Buch enthält Deutungen von Heilungsgeschichten Jesu, die zeigen, welche wichtigen und heute wieder entdeckten therapeutischen Einsichten in den alten Geschichten erspürt werden können...
Das tiefenpsychologische Fundament macht den Reiz, die Stärke, und auch die Grenze der im Buch vorgelegten Deutungen aus...
Hark spricht von der ‹heilenden Wirkung des Christus-Bildes›, die auch heute noch erfahren werden kann.
Pflegekräfte werden das Buch mit Gewinn für den Umgang mit eigener und fremder Krankheit lesen.»

Dr. Michael Nüchtern, Deutsche Krankenpflege-Zeitschrift, Stuttgart

WALTER-VERLAG

Louis Kretz

«Vater unser»

Das Christentum im Widerspruch zu Jesus
195 Seiten, Broschur

«Der Verfasser, promovierter Gymnasiallehrer für Griechisch und Latein, schrieb ein engagiertes Plädoyer für ein menschenfreundliches Christentum. Das Buch zeichnet sich durch eine erfreulich unbefangene, undogmatische Sprache aus. Der Autor versucht nachzuweisen, daß Jesus Gott nicht als allmächtigen Herrscher, sondern als liebenden Vater verkündigt hat...
Das große Verdienst dieses Buches ist sein Eintreten für einen menschenfreundlichen Glauben, der gewiß im Laufe der christlichen Dogmengeschichte immer wieder verlorengegangen ist. Jedenfalls lohnt es sich, die unbequeme Frage zu diskutieren, ob das Christentum das ursprüngliche Gottesbild Jesu vom liebenden, geradezu mütterlichen Gott nicht schon bereits in seiner Frühzeit verdrängt hat.»

Aufbruch, Karlsruhe

WALTER-VERLAG

Karl Herbst

Der wirkliche Jesus

Das total andere Gottesbild
Vorwort von Franz Alt
300 Seiten, Broschur

«Karl Herbst gibt in seinem Buch nach jahrzehntelanger wissenschaftlicher Forschung konsequente und überzeugende Antworten: Wunder, Apokalyptik und Sühneopferidee sind zweifelsfrei jesusfremd. Der Autor räumt den 2000jährigen theologischen Schutt von einem verkitschten und verfremdeten Jesus-Bild. Zum Vorschein kommt ein menschlicher Jesus – kein Gott, sondern ein Bruder, der als bescheidener Gottsucher auch gar nicht vorgibt, Gott perfekt zu kennen, aber ihm total vertraut. Auch Karl Herbst kennt Gott nicht. Er lädt aber zu einer aufregenden Jesus- und Gottsuche ein…
Seine ‹Einladung zum Mitsuchen› ist keine Höflichkeitsfloskel. Der Leser und die Leserin spürt dies von der ersten bis zur letzten Seite.»

Franz Alt/Publik-Forum, Oberursel

WALTER-VERLAG